Archives Ou Correspondance Inédite De La Maison D'orange-Nassau. Première Série: 1566

by Guillaume Groen Van Prinsterer

Copyright © 2019 by HardPress

Address:
HardPress
8345 NW 66TH ST #2561
MIAMI FL 33166-2626
USA
Email: info@hardpress.net

UNIVERSITEIT
900

UNIVERSITEIT
GENT

CLC7

GROEN VAN PRINSTERER

ARCHIVES

OU

CORRESPONDANCE INÉDITE

DE LA MAISON

D'ORANGE-NASSAU.

II

1e SÉRIE

2152
17/2/04

ARCHIVES

OU

CORRESPONDANCE INÉDITE

DE LA MAISON

D'ORANGE-NASSAU.

Recueil

PUBLIÉ, AVEC AUTORISATION DE S. M. LE ROI,

PAR

M.r G. GROEN VAN PRINSTERER,

CHEVALIER DE L'ORDRE DU LION BELGIQUE,
SECRÉTAIRE DU CABINET DE SA MAJESTÉ.

Première Série.

TOME II.

1566.

Avec des Facsimilés.

LEIDE,
S. ET J. LUCHTMANS,
1835.

IMPRIMERIE DE J. KIPS, J Hz.
A LA HAYE.

Ce Tome ne contient les documents que d'une seule année. Toutefois ceux qui s'intéressent véritablement aux études historiques, ceux-mêmes pour qui notre Recueil est un objet moins d'instruction que de curiosité, ne nous en feront pas un reproche. Ils se féliciteront au contraire que nous ayons pu leur offrir un aussi grand nombre de pièces importantes et relatives à une époque, courte sans doute, mais qui a profondément marqué dans les annales des Pays-Bas.

En effet dans cette année des circonstances im-

imprévues développèrent subitement ce que la marche des choses avoit déjà longtemps préparé.

Depuis un demi-siècle le Protestantisme agitoit l'Europe. Il régnoit, après avoir usé les forces et trompé les calculs de Charles-Quint, dans une grande partie de l'Allemagne. Les Royaumes du Nord, la Suède, le Danemarck, la Norvège, avoient embrassé la Réforme. Elle triomphoit en Angleterre, après beaucoup de vicissitudes, et l'Ecosse aussi lui avoit énergiquement donné le droit de nationalité. La France étoit ébranlée par les dissensions et les luttes que l'opposition sanguinaire aux Eglises naissantes avoit suscitées. — Au milieu d'un mouvement si universel les Pays-Bas demeuroient tranquilles en apparence. Par leurs relations nombreuses avec les peuples circonvoisins ils avoient, il est vrai, participé de bonne heure aux bienfaits de la régénération Evangélique. Le levain étoit entré, et même avoit pénétré bien avant dans la masse. Le nombre des confesseurs de la vérité augmentoit chaque année. Mais on ne s'en appercevoit que par le renforcement des Placards et la multiplication des supplices. Dans les derniers temps, de 1561 à 1565, des plaintes s'étoient élevées; mais qu'avoient-elles produit? Quelques assemblées des Chevaliers de la Toison d'Or, qui n'avoient pas eu de suite; des délibérations orageuses dans le Conseil d'Etat, et des réprésentations au Roi Philippe qui amenèrent un redoublement de sévérité.

Ce fut en 1566 que cet état de choses cessa. Tout ne se borna plus à des louanges de Christ chantées par de pieux martyrs sur les bûchers. Déterminée par la crainte d'un pouvoir Inquisitorial, qui sous l'influence Espagnole pouvoit aisément devenir un instrument terrible d'oppression, une partie considérable de la Noblesse se confédère et se déclare ouvertement contre les mesures persécutrices du Roi. Cette démarche devient plus décisive que les Confédérés eux-mêmes n'avoient peut-être prévu. Les Protestants, déjà si nombreux, se montrent au lieu de se cacher. Le sol se couvre de prédicateurs, et la population se lève, on peut dire, en masse pour écouter la Parole de Dieu. Un meilleur avenir semble apparoître; mais la même année qui faisoit concevoir de si belles espérances, ne devoit pas les réaliser. Les chances de succês se perdent par un zèle imprudent et par des actes inconsidérés. Beaucoup de Catholiques qui avoient horreur de la persécution, abhorrent encore plus des désordres, qui leur paroissent des impietés; les liens de la

Confédération se relâchent; le Roi, d'abord incertain, s'émeut et s'irrite; les Princes Allemands se défient d'une cause à laquelle viennent se mêler des excès. Un moment suspendue la persécutio recommence; beaucoup de Protestants, se voyant abandonnés, ont recours à la ressource du désespoir, aux armes; une punition tèrrible est tout ce que désormais ils peuvent attendre d'un Monarque qui se croit appelé à exercer les vengeances de Dieu; la prédication libre de l'Evangile cesse; un instant la vit paroitre, l'instant qui suit, la fait évanouir.

Tels sont les évènemens qui se succèdent, qui se pressent les uns sur les autres, dans cet étroit, mais mémorable espace. On en trouve le récit presque non interrompu dans la correspondance communiquée ici au public. Le récit par des témoins oculaires, par ceux-mêmes qui furent les principaux acteurs dans ce drame; préface, pour ainsi dire, de notre glorieuse et sainte révolution. Ils écrivent à la date même des évènemens; des impressions récentes dirigent la plume. C'est de l'histoire où il y a de la vie; de l'histoire qui, bien plus qu'aucune autre, transporte au milieu du passé.

Dans des circonstances difficiles, dans des momens de crise, l'homme se montre tel qu'il est en effet : ses projets, ses craintes, ses espérances, ses arrière-pensées se dévoilent, le masque échappe, et l'observateur voit sans peine ce qui auparavant étoit soigneusement caché à ses regards. On peut donc s'attendre, et cette attente ne sera pas déçue, à des lettres très caractéristiques.

On apprendra à mieux connoître plusieurs personnages célèbres dans nos annales ; par exemple, ce brave et malheureux Comte d'Egmont, plutôt né pour les combats que pour les agitations civiles ; grand par le courage des batailles, mais montrant peu de sagacité dans ses prévisions politiques ; hésitant lorsqu'il falloit agir, et qui « nonobstant toutes les fascheries que l'on lui faict, ne se résoudrat sinon au grand besoigne et à l'estrémité » (p. 424). Puis le Comte de Bréderode, dont le style ne trahit que trop le manque de principes et de moeurs, et dans lequel ce qu'il y a de plus louable, tient à une ardeur irréfléchie et fougueuse, qui ne ressemble en rien au courage calme, contre lequel les flots en courroux viennent inutilement se briser. Le Seigneur Bernard de Mérode, prêt, comme tant d'autres Belges alors, à tout faire, à tout sacrifier pour la religion, le droit, et les véritables libertés. Le Comte de Hoogstraten, très estimé par le Prince d'Orange, si juste appréciateur du mérite; enfin, car nous ne pouvons tous les nommer, le Baron de Montigny, que sa fidélité au Roy et son attachement à la religion Catholique (p. 359 — 366) ne sauvèrent pas d'une mort violente après une douloureuse captivité. — Parmi les Princes Allemands on distingue Auguste, Electeur de Saxe, dont la protection et le bon-vouloir eussent été et plus actifs et plus efficaces si, moins préoccupé contre Calvin, il n'avoit pas considéré comme hérétique, quiconque n'embrassoit pas en tout point les doctrines présentées sous le nom de Luther. Puis Guillaume, Landgrave de Hesse; bien plus éclairé sous ce rapport (p. 390, sqq.); imitant la tolérance Chrétienne de son père, le celèbre Landgrave Philippe, qui, après une vie consacrée à la propagation et à la défense de l'Evangile, foible, malade, et malgré les approches de la mort, aidoit encore le Prince d'Orange en lui donnant l'appui de ses sages conseils (p. 358).

Le lecteur attentif pourra pénétrer dans l'intimité de plusieurs illustres membres de la Famille d'Orange-Nassau. Une des lettres les plus intéressantes pour ceux qui aiment à lire dans les coeurs, est sans doute celle de la Comtesse de Nassau, mère de Guillaume Premier (Lettre 194). « O mon cher » fils! » écrit-elle au Comte Louis « j'apprends avec » anxieté les difficultés, les périls qui te pressent. » Ne conseille rien, ne fais rien qui soit contre » la Parole de Dieu, le salut de ton âme, le bien- » être du pays et des habitans. Prie le Père Céleste » qu'Il t' éclaire par Son Saint-Esprit; qu'Il t' ap- » prenne à aimer avant tout les choses éternelles. » Cela est impossible sans l'assistance de cet Esprit; » donc il est absolument nécessaire de prier. O que » je suis en peine pour toi, que de craintes me dé- » chirent! Vis dans la crainte de Dieu; adresse toi » à Lui: supplie Le qu'Il te préserve de tout mal, » qu'Il te conduise dans le chemin qui Lui est » agréable. Je prierai ardemment pour toi; prie » toi-même aussi. » L'influence d'une mère dont les sentiments étoient si pieux et la pieté si pratique, doit avoir été grande et salutaire: les germes que sème l'amour maternel sont rarement stériles.— Pour s'en convaincre on n'a qu'à lire une lettre du Comte Jean de Nassau, adressée également au Comte Louis

(Lettre 196). Sollicité de donner ses avis sur la position critique des Pays-Bas, il rappelle qu'au milieu des tourmentes politiques c'est d'abord, c'est surtout à Dieu et à la prière qu'il faut avoir recours. « Vous » aurez sans doute, » dit-il, « exhorté ceux qui » vous demandent conseil, à la repentance, à la » conversion, à adresser leurs supplications à l'E- » ternel, à mettre leur confiance en Lui et non dans » les hommes: ce sont des choses pour lesquelles » la prière fervente et assidue *(emsiges gebet*, » p. 269) et une prévoyance continuelle sont abso- » lument nécessaires. » La prévoyance; car, pour être profondément religieux, il n'en étoit pas moins actif et prudent: tous les moyens qui s'offroient à lui, il les mettoit infatigablement en usage: il ne s'épargnoit ni auprès des Princes Allemands pour obtenir leur intercession en faveur des Pays-Bas menacés de la colère terrible du Roi; ni auprès des capitaines, afin d'avoir des soldats pour les éventualités, où la résistance, au lieu d'être criminelle, pourroit devenir permise et même prendre le caractère sacré du devoir. — Quant à Louis de Nassau, si intéressant par ses qualités héroiques et chevaleresques, par sa vie si courte, màis si pleine d'activité et de dévouement, et qu'une mort glorieuse devoit dignement terminer, il y a dans ce Tome beaucoup de particularités relatives à sa conduite et à son caractère. Ce ne fut pas lui qui le premier donna l'idée d'une alliance entre les Nobles (p. 13); il n'étoit pas Calviniste (p. 215, p. 307); il désapprouvoit fortement les violences des iconoclastes (p. 212). Mais ce fut lui qui composa la requête à la Gouvernante (p. 67); ses talens, son énergie infiniment supérieure à la fougue étourdie de Bréderode, le rendirent bientôt l'âme de la Confédération. Se montrant à la hauteur du maniement des affaires politiques il déploya une activité inconcevable et on ne peut donc s'étonner, ni que le Roi et la Gouvernante s'efforçassent de lui faire quitter le pays (p. 315 —318), ni que les principaux Confédérés missent tout en oeuvre pour le retenir. Deux lui promettent « d'employer corps et bien » pour ceste juste cause et toutes autres qu'il » plaira vous servir de nostre petite puissance, jus» ques à mourir à vos pieds, comme pour le » mérite d'un Seigneur de qui nous confessons te» nir l'entière part de nostre salut » (p. 369). Bréderode lui-même lui écrit: « J'espère de mouryr ung » vostre povre soldat, vray geus, à vos pyes » (p. 416). Il étoit l'objet de la confiance illimitée des

Protestants. Utenhove, Gantois lui écrit : « Je vous » prie, au nom de toute la communauté, de vouloir » apporter tel remède, que nous ayons occasion de » haut louer le Seigneur; qui de sa grâce vous a si » richement eslargy ses dons qu'avec le bon vouloir » et singulière bonté que se lict sur vostre face, » vous avez aussi la puissance de tirer les pouvres » affligés hors de la geule des loups ravissans. . . . » Les Gantois, à dire vérité, vous désirent mille fois » le jour pour leur tuteur et gouverneur » (p. 297). Le Comte Louis dirigeoit aussi tout ce qui étoit relatif aux levées de troupes; « et tout cecy, ferast mestre » au Roy un peu d'eau dans son vin » (p. 272). Son âme de feu ne reculoit pas devant la perspective d'une lutte: quelquefois peut-être, plein d'une ardeur guerrière, brûlant d'envie de remporter des victoires dans une juste cause, il la souhaitoit, sans se l'avouer à lui-même. « Ce n'est qu'en mars ou » avril », écrit-il, « que le Roi viendra avec de gran» des forces; c'est alors que le jeu *(der beerentanz* » p. 309) devra commencer. » S'il y a quelque légèreté dans cette expression, elle est corrigée par ce qui suit: « Donc recommandons la chose à » Dieu et ayons les yeux bien ouverts. » Certes il auroit cru, lui aussi, commettre un crime en prenant les armes sans absolue nécessité. Et cette nécessité il ne l'admettoit pas aisément; car il avoit des scrupules sur la légitimité d'une résistance armée, même pour obtenir le libre exercice de la Religion. Il consulte son frère, le Comte Jean, à cet égard (p. 214). « Car », écrit-il, « tous les jours on » m'objecte que l'on doit obéir à Dieu plus qu'aux » hommes; Dieu commande que l'on prêche sa pa» role; donc, disent-ils, il faut prêcher, même si le » Magistrat est entièrement opposé à la chose; oui, » même si l'on est forcé d'employer l'épée. » Quelques lignes plus bas il ajoute. « Enfin les choses » ne peuvent ni ne doivent s'arranger sans effusion » de sang, du moins à ce que tout semble présager. » Dieu veuille regarder ce pays avec un oeil de mi» séricorde, et nous épargner les châtimens si sou» vent mérités: on doit ardemment Le prier. »

Il est surtout intéressant d'observer le Prince d'Orange à cette époque. On trouvera dans sa manière d'agir des choses en apparence contradictoires. La Confédération lui déplaît (p. 158); il désapprouve la publicité des prêches (p. 145, 158); il condamne les excès des iconoclastes, il en punit les auteurs; il tâche de conserver ou de rétablir l'ordre et l'obéissance aux Magistrats, il veut soumission complète au Roi, Seigneur naturel et légitime. D'un autre côté il multiplie ses relations avec les Princes d'Allemagne et prend une part secrète, mais active aux démarches qui ont pour but de pouvoir à tout moment disposer d'un nombre considérable de soldats. — Comment concilier ces oppositions?

Facilement sans doute, si l'on admet que le Prince, astucieusement habile, avoit excité sous main les troubles qu'il condamnoit en public; si l'on suppose qu'il vouloit, retenant ou lâchant la bride au peuple, jouer le rôle de médiateur, en attendant qu'il put s'opposer au Souverain à force ouverte. C'est ainsi que dans un temps de philosophie incrédule, on a cru préconiser Guillaume de Nassau en lui assignant le caractère assez commun, assez ignoble, d'intrigant politique. Heureusement des suppositions pareilles, qui doivent leur origine à des réminiscences appartenantes à un autre ordre et d'hommes et de révolutions, tombent devant une étude impartiale de l'histoire. Les documens publiés ici suffiroient pour les réfuter.

On n'a qu'à suivre avec soin et sans préoccupation ses démarches, en observant les deux tendances qui, par une conséquence inévitable de la complication des évènements, devoient se combattre dans son esprit. — Servant le Roi, comme l'avoient fait ses ancêtres, avec loyauté, il désiroit lui rester fidèle et vouloit éviter, comme un grand malheur, toute collision entre les sujets et le Souverain. Il n'y a pas lieu d'en douter; même pour ceux qui n'admettent dans ses déterminations que les calculs de l'égoisme; car en ceci son intérêt et son devoir étoient d'accord. Sans vouloir entreprendre de réfuter ici ce qu'on a débité sur les projets ambitieux et intéressés que le Prince pourroit avoir formés plus tard, nous devons remarquer que, du moins en 1566, toute tentative d'arracher les Pays-Bas au Roi d'Espagne lui eût paru, et coupable, et de plus chimérique. Même en lui accordant la plus large mesure de divination politique que l'on peut raisonnablement supposer à un homme, dont le génie, infiniment supérieur à la médiocrité commune, avoit néanmoins des limites; il ne pouvoit, à cette époque, prévoir ni ses propres destinées, ni la grandeur future ou même l'existence de la République, ni la magnifique histoire de la Maison de Nassau : il ne pouvoit se flatter de combattre avec succès, dans une lutte prolongée, le plus puissant des Monarques. — Le Prince étoit Protestant : seconde tendance, contraire à l'autre, aussitôt que le Roi vouloit être servi au détriment du service de Dieu. Il étoit Protestant de coeur et par conviction : ce que nous avons dit, prouve que, du moins alors, il ne pouvoit l'être par calcul. Probablement, dans le principe, son opposition avoit été surtout motivée par la compassion envers des malheureux auxquels on ne reprochoit que leur foi ; par la pensée que cette foi étoit au fond la même que celle de ses parens, de ses amis d'Allemagne ; par la crainte que les Espagnols, abusant des préjugés du Roi, ne trouvassent dans le reproche d'hérésie un prétexte pour soumettre les Pays-Bas à leur influence et à leur domination. Il avoit longtemps été absorbé par les affaires des camps, les délibérations exclusivement politiques, et les nombreux amusements de la Cour. Mais, à mesure que les dissensions religieuses devenoient aussi dans les Pays-Bas le centre des idées, il ne manqua pas de s'informer des points cardinaux de la dispute ; et il seroit absurde de s'imaginer qu'il ait ignoré en 1566 les grandes questions qui occupoient tous les esprits, et par lesquelles la Chrétienté entière étoit agitée. Sa foi étoit tolérante sans doute. « Je ne suis » pas Calviniste, » écrit-il au Landgrave Guillaume (plus tard il se joignit à ceux qui professoient les opinions de Calvin), « mais il ne me semble ni juste ni » digne d'un Chrétien de vouloir que, pour les dif- » férences entre la doctrine de Calvin et la Confes- » sion d'Augsbourg, ce pays soit couvert de trou- » pes et inondé de sang » (p. 455). Toutefois, tolérant, aussi envers les Catholiques, dont il savoit reconnoitre les droits, il avoit des convictions positives, et ne se réfugioit pas dans une triste et coupable neutralité. Il comprenoit l'importance de la justification par la foi; il savoit qu'un salut acquis en Christ est le seul qui puisse être vraiment salutaire; il voyoit les différences entre le papisme, surchargé de traditions superstitieuses et de commandements d'homme, et la doctrine simple et divine du Livre Sacré. C'est pour cela que son opposition devoit, en rapport avec les intentions de Philippe II, prendre de plus en plus un caractère religieux et par là même lui faire courir le risque d'échanger la superbe position qu'il occupoit, contre la perte de ses biens et contre les douleurs de l'exil.

Quelle dut être par conséquent sa pensée, au commencement de 1566, après les injonctions sévè-

res du Roi? Il prévoit la possibilité de graves tumultes; il cherche le moyen de les prévenir: mais il sait aussi que les droits du Souverain, quelque sacrés qu'ils soient, ont des limites; que, s'il peut interdire la publicité de tout culte qu'il désapprouve, personne ne doit vouloir s'arroger sur les consciences une domination exclusive et violente. Voici comment il expose lui-même les difficultés de sa position dans une lettre très confidentielle au Comte Louis: « Noz remonstrances, oires qu'i procé-
» dent de bon ceur et pour éviter toutte ruine et
» empescher que tant de sang des innocens ne soit
» répandu, est interprété, tant de S. M., comme
» de ceulx de son conseil, tout au contraire, mesmes
» à demi à rebellion et de inobéisance, desorte que
» nous nous trouvons en gran paine, car d'ung costé
» est la ruine tout évidente se taisant, de l'aultre
» costé contre disant recepvons le mauvés gré du
» maistre et ester noté de contrevenir à nostre de-
» bvoir » (p. 28). Prévenir les maux qu'il prévoyoit, tel étoit son unique dessein; et il écrit au même endroit à son frère envoyé par lui vers quelques Princes Allemands pour demander des conseils: « Rest seullement que les remonstrances
» que leur ferés, soit tel, que le sassant et venant

» en lummière, l'on ne porroit présumer aultre » chose que en vérité la chose est en soy mesmes. » Il désire ramener le Roi par des réprésentations respectueuses, par des intercessions puissantes, dans des voies modérées : sans se dissimuler que, d'après la position des choses, la fermentation toujours croissante des esprits, et l'inflexibilité de Philippe en matière de foi, il pourra survenir des évènements qui permettront et commanderont même au Chrétien de résister par la force.

Toujours il met en avant les moyens les plus doux et les plus légitimes. De là ses tentatives auprès des Chevaliers de la Toison d'Or (p. 40); ses conseils pour la réunion des Etats-Généraux, (p. 325); non qu'il fut apparemment très disposé à leur reconnoître ou à leur accorder des pouvoirs politiques et cette *pleine puissance* que le fougueux N. de Hames (p. 35) désiroit pour eux; mais parceque depuis longtemps ces réunions de personnes influentes par leur richesse et leur position sociale, étoient l'organe naturel non pas uniquement d'une libéralité loyale, mais aussi des besoins, des vœux, et souvent des remontrances et des plaintes du pays. De là encore ses démarches auprès des Etats-Provinciaux, et les efforts pour obtenir la médiation de l'Electeur de Saxe et surtout de l'Empereur. Ce n'est qu'à défaut de ces moyens et quand le danger approche, qu'il paroît songer à des mesures d'un genre plus équivoque. Voici ce qu'au mois de septembre, apprenant « les gran- » des préparations de forces que S. M. faict faire, » il mande au Comte d'Egmont. « Il semble que » pourroit grandement servir l'adjoinction et dé- » claration des Etats-Généraulx. Toutefois si la » [chose] devroit trainner longtemps, fauldroit » mieux résouldre avecques nos amis, que nous » laisser coupper l'erbe peu à peu desous les pieds » et tant temporiser qu'il n'y auroit enfin plus nul » remède » (p. 325).

Pour beaucoup de personnes, emportées par une précipitation fatale, les conseils modérés du Prince n'étoient plus de saison. L'irréflexion des Nobles et la violence des emportements populaires déjouoient tous ses calculs. Convaincu que de grands malheurs étoient inévitables, tantôt il souhaitoit se retirer de la mêlée (p. 42); tantôt, cédant aux prières de la Gouvernante, il consentoit à demeurer, à employer son influence pour le rétablissement de l'ordre; tantôt, se sentant uni à ceux mêmes dont il déploroit les écarts et dont il punissoit les délits, il préparoit la résistance pour le cas d'une persécution renouvelée contre les opinions Evangéliques. Sans doute il auroit pu donner de l'unité à ses démarches, soit en concourant, pour se remettre dans les bonnes grâces du Roi, à l'oppression des pauvres Chrétiens; soit en se joignant aux Protestants et se mettant franchement à leur tête: mais c'est précisément à quoi il y avoit pour lui impossibilité morale: opprimer ses co-réligionnaires lui eût fait horreur; se révolter contre le Souverain lui eût paru criminel: il vouloit épuiser l'obéissance et la douceur, et pousser les ménagements jusqu'aux dernières limites du devoir. En promettant vers la fin de 1566, au Roi obéissance en tout, pour autant que la conscience le permet (p. 498), il étoit sans doute sincère, aussi bien dans sa promesse que dans sa déclaration assez intelligible de sympathies et de convictions dont l'aveu ne pouvoit certes lui profiter.

Concluons donc que le Prince, mû par tant de considérations diverses, n'avoit pas et ne pouvoit encore avoir de plan arrêté, de déterminations positives; et que la marche rapide des évènements, qui multiplioit chaque jour les chances de désordres et de guerre civile, devoit augmenter ses irrésolutions et ses perplexités. Peu de mois plus tard, après la venue du Duc d'Albe, on lui reprocha d'avoir perdu les Protestants par sa conduite vacillante et ses interminables hésitations. Mais il n'avoit jamais voulu arborer l'étendard de la révolte, et il n'en fut que plus digne de diriger la résistance contre le régime du glaive et des bûchers. En quittant le pays, il étoit loin peut-être de prévoir un prompt retour. Les situations qui nous semblent désésperées ne changent rien aux décrets de l'Eternel : Sa main puissante alloit le saisir pour l'accomplissement de la grande tâche à laquelle il étoit destiné. Les hommes supérieurs que Dieu employe pour ses desseins sur les royaumes de la terre, non seulement recoivent de Lui le génie et la force nécessaires pour triompher des obstacles, mais c'est encore Lui qui, et quelquefois presque visiblement, trace leur sentier.

Nous avons cru devoir ajouter à la Correspondance quelques Discours ou Mémoires, qui d'ailleurs peuvent presque être censés en faire partie ; et qui contiennent beaucoup de particularités intéressantes, par exemple, sur les entreprises des Confédérés (p. 57 — 64), les délibérations du Prince d'Orange avec le Comte d'Egmont (n° 215*) et avec les Princes d'Allemagne (n° 206*, 227*), la levée de troupes (n° 193*), l'état d'Anvers, métropole du commerce (n° 216*), et la situation du pays en général (n° 236*).

Le contenu déjà de ce Tome pourra montrer sous beaucoup de rapports, et le caractère de la lutte qui alloit bientôt s'établir, et la physionomie d'un siècle où bien plus qu'à aucune autre époque, la Religion étoit non pas l'instrument, mais le principe de la politique. N'en déplaise à ceux qui voudroient métamorphoser la révolution des Pays-Bas, cette grande conséquence du Protestantisme religieux, en une réaction des libertés communales, il est beaucoup question ici de Religion, et très peu de privilèges. Une époque, pour laquelle l'intérêt des formes de gouvernement est le plus haut placé des intérêts et de la terre et du Ciel, a voulu s'assujettir et s'assimiler même le passé. Méconnoissant les riches variétés de l'histoire, elle a voulu ramener tous les temps à son propre niveau; au niveau d'une époque où l'indifférence pour la Religion et la soif des intérêts matériels prédominent. Ce sont là de tristes efforts. De nos jours on attache beaucoup de prix à l'exactitude pittoresque même des plus petits détails, et c'est avec raison; car il n'y a rien d'insignifiant en histoire; et l'on ne sauroit être trop exact, trop véridique. Mais s'il est utile et curieux de conserver la réprésentation précise des localités et des costumes, il est important, il est nécessaire de ne pas altérer la vérité des opinions, des mœurs, des croyances, des dogmes et des idées qui ont remué les peuples et changé la face des Etats. Entre les fausses unités mieux vaut celle des formes que celle du fond; et nulle monotonie n'est aussi désespérante que celle où ce qu'il y a de plus grand et de plus élevé, est mis forcément à l'unisson de ce qu'il y a de plus mesquin et de plus abject. Le seizième siècle, dominé par la Foi, se prête difficilement à ces transformations violentes, motivées par le désir d'assigner à ses propres opinions un caractère d'universalité, et surtout aussi par la répugnance à reconnoître dans la vérité historique l'influence des principes Chrétiens. Toutefois on ne sauroit disconvenir qu'il ne règne beaucoup de préjugés à cet égard. Il est, sous plus d'un rapport, désirable de les voir dissipés; et nous croyons que c'est surtout par des lettres écrites en grande partie à coeur ouvert, par la voix, pour ainsi dire, des morts sortant après trois siècles de leurs tombeaux, qu'on pourra réhabiliter cette belle époque et lui rendre sa véritable signification, sa couleur native, et la place qui lui appartient dans la succession des grandes phases de l'humanité.

Pour ce qui concerne les règles que nous nous sommes tracées relativement aux détails de la publication, nous renvoyons à la Préface du Tome Premier. Il nous reste un devoir agréable à remplir. C'est de remercier publiquement notre ami Mr Bodel Nyenhuis, correspondant de l'Institut Royal des Pays-Bas et associé de la Maison de Luchtmans à Leide, et pour son assistance dans le travail pénible de la correction des épreuves, et pour les éclaircissements géographiques que ses connoissances étendues et sa précieuse collection de cartes l'ont souvent mis à même de nous donner.

CONTENU.

TOME II.

ERRATA.

TOME I.

xxi	ligne	8. II—XIX. lisez XI-XIX.
7	»	3. *penes* lisez *pense*
11	»	9. *qui' lavoit* lisez *qu'il avoit*
13	»	21. 1555 lisez 1552.
34	»	21. *conestale* lisez *conestable*
55	»	20. *evidententement* lisez *evidentement*
67	Lettre	XXXVII doit être placée avant la lettre XXXVI. Puis la note 2 de la p. 66.
68	ligne	20. *il y* lisez *il y a*
69	»	8. *Dangine* ajoutez [1] *d'Enghien* (?).
76	»	20. *mir* lisez *wir*
99	»	9. *» projet.* lisez *projet. »*
	»	19. *wolten, sie* liesez *wolten sie*
101	»	15. *zu gar* ajoutez [1] *sogar.*
155	»	11. *nuhmer* ajoutez [1] *nunmehr.*
159	»	dern. *Wirtingd* lisez *Würtingen*
207	»	23. *were* ajoutez [1] *wehren.*
219	»	17. *geleitten* ajoutez [1] *leutten.*
241	»	17. *Ritbergen* lisez *Ritberg*
253	»	24. *Bruxellis* lisez [1] *Bruxellis*
268	»	27. *bussern* ajoutez [1] *buxern.*
290	»	32. *leurs* lisez *teurs*
	»	33. *toit* lisez *loit*

TOME II.

19		(1) voyez p. 20.
41	ligne	33 *ce* lisez *se*
59	»	10 *Louvernal* lisez *Louverval*
154	»	8 *Carles* lisez *Charles*
	»	dern. *geachteten.* lisez *geächteten.*
211	»	8 *L'aigle* ajoutez [1] *Aujourd'hui* Igel.
332 b	»	6 *Banelen broucke* ajoutez *van den Broucke* (?).
332	»	dern. *Leefdael.* lisez *Leefdaels ont.*
368	»	3, 4, *Ses — lui* lisez *Leurs — leur*

1566.

Les ordres sévères et intempestifs de Philippe II devoient boule- 1566.
verser les Pays-Bas. «C'est chose incroyable quelles flammes jecta le Janvier.
» feu, d'auparavant caché soubz les cendres, s'espanchant une voix » et opinion non seulement entre la commune, mais aussy entre la » Noblesse, et que plus est, entre beaucoup de grande autorité, et » ceulx des Consaulx mesmes de Sa M[té], que son intention estoit » d'establir et planter par force en ces Estats et pays l'Inquisition » d'Espaigne, et de procéder en toute rigueur des Placarts contre » les delinquans, quelques menus delicts ou contraventions que ce » fussent. » *Hopper, Mém.* 62. La Confédération des Nobles fut le premier résultat de cette crainte universelle.

L'histoire de la Confédération se divise en trois périodes très distinctement marquées par les événemens.

La première se termine à la présentation de la requête en avril. Protestans et catholiques s'unissent en faveur de la tolérance et des libertés du pays. On espère obtenir la surchéance de l'Inquisition et l'adoucissement des Placards.

La seconde dure jusqu'en août. La Confédération acquiert une très grande influence comme intermédiaire entre la Gouvernante et le peuple, de jour en jour plus difficile à contenir. Le Roi ratifie les concessions que la Duchesse a faites, et elle se montre assez disposée à céder de nouveau.

1566. Janvier. La troisième jusqu'en mars ou avril 1567. La dévastation de temples et des monastères cause une réaction subite ; là commence un période d'affoiblissement, de déclin et de dissolution. A la vue de tant d'excès la plupart des catholiques s'indignent, beaucoup de protestans eux-mêmes s'effrayent : la Gouvernante profite de ces dispositions; un accord avec les Confédérés prépare leur ruine; le découragement, l'intérêt, la trahison font le reste. On lève des troupes, on réduit les villes, on oblige ceux qui résistent encore, à quitter le pays, et pour tout fruit d'une ligue si menaçante, il ne reste que le choix entre l'exil et une soumission absolue aux volontés inflexibles du Roi.

Il est assez difficile de soulever entièrement le voile qui couvre les commencemens de la Confédération. Vraisemblablement ce fut dans la réunion d'une vingtaine de Nobles, qui se trouvoient à Bruxelles pour les noces du Seigneur de Montigny, que l'on convint de signer et de faire signer un acte par lequel on s'obligeoit à empêcher de tous ses efforts que l'Inquisition fut en aucune manière introduite aux Pays-Bas. De cet acte, appellé le *Compromis*, il y a deux exemplaires aux Archives; l'un signé par les Comtes de Brederode et Louis de Nassau, l'autre portant aussi la signature du Comte Charles de Mansfeldt : en outre une traduction en Allemand. Nous reproduisons ici le second de ces documens, avec les variantes qui se trouvent dans le premier. *M. Dumont* (*Corps Dipl.* V. 1. 134.) a traduit une traduction donnée par *Bor*, et l'exemplaire le plus approchant des nôtres est consigné dans un livre très recommandable, mais peu connu des étrangers; savoir la monographie du Professeur *te Water* sur la Confédération. (*Verbond der Edelen*, IV. 331.)

Sachent tous qui ces présentes verront [1], que nous icy soubszcriptz Avons esté deuement et suffisamment advertis et informés comment un tas de gens estrangiers et nullement affectionnés au salut et prospérité des

[1] v. ou oyeront.

pais de par deça, non obstant qu'ils n'eussent pas grand 1566.
soing de la gloire et honneur de Dieu, ne mesmement du Janvier.
bien publicq, Ains seullement d'assovir leur propre ambition et avarice, voire et fust ce aux despens du Roy et de tous ses subjets, toutesfois pretexants faucement le grand zèle qu'ils ont à l'entretenement de la foy catholicque et de l'union du peuple, ont tant gaigné envers Sa Ma^{té} au moien de leurs belles remonstrances et faulx enseignemens, qu'il s'est laissé persuader de voloir contre son serment et contre l'espérance en laquelle il nous a tousiours entretenus, non seullement en riens adoulcir les placarts gia faicts pour le respect de la religion, mais aussy les renforcer davantaige et mesmement nous introduire à toutte force l'inquisition, laquelle est non seullement inique et contraire à toutes loix divines et humaines, surpassant la plus grande barbarie que oncques fut practiquée entre les tirans, mais aussy telle qu'elle ne polroit sinon redonder au grand deshonneur du nom de Dieu et à la totalle ruine et désolation de tous ces Pays-bas, d'autant que soubs ombre de fausse ypocrisie de quelques uns, elle anéantiroit tout ordre et police, aboliroit toutte droicture, affoibliroit du tout l'authorité et vertu des anciennes loix, coustumes et ordonnances, gia de toutte ancienneté observées [1], osteroit toute liberté d'opiner aux estats du pays, aboliroit tous anciens privilèges, franchises, immunités, rendant non seullement les bourgeois et habitans du dit pays perpétuels et misérables esclaves des inquisiteurs, gens de néant, mais assujettissant mêsmes les magistrats, officiers et toutte la noblesse à la miséricorde de leurs recerches et visitations, et finalement

[1] practiquées.

1566. Janvier. exposeroit tous les bons et fidels sujets du Roi en évidens et continuels dangers de leurs corps et biens, Au moien de quoy non seullement l'honneur de Dieu et la sainte foy catholique (laquelle eulx prétendent de maintenir) seroit grandement intéressée, mais aussi la Ma[té] du Roy nostre chef seroit amoindrie et luy en grand hasard de perdre tout son Estast, à cause que les trafficques accoustumées cesseroient, les métiers seroient abandonnés, les garnisons des villes frontières peu asseurées, le peuple incité à continuelles séditions; bref il n'en scauroit ensuivre sinon une horrible confusion et désordre de toutes choses.— Nous ayants toutes ces choses bien poisées et meurement considerées et prenant esgard à la vocation à laquelle nous sommes appelléz et au devoir auquel tous fidels vassaulx de Sa Ma[té] et singulièrement gentilzhommes sont tenus (lesquels à cest effect sont assistans à Sa dite Ma[té] pour par leurs prompts et volontaires services maintenir son authorité et grandeur en pourvoyant au bien et salut du païs), avons estimé et de faict nous estimons ne pouvoir satisfaire à nostre dit devoir, sinon en obviant aux dits inconvéniens et quant et quant taschants de pourveoir à la seurté de nos biens et personnes, affin de n'estre exposéz en proye à ceulx qui, soubs ombre de religion, voudroient s'enrichir aux despens de nostre sang et de nos biens. A raison de quoy avons advisé de faire une saincte et légitime confédération et alliance, promectans et nous obligeans l'un à l'autre par serment solemnel d'empescher de tout nostre effort que la dite inquisition ne soit receue, ny introduicte en aucune sorte, soit ouverte ou cachée, soubs quelque couleur ou couverture que se puisse estre, fust ce soubs nom et ombre d'inquisition, visitation, placarts ou aultre quelconque, mais du tout la extirper et desraciner comme mère et occasion de tout désordre et injustice. Ayants mesmement l'exemple de ceulx du royaume de Naples devant nos yeulx, lesquels l'ont bien rejettée au grand soulagement et repos de tout leur pays. Protestans toutesfois en bonne conscience devant Dieu et tous hommes, que n'entendons en sorte que se soit, d'atenter chose laquelle polroit tourner, ou au deshonneur de Dieu, ou à la diminution de la grandeur et majesté du Roy ou de ses Estats, Ains au contraire que notre intention n'est sinon de maintenir le dit Roy en son Estat et de conserver tout bon ordre et police, résistans, tant qu'en nous sera, à toutes séditions, tumultes populaires, monopoles, factions et partialités. Laquelle confédération et aliance nous avons promis et juré et dès maintenant promectons et jurons d'entretenir[1] sainctement et inviolablement à tout jamais et en tout tamps continuellement et interruptement tant que la vie nous durera. Prenans le Souverain Dieu pour tesmoing sur nos consciences que, ne de faict ne de parolles, ne derectement ny indirectement de nostre sceu et volonté n'y contreviendrons en façon que ce soit. Et pour icelle dite alliance et confédération ratifier et rendre stable et ferme à jamais, nous avons promis et promectons l'un à l'autre toute assistance de corps et de biens comme frères et fidèles compaignons, tenant la main l'un à l'autre que nul d'entre nous ou nos confédérés ne soit recerché, vexé, tourmenté ou persécuté en manière quelconque, ny au corps ny aux biens, pour aucun respect ou procédant de la dite inquisition, ou fondé aucunement sur les placarts tendans à icelle ou bien à cause de ceste nostredite confédéra-

1566.
Janvier.

[1] d'entretenir — promis et promectons. *Ne se trouve pas dans l'autre exemplaire.*

1566. tion. Et en cas que aucune molestation ou persécution es-
Janvier. cheut à aulcun de nos dits frères et alliés de quiconque et en quelque manière que ce fust, nous avons promis et juré, promectons et jurons de luy assister en tel cas, tant de nos corps que de nos biens, voire et de tout ce que sera en nostre puissance, sans rien espargner et sans exception ou subterfuge quelconque, tout ainsi comme si c'estoit pour nos personnes propres, Entendans et spécifians bien expressément que ne servira de rien pour nous exempter ou absoudre de nostre dite confédération là où les dits molestateurs ou persécuteurs vouldroient couvrir leurs dites persécutions de quelque autre couleur ou prétexte (comme s'ils ne prétendoient sinon de punir la rebellion ou autre semblable couverture quelle qu'elle fust), Moyennant qu'il nous conste vraysemblablement que l'occasion est procédée des causes susdittes. D'autant que nous maintenons qu'en tels et semblables cas ne peut estre prétendu aucun crime de rebellion, veu que la source procède d'un sainct zèle et louable désir de maintenir la gloire de Dieu, la Majesté du Roy, le repos publicq et l'asseurance de nos corps et biens. Entendans toutesfois et promectans l'un à l'autre qu'un chacun de nous en tous semblables exploicts se rapportera au commun advis de tous les frères et alliés, ou de quelques uns qui à ce seront députés, affin que sainte union soit entre nous maintenue et que ce qui sera faict par commun accord soit tant plus ferme et stable. En tesmoignage et asseurance de laquelle confédération et alliance nous avons invoqué et invoquons le très sacré nom du Souverain Dieu, Créateur du ciel et de la terre, comme juge et scrutateur de nos consciences et pensées et comme celui qui cognoist que tel est nostre arrest et

résolution, Le suppliant très humblement que par Sa vertu d'enhault Il nous maintienne en une ferme constance et nous doue tellement de l'esprit de prudence et discretion, que estans tousjours pourveus de bon et meur conseil, notre desseing soit acheminé à une bonne et heureuse issue, laquelle se rapporte à la gloire de Son nom, au service de la Ma[té] du Roi et au bien et salut publicq. Amen. 1566. Janvier.

H. DE BREDERODE. CHARLES COMTE DE MANSFELDT. LOUIS DE NASSAU.

Il s'agissoit d'une alliance des *Nobles*. En cette qualité ils disent avoir le droit et même l'obligation de s'opposer à ce qui pourroit causer la perte du pays. « Prenans esgard à la vocation à » laquelle nous sommes appelez et au devoir auquel tous fidèles » Vassaux de S. M. et singulièrement *Gentilshommes* sont tenus. »

C'est à un tas de gens *estrangers* qu'on reproche d'avoir « tant » gaigné envers S. M. qu'il s'est laissé persuader d'introduire à » toute force l'Inquisition. » Il se peut qu'on entend ici en premier lieu le Cardinal de Granvelle; mais, en général, il ne faut pas oublier que la jalousie de l'influence trop exclusive *des Espagnols* est une des causes secondaires qui ont le plus contribué aux troubles des Pays-Bas. Les craintes pour l'indépendance du pays n'étoient nullement chimériques. « Rien ne touche le Roi que *l'Espagne*, » écrivoit à Granvelle le Seigneur de Chantonay son frère, le 7 nov. 1564 (*V. Raumer, hist. Br.* I. 165). Philippe II paroissoit vouloir tout soumettre à la suprématie des Espagnols et particulièrement des Castillans. Pour s'en convaincre il faut surtout observer la composition du Conseil où le Roi mettoit en délibération les affaires de ses différens Etats. *M. Ranke* dit avec beaucoup de raison:

1566. « Wie sehr musz es uns erstaunen, wenn wir sehen dass Philipp
Janvier. » fast durchaus aus Castilianern einen Staatsrath zusammensetzt, » der die gemeinschaftlichen Geschäfte der ganzen Monarchie zu » leiten beauftragt wird. Alba, Toledo, Ruy-Gomez, Feria sind » sämmtlich darin. Zwey andere Spanier, Maurique de Lara und » der Herzog von Francavilla werden ihnen zugesellt. Dagegen » sind weder die Siege Emanuels von Savoyen, noch die Bande » des Bluts, die den König mit Ottavio Farnese verknüpfen, we- » der die alten Dienste Ferrante Gonzaga's, noch die neuen und » ausgezeichneten Egmonts stark genug ihnen darin einen Platz zu » verschaffen... Selbst dem jüngeren Granvella... begnügte man » sich eine allerdings wichtige, doch mit seinen frühern Verhält- » nissen nicht zu vergleichende Stellung in den Niederlanden zu » geben. Die Uebrigen schien man nur darum zu achten, damit sie » sich keinem fremden Fürsten überliefern möchten, damit sie » einigermaszen bei gutem Willen blieben. » *F. und Völker*, I. 153. Cette composition du Conseil royal (« dies Verschwinden » des algemeinen Regierungsrathes, dies Umgestalten des Staats- » rathes in eine völlig castilianische Form, » *Ranke, l. l.* 154.) étoit peut-être ce qui aigrissoit le plus, quoiqu'il fallut que les choses en vinssent aux extrêmités, avant qu'on osat se plaindre ouvertement de ce choix singulier, mais libre du Roi. Après la présentation de la requête les Seigneurs déclarèrent par le Marquis de Bergen et le Baron de Montigny « qu'ilz estoient résoluz de se » détenir chascun en sa maison, se voyans desestimez ou pour mieux » dire opprimez par les Seigneurs Espaignolz, qui chassants les » aultres hors du Conseil du Roy, participent seulz avecq iceluy, » et présument de commander aux Seigneurs et Chevaliers des Pays » d'embas : ny plus ny moins qu'ilz font à aultres de Milan, Na- » ples, et Sicille; ce que eulx ne veuillans souffrir en manière que » ce soit, a esté et est la vraye ou du moins la principale cause de » ces maulx et altérations. » *Hopper*, *Mémor*. 79.

Philippe étoit jaloux de son autorité. On pouvoit prévoir, on s'appercevoit déjà que les libertés et les droits de ses sujets, surtout lorsqu'il s'agissoit de la Foi, n'étoient pas une barrière inviolable pour lui. Parmi les indices de ses projets par rapport aux Pays-Bas il faut ranger en première ligne un Mémoire, dans lequel on propose d'ériger ces provinces en royaume, de faire une loi pour la conservation de la Foi en évitant le nom d'Inquisition, d'augmenter le nombre des Evêques, de changer les constitutions municipales, de bâtir des citadelles, etc. Ce Mémoire, communiqué par *Pontanus*, *Hist. Gelricae*, XIV. p. 895, 896 et publié déjà en 1567, a été considéré par *Languet* comme apocryphe. « Circumfertur hic scriptum de mutatione quam decreverunt facere » Hispani in Inferiore Germania, hoc est, de conjungendis pro- » vinciis quae fuerunt domus Burgundicae et constituendo ex illis » regno. Scriptum mihi videtur satis ineptum. » *Epist. secr.* I. 41. Sa pénétration ordinaire est ici en défaut; le même projet a été trouvé dans les papiers de Granvelle, parmi les Mémoires de l'année 1559. (*V. Raumer*, *Hist. Br.* I. 159.)

1566. Janvier.

LETTRE CXXIV.

Le Prince d'Orange au Comte Louis de Nassau. Sur un écrit attribué à ce dernier.

*** Le Comte Louis, revenu d'Allemagne (Voyez Tome I. p. 284 et 293) avoit fait dans les Pays-Bas un séjour de peu de durée, mais il avoit mis le temps à profit. Quant à ses délibérations avec les Protestans à Anvers, le célèbre *Junius* dit. « Venerat sub finem anni 1565 » Ludovicus Comes Nassavius Antverpiam, et de oratione quadam » per me scripta ad Hispaniarum Regem pro libertate publica et abro- » gatione Inquisitorii Edicti nobiscum clanculum contulerat. » *Vita Junii in Scrinio Antiq.* I. 1. 243. D'après l'expression *l'escrit que a esté trouvé* il paroit qu'il s'agit d'un écrit affiché à Anvers contre l'Inquisition, et dont on tâchoit de découvrir l'auteur. « Te Antwerpen is des » nachts tusschen 22 en 23 Dec. op drie of vier plaatsen een geschrift » geplackt geweest, inhoudende in substantie een klachtte op ten » naem van de borgeren aen de Wet tegen d'Inquisitie... bege- » rende dat de Magistraet hen voorstaen soude, en volgens des

1566. Janvier. » lands privilegien den Coninck dien aengaende in 't Camer gericht » des Roomschen Rijx oproepen en tot cassatie contenderen : alle» gerende dat Antwerpen Braband zijnde, was begrepen onder den » vijfsten Creytz des Rijx en mede in de lasten van dien contribue» rende en daerom de liberteiten desselfs behoorde te genieten... » Protesterende, quamen door deselve introductie der Inquisitien » eenige onrusten, dat 't selve voor geen rebellie en soude konnen » geacht worden. » *Bor*, I. 34[b]. On répandoit des libelles, des chansons, des requêtes par tout le pays. « Daer zijn oock hoe lan» gher hoe meer in druck ende licht ghecomen niet alleen verscheij» den schilderijen, contrefaitselen, baladen, liedekens en pas» quillen: maer oock diverse boecxkens soo int Francois als in » Duijts teghens de mishandelinghen, vervolginghen ende Inqui» sitie. » *J. van Wesembeeck*, *Beschrijvinghe van de voortganck der Religie in* 1565 *en* 1566, bl. 54.

Mon frère, je attens avecque gran dévotion de vos novelles et vouldrois pour mille escus que fussies issi, car il at ung affair issi qui vous touche dont l'on faict gran bruict, et est que l'on dict que vous aves faict l'escrit que l'aultre fois a esté trouvé en Anvers avecque plusieurs aultres choses que ne peut maintenant escrire pour n'avoir le loisir. Je suis après pour scavoir le tout et vous asseur que este obligé à une persone dont peult ester ne vous donnes gardes. Je pens partir d'issi en deux jours (1), n'aiant eu moien pour tant des affaires de partir plus tost; quant seray venu à Breda, vous manderay le tout plus particulièrement; seulement vous prieray n'en faire sem-

---

(1) *jours.* « Allant les affaires en telz termes, le Prince d'Orenges et le Comte de Hornes, outre ce qu'ils se monstroient mal » contens, se retiroient chascun en sa maison. » *Hopper*, *Mémor.* p. 67.

blant de rien de cessi. Je remes aussi tous aultres nouvelles et affaires à la première commodité, vous priant me mander si aves traicté quelque chose sur l'affaire que scavés, ou si vous aves quelque espoir, affin que selon cela je me puisse gouverner : vous me feres plaisir aussi me mander ce que vous entendes de la venue des Princes à la diette, et sur ce vous baise les mains, priant Dieu vous donner, mon frère, en santé bonne vie et longe. De Brusselles ce 12 de janvier 1566.

1566. Janvier.

Votre bien bon frère à
vous faire service,
GUILLAUME DE NASSAU.

A Monsieur le Comte Louis
de Nassau mon bon frère.

On voit assez que le Prince ne croyoit pas être dans le secret de toutes les démarches de son frère Louis. — Ici se présentent deux questions dont la dernière surtout est d'un grand intérêt: 1.° Le Prince connoissoit-il, 2.° approuvoit-il la Confédération?

1. Nous ajoutons foi à ce qu'il dit lui-même en 1567. « La Confédération (a été) faitte sans nostre adveu et sans nostre sceu. » De laquelle estant advertis quelques quinze jours après, devant » que les confédérés se trouvassent en court, nous déclarames ouvertement et rondement qu'elle ne nous plaisoit pas, et que ce ne » nous sambloit estre le vray moyen pour maintenir le repos et » tranquillité publique. » *Le Petit, Chronique de Hollande, Zélande, etc. p.* 184.

Il est vrai que l'historien *Brandt*, (*Hist. der Reform.* I. *Bijv. bl.* 53,) fait mention de certain Journal de *Fr. Junius*, d'après lequel le Prince auroit eu connoissance en novembre d'un projet pour

1566. Janvier. s'emparer d' Anvers dès le mois suivant, projet qu'il auroit toutefois déconseillé. Mais dans la vie de Junius il n'en est fait aucune mention, et comme il affirme n'avoir jamais rien écrit sur les troubles des Pays-Bas, excepté ce récit (« Roganti ecquid horum haberet in scriptis, subnegabat: innuebat tamen » nonnihil notatum in brevi quodam Commentariolo quod de sua » vita scripserat. » *Scrinium Antiq.* I. 1. 205), on a revoqué en doute l'authenticité du Journal susdit. *Wagenaar, Vaderl. H.* VI, 127. *Te Water, Verb. d. Ed.*, I, 60. D'ailleurs il n'est guères croyable que déjà en novembre les nobles confédérés, dont le nombre étoit encore extrêmement petit, aient songé à se saisir d'Anvers, et si on avoit confié au Prince des projets de ce genre, certes il ne se seroit pas montré en janvier si surpris de la participation du Comte Louis à certain écrit un peu violent. On trouveroit aussi dans sa lettre et dans celles qui suivent au moins quelques allusions à la Confédération. Dans une lettre du Seigneur de Hames du 27 février (voyez ci-après p. 35,) il est bien fait mention d'un projet dont on avoit confié au Prince *la généralité*, après le départ du Comte Louis, et qu'il n'avoit pas approuvé, mais soit que par *l'entreprise* dont il est là question, il faille en effet entendre un coup de main sur Anvers, soit que, comme il est plus probable, cette expression se rapporte à la Conféderation en général, cette lettre elle-même fait voir que le Prince ne savoit rien de bien positif, rien de fort précis. On n'avoit pas en lui une confiance illimitée; on se fut volontiers appuyé de son nom et de son autorité; mais on n'eut pas osé proposer soit à lui, soit aux Comtes d'Egmont, de Hornes, ou de Hoogstraten, Gouverneurs, Chevaliers et membres du Conseil d'Etat, de prendre une part active à une ligue, qui les eut placés tout d'abord dans une fausse position, et dont il ne leur étoit pas même permis de garder le secret.

Mais, dit-on, presque tous les Chefs étoient intimement liés avec le Prince; c'étoient son frère, son beau-frère, ses amis, son confident le plus dévoué Ph. de Marnix. Comment donc le Prince auroit-il longtemps pu ignorer leurs projets? — Cette remarque repose, du moins en partie, sur de fausses suppositions. On considére à tort le Comte Louis, et comme ne faisant qu'exécuter les volontés de son frère, et comme étant le premier auteur des résolutions relatives au Compromis. Souvent il trouvoit dans la conduite du Prince trop de lenteur et de timidité; il faisoit souvent des démarches que celui-ci jugeoit imprudentes; et quant au Compromis, il assure l'avoir signé sans que son frère en eut connoissance et seulement après les instances réitérées de ses amis. Cet aveu remarquable se trouve dans une Apologie de sa conduite durant les troubles, qu'il composa lui-même et dont *Arnoldi* à fait usage (« Eine » von Ludwig aufgestellte Apologie seines Verfahrens in die Nie» derländischen Revolution. » *Arn. Gesch. der N. Or. L.* III. 1. 280. A notre grand regret nous n'avons pas encore découvert dans les Archives ce document précieux). D'ailleurs le Comte étoit reparti promptement pour l'Allemagne, et aura cru pouvoir différer ses confidences jusqu'à son retour. — Les Comtes de Berghes et de Brederode n'étoient pas des hommes entre qui et le Prince il pouvoit y avoir une grande intimité; et Brederode n'étoit peut-être pas du nombre des premiers Confédérés (Voyez. p. 35.)

1566. Janvier.

Quant à *Ph. de Marnix*, on affirme peut-être trop positivement que c'est lui qui a composé le Compromis. Pour son caractère grave et modéré le style est un peu violent. Il ne seroit pas impossible qu'on l'eut confondu avec son frère Jean de Marnix, Seigneur de Tholouse, accoutumé à prendre les devants (comme le prouve entr'autres son expédition contre Anvers en 1567. *Bor.* I. 156b); d'autant moins vu que plus tard, lorsqu'il eut acquis une grande célébrité, amis et ennemis devoient être assez enclins à exagérer la part qu'il avoit prise aux premières résolutions de la Noblesse. Cette idée acquiert une certaine probabilité par un Manuscrit dont nous devons l'inspection à la complaisance du possesseur actuel M. le professeur *H. W. Tijdeman*: c'est un Catalogue de pièces relatives aux affaires des Pays-Bas (1565—1594) rassemblées par *P. Merula*, un des premiers Professeurs d'histoire à l'Académie de Leide. Sous la date du 2 nov. 1565 on y trouve mentionné. « Confédération des environ vingt Gentils» hommes (entre lesquels le premier quasi fut Monsieur de Tho» louse), contre le Concile de Trente, l'Inquisition et les rigoureux » Edicts du Roy, faite après l'invocation de Dieu, en la maison du » Seigneur Comte de Culemburg à Bruxelles. » Il est vrai que *Strada*, p. 205, affirme positivement que Ph. de Marnix dicta le

1566. Janvier. Compromis dans une réunion de neuf Gentilshommes à Breda, mais ce récit est assez difficile à concilier avec le témoignage de *Junius*, *l. l.* p. 242, d'après lequel ce fut à Bruxelles qu'on jeta les fondemens de la Confédération. « Haec contra Inquisitionem » primum fundamenta jacta. » Quoiqu'il en soit, on commet à l'égard de Philippe de Marnix un anachronisme lorsqu' on le dépeint comme agissant alors de concert avec Guillaume Premier. Sans doute il devint son confident, mais il ne l'étoit pas en 1566. Au contraire sa conduite alors, soit en favorisant la Confédération, ce dont il se glorifia depuis, soit en excitant à prêcher publiquement (voyez *Junius*, *l. l.* 245), n'étoit nullement conforme aux intentions du Prince. Au départ de celui-ci, en 1567, Marnix paroit n'avoir pas même songé a l'accompagner, et si plus tard il se rendit vers lui, ce fut d'après les ordres exprès de l'Electeur Palatin. Tel est son propre récit. « Depuis que les persécutions renou- » vellées par le Duc d'Alve il n'y avoit plus de chef qui se mon- » strast, je me suis retiré et tenu quoy en exille... Finallement ne » voulant estre en charge à mes amis, je me suis mis au service de » feu Monseigneur le Prince Electeur Palatin... Jusques à ce que » estant requis par Monseigneur le Prince d'Oranges de me vouloir » envoyer chez luy pour se servir de moy pour quelque temps..., » il m'y envoya, et le temps expiré, à la réquisition du dict Sei- » gneur Prince, me commanda de n'en bouger jusques à ce qu'il » me rappellast, et de servir le dict Seigneur Prince fidellement, » comme sa personne propre. « *Réponse à un libelle fameux par Ph. de Marnix* dans l'ouvrage de *M. te Water*, IV. 282.

Ainsi la nature des relations que le Prince avoit avec quelques uns des principaux Confédérés n'est pas un motif suffisant pour révoquer en doute ce qu'il affirme, et bien au contraire tout semble indiquer qu'avant la mi-mars il n'a eu que des données extrêmement vagues et incertaines sur l'existence et le but de la Confédération.

Toutefois l'auteur de la Vie de Guillaume I (*Leven van Willem I*, I. 434.) ne craint pas d'affirmer que le Prince à connu et approuvé le Compromis. « De Prins heeft niet alleen van het verbond kennis » gehad, en hetzelve goedgekeurd, maar hij is ook, doch onder de » hand, het Hooft, de voortsetter en de voornaemste aanleider van » het Verbond der Edelen geweest. » *M. Bilderdijk*, (*Historie des*

Vaderlandr, VI. 47), s'exprime également d'un ton très positif, 1566.
auquel néanmoins les faits donnent un démenti. « Oranje werd, Janvier.
» gelijk bij de ziel der partij was waar het Verbond uit voortsproot, » toen het eens tot stand gebracht was, ook weldra de ziel van het » Verbond zelf, en dat het niet zonder zijn kennis tot stand kwam, » of tot stand komen kon, is uit alle omstandigheden ontwijfelbaar.»

2. Il nous paroit indubitable que le Prince n'a pas eu immédiatement connoissance de la Confédération, mais surtout qu'elle a été entièrement opposée à ses desirs et à ses desseins.

Elle a eu un grand nombre de panégyristes, mais une grande partie des éloges qu'on lui prodigue sont peu mérités. Il est assez difficile de concilier entièrement le Compromis avec les devoirs envers le Souverain; le Prince lui-meme avoue qu'il n'a pas tenu l'entreprise des Confédérés pour rebellion ou conspiration, (« ne l'avons estimé pour » rebellion, conspiration ou conjuration. » *Le Petit, l.l.*) parcequ'ils ne vouloient user d'aucune violence, mais faisoient seulement entendre des plaintes et des prières; d'où il résulte que, s'ils avoient voulu employer la force, ce qui au commencement étoit leur intention (voyez la lettre 129), le Prince se fut trouvé fort embarrassé pour les défendre contre l'accusation de lèse-majesté. Quoiqu'il en soit, leur marche étoit irrégulière, imprudente, propre à exciter des emportemens populaires, et en effet elle amena des conséquences extrêmement funestes. En 1567 *Languet* résume l'histoire de la Confédération en deux mots: « Belgium esse plane eversum Pro» cerum stultitiâ et ignaviâ non ignoras. » *Epist. ad Camerar.* p. 68; et bien que cet écrivain politique fut beaucoup trop enclin aux mesures violentes, on est forcé de reconnoitre que cette sentence sévère est, sous plusieurs rapports, justifiée par les faits. Les événemens de 1566 et 1567 avoient produit un découragement si complet et tellement fortifié le pouvoir du Roi, que, pour rendre de nouveau la résistance possible, il ne fallut rien moins que les cruautés inouies des Espagnols et leur conséquence, savoir le courage de l'indignation et du désespoir. Le Prince connoissoit le caractère d'une grande partie des Confédérés, il apprécioit des hommes comme les Comtes de Brederode, de Berghes, et tant d'autres, à leur juste valeur; il savoit combien aisément les circonstan-

1566. Janvier. ces amènent un changement dans les résolutions, et il aura prévu, tout aussi bien que les Comtes d'Aremberg et de Megen, qu'une telle union seroit de courte durée. « Non, si paulum temporis » intercedat, duraturam subitariae societati constantiam : quum » nihil diu consistat tumultuario opere compositum. » *Strada*, I. 212.

La tactique du Prince étoit infiniment plus savante. Il desiroit la paix de religion, et pour atteindre ce but, il vouloit obtenir, par l'entremise du Conseil d'Etat et des Chevaliers de la Toison d'Or, la convocation des Etats-Généraux; mais en évitant soigneusement ce qui pouvoit ou remuer le peuple, ou exciter, sans nécessité, la colère du Roi. Même après les dernières résolutions de Philippe il n'avoit pas perdu tout espoir; mais par les démarches des Confédérés le gouvernail lui devoit échapper. Sa position devenoit fausse sous tous les rapports, et il n'y a pas lieu de révoquer en doute la sincérité de ses tentatives réitérées pour être déchargé de ses Gouvernemens.

LETTRE CXXV.

Copie.

Le Prince d'Orange à la Duchesse de Parme. Il développe son opinion relativement aux ordres rigoureux du Roi.

*** Cette copie a été faite sur l'original autographe aux Archives du Conseil d'Etat à Bruxelles. Une traduction se trouve chez *Bor*, I. 33 : la lettre même chez *Le Petit*, *l. l. p.* 51, mais, à ce qu'il paroit, d'après une copie peu exacte.

Madame !

J'ai receu les lettres de Votre Altesse, par lesquelles elle m'escrit ensemble à ceulx du Conseil de mon gouvernement, l'intention de sa Ma^té sur trois poins, me commandant bien expressément de faire exécuter chascung d'iceulx par touttes les places de mon dit gouvernement. Et combien, Madame, que n'ay esté requis d'advis en chose de si gran poix et conséquence (1), toutesfois comme loyal serviteur et vassal de Sa Ma^té, esmeu d'ung zèle désireux à satisfaire au deu de mon estat et serment, n'ay sceu lesser en dire mon opinion librement et franchement, aimant mieulx attendre le hasart d'avoir pour le présent mavais gré pour mes advertissemens et remonstrances, que par ma connivence et silence, après l'esclandre et désolation du Païs, ester noté et blasmé de infidélité de négligent et nonchallant gouverneur. 1566. Janvier.

Premièrement quant à l'exécution du concile, oires que au commencement il y avoit quelque mécontentement et murmuration, toutesfois veu qu'on y at despuis adjousté aulcugnes réservations, je crois que en cest endroict il y aurat peu de difficulté, et quant à la réformation des prêtres et aultres ordonnances ecclésiastiques, n'estant chose de ma vocation, je le remets à ceulx qui en ont la charge et où il sera de besoigne, satisferay au commandement de Sa Ma^té.

Quant au second point, contenant que les gouverneurs, consaulx et aultres officiers, debvroient à tout leur pouvoir favoriser aux inquisiteurs et les maintenir en autorité, qui de droit divin et humain leur appertient et dont ilx auroient usé jusques à maintenant;

Votre Alteste peult avoir souvenance de ce que les plaintes, oppositions et difficultés, esmeus par tout le pais de pardeça à l'endroict de l'establissement des Evêsques, n'ont esté pour aultre regart, que de peur que soubs

(1) Voyez Tom. I. p. 295.

1566. ce prétexte, l'on tâschat introduire quelque forme d'in-
Janvier. quisition; tant est non seullement l'exécution, mais aussi le nom odieus et désagréable.

Oultre ce peult scavoir Votre Altesse, et est cler et notoire à la pluspart des subjects et gens de bien pardeça, que Sa Ma[té] Impériale et celle de la Royne Marie ont par plusieurs fois asseuré les inhabitans, tant de bouche que par escrit, que la dite inquisition ne se introduiroit en ce Pais-Bas, ains seroit le mesme Païs maintenu et réglé comme de toute ancienneté auparavant, voires Sa Ma[té] mêsmes, pour oster cette impression aus dits inhabitans, a faict souventesfois semblable asseurance (1).

Les asseurances et promesses susdites, Madame, ont infalliblement gardés les subjects et aultres resseaus[1] de toumber en quelque altération, et de ce que beaucoup de gens de bien et de povoir n'ont aliené leurs biens, chersant aultres plasses pour vivre sans crainte d'aulcune inquisition, dont consécutivement s'est retenu l'union, tranquillité, traffique de marchandise et fournissement de la pluspart des finances pour le soustient de la guerre, là où aultrement le Païs desnué des inhabitans, vassaulx et déniers, fust allé proie à ceulx qui y eussent volu mestre la main.

---

(1) *asseurance.* Voyez cependant Tom. I. p. 290. Le Prince lui-même avoue que l'Inquisition n'étoit pas entièrement inconnue dans les Pays-Bas. « Durant les dernières guerres l'on avoit assez » modéré et suspendu l'extrême rigueur de l'Inquisition et des plac- » carts. » *Le Petit*, p. 179[b]. Et d'ailleurs même dans cette lettre-ci, il se sert de l'expression « *renouveller* l'Inquisition. » Les promesses du Roi avoient rapport au mode d'Inquisition adopté en Espagne.

[1] vassaux (?).

Touchant le troisième point, par lesquel Sa Ma^té veult et ordone bien expressément, que les placcarts, faicts tant par l'Empereur que par Sa Ma^té, soient en tous poins et articles gardés, ensuivis et exécutés en toute rigeur et sans aulcune modération ou connivence; 1566. Janvier.

Madame, ce point me semble semblablement fort dur, d'aultant que les Placcars sont plusieurs et divers et parsidevant quelquefois limités et non ensuivis à la rigeur, mêsme en temps que la misère universelle n'estoit si aspre comme maintenant et notre peuple, par imitation et practiques de nos voisins, non tant enclin à novellité, et de voloir présentement user de plus d'extrêmité et tout en ung coup avecque plus de véhémence, renouveller la dite inquisition et passer oultre aux exécutions en toute severité, je ne puis, Madame, comprendre que Sa Ma^té y puisse gaigner aultre chose, que de mester soy mesme en paine et le Païs en trouble de perder l'affection de ces bons subjects, donnant à ung chascung soubson, que Sa Ma^té veuille procéder d'aultre piet, qu'el a tousjours asseuré et demonstré, mestant le tout en hasart de venir es mains de nos voisins, tant pour les gens qui se despaiyseront, comme pour le peu de fiance qu'on aurat de ceulx qui resteront, le tout sans nul proffit au redressement de la religion.

J'obmais issi pour éviter prolixité d'alleger plusieurs aultres inconvéniens, scaschant que Sa Ma^té et Votre Altesse en ont souventesfois par cy devant esté tout au long advertis, oultre ce que, parlant à correction, le temps me semble mal propre pour esmovoir les cerveaulx et humeurs du peuple, par trop altéré et troublé par la présente nécessité et chierté des blés (1), et vauldroit, à mon ad-

1566. vis, mieulx le tout différer et remester jusques à la venue
Janvier. de Sa Ma^té, puisque l'on dict qu'el se prépare pour se trouver pardeça et vauldrois qu'elle fusse servi de se haster, affin que en sa présence fust en tout donné tel order, qui trouveroit convenir pour le service de Dieu, de Sa Ma^té, repos et prospérité des Païs et subjects de par deça, car en cas de trouble seroit le remède plus prompt en sa présence que aultrement.

Si toutesfois Sa Ma^té et Votre Altesse persistent et veuillent dès maintenant, que l'on ensuive en tous les dit poins, voyant clerement et à l'oeil qui ne se peult présentement exécuter sans gran hasart de la totale ruine du Païs, en quoy peultester [1] Sa Ma^té prendroit regart si elle estoit issi, je aimerois mieulx, en cas que Sa Ma^té ne le veuille delayer jusques à là et dès à présent persister sur ceste inquisition et exécution, qu'elle commisse quelque aultre en ma place, mieulx entendant les humeurs du peuple et plus abile que moi à les maintenir en paix et repos, plustost que d'encourir la note, dont moi et les miens porrions ester souillés, si quelque inconvénient advint aulx Païs de mon gouvernement et durant ma charge.

Et se peult bien asseurer Sa Ma^té et Votre Altesse que je ne dis cecy pour ne voloir ensuivre ses commandemens ou de vivre aultrement que bon Créstien, comme de ce

---

(1) *blés.* Plus tard il y eut, du moins en France, une extrême disette. « Nulla hominum memoria fuit hic tanta charitas vini et » frumenti quanta hic est. Medimnus tritici, qui communiter hic » solet vendi duobus florenis, vel duobus cum dimidio, proxima » septimana venditus est quindecim... » *Languet*, *Ep. secr.* I. 8.

[1] peut-être.

mes actions précédentes peuvent rendre bon temoignaige, et que j'esper que Sa Ma[té] aura cogneu par expérience, que je n'ay jamais espargné corps, ne biens, pour le service d'icelle, comme je désire continuer, tant que la vie me durerat, oultre ce que si les affaires du Païs allassent aultrement que bien à point, j'y mestrois (par dessus l'obligation que je dois à Sa Ma[té] et la patrie) non seulement tout ce que j'ay au monde, mais aussi ma personne, ma femme et mes enfans que pour le moings la nature me commande de préserver et garder. A quoy plairat à Votre Altesse prendre regard, selon sa très pourvue et coustumière discrétion, prendant ceste ma remonstrance de bonne part, comme procédant de celui qui parle d'ardant désir et affection qu'il a au service de Sa Ma[té] et d'obvier à toutes inconvéniens dont je prens Dieu en tesmoing, lesquel prie, Madame, après m'estre recommandé très humblement à la bonne grâce de Votre Altesse, donner à icelle en santé, bonne vie et longue. De Breda ce 24 de janvier A.° 1566.

1566. Janvier

De Votre Altesse, très humble Serviteur,
Guillaume de Nassau.

Depuis longtemps le Prince étoit placé entre ses convictions protestantes et les devoirs que lui imposoit sa charge de Gouverneur au nom du Roi. C'est ainsi que « déjà en 1559, » dit le Prince, « le Roy » quand il partit de Zélande, me commanda de faire mourir plu- » sieurs gens de bien, suspects de la Religion, ce que je ne voulus » faire et les en advertis eux-mêmes, sçachant bien que je ne le

1566. » pouvois faire en saine conscience, et qu'il falloit plutost obéir à
Janvier. » Dieu qu'aux hommes. » *Dumont*, *Corps Dipl.* V. 1, p. 396[b]. Sa Commission comme Gouverneur de Hollande, Zélande et Utrecht, étoit extrêmement sevère sur l'article de la religion. (« Daar de Roomsche Godsdienst den Koning zeer ter harte gaat, zal de Stadhouder » zorg dragen dat de veroordeelde Gezindheden gestraft en uitge- » roeid worden, volgens de Placaten. » Et dans une Instruction séparée, il lui est enjoint d'exécuter les Placards en toute rigueur. *Kluit*, *Historie der Hollandsche Staatsregering*, I. 62, 65.) Ces ordres, il est vrai, n'avoient pas été suivis à la lettre; mais maintenant le Roi vouloit, « tout en ung coup avecque plus de véhé- » mence renouveller l'inquisition et passer oultre aux éxécutions en » toute sévérité. » Il falloit donc remettre en vigueur des Placards, par lesquels déjà plus de 50,000 personnes avoient été mises à mort, ainsi que le Prince l'atteste dans sa Défense. *Le Petit*, 180a. Comment désobeir sans abuser de la confiance du Roi? Comment obéir sans se révolter contre Dieu? Il ne lui restoit aucune issue qu'en demandant sa démission.

LETTRE CXXVI.

Le Prince d'Orange au Comte Louis de Nassau. Sur le but des levées du Duc Eric de Brunswick.

*** Le Prince, voyant que la résistance armée pourroit devenir nécessaire, vouloit, en évitant les démarches inconsidérées, se tenir prêt à tout événement. Il desiroit donc pouvoir disposer, le cas échéant, d'un certain nombre de troupes, dont on pourroit faire usage avec l'autorisation ou du moins au nom des Etats (Voyez Tom. I. 278, et le passage remarquable écrit par le Prince déjà en 1564 au Comte de Schwartzbourg, où il témoigne son vif desir que la paix se fasse entre le Danemarck et la Suède, « uff » das E. L., George von Holl und andere freunde desto zeitlicher

» herausser zue uns khommen und wir uns under ainander sehen 1566.
» und besprechen mögen. » p. 180.) Janvier.

Les levées du Duc Eric devoient le fortifier dans ces résolutions. Il est cependant très probable que le Duc n'avoit aucun ordre du Roi. Au moins la Duchesse de Parme, dans une lettre du 24 mars, écrit à Philippe II. « Il semble que V. M. doibt escrire au Duc » Erich, affin de se déporter de telles choses, pour le préjudice » qu'en recepvroit V. M. » Le Roi répond. « Je faix aussi escri- » pre au Duc Erich qu'il se déporte de faire semblant de lever » gens (selon que le bruict couroit) pour mon service: comme » chose controuvée et dont il n'a aulcune charge, ni l'eust jamais. » *Procès Crim. des Comt. d'Egm.*, p. 296, 351.

La tournée du Comte de Schwartzbourg et de George von Holl, vers les Pays-Bas (voyez la lettre 128) venoit donc très à propos. *Burgundus*, *historia Belgica*, p. 109, est mal informé, quand il affirme que vers ce temps le Comte de Schwartzbourg, G. v. Holl. et Westerholt séjournoient à Bruxelles.

Mon frère, en cest instant suis esté informé de deux ou trois coustés comme le duc Erich faict faire quelques secretes levées tant de gens de cheval comme de piétons, mesmement que aulcungs de ceulx qui ont charge disent ouvertement que c'est pour mester les dits gens de guerre en ce pais et pour chastier aulcungs rebelles, et qui est davantaige, disent le nombre estre de cinq mil chevaulx et cinq régimens de piétons, et oires qui ne vault de tout croire, si esse qui [1] je l'ay de gens de sorte qu'i me cause en adjouster quelque foy. Je le vous ay bien volu incontinent advertir par ce porteur, affin qu'il vous treuve ancores estant près du Conte de Schwartzenbourg et Georg van Hol, pour adviser, si cela advinse, ce qui leur sembleroit qu'i seroi de faire, car sur ce mot général de rebelles il seroit à craindre qu'il en auroit des aultres compris [2] qui

[1] est ce que. [2] compromis (?)

1566. Janvier. n'en porriont moings: le principal comme j'entens qui aurat cherge et qui mieulx scait à parle de ses affaire, c'est le Conte Jost de Schaumbourg (1) qui doib avoir charge de mil chevaulx et 10 enseignes de piétons. Si la chose se puisse descouvrir, à la vérité seroit une belle chose et viendroit bien à propos à plusieurs, parquoy vous prie le recommander l'affair au Comte de Zwartzenbourg et Georg van Hol, car je suis seur quant ilx vouldront faire um peu de diligence, qu'ilx le scauront bien le tout, dont vous prie qui j'en puisse ester adverti; et puisque les choses sont en tel terme, ne scay si me serat conseillé abandoner ce Pais et aller à la diette, dont vous prie aussi mander leur advis et me mander le tout avecque le vostre, car il serait à craindre que trouverois ung aultre au logis. Quant à nostre affaire dont esties en Anvers, ay parlé avecque ceulx à qui avies donné la charge, mais trouve les choses ancor mal prestes, oires qu'i me offrent 18 mille florins sans interest, moienant qui je prins pour 10 mille aultre florins des traps [1] et que je leur donne pour ce 28 mil florins autant de vassil, desorte que crains qu'il ne viendrat gran chose de ce cousté; néamoings en cinq ou six jours ilx me doibvent apporter absolute responce. Je vous prie présenter mes recommendations et mon service au Comte de Schwartzenbourg et Georg van Hol, et boire ung bon coup à eulx de ma part, les asseurant qu'ilx n'ont

---

(1) *Jost de Schaumbourg.* Le Comte Joost de Schouwenburg, Seigneur de Ghemen, époux de la soeur du Comte de Culenbourg; en 1572 il devint Gouverneur de la Frise sous le Prince d'Orange, mais s'enfuit en Allemagne peu de temps après.

[1] draps.

melieur amy que moy, ny qui les désir plus fair service; 1566.
le plus secrètement que pores fair tenir ces choses et [1] le Janvier.
meilleur, néanmoings ester tousjours en discours comme l'on le porrat rémédier et advenant le cas se trouver prest, ne le fault delesser pourtant; et sur ce me recommande à votre bonne grâce, priant Dieu vous donner, mon frère, et à nous tous ce qui nous [coümple] pour nostre salut. De Breda ce 25 de janvier An 1566.

Vostre bien bon frère à vous fair serv.
GUILLAUME DE NASSAU.

A Monsieur le Conte
Lodewick de Nassau.

LETTRE CXXVII.

J. Lorich au Comte Louis de Nassau. Sur le même sujet.

*** Ces levées causèrent une grande alarme dans les Pays-Bas. « Acerrima seditionum materies fuit, quod Erycius Brunswicensium Dux traderetur composuisse legiones, et easdem à Rege conductas, exstruendarum arcium et Inquisitionis firmandae causâ, rectâque iter in Belgium dirigere. » *Burgundus*, p. 124.

Wolgeborner Graf, genediger Herr.... Ich hab doch nicht unterlaszen können, E. G. undertheniglichen zu gemanen, das das geschreij von herzog Erichs bestallung gantz hefftig heran wächst; da dem nuhn also, so hetten

[1] est.

1566. E. G. drauszen zu erkündigen, wo die ding hinausz wol-
Février. len und widerumb uff kegenwege zu dencken, da sie etwan E. G. hern bruder und S. F. G. freundschafft oder desselben bewandten zukegent lauffen wolten; und wen schon das geschrey nit were, so lisze sich doch Herzog Erich mit worten und wercken so vil vermercken, das man spüret was die rüben gelten, dan solten es gehaimbe practiken sein, so musten sie der kegentheill, einen geschwindten und geistigen teuffell ins werck gestelt haben; diszer ist vil zu [scheinheilich] und vil zu vill durchsichtig. Was E. G. ich derhalben schreiben, bin ich der undertheniglichen zuversicht, E. G. werden es von mir als einen wollmeinenden Westerwalder (1) in genedigen vertrauen uffnhemen und es darfür halten, womit E. G. ich in künfftigen zufallenden gelegenhait undertheniglich dhienen kan, das es ahn mir nit mangeln soll. E. G. hiermit dem Almechtigen in steter gesundheit zu bevelhen. Datum Breda ahm 8 February A° 66.

E. G. Undertheniger gantz dienstwilliger,
LORICH.

A Monseigneur, Monseigneur
le Conte Louys de Nassaw.

---

(1) *Westerwalder.* Le *Westerwald* formoit une partie des possessions de la Maison de Nassau en Allemagne. » Die Herrschaft » zu Westerwald mit dem Gericht Liebenscheid und der Calenberger Zente werden in neueren Zeiten unter den Namen *der Herrschaft Beilstein* begriffen. » *Arnoldi, G. der Or. N. L.* I. 52.

LETTRE CXXVIII.

Le Prince d'Orange au Comte Louis de Nassau. Sur des démarches à faire auprès des Princes d'Allemagne relativement aux Pays-Bas.

*** On trouve ici le témoignage d'une bonne conscience. Le Prince ne craint pas que, ses démarches venant en lumière, on ne découvre la vérité: mais au contraire *qu'on ne présume aultre chose que en vérité la chose est en soy mesmes.* 1566. Février.

Mon frère, suivant ce que m'avies escrit par vostre lettre datée de Dusseldorff, que trouveries le Comte de Schwartzenbourg et Georg van Hol à Embecke pour le 28 du passé, vous ay despesché ung paige mien en toutte diligence, pour vous advertir de quelque levée que l'on disoit issi, que le Duc Erich debvoit fair. Je ne suis à mon aise que le dit page ne vous aura trouvé, à cause que jé entendu par vostre lettre, daté du 3 du présent à Marburg, que avies ja parlé au dit Conte de Schwartzenbourg et Georg van Hol. Je crains qu'il vous irat chercher par tout et qu'il sera détroussé par le chemin, ou qu'il perde la lettre. Je vous prie, si n'est encores arrivé, de vous faire um peu enquérir, si il auroit eu quelque désastre et en escrire aussi au Conte de Zwartzenbourg, et pour vous respondre à vostre dernière lettre, ne peus si non vous remercier bien affectueusement la paine que prennes de pourchasser si vivement nostre bien, dont de ma part vous en demeure obligé, et quant à ce que m'escrivés que le Conte de Zwartzenbourg et Georg van Hol seriont d'opinion que vous amvoiasse deux lettres de crédence pour le Duc de Saxe et le Duc de Wirtenberg, m'at samblé fort bon et les vous amvoie si

1566. joinct; rest seullement que les remonstrances que leur
Février. ferés, soit tel, que le sassant et venant en lummière, l'on ne porroit présumer aultre chose, que en vérité la chose est en soy mesmes, et me sembleroit après que leur aures à part (sans beaucoup de leur conseilliers) dict comme nous avons negocié depuis le partement du Roy et les remonstrances que avons faict à sa Ma[té], que non obstant tout cela, Sa dite Mat. par mavés conseil et par pur emvie que les Espaignols nous portent, c'est résolu que en toute rigeur les placcars soient exécutés et que les inquisiteurs fassent et exercent leur office sans nulle dissimulation : ce que sans nulle faulte, alliene tellement les ceurs des subjects, qu'il est à craindre de quelque tumulte ou révolte, ce que de nostre costé vouldrions bien empêcher, sassant fort bien, que advenant ung tel changement, serons les premiers ruinés et gastés, mais noz remonstrances, oires qu'i procédent de bon ceur et pour éviter toutte ruine et empescher que tant de sang des innocens ne soit répandu, est interpreté, tant de Sa Ma[té], comme de ceulx de son conseil tout au contraire, mesmes à demi à rebellion et de inobéisance, desorte que nous nous trouvons en gran paine, car d'ung costé est la ruine tout évidente se taisant, de l'aultre costé contre disant recepvons le mauvés gré du maistre et ester noté de contrevenir à nostre debvoir, et comme en chose de tel poix jé bien volu avoir conseil et advis de mes Seigneurs, sassant que Princes de tel qualité, me cognoissant tant leur serviteur, qu'ilx ne prenderont de mauvese part que je me adresse à eulx, parquoy les supplierés bien humblement de ma part qu'ils veuillent le tout bien considérer et me mander en amys comme nous nous porrons régler

et conduire en cest affaire, et si vous puissies avoir leur 1566.
advis par escrit, nous viendroit bien à propos et leur Février.
seroit une grande obligation de assister leur conseil, en cas de nécessité. Il m'a semblé mieulx de parler ainsi généralement, sans entrer en nulle particularité, affin que la chose demeur tant plus secrète et tout viendra en ung. Je ne vous escris rien du duc Erich, sinon que le bruit est issi par tout le païs de levée qu'il faict et que se doit ester pour mester l'inquisition; si vous entendés quelque chose davantaige, vous prie me le mander. Je suis mar; que Hilmer van Guernen, s'est mis en son service; si l'on le puisse retirer, seroit une belle chose; d'aultre part, mon frère, comme vous vous trouverés maintenant vers le Duc de Saxe et Lantgrave et que scaves la nécessité d'argent que j'ay, me semble ne seroit que bon, de assentir du Duc de Saxe, si ne nous fauldroit prester ung cinquante mille daller, prennant les trente mille, que le beau-père (1) de ma femme doibt paier apres sa mort pour hipotèque, des aultres 20 mille luy donnerois bonne asseurance, avecque cela nous nous porrions maister hors de tout charges, si le Lantgrave de son costé volusse prester quelque chose oultre cela pour quelques annés, nous viendroit bien à propos, pour empescher tant mieulx les desseigns qui se présentent maintenant. Enfin vous en userres, comme trouverés convenir. Je vous asseur que je suis bien aise de la venue du Conte de Schwartzenbourg et Georg van Hol et la vostre, vous priant tenir la main, qu'i demeurent sur ceste bonne resolution, néanmoings si il y eusse quel-

(1) *beau-père*. Le Duc Jean Fréderic de Saxe-Gotha, à qui Agnès de Hesse, mère d'Anne de Saxe, avoit été remariée.

1566. que changement, vous prie me advertir. Je estois d'in-
Février. tention d'escrire la lettre si jointe au Duc de Saxe, touchant ma femme, et luy ay faict lire, mais elle m'at prié que non; je le vous ay bien volu amvoie, affin, que si il vinse à propos que le Duc de Saxe vous en parlis, ou le Lantgrave, ou son filx, auquel ay entendu qu'el aurat escrit, puissies scavoir comme la chose est passé, mais s'ilx ne vous en parlent, n'en ferois semblant, si ne vous semble aultrement: despuis que ma femme at veu ceste lettre, elle at promis faire rage[1] et tellement vivre, que tout le monde en aura contentement. Hier elle vint malade et pense qu'el aura eu une faulse porte. Je vous prie me ranvoier incontinent ceste lettre, que je pensois escrire au Duc de Saxe quant n'an aures plus affaire et seurement: et sur ce, mon frère, vous baise les mains. De Breda le 10 de febvrier An 1566.

Vostre bien bon frère à vous
faire service,
GUILLAUME DE NASSAU.

A Monsr. le Conte Louys
de Nassau, mon bon frère.

[1] tout son possible.

Nous ne croyons pas pouvoir nous dispenser de transcrire ici quelques passages de la lettre dont le Prince fait mention, afin de donner une idée de ce qu'il avoit journellement à souffrir. Cette copie est autographe. 1566. Février.

Durchleuchticher hogborner Fürst E. G. werden on zweifel von derselber marschalk (1) verstanden haben wie sich meine hausfraw vor sein ankommen mit mir gelebt hatt und mit was schäntliche worten mein geschlecht und herkommen auszgebrait hat, und das nit allein hinner mich, sonder mir's selbst voer's angesigt gesagt, das ir laid was das sie in ein solche... hausz kommen sei... Dweil sie sich aber lisz vernemen bei vermelten marschalck, das sie sich nuhn fortan besser und gehorsamlich wolt halten, hab ich 's auch darbei gelassen, in hoffenung, dweil sie so freundlich von E. G. war ermanet, sie sol dasselbig haben nachgefolget, aber laider das gegenspil hat sich wol befunden, dan wie der marschal von Brüssel zog, so zog meine hauszfraw auch von Brüssel nach dem Brunnen, genugsam gegen meine wille; dweil sie aber sagt das man ire reis wollet verhindern, umb sie umb den halsz brengen, so hab ich sie in Gottes namen lassen ziehen, was sie aber van mir in den brunnen gesagt hat, wil ich's uf dismal derbei lassen bleiben, wil aber E. G. kurtzlich anzaigen wie sie sich hilt, den ersten dag da sie van den Brunnen kam..... Ich kont nichts anders thun dan betrübt und gedult zu haben, uff hoffenung das mitt dem alter sich sol bessern; aber nit lang dernach uffenbar im sal, nach dem abent-essen, bei

---

(1) *marschalk.* Voyez Tom. I. Lettre 109.

1566. Février. beiwesen des Grafen von Horn und andere vom adel, hatt sie die forgange red uffenbar geret und ein solche wesen angericht, das iderman sich verwundert, wie ich die schmeworte die sie mir sagt, kunte leide; und werlich es war mir schwer genuch, das solche worte for jederman geret waren; dan was heimlich noch geschicht, kan man wol gedult, wen es nit zu fer kom; dergleichen red sein nuch ufftmals nach geschehen, for mich, so wol als hinder mich..... Ich hab es alles E. G. nitt wollen mitt solchen sachen bekümmern, bisz das mich die nott darzu gedrungen hatt, und ist das sich meine hauszfraw mitt solchen leutten umbgehet, da sie, noch ich, noch E. G. und alle ire geschlecht, kain Er[1] noch Rumb[2] darvon überkommen..... Dan mir nit müglich ist lenger ein solche leben zu leben, und hett ich's nitt gelasen umb E. G. und andere ursachen, ich het werlich uf das mal eine resolution genommen mein lebten nit mer bei ir zu kommen und E. G. widerumb sie zu hausz geschickt. Welches alles ich E. G. in der leng hab wolle schreiben, uff das sie mach einmal wissen, wie die sachen stehen, dan lenger zu laiden ist mir unnmüglig..... Dweil ich dan sehe das alles nichts hilfft, bin der mainung alle ire leut nach meinem gefallen stellen, wan aber E. G. odder meineher der Lantgrave for gutt ansehen ergets einen fainen erligen vom adel und desgleichen eine erbera[3] fraw bei ir zu stellen, bin es ser wol zufriden; dan mitt solchen lechferdigen leutten so umbzugehen, wie sie biszhero gethan, ist ni zu leitten, noch erlich; zum andern bin ich entschlossen das man ire kaine brieff mer sol brengen, e das ich sie sehe, es sei dan van E. G. odder andere von iren

[1] Ehr. [2] Ruhm. [3] ehrbare.

eltern und verwanten und erliche vom addel. Sie beclach 1566.
sich auch das ich sie nit tractir nach irem stat, das beken Février.
ich aber nach meinem vermögen so wol als meuglich, dan nach den fogel musz man das nest machen. Ich hab auch verstanden das sie viel von ire klainodie, ketten und andre ding verwechsselt hat, ich wil es alles lassen besichtigen nach dem inventar for meine unbelastinge[1]. Ich bitt Euer Gnaden verzaien mir das ich sie bemüe mitt solchenn handeln, und wais Gott das mir's hertzlich laid ist das die nott darzu dringt, das ich Euer Genaden damitt musz bemühen.

Copie d'une lettre au Duc de Saxe; mais pas amvoié.

Le 26 février le Landgrave Guillaume de Hesse écrivit au Prince, qu'il venoit de célébrer le 12 de ce mois son mariage avec Sabine de Wurtemberg. Il lui fait part aussi des levées du Roi d'Espagne contre les Turcs. « Wir sind glaubhafftig berichtet das » der König vier regement Teutsches Kriegsvolcks anzunehmen wil- » lens ist, des vorhabens sie gegenn den Türcken in Italien zu ge- » prauchen. » (M.S.) Des nouvelles de ce genre augmentoient les craintes et les soupçons. La Gouvernante écrivoit le 24 mars au Roi: « Aussy se disoit que V. Maj. venoit avecq aulcuns Régimens d'Al- » lemagne et Espagnols, et feront icy ériger des Citadelles, avecq » choses semblables; dont les subjects de V. Maj. se trouvoient fort » esbahys et troublez. » *Procès des Comt. d'Egm.* II. 296.

[1] pour ma décharge.

LETTRE CXXIX.

N. de Hames au Comte Louis de Nassau. Sur les résolutions des confédérés et la nécessité de prendre des mesures vigoureuses.

1566 Février. *** N. de Hames, étoit depuis 1561 roi d'armes de l'ordre de la Toison d'Or. Protestant zèlé et véhément, il n'aimoit pas les demi-mesures, et prit une part très active aux démarches de la Noblesse. Il périt dans la première expédition du Prince d'Orange contre le Duc d'Albe. *Strada* le cite parmi les premiers signataires. « Primi » omnium fuere Nicolaus Hames... praecipuum conjurationis in» strumentum; Baronnius, Ghibercius, Lefdalius aulicus Egmon» tii, Joannes Marnixius Tolosae dominus, Ghisella, Meinserius » et Olhainius. » I. 206. Ce fut lui qui en novembre 1565 ne craignit pas de tourner en ridicule ce que Viglius Président de l'ordre avoit dit, à l'occasion de l'assemblée solennelle des Chevaliers, sur les mérites de St André leur patron. « Homo sectis contamina» tissimus Præsidem ex legenda S. Andreae somnium aliquod re» citasse dicebat.» *Vit. Viglii, p.* 44. *M.r de Warou* est apparemment Guillaume de Merode, Seigneur de Waroux. *M.r Dolhain* est Adrien de Bergen, qui en 1569 commanda les gueux de mer. *M.r de Louwreval* nous est inconnu : peut-être est ce *M.r de Longueval*, qui servit plus tard sous Brederode. Mais il nous semble encore plus probable qu'il s'agit ici de Philippe de Mourbais, Seigneur de *Louverval*, qui se trouva aussi en mars aux conférences de Breda ; *V. d. Haer, de initiis tumultuum*, p. 204. *M.r de Toulouse* est Jean de Marnix, frère du célèbre Seigneur de S.t Aldegonde. *M. de Leefdael* est Christophe de Leefdael, dont on sait peu de chose avec certitude. *Te Water*, II. 492.

Cette lettre est extrêmement curieuse et caractéristique. Partout perce un vif mécontentement des conseils modérés du Prince, à qui on reprocha aussi plus tard de n'avoir pas fait cause commune avec ceux qui vouloient procéder sans aucuns ménagemens. « Arausiensis sua cunctatione et haesitatione passus

est nostrorum vires attenuari. » *Languet, Epist. ad Camer.* 64. 1566.
M. de Hames vouloit *forcer* le Roi à assembler les Etats-Généraux Février.
ayant pleine puissance : mais c'étoit vouloir une révolution, un Gouvernement républicain; le Prince desiroit prévenir la révolution. — On peut se faire une idée d'après le style de ce Seigneur, combien les discours, les conseils et les exemples de ceux qui partageoient ses opinions, devoient augmenter l'effervescence populaire. Il y a sans doute beaucoup de vérité dans la remarque de *Strada*, p. 209. « Nobilium aliorumque qui se aggregaverant, non » eadem mens ac finis, uti ferme accidit in coetu plurimorum. Nam» que alii satis habebant, si Pontificii quaesitores arcerentur mi» nuerenturque Edictorum poenae: alii super haec in libertatem » Religionis intendebant: multos nulla Religionis Edictorumve » cura, sed cupido agebat praedae ac rapinarum: denique nonnulli » majus interim opus movebant, ac per eas turbas excusso veteri » Domino novum meditabantur. » Le Prince mettoit déjà le même systême en avant, que lorsqu'il fut entièrement au fait de la nature et du but de la confédération. Voyez p. 41, 51.

Monseigneur, depuys vostre partement des pays de par deça vous n'avez eu, comme je pense, aucun avertissement de pas un de nos alliés, touchant nostre affaire, combien que par plusieurs fois nous eussions bien desyré trouver moyen pour vous avertir des chozes qu'avons traictées en grand nombre et rien conclu. Si est ce qu'à la dernière assemblée, là où estoient mons.[r] de Warou Lieutenant de mons.[r] l'amiral, mons.[r] Dolhain, mons.[r] de Louwreval, mons.[r] de Toulouze, mons.[r] de Leefdael et moy, fut arresté une conclusion la plus proffitable au jugement de tous et la plus facile de touttes celles qui auparavant sont esté mises en avant; nous le feismes sous la correction et avis de mons[r]. de Brederode, auquel nous

1566. déclarames les particularités de l'entreprise, et à monseigneur le Prince la généralité; mons.[r] de Brederode la trouve excellemment utile, mons.[r] le Prince en a rejetté la généralité, se tenant pour asseuré de l'impossible, veu les grans proffitz et la grande facilité que nous attribuions à la dite entreprinse, joinct qu'il n'est encore d'oppinion d'user d'armes, sans lesquelles il estoit impossible de mettre nostre pourject en exécution. Nous attendons tous vostre retour avec un incroiable desyr et expectation, espérans que ayderés à faire luyre le feu es ceurs de ses Seigneurs icy par trop lent et sans vigeur. Ils veullent que à l'obstination et endurcissement de ces loups affamez nous opposions remonstrances, requestes et en fin parolles, là où de leur costé ils ne cessent de brusler, coupper testes, bannir et exercer leur rage en toutes façons. Nous avons le moyen de les refrener sans trouble, sans difficulté, sans effusion de sang, sans guerre, et on ne le veult. Soit donques, prenons la plume et eux l'espée, nous les parolles, eux le faict; nous pleurerons, eus riront, le Seigneur soit loué de tout, mais je ne vous puys escrire cecy sans larmes: tous les povres fidèles sont esperdus voyans le remède si tardif; nous les avons consolés un temps, leur promettans bref secours, mais je le voy trop esloigné par la tièdeté[1] de ceulx quy y debvroient estre les plus animés. Les quatre villes de Brabant (1) ont présenté un escrit

Février.

(1) *Brabant.* Bruxelles, Anvers, Louvain et Bois le Duc, qui prétendoient devoir être libres de l'Inquisition. Après un long examen de leur requête il fut rapporté à la Gouvernante, « que depuis » 1550 aucun exercice de l'Inquisition n'avoit été au pays de Bra- » bant, et qu'à tant les suppliants ne doibvent estre chargés d'i-

[1] tiédeur.

au chancelier et conseillers de Brabant, touchant ce dernier commandement ; mais il semble que ilz avouent les edictz passés, rejettans seullement l'inquisition, s'amusans au nom, laissans les chozes ; l'on dict que Flandres prépare un escrit semblable ; aussi faict Hollande ; mais je ne voy point qu'il puisse sortir aucun fruict de toutz leur escritz, car ce sera tourjous[1] à recommencer ; la maladie et corruption de notre corps public est plus grande que l'on la puisse guérir avec ces dous buuvages[2] et syrops, il y fault adhiber une plus forte purgation ou cautère. Les estatz-généraulx ayans pleine puissance, est le seul remède à noz maulx ; nous avons le moyen en nostre povoir sans aucune doubte de les faire assembler, mais on ne veult estre guéri ; la grosse verolle, tant plus on la flatte, tant plus elle s'aigrit et augmente tourjous jusques à mettre son homme au luzeau. Notre verolle est la corruption de la foy, de la justice, de la monnoye, debtes infinies, abbaissement, voire presque une extermination de la noblesse, offices et bénéfices es mains de toutes personnes indignes : allés guérir cela avec parolles !

1566. Février.

L'inquisition est publiée par tout Henault, aux pays de Flandres, Artoys, Lisle, Douay, Orchies ; on traveille de le mettre par tout aultre part et le fera t'on si l'on n'y oppose que parolles. Je vous supplie, monseigneur, vous haster pour nous assister de vostre conseil et nous apportes certain traicté que vous nous aves promis, touchant les causes pour lesquelles l'inférieur Magistrat peult prendre les armes quant le supérieur dort ou tyranize et tout ce

---

»celle.» *Procès d'Egm.* II. 292. Auquel avis elle se conforma. En Flandre on demandoit l'éloignement de certain Inquisiteur *Tittelmans.*

[1] toujours. [2] breuvages.

1566. Février. quy y peult servir: mons.[r] de Toulouze, son frère, et moy nous recommandons bien humblement à votre bonne grâce, priant le Créateur vous donner, monseigneur, Sa saincte grâce avec augmentation des dons de Son Esprit. De Breda ce 27 de febvrier 1566.

Vostre plus humble et plus affectionné serviteur,

NICOLAS DE HAMES.

Monseigneur, Monseign.[r] le
Conte Lodwich de Nassou.

Peu de temps après eurent lieu les conférences de Breda et de Hoogstraten. « Bredae apud Orangium frater Ludovicus, Comes » Zwarzenburgii, Georgius Hollius, et Westerholtius, Germani, » evocatus e Viana Brederodius, privato item officio quod fereba- » tur Hornanus, Megemus,.... Hoochstratanus, atque una foederati » nobiles, Dandelotius, Vilerius, Hames, Boxtelius, Tholousii, » Dolhaignius, Louvervallius, Warousius, numero ad duodecim: » multa ibi consilia. Aberant ab isto conventu Egmondanus et » Marchio Bergensis: in diem itaque insequentem Hoochstratano » coenam Hoochstrati Orangius caeterique indicunt, Egmondanum » Bruxella, Marchionem Bergis ad coenam literis invitant, quibus » nisi iis salutatis discedere in Germaniam Zwarzenburgium nolle » affirmarent. Hoochstrati itaque novis consiliis de re tota delibera- » tur. » *V. d. Haer*, p. 204.

Ce fut là que les signataires du Compromis firent part de leurs projets; mais cette nouvelle produisit un résultat très fâcheux, en effarouchant plusieurs personnages influens qui desiroient, mais en s'abstenant de toute ombre de révolte, prévenir l'éxécution des ordres sévères du Roi.

En effet ces ordres étoient généralement désapprouvés. Viglius, le Duc d'Aerschot et le Comte de Berlaymont n'eussent certainement pas repoussé par principe l'Inquisition: dès qu'il s'agissoit d'extirper l'hérésie, il pouvoit y avoir chez eux des doutes sur

l'opportunité, mais non pas sur la légitimité des moyens les plus 1566.
violens. Et cependant Viglius lui-même donnoit des conseils fort Mars.
modérés. Un peu plus tard il insista même sur l'abolition du pouvoir Inquisitorial et sur l'adoucissement des Placards. « Ego ne religionem omnem cum Repub. amittamus, non potui dissuadere quo » Rex haec concederet...., inductus cum rei necessitate, tum » compulsus auctoritate *Egmondani et quorumdam aliorum*, quibus » vix eximi potest scrupulus me videlicet contraria moliri. Tu autem testis ipse esse potes me immerito hac suspicione laborare. » *Viglius ad Hopperum, in Anal. Belg.* I. p. 2. p. 362. Mais la plupart des Gouverneurs, des Chevaliers, des membres du Conseil d'Etat, avoient horreur de l'Inquisition par elle-même et non pas uniquement à cause des exigences du moment. Les Comtes de Hornes et de Hoogstraten, le Marquis de Bergen et le Baron de Montigny marchoient d'un pas décidé dans la voie que le Prince avoit tracée, et en outre les Comtes d'Egmont, de Mansfeldt, et de Megen, peut-être aussi celui d'Aremberg, balançoient entre leur penchant vers la tolérance et la crainte de manquer aux devoirs envers le Souverain. C'est probablement d'eux aussi qu'a voulu parler *Hopper, Mém.* p. 62. (voyez p. 1.), et un autre passage, p. 63, où les Comtes de Mansfeldt et de Megen sont nommés, prouve que presque tous les Gouverneurs avoient fait les observations mentionnées par *Strada*. « Nonnulli provinciarum » Praefecti questi apud Gubernatricem professique continendis illa » edicti severitate populis impares sese esse. Quin addidere aliqui » nolle se in id operam conferre ut quinquaginta aut sexaginta hominum millia, se Provincias administrantibus, igni concrementur. » p. 200. Et Viglius dit expressément. « Ut dicam semel, Sanctus » Paulus nequiret persuadere his hominibus, imo ne viris piis et » Catholicis, ex Inquisitione amplius religioni ullum accessurum » fructum, sed omnes contra eam conspirasse videntur, idemque » clamant quod coram ab Comite *Egmondano* et *Megano* audivisti. » *Viglius ad Hopp.* 359. Ce fut entr'autres par l'influence du Comte de Megen que la Gouvernante résolut de se conformer à l'avis du Conseil de Braband tendant à libérer provisoirement cette province de l'Inquisition. *Hopper, Mém.* 65. Ce fut encore

1566. lui qui plus tard conseilla à la Duchesse « d'adviser un moyen pour
Mars. » donner contentement sur l'Inquisition et les Placarts avecq grace » et pardon. » *l. l.* 70. » Quippe Megemus, » dit *Burgundus*, p. 121. « caetera egregius et in paucis Gubernatrici postea » charus, rigorem legum atque Inquisitionem juxta oderat. » Quant au Comte de Mansfeldt, par ses relations de famille avec Brederode et comme ennemi de l'Inquisition, il étoit admis aux délibérations les plus secrètes du Prince d'Orange et des siens; si du moins on peut ajouter foi au récit de *Strada* relativement à ce qui auroit eu lieu après l'arrivée des confédérés à Bruxelles. « Ea » nocte, remotis omnibus *praeter Mansfeldium*, multis Hornanus » egit cum Orangio de remittendo in Hispaniam aurei Velleris tor» que. ... sed intercedente Mansfeldio nihil decretum est. » p. 218.

Pendant les premiers mois de 1566 il y avoit chez la plupart des Gouverneurs et Chevaliers de la Toison d'Or beaucoup de disposition à se réunir, afin de prévenir par leur influence tant auprès du Roi que dans les Pays-Bas, les troubles dont on étoit visiblement ménacé. « Se commença alors à disputer que la venue de S. M. n'estoit » nécessaire, mais qu'estant le Conseil d'Estat un peu plus autho» rizé, et la religion un peu plus libre, que les Seigneurs et Gou» verneurs estans Vassaulx tant fidelz et tant affectionnez au ser» vice de S. M. et de son Altèze, étoient suffisans pour maintenir » les Estatz du Pays-Bas en bonne tranquillité et repos, avecq » beaucoup d'aultres propos semblables. » Sans doute leur médiation eut été très puissante, et ils avoient la conscience de leur force, puisque plus tard, quand la Confédération pouvoit compter sur un bien grand nombre d'adhérens, ils proposèrent au Roi une réunion semblable pour son service, en cas que les Confédérés se montrassent trop difficiles à contenter. *Hopper*, *Mém.* 79. Même, lors des délibérations sur la venue de ceux-ci, « aulcuns du » Conseil disoient que se monstrans les Gouverneurs et Chevaliers » de la Thoison d'Or uniz avecq un courage valeureux et efforcé de » ne vouloir souffrir aulcun changement ou nouvelleté en la Reli» gion, qu'il ne seroit nécessaire d'octroyer aux mauvais leur re» queste, ni aussy d'entrer avecq iceux en aulcun party. » *l. l.* 71.

Le but du Prince en invitant les Seigneurs à Bréda étoit, comme déjà en 1563 contre le Cardinal de Granvelle (*Hopper*,

Mém. p. 25) de délibérer sur le Gouvernement-Général, et de prendre conjointement des mesures pour sauver le pays. C'est ce qu'il écrit lui-même dans son Apologie. 1566. Février.

« Ayant bien senti le mal estre tellement accreu qu'il n'estoit » plus question de bruller seulement des pauvres gens qui se les- » soient jetter dedans un feu, mais que plusieurs de la meilleure » Noblesse et des principaux d'entre le peuple en murmuroient, » craignant quelque dangereuse issue, comme je voyois devant mes » yeux la France avoir enduré un dangereux accès de Guerre civile » pour semblable occasion..... pour l'obligation que j'avois à » raison de mon serment et pour mon devoir envers le Pays; je » priay Messieurs mes Frères et Compaignons Chevaliers et princi- » paulx Conseillers d'Estat de s'assembler à Hoochstraten, en inten- » tion de leur remonstrer le danger apparent auquel estoit le Pays, » à scavoir de tomber en Guerre civile et que le vray et unique » moyen pour l'empescher estoit que nous qui pour raison de nos » Grades et Offises avions autorité au Pays, prinsions le fait en » main, pour apporter le remède que nous trouverions convenable » au bien du Pays..... Et combien que je leur remonstrasse beau- » coup de raisons pour les faire condescendre à mon advis....., » toutefois il ne fust en ma puissance de rien impétrer, et ne me pro- » fita cette entrevue d'autre chose sinon d'un témoignage à tout le » monde, que prévoiant de loing le mal que nous voyons à present, » j'avois cherché tous bons moyens pour le prévenir et divertir.

« Mais ceulx..... qui trouvoient ces persécutions dures et qui » ne voyoient, icelles durantes, aucun repos asseuré en ce Pais... » se mirent à proposer nouvelles entreprises, lesquelles pour raison » de mes Cherges je trouvay moyen de descouvrir; tant y a que » craignant qu'il n'en suivit une très dangereuse issue et estimant » que cette voye estoit la plus douce et vrayment juridique, je » confesse n'avoir trouvé mauvais que la Requeste fut présentée. » *Dumont*, V, 1. p. 392.*

Donc le projet du Prince échoua. Il ce peut que sa proposition avoit déjà été repoussée, avant qu'on eut appris l'existence de la confédération: d'après le récit de *v. d. Haer*, p. 205, on supposeroit le contraire; mais en tout cas la découverte de ce secret lui ôta toute possibilité de succès. L'idée qu'on vouloit imposer la loi au Souverain

1566. par une ligue entre les sujets et même par les armes, avoit causé une
Mars. impression trop funeste. Le Comte de Megen manifesta son indignation. « Itane uti pauci nebulones rem tantam audeant? Deum » testor, si ducenta mihi florenorum millia Rex annumerat, nae » hisce omnibus caput comminuo. » *V. d. Haer, l. l.* 205. Cette impression se montra peu de jours plus tard au Conseil d'Etat. « Mansfeldius, etsi Pontificios in Belgio Quaesitores haud proba- » bat, negavit tamen recte fieri ab iis qui per hujusmodi conjura- » tiones ac turbas contumacius agerent quam ut rogare videren- » tur . . . . . Neque aliter eas conspirationes ac foedera interpreta- » bantur Arembergius et Meganus. » *Strada, I.* 211. On ne songea plus qu'à avertir au plus tôt la Gouvernante *(Procès d'Egmont, I.* 154.*)*, et c'est ainsi que la première conséquence des mesures précipitées de la Noblesse fut de rallier au parti contraire des auxiliaires puissans, et de neutraliser presqu'entièrement une influence qui eut pu devenir très efficace. G. Schetz, Seigneur de Grobbendonck, qui avoit pris une part très active à la chûte du Cardinal de Granvelle, écrivit, plusieurs années plus tard que la requête, (c'est-à-dire la Confédération dont la requête fut le premier résultat) avoit été la boite de Pandore *(Pandorae pyxis;* voyez *Burmanni Analecta, I.* 123*)*, et les Confédérés eux-mêmes décrivent au mois de juillet le changement de dispositions dont nous venons de parler, de la manière suivante. « Soudain après nostre requeste présentée, nous nous sommes ap- » perceuz assez clerement que plusieurs Seigneurs, mesme des » Chevaliers de l'Ordre, se sont distraicts et séparés de nous, » fuyans nostre compagnie, comme si nous eussions commis crime » de lèse-Majesté et cas de rebellion, traictans plusieurs affaires » entr'eux à part et en secret, ce qu'ils n'avoyent accoutumé de » faire auparavant » *Le Petit*, p. 114.

On peut conclure aussi de là que c'étoit bien sincèrement que le Prince se plaignit d'être rangé parmi les confédérés. « Le Prince » d'Oranges et le Comte de Hornes disoyent en plain conseil qu'ils » estoyent d'intention de se voulloir retirer en leurs maisons, ... » se deuillans mesmes le dit Prince que l'on le tenoit pour suspect » et pour chief de ceste Confédération. » *Procès d'Egmont, II.* 343.

LETTRE CXXX.

Le Comte d'Egmont au Comte Louis de Nassau.

⁂ Le Comte d'Egmont, qui dans les dernières années avoit ordinairement été de la même opinion que le Prince, commençoit plus ou moins à hésiter, à mesure que les affaires prenoient un aspect plus sérieux et plus menaçant. Le Prince avoit, comme aussi le Comte de Hornes, refusé, après la publication des ordres du Roi, de venir au Conseil. Lui, « parlant plusieurs fois à Madame, et communicant semblablement avecq aultres bons ministres de S. M. ses amis et familiers, se montra fort dubieux s'il debvoit continuer au Conseil, ou non, et estant quelques fois admonesté . . . . respondit que c'estoit bien dict, mais que ceulx qui le disoient, n'entendoient les points d'honneur, ny scavoit les reproches et objections qu'il souffroit journellement de ses amis. » *Hopper, Mém.* 68. Il étoit grand ennemi de l'Inquisition. « Interrogatus Egmontius negaverat se adversus aliquem mortalium pro Inquisitione edictisve pugnaturum. » *Strada, I.* 218. Mais par contre il étoit très zélé catholique et serviteur dévoué du Roi. Dans sa défense, faisant mention du serment que la Gouvernante imposa en 1567, il dit. « Je n'ay jamais refusé de prester nouveau serment; ains se trouveroit que plus d'un an auparavant, j'ay proposé au Conseil entre autres choses que tous ceulx qui avoient Gouvernement, ou charge de gens de guerre et des places fortes, tous Officiers de S. M. et Magistraux des villes, deussent faire nouveau serment; mesmes entre autres poincts d'observer nostre saincte Foy Catholique: dont aulcuns de mes Amis me sceurent bien mauvais gré, disants que par là je voullois faire quitter leurs charges. » *Procès d'Egmont*, I. 71. Il se rendit à Hoogstraten pour satisfaire aux lettres itératives du Comte de Schwartzbourg, « avecq sceu de Madame laquelle j'avois préadvertie de mon allée. » *l. l.* 79. Cependant on voit que ce fut *pour remplir aux commandemens de M. le Prince;* et bien que celui-ci n'aura pas confié tous ses secrets à l'auteur de la sus- 1566 Mars

1566. Mars. dite proposition, le Comte en disant, « Mais n'y fut faict que » bonne chiere. » *l. l.* 78, a dit la vérité sans doute (son billet en contient un indice), mais pas toute la vérité.

Monsieur le secrétere, pour remplir aux commandemens de Monsieur le prinse, je me trouveray demain au soir à Haugstrate, parquoy ne feray longue lettre, estant fort ayse d'y veoir demain la bonne compaignie et pour sy ou pour [moy[1]], je vous prie de porter demy dousaine de flacons du melieur vin de Breda, pour en povoir beser les mains à Mons.r le Comte de Swarsenbourgh et au seigneur Jorge van Hol. De Bruxelles ce 11me mars, à 10 heures du soir.

Je vous prie beser les mains de Mons.r le Prince de ma part.

Vostre bien bon amy et bien pret à vous obéir,

LAMORAL D'EGMONT.

A Monsieur, Monsieur le Conte
Ludwigh de Nassau.

Le Prince donna avis de la Confédération à la Duchesse de Parme. « Ad Gubernatricem Lugduno Batavorum scripsit Orangius. » *Strada*, I. 202. Cet historien ajoute que ce fut le 29 mars, peu après que la Gouvernante en avoit reçu la première nouvelle. Apparemment il faut lire *le* 19: car, d'après *Strada* lui-même, p. 210, le Prince se trouvoit déjà le 20 à Bruxelles au Conseil d'Etat. Et qui plus est, la Gouvernante mande au Roi qu'il assistoit déjà le 25 aux délibérations; et dans une lettre du 24, que le Prince

[1] non (?).

d'Orange lui avoit escrit la ligue des Gentilshommes sectaires. *Procès des Comtes d'Egmont*, II. 305, 293. 1566. Mars.

La Gouvernante se trouvoit dans une grande perplexité. Les avis, les bruits faux ou exagérés se succédoient. Le Pensionaire *Wesembeek* décrit avec beaucoup de vivacité cette variété de nouvelles et de conjectures. « D'een seyde dat 't geheele lant was ghe-
» rebelleert, d'ander dat alle den Adel teghen den Coninck op-
» stont, andere datter eene vergaderinghe was van veel duysenden
» die ghewapender hant nae 't Hof toequamen: andere datse
» Crychsvolck van buyten 's lants soo te voet als te peerde by haer
» hadden: andere datse heymelyck verstant mosten hebben met
» eenighe Steden, die se voor d'eerste innemen souden, ende om-
» dat niemant haer voornemen wiste, so wert daer seer vreemt van
» ghesproken: d'een seyde datse ganschelyck gherebelleert waren
» ende 't gansche Lant innemen wilden; andere datse begeerden de
» gansche regeringe te veranderen naer haere fantasie: de derde dat-
» se d'oude Religie souden verdryven ende de nieuwe met geweld
» invoeren: de vierde datse dootslaen ende verjaeghen souden alle
» de Gheestelycke: de vyfde datse met ghewelt souden aenhouden
» dat de nieuwe Religie toeghelaten soude worden: de seste datse
» de Placcaten ende d'Inquisitie te niet gedaen wilden hebben. »
» *l. l.*, p. 67.

LETTRE CXXXI.

Le Comte de Hoogstraten au Comte Louis de Nassau.

*** *M.r de Culenbourgh* est Florent de Pallandt Comte de Cuilembourg, né en 1537, d'abord catholique intolérant, puis protestant zélé. *Le Comte de Berghes* est le beau-frère du Prince (voyez Tom. I. p. 292). Ces deux personnages, le Comte Louis et le Comte de Bréderode, étoient les principaux chefs des confédérés. D'après *Strada*, « Omnes pari propemodum et juventae et animi vigore magna » molituri: praesertim Brederodius, cui primae in ea conjuratione

1566. Mars. » partes delatae sunt, sive excellentiâ Belgicae Nobilitatis e priscis » Batavorum Comitibus deductae, sive ob juvenis ingenium pera» cre, atque licentius adversus dominantes, eoque multitudini » gratum ac tumultuantibus opportunum. » I. 208.

Le Comte de Hoogstraten, étoit revenu depuis peu d'Allemagne; « Recens a nuptiis Ducis Holsatiae Regius legatus redierat. » *V. d. Haer*, 204.

La requête des Nobles à la Gouvernante fut modifiée plus d'une fois; surtout adoucie d'après les conseils du Prince. « In dictando » libello non unus aliquis consensus : saepius in aliam atque aliam » verterunt formam. » *Burgundus*, p. 118. « Libellus ab Orangio » caeterisque in lenius verborum genus commutatus. » *V. d. Haer*, 207. Mais la dénomination de *billet* ne convient pas trop à la requête, et d'ailleurs le Comte de Hoogstraten ne savoit apparemment pas encore qu'on aveit résolu de la présenter (voyez la lettre 133.).

Monsieur, ayant receu lettre une de Monsieur de Culenbourgh par laquelle me faict part du changement qu'il at faict avecque le Conte de Berghs en quelque certain billet, n'ay voulu laisser vous en advertyr en samble de ma [vape] vous pryant qu'i vous plaisse me mander ce quy vous samble du tout. Atant, Monsieur, vous bayseray les mains 100,000,000 fois, et à toute la compaignie de Bréda, à laquelle suis et demeureray toute ma vie serviteur. De Hoochstraten ce 15me de mars 1566.

Vostre plus que affectioné amy et serviteur à jamès,

ANTHOINE DE LALAING.

A Monseur, Monsr. le Conte
Lodwic de Nassaw à Bréda.

LETTRE CXXXII.

P. de Varich au Comte Louis de Nassau. Sur les affaires de la Principauté d'Orange.

*** Au commencement de 1566 la France sembloit respirer un instant; une espèce de réconciliation venoit de s'opérer entre les Maisons de Châtillon et de Guise (*V. Raumer*, *Gesch. Eur.* II. 238,), et bien que la tension entre les réformés et les catholiques continuoit, surtout dans les Provinces, cet état de choses comparativement tranquille devoit avoir sur la situation de la Principauté une influence salutaire. 1566. Mars.

Le Pape n'étoit pas aussi satisfait que M. de Varich: il écrivit au Prince pour se plaindre encore de la tolérance envers les hérétiques: « Gubernatrix, cujus sequi consilium jussus erat a Pontifice » Nuncius de litteris (Pontificis) Comiti Culenburgio et Orangio » Principi tradendis, haud probavit Culemburgio litteras Apostolicas committi, ne forte eas indecore susciperet haberetque; » minore periculo agi posse cum Orangio, praesertim quod eâ super re a Pio Quarto admonitus olim fuerat, non sine metu amittendi Principatus; se nihilominus occupaturam ejus animum » ne imparatum Nuncius offenderet. . . . . Congressum Orangii » procliviorem (nempe ex Gubernatricis anticipatione) Nuncius » comperit.» *Strada*, I. 235. Le Prince reçut (ce qu'il eut apparemment fait même sans l'entremise de la Duchesse) fort poliment et la lettre et la visite; mais ni cet entretien, ni cet écrit n'aura changé ses dispositions.

Monseigneur, Despuis ma dernière escript à Vostre Seigneurie, les affaires de la principaulté sont tousjours demeuré en bon estat, comme sont encoires de présent.

La Court de parlement a esté assemblée le 25 janvier et ont demeuré jusques au 20me de febvrier, jugeant beau-

1566. coup de procès. J'avois faict une change[1] avecq les ma-
Mars. gistrats du Pape d'ung malfaiteur que j'avois, estant leur subject, en me rendant ung aultre qui estoit subject de son Excellence, lequel fut par le juge ordinaire condempné estre pendus, mis en quatre quartiers et mis au quatre grands chemins de la ville, pour avoir faict rapte et aussi plusieurs volleries, lequel, comme enffant de la ville, appelloit à Grenoble, chose que n'estoit encoires advenue despuis la réintégrande, dont plusieurs mal affectionnés à son Excellence estoient bien aise, spérant par ce moien le recours leur estre ouvert. Et comme la Court s'assembloit, receut l'appel à soy sans avoir esgard à l'appellation interjecté au dit parlement de Grenoble, le recepvant comme à icelle et, faisant droict sur le dit appel, dict qu'il a esté bien jugé et mal appellé, renvoye l'appellant au dit juge ordinaire pour mettre sa sentence en exécution. Le S.r président en plaine audience, où il y avoit plus de deux mille personnes, estant le delincquant présent, fit une remonstrance concernant la Souveraineté au peuple, qu'il ne se falloit pas arrester à leur prétendue recours, et duroit près d'une heure, de sorte que toute la ville en alloit honteux et confus. Et ne reste aujourdhuy à son Excellence, pour estre paisiblement Prince Souverain, que de faire ses loix et ordonnances et forger monnoye, pour exercer telle Souveraineté que le Roy faict en son Royaulme. La Court m'a prié de rechief escripre que son Excellence ne doibt plus différer à establir les loix et ordonnances que portay dernièrement en Flandres, ayant courrigé et rayé celle que concernoit les personnes et choses ecclésiastiques, à ce que pleut à sa dite Excellence si luy plait les faire publier pour tant mieulx asseurer la dite souverai-

[1] un échange.

neté, par ainsi, Monseigneur, il vous plaira tant faire qu'elles soient passées. 1566. Mars.

Le S.[r] président et moy avons esté en Avignon vers Monsr le Cardinal d'Armaignac (1), et luy faire entendre la bonne envie que nous avions de voisinir et vivre en toute paix et amitié avecq les subjects de sa Sainctete et autres nos voisins, et pour ce de confirmer l'accord que je passay en la présence du Roy avecq les officiers de notre St Père le pape, et par mesme moien passer et accorder certain articles, pour raison desquelles tant eulx que nous pourrions entrer en différement, et les quelles luy baillames par rolle, avecq la forme du contract que convenoit passer; et de tout j'envoye double à son Excellence, ce que le dit Cardinal a différé faire, jusques à ce qu'il aye eu responce du S.[r] legat.

Le Sieur Conseiller Hovelmans lors que je fus en Flandres, me tient propos de certain accord qu'il avoit advise que son Excellence debvoit faire avecq le Prince de Navarre, touchant la principauté et conté d'Enguien (2), pour n'estre empêché désormais par quelcque ouverture de guerre, qui puisse advenir entre les deux Majestés (que Dieu ne veuille) en la joyssance du dit principaulté et conté, de quoy je n'ay¹ communicqué et tenus propos avecq le Sieur président, lequel treuve fort bien que Sa dite

---

(1) *d'Armaignac*. En 1567 « de Varick envoya des députés au » Cardinal, afin qu'il confirmat le traicté de paix. » *De la Pise*, p. 351. Mais il s'agissoit donc de nouvelles instances, et pas, comme cet écrivain suppose, d'une première demande au Cardinal *nouvellement arrivé*.

(2) *d'Enghien*. Voyez Tome I. p. 267, 281.

¹ j'en ai (?).

1566. Mars. Excellence passe accord avecq le dit Sieur Prince de Navarre, entretenant les droicts Souverains et estat de la justice y establie et les subjects du dit principaulté; tout ainsi que son Excellence faict et a coustume faire, comme aussi le semble feroit Sa dite Excellence de par delà du conté d'Enguien.

Il y a au terroir de Courtheson ung [debuez et guerignes] de deux cens soixante huict sommées terre, lesquelles je fais rompre et sera une belle meterie, que, quand elle sera mis en culture, vauldra annuellement cent sommées bled.... et par ainsi il y auroit moien d'augmenter la domaine de trois ou quatre mille francs annuellement, la moicté plus que ne vault aujourdhuy.

J'ay aussi faict accord par délibération de la court sur le bon plaisir de son Excellence, avecq le S.r Darbies, qui prend sur les revenues de la principaulté trois cens livres de pension, que luy furent vendues par feu Mons.r Johan de Chalon, pour le pris et somme de six mille livres,..... ce que jen ay faict, ce a esté pour autant que ce sont deux mille cincq cens livres gaignées au proffict de mon dit Seigneur.

Je vouldrois bien supplier Votre S.rie vouloir remonstrer à Sa ditte Excellence, que luy pleut pourveoir pour le mois d'aougst ou septembre quelcung icy en mon lieu, affin que je puisse retirer; si ainsi estoit que fut le bon plaisir de Sa ditte Excellence vouloir faire le dit accord avecq le Prince de Navarre et nous en donner la charge ainsi que luy ay adverti, soubdain que l'aurions obtenu de Sa Majesté, seroit requis que le S.r président et moy nous acheminerions vers Son Excellence, pour le tont aggréer et confirmer, et lors celluy qui seroit ordon-

né, retourneroit avec le dit S.r président. Au surplus n'y 1566.
a chose par deçà que mérite l'escripre; dont prieray le Mars.
Créateur, après avoir baisé humblement les mains de votre Seigneurie, Monseigneur, vous donner en bonne santé, accroissement de toute prospérité. Du Chasteau d'Oranges, ce quinziesme mars 1566.

De Vostre S.rie très humble et obéissant Serviteur,

Pierre de Varick.

A Monseigneur, Monseigneur le Conte Lodovicq de Nassau, etc.

LETTRE CXXXIII.

Le Comte de Hoogstraten au Comte Louis de Nassau.

*** *La résolution qu'avés prins par l'advise de Messieurs le Princhе et Conte de Hornes* est sans doute celle de présenter la requête. Cette résolution fut donc prise quand le Prince fut revenu à Bréda. Le Comte de Hornes dans sa Défense (*Procès d'Egmont, I.* 154.) écrit au sujet des conférences de Bréda et de Hoogstraten. « Et n'oyt *lors* le dit Défendeur parler de nulle Requeste, » mais bien d'une confédération ou ligue, et n'y fut *lors* présent » Monseigneur de Bréderode. » Le Comte ne se sera peut-être pas cru obligé de tout révéler, mais en outre ceci peut se concilier avec ce que nous lisons ici, puisqu'en effet ce ne fut qu'après le retour de Hoogstraten que la chose fut décidée. Il est bon de remarquer le mot deux fois répété de *lors*, et ce qui suit immédiatement dans la défense. « Et depuis le Défendeur *partist vers Breda* pour se re- » tirer à Weert. » Le Comte de Hornes aura donc aussi appris la chose à *Breda*.

1566. Le Prince n'avoit pas trouvé mauvais que la requête fut présentée (Voyez p. 41). C'est à tort qu'on a cru trouver sous ce
Mars. rapport une différence entre ses aveux en 1568 et 1581, car dans la Défense il désapprouve la *conféderation*, et dans l'Apologie c'est de la *requête* qu'il s'agit. Il est bien vrai qu'au sujet de la conférence de Hoogstraten il s'expliquoit en 1581 plus ouvertement et qu'il ne disoit pas alors, comme dans sa première défense: « Nous » nous en raportons aux Seigneurs qui ont esté à Hoochstraten » quand y estions, s'il y eut autre question que de faire bonne » chère, et nous entrevoir, et festoyer quelque Seigneurs estran- » gers, comme amis et alliés par ensemble. » *Le Petit*, p. 186.[b]

Il paroit que malgré les avis du Prince, on se disposoit à venir bien accompagné. Selon les Comtes de Meghen et d'Egmont on avoit résolu d'envoyer vers son Alteze environ mil et cinq cents hommes d'armes. *Hopper*, *Mém.* 70. On tâchoit de s'assurer des Compagnies d'ordonnance, composées en grande partie par la Noblesse. « Centuriones et signiferi obstricti sunt . . . . Scio quoque » Henricum Brederodium in Ordinariae turmae signiferum strinxisse » ferrum, quod sacramentum accipere detrectaret. » *Burgundus*, 117. Il se peut que cette particularité soit fausse, mais le fond de la chose est réel; et c'est sans doute de ces *compagnies* qu'il s'agit ici. Il existe une lettre du Duc d'Alve où il desire avoir « par escript » tous les noms de ceux de la bende de Monsr d'Egmont, qui ont » esté du compromis ou assisté à la présentation de la requête. » *Te Water*, IV, 302. Et dans l'ajournement du Comte Louis de Nassau on lit: « Le Comte seroit venu présenter la Requeste à nostre » très aimée soeur la Duchesse de Parme . . . . . . tumultuairement » et incivilement; ayant le dict Conte auparavant mandé de son » authorité privée quelques bandes d'ordonnance pour intimider » nostre dicte soeur. » *l. l.* 243.

Monsieur, je ne vous scaûroy assez remerchier de la prime advertanche que estez servy de me faire sy particulièrement de la résolution qu'avés prins par l'advis de messeurs le Prinche et Conte de Hornes, les quels m'asseure n'out reins plus devant les yeux, que le service du Roy et le maintoinement de ses pays, et [ainsir] certes croyeroy bien q'une belle remonstrance serviroit de beaucoup d'estre faicte, et quandt serat preste, et myse au net, seray bein ayse que m'en faissiez part comme sluy [1] quy vouldroit tousiour tenir la main que entreprendissies chose sy boin fondée, qu'y ny tumbisse dessus juste reprinse; [2] y mest aussy d'advy que allant à Bruxelles ne scauries au monde mieulx faire que de vous bein accompaigner, ce que ne poyes estre, moings ayant à vostre dévotion les quatre Compaignies dont me faictes mention en vostre lettre, oultre les subsignés. Quant aux principaulx de ma compaignie, suis content leur faissies la meisme advertance que aves faict aux aultres, et sy desyrés les mande vers moy, (comme [leurs] ne feront riens sans mon adveu) je feray voluntiers, m'asseurant m'obéiront, et ne feront difficulté à chose si bein faicte, mais vous prye ne faire samblant au S[r]. de Lalleyenloye mon Lieutenant, non pas que je ne le tienne pour homme de bein et de service, mais qu'yl est maistre d'hostel de Madame, et qu'en l'un des [fliches] at tousjours porté des lunettes, lesquelle ne scay sy signifient ung [advyse loy]. Sy commandez que sur ce faict ou quelque aultre me retrouve auprès de vous, serez obéy, ou bein s'y vous plaist venir ycy le tiendray en mercede. En cas que vous ne vous voulés servir de la lettre de monsieur de Culenbourgh y de la [réponce] que luy ay fayct, vous prye mela renvoyer. Je vous bayse les mains de ce que m'advertisses de ce que Madame at 1566. Mars.

[1] celui. [2] reproche (?).

1566. escript à monsieur le Prince (1) et de sa [réponsse] à la-
Mars. quelle trouverat asses à morder[1], sy elle at des bons dens; quant à moy je n'en ay pas eu, mais sy il se résoult d'y aller, luy présente mon service à l'accompaigner, avecque mes plus que humbles recommendations en sa bonne grâce. A tant, monsieur, vous bayseray les mains de bon ceur, pryant à Dieu vous donner ce que desyres. De Hoochstraten, ce 17 de Mars 1566.

Vostre affectyoné et amy frère à vous faire service,

ANTHOINE DE LALAING.

A Monsieur Monsr le
Conte Louys de Nassaw.

LETTRE CXXXIV.

Le Comte de Hoogstraten au Comte Louis de Nassau.
Sur une affaire particulière.

*** Ce billet est curieux relativement aux moeurs du temps. La dette dont il s'agit, aura probablement été contractée en Allemagne, d'où le Comte Louis et le Comte de Hoogstraten étoient tous deux récemment de retour : aussi trouvons nous sur

(1) « Pour contenter le Prince d'Orenge et le Comte de Hor» nes leur furent escriptes trois ou quattre lettres diverses, à ce » qu'ilz voulussent retourner au Conseil, et estre présens à l'as» semblée de tous les Seigneurs et Gouverneurs. » *Hopper, Mém.* 71.

[1] mordre.

la note *le Duc de deux Ponts*, Wolfgang Comte Palatin. Il paroit que les Princes Allemands commençoient à jouer gros jeu (voyez Tom. I. p. 49). Quelques uns cependant s'en faisoient scrupule; comme par exemple Christophe Duc de Wurtemberg. « Von Spielen war er » kein Freund, weil man die Zeit, wie er sagte, besser anwenden » konnte. » *Pfister*, *Herzog Christoph*, *II.* 11. Et cependant le Duc avoit séjourné long-temps à la Cour de France: mais il aura été de l'avis de Coligny, « qui ne scavoit ce que c'étoit que de jouer » aux jeux de hazard, disant que, si l'on faisoit bien, ces sortes de » jeux seroient défendus par tout le Royaume. » *Vie de Coligny*, p. 70.

1566. Mars.

Monsieur, pour me trouver estre redevable une petite somme au porteur de ceste, sellier de monsieur le Princhė et quy reside à Bréda, où ne me doubte aures bon moyen l'assigner de payement en ma décharge, me suys advysé vous prier qu'i vous plaise accepter le payer en tant moings de ce que me debvés suyvant ung total recueil de ce qu'avons joués ensamble, quy vat ycy joinct, dont remets le résidu à vostre discrétion et commodité, oires qu'y me veindroit bein à propos dès astheur, sy en fussies ainsi servy, ne m'en souciant au demeurant guerres, comme n'ayant chose que ne suis prest d'exposer pour vostre service, ce que cognoist le Créateur auquel supplye vous donner Sa saincte grâce, me recommandant affectueusement à la vostre. De Hochstraten, ce 17me de mars 1566.

L'entièrement vostre affectionné frère
à vous faire service,

Anthoine de Lalaing.

A Monsieur, Monsieur le
Conte Louis de Nassaw.

1566. Mars. Le Conte Lodewieh de Nassau doibct à Monseigneur, de jouer à la premies [1] avecq le duc de Deux-Pont, la somme de . . . . 734 fl. »

Item plus soixant escu de joer à la palme, que au table porte . . . . 120 fl. »

Surquoi il fault rabact 6799 demis réalles d'argent, que le dit Conte Lodewich a gaigné à jouer au picquet, qui porte la somme de . . . 594 fl : 18 sous.

Item plus a gaigné Monseigneur à joue à la palme à gand et au table, cincquant quatre escu, porte. . . . . 108 fl. »

Item plus m'at le Sieur de Hames assigné sur le dit Conte Lodewich, sexze escue, quy porte . . . . 32 fl. »

Vient bon à Monseigneur, 399 fl: 2 sous. —

Après la signature du Compromis, on avoit envoyé par toutes les Provinces pour recruter des alliés. Un très grand nombre de Nobles avoit signé. N. de Hames se vantoit d'en avoir une liste, sur laquelle se trouvoient jusqu'à deux mille noms. « Inde missi per singulas Provincias qui sollicitarent animos popu- » larium: haud irrito conatu, quippe aggregatis quam plurimis, » tantâ aliquorum confidentiâ ut auditâ Hispanicâ censurâ, ignari

[1] prime (?)

» quid ultra pararetur, nomina certatim darent. » *Strada, I. 206.* 1566. Mars.
Maintenant il s'agissoit de réunir un grand nombre de Confédérés à Bruxelles, et c'est à quoi l'écrit suivant est relatif. On envoye de nouveau des députés *par tous les pays* (*per singulas provincias.*)

Mémoire.

D'envoyer en extrême diligence par tous les pays avertir nos alliés, pour se trouver le 3me du mois d'Avril prochain à Brusselles, avec aultant de chevaulx et armes et en aussy bon équipage que faire se pourra, toutesfois en leur équipage ordinaire, sans harnois, pour le 4me présenter à Madame la remonstrance conceue, qui contient l'abolition de l'inquisition et des édicts et placarts concernans icelle.

Le 4me du dit mois nous nous trouverons au logis de Monsieur de Mansfelt, au matin à sept heures auprès de Monsieur de Bréderode.

A Monsieur le Conte Lodwick d'escrire aux officiers de la compaignie (1) de Monsieur le Prince, d'amener au dit jour autant de gentilhommes et hommes d'armes que faire se pourra. Le mesme Seigneur Conte escrira à Monsieur de Hochstrate pour le mesme effect.

A Monsieur de Rumen (2) faire le mesme en la compaignie de Monsieur l'Amiral.

---

(1) *Compagnie.* Voyez ci-dessus, p. 52.
(2) *Rumen.* Bernard de Mérode, Seigneur de Rumen.

1566. A Monsieur le Conte Charles (1) faire le mesme en
Mars. celle de Monsieur son père.

A Monsieur de Risver le mesme en la compaignie de Monsieur d'Egmont.

A Monsieur de Bréderode le mesme en la sienne.

Lettres de crédence à tous ceulx qui seront députés pour faire les exploicts signées de nous [trestons.]

Avertir pour Artois, St. Omer,	Mr Dolhain et Mr de Longatre. (2)
Avertir et traicter pour Hainault et Vallenciennes,	Mr de Villars. (3)
Avertir et traicter pour Gheldres et Overissel,	Mr de Thoulouze et Mr de Welle. (4)
Avertir et traicter pour Faulquemont, Maestricht et Liège,	Mr de Rumen.

---

(1) *Charles.* Le Comte Charles de Mansfeldt.

(2) *Longatre.* C. de Houchin, Seigneur de Longastre. *M. te Water* a deviné juste, quoique sur sa liste il lisoit *Lonputte.*

(3) *Villars.* Jean de Montigny, Seigneur de Villers.

(4) *de Welle.* Mentionné par *Te Water,* III. 374. Sur sa liste ce nom est changé en *de Melli.*

Avertir et traicter pour Luxembourg, Mr Dandelot, Mr Delbau (1) et Mr de Ghistelles. (2) 1566. Mars.

Pour Hollande Monsieur le Conte Lodwick escrira à Monsr de Bréderode, qu'il y députe quelques gentilhommes à cest effect avec ses lettres de crédence.

Pour Zélande Monsr le Conte Lodwick s'en est chargé.

Pour Frise Monsr le Conte Lodwick s'en est chargé.

Pour Namur, Mr de Louvernal, Mr de Backerselle (3) et Mr de Brandebourg. (4)

Pour Lisle, M.^r d'Escaubeke. (5)

Pour Tournay, Mr Dolhain en parlera à Monsr. de Chyn et à Mr de Bailleul.

Pour Armentières et là autour, Mr de Nosthove.

Pour Oudenarde et Alost, Mr de Bosch et Mr de Montoye. (6)

---

(1) *Delbau*. Chez *te Water* on lit *Delvau*.

(2) *de Ghistelles*. Corneille de Ghistelles, issu d'une famille très considérable de la Flandre. *Te Water*, II. 413.

(3) *De Backerselle*. Jean Casembroot, Seigneur de Backerzeel, Secrétaire du Comte d'Egmont.

(4) *De Brandenbourg*. N. de Brandenbourg. *Te Water*, II. 278.

(5) *d'Escaubeke*. Jean de Sauvage, Seigneur d'Escaubeek.

(6) *Montoye*. Adrien de Montoye. *Te Water*, *III*. 148.

1566. Mars.	Pour Flandres avertir et traicter,	Mr de Vendwille et Hames.
	A Bruxelles pour avertir et traicter,	M.[r] de van der Meere (1) et M.[r] de Mol. (2)
	A Louvain,	M.[r] de Boisot. (3)
	Pour Bolduc pour traicter,	M.[r] de Boecxtel. (4)
	En Anvers pour avertir,	M.[r] de Berchem (5) et M.[r] de Brecht. (6)
	Pour traicter avec la ville,	Le Conte Lodewick.

La charge de semmer les billets (7) par tout se don-

---

(1) *Van der Meere.* Philippe v. d. Meere, Seigneur de Saventhem et Sterrebeeke, Gentilhomme du Prince d'Orange.

(2) *De Mol.* Anthoine de Mol, issu d'une famille noble du Braband, Gentilhomme du Prince d'Orange.

(3) *De Boisot.* Louis ou Charles de Boisot. *Te Water*, I. 261. II. 248.

(4) *De Boecxtel.* Jehan de Hornes, Baron de Boxtel et de Baucignies.

(5) *De Berchem.* Il appartenoit donc aux confédérés, comme supposoit déjà *M. Te Water*, *I.* 260.

(6) *De Brecht.* D'une famille noble du Braband. *Te Water*, *III.* 279.

(7) *Billets.* Le 3me avril la Gouvernante écrivit au Roi qu'à Anvers « aulcuns malings esprits semoyent des billets que ce que » l'on avoit répondu sur la requête des quatre villes estoit pour les

nera aux ministres d'Anvers, lesquels Monsr de Ste Andegonde avertira de la résolution. 1566. Mars.

De repartir le rolle des alliés selon [les romarkes], affin qu'un chacun des députés sache quels il doibt avertir.

Nous ajoutons à ce document une autre liste de députés de la Noblesse, qui pourra servir a fixer avec plus de certitude l'orthographe de quelques noms douteux. C'est la même, à ce qu'il paroit, qu'a communiquée *M. Te Water l. l. IV.* 24, mais d'après une copie ou très fautive ou très difficile à déchiffrer. Probablement cette dernière liste est du mois d'avril et contient les noms des députés qui devoient veiller à l'exécution des promesses faites à la Gouvernante relativement au maintien du repos public. Pour la plupart des Provinces on trouve le nombre de *quatre*, conformément au récit du Pensionnaire *Wesenbeeck*. « Sy hebben uyt hare » vergaderinghe ghenoemt ende gheoosen *vier* van elcke Provincie, » die in elck quartier gaede slaen ende besorghen souden dat » aldaer niet en souden gheattenteert worden teghen de voorschre- » ven geloften. » Et *Bor*, qui du reste suit ici, comme souvent, presque mot à mot le récit de *Wesembeeck*, écrit *drie of vier. I.* 61.

» tromper . . . . . . Les malveillans ne cessent de faire tout extrême » pour faire eslever le peuple ; ayant eu advis que aulcuns avoyent » apprettez environ cincq mille nouveaux Billets et escripts, aultant ou plus séditieux que tous les aultres. » *Procès d'Egmont, II.* 307.

566.
Mars.

BRABANT.

Monsr de Rumen.
— - Bouxtel.
— - Risoix. (1)
— - Mellyn. (2)
— - van der Meeren.
— - Carlos. (3)
— - Mont. St. Aldegonde.

HAINAUT.

Monsr de Audrigny. (4)
— - Noyelles. (5)
— - Villers.
— - Croysille.
— - Thoulouze.

ARTOIS.

Monsr de Coubecque. (6)
— - Doulhain.
— - Longastre.

---

(1) *De Risoix.* Charles van der Noot, Seigneur de Rysoir.

(2) *De Mellyn.* R. de Melun, à ce que croit *M. Te Water, IV.* 25.

(3) *De Carlos.* Gaspard van der Noot, Seigneur de Carlo. *Te Water*, III. 169.

(4) *Audrigny.* Chez *M. Te Water* on lit *De Brouckerygny.* Il s'agit ici de Charles de Revel, Seigneur d'Audrignies.

(5) *Noyelles.* G. de Montigny, Seigneur de Noyelles.

(6) *De Coubecque.* Chez *M. Te Water* on lit *de eccobecque ;* J. de Sauvage, Seigneur d'Escaubeek.

Mons.r de Esquerdes. (1) — 1566. Mars.

HOLLANDE.

Mons.r d' Assendelft.
— de Wulpe. (2)
— - Langeraic. (3)

NAMUR.

Mons.r de Brandenborg. (4)
— - Loubervaulx. (5)
— - Tylli. (6)
— - Bacquerzeele.

LUXEMBOURG. (7)

Mons.r de Gistell.
— - la Grainge. (8)
— - Delvau.

---

(1) *De Esquerdes.* Eustache de Fiennes, Seigneur d' Esquerdes.

(2) *De Wulpe.* Chez *Te Water* il y a *de Nispe.* Probablement il s'agit de Jean de Renesse, Seigneur de *Wylp* ou *Wulp. Te Water,* III. 385.

(3) *De Langeraic.* F. de Boetzelaer, Seigneur de Langerak.

(4) *De Brandenborg.* Chez *Te Water* il y a *de Lucembourck,* Notre leçon paroit la véritable : voyez la liste précédente.

(5) *De Loubervaulx.* Apparemment, d'après *M. Te Water,* le Seigneur de Louverval.

(6) *De Tylli.* M. Serclaes, Seigneur de Tilly. *Te Water, III.* 291.

(7) *Luxembourg.* En tête des noms pour cette Province chez *Te*

(8) *De la Grainge.* Sur une autre liste, d'après *M. Te Water, N. S.r de Grange.*

1566. Mars. Mons.r de Malberge. (1)

GELDRES.

Mons.r le Conte van den Berghe.
— de Well.
— - Gores.

LILLE, DOUAY, ORSIES ET TORNESY ET FLANDRES.

Mons.r de Caubecque.
— - Bailleu du Hardixplan.
— Damfrappe, autour de Lisle.
— de Walbecque, 2 lieues auprès de Gand à sa maison.
Jacques de Heulle, Bruges.

Pour FAUQUEMONT et LYMBOURG PAYS PAR DE LA MEUSE.

Mons.r le Conte de Culemborg.
— le Comte Dourende. (2)
— du Per.
— de Ruif.

Water on lit *Mons.r le Conte guilles de Mansfeldt*, où *M. Te Water* a corrigé *Charles*. Mais apparemment ce nom se trouve à tort sur sa liste. Il n'est guères probable qu'on eut envoyé le Comte avec une commission pareille précisément dans le Gouvernement de son père.

(1) *De Malberge*. F. de Malbergen. Une grande partie des noms qui suivent celui du Comte *van den Berghe* sont inconnus.

(2) *Dourende*. Chez *Te Water* il y a *M. le Comte de Vrede*.

1566 Mars.

† LETTRE CXXXV.

Le Prince d'Orange à .... sur les préparatifs du Roi d'Espagne et la nécessité pour les Princes Protestans d'Allemagne de s'intéresser au sort des Pays-Bas.

Unser freundtlich dienst und wasz wir liebs und gutts vermögen allzeit zuvorn. Hochgeborner Fürst, freundtlicher, lieber herr Vetter, Schwager und Bruder..... Soviel das schreiben anlangt das die Kön. Matt. zu Hispaniën, unser genedigster Herr, ahn den herrn Herzogen zuw Wirtenbergh ausgehn laszen, So ist nit ohne das ire Matt. gleiches inhalts ahn andere mehr Fürsten geschrieben hatt, und were irer Matt. woll zu gönnen das sie in dieszem werck und vorhaben mit allem vleysz befürdert wurde, da derselben intention allain zuw wiederstandt des Türckhen und dere gemeinen Cristenheit zuw gutem gerichtet were. Wir haben aber nuhn zum zweiten mahl ausz Venedig kundtschafft bekhommen, das sich woll der Türck mit ansehenlicher gewaldt uff Ungern rüsten soll; nach Italien aber und denselbigen Grenntzen soll er nit so starck als

---

Apparemment le Comte *d'Overembde*, Jean d'Oostfrize, qui étoit Gouverneur des pays du Limbourg, Fauquemont, Daelhem et autres d'outre-Meuse: *Gachard, Anal. Belg. p.* 177. Le 30 août un protestant de Limbourg écrivoit à un bourgeois de Liège: « le Comte » d'Emden, comme gouverneur du pays, se tient à Faucoumont, » *duquel aussi l'on n'espère que tout bien.* » *l. l.* 188. Après ce nom on trouve encore chez *Te Water* celui de *Mons.r de Gleyne.*

1566. ferndt beschehen gedencken; also das vill guter Leuthe be-
Mars. sorgen, dieweill ire Matt. des gedachten Kriegsvolcks widern Türckhen dero orten nit von nöthen haben werden, das sie daszelbig ettwan in andere wege gebrauchen möchten und underm schein des Túrckhen zughs, durch rath unruiger leuthe, die Inquisition und andere neurungen in diesze lände einfüren und diesze lange gesuchte gelegenheit nit versaümen würden, damit sie ir vorhaben destobesz ins werck richten können. Darzu dan nit wenig nachdenkens verursacht das die Kay. Matt., wie wir vernhemen, in sachen der Relligion, noch zur zeitt nichts zu handlen bedacht sein soll, damitt vermutlich diesze geferliche anschläge und practiken zuvorn ins werck gerichtet und desto richtiger zugehn mögen. Wir hoffen aber der Almechtig werde auch die seine erwecken und inen zugeben das sie dieszen gefärlichen dingen nit zusehen, sondern sich dero bedrängten und dieszer länden im fall der noth mit ahnnhemen, darin dan E. L. und andere Cristliche Chur-und Fürsten auf dieszem izigen Reichstag vil gutts und heils ausrichten können, damit disze lände und menniglichen in wolhergebrachter alten freiheiten, auch Christlicher Rhue, Friede und Einigkeit plieben mögen und erhalten werden, demnach Eur Liebe gantz freundlichs vleys bittent, die wollen auch vor sich dieszer sachen wichtigkeit erwägen und nebent uns uff mittel und wege mittdencken helffen, wie dieszen dingen im fall der noth zu begegnen were... Datum Breda, ahm 19ten Martij Anno 66.

WILHELM Printz zue Uranien, Graff zu Nassauw Catzenelnpogen.

LETTRE CXXXVI.

Le Comte H. de Brederode au Comte Louis de Nassau.

*** On attribue communément la requête des Nobles à Balduinus. Ce fut le Comte Louis lui-même qui la composa. *Arnoldi, G. d. N. Oran. L. III.* 1. 281. — Les Comtes de Cuilenbourg et de Berghes n'arrivèrent pas à Bruxelles au jour convenu. « Non nisi » tertio post die supervenerunt. » *Strada, I.* 218. 1566. Mars.

Moneur mon frère, je vous prye m'anvoyer ungne copye de la requeste laquelle je voldroye voulluntyer montrer à de mes amys, affyn que il pevent voyre nostre intentyon. Je vous asseure que n'ey faylly à donner ordre à tout le cas, et de byen bonne sorte, comme je vous prye de vostre part ne ryen oublyer; de ce que ne feys aulcune doubte, et reprenés souvant vostre byllet an meyn, voyre sy personne ne s'oublye: touchant à moy de tout ce quy est par icy tout est depeché; an ryen, ny personne n'y manquerat. Monsr de Cullenbourch estoyt party pour Gemme-recepvant ma lettre an chemyn et [1] retourné et m'est venu; trouver et trouve la conclusyon fort bonne et resonable; et fort voulluntayre dy cy [2] trouver, comme il n'y manquerat aulcunement: seullement il est mary que la journée est sy courte, aultrement il eu espoyr d'estre myeus acompangné; toutefoys il ferat tout devoyr à son possyble et le trouve

[1] est. [2] de s'y.

1566. fort résollu et délyberé depuys luy avoyr declaré byen au
Mars. lon[1] le tout: ne fayllés pour sy ou pour non de donner aultre rancherge à mons.r le Conte van de Berge, car vous saves queil ast [gouverneur,] pareyllement au Conte de Ovrende[2] et fayctes que mons.r d'Ostrate luy rancherge d'ungne lettre, affyn que au jour il n'y aye faulte, et vous prye me mander ce que ores antandu depuys de mon partement de tout le ménage, et sy je puys icy quelque chose davantage des vylles, lesses fayre à moy; seullement que le tamps est trop court, mays il pourront suyvre, et vous demeuray esclave et après m'estre recommandé à vostre bonne grâce prie le Créateur vous donner, mons.r mon frère, an santé bonne vye et longue. De Vyanne ce xxiime jour de mars 1566.

Vostre frère et vrey amys à vous
fayre servyce à james,

H. de Brederode.

A. Mons.r mon frère, mons.r le
Conte Lodwyck de Nassau.

Le 28 mars et les jours suivans le Conseil d'Etat délibéra sur la surchéance de l'Inquisition et la modération des Placards, et il fut résolu qu'on admettroit les Confédérés, pourvu qu'ils vinssent sans armes et en bon ordre. « Decretum est foederati admitterentur om» nes; modo inermes compositique ad modestiam. » *Strada*, *I.* 213. Le Prince d'Orange se plaignit amèrement de la défiance du Roi. *l. l.* 212. Ses relations et ses actes, l'opinion de beaucoup de Protestans qui le considéroient comme un défenseur que Dieu al-

[1] loug. [2] Overende.

loit leur susciter, le rendoient suspect à Philippe; qui cependant avoit besoin de lui pour réprimer les tentatives de la Noblesse et du peuple. Telle étoit sa position que chacun avoit recours à lui et que, néanmoins, demeurant fidèle à sa manière de voir, il devoit s'attirer le mécontentement et les reproches de tous. Il n'est donc pas étonnant que, voyant la confusion des affaires, sans y voir de remède, il desiroit ne plus s'en mêler. 1566. Mars.

Quant au beau discours que *Burgundus*, p. 131, lui attribue et dont l'historien *Hooft* nous a donné aussi une très belle traduction, on peut hardiment affirmer qu'il n'a jamais été prononcé. C'est un morceau de rhétorique composé par *Burgundus* lui-même, qui se sera auparavant bien pénétré de la lecture d'une lettre de la Duchesse au Roi, du 3 avril : *Procès d'Egmont, II.* 304. Ce ton de déclamateur ne ressemble pas au style mâle et simple du Prince. De même les discours de Viglius et du Comte de Hornes chez cet auteur, p. 153, sont, à ce qu'il paroit, le fruit d'une méditation attentive du *Mémorial de Hopper*, p. 79, *sq.* C'est ainsi que beaucoup d'historiens du 16.e et 17.e siècle, par une imitation maladroite des anciens, introduisoient le mensonge là où il ne doit y avoir de place que pour la vérité.

* LETTRE CXXXVII.

Le Landgrave Guillaume de Hesse au Prince d'Orange. Sur les préparatifs des Turcs et la nécessité de présenter à la diète une supplique au nom des Pays-Bas.

*** Le Landgrave fait déjà mention de la requête que les Confédérés devoient présenter à la Gouvernante: on voit donc avec quelle promptitude le Prince l'avoit informé de ce qui se passoit.

L'attitude menaçante des Turcs fut cause qu'à la diète on décida peu de chose quant aux affaires de la religion. Ce que le Land-

1566. grave conseille venoit déjà d'être fait. « Nobiles ad Maximilianum
Mars. » Imperatorem supplicem libellum misere, nomine eorum qui re-
» licta Romana religione ad reformatum Evangelium se transtule-
» rant . . . . . In eo suppliciter Caesareae Majestatis Principumque » auxilium expetebant, ut consilio auctoritateque sua Philippo » Regi persuaderent, ut ne sanguinem fidelium ac timentium Deum » effundere pergeret, atque ita in se familiamque suam iram Dei » vindictamque accerseret. » *Origo Belg. tumult. Eremundi*, p. 80. Cet auteur ajoute que la supplique fut présentée le 1 avril : le Landgrave, se trouvant à Marbourg, pouvoit n'en être pas encore informé.

Uunserm günstigen grusz zuvor, wolgeborner, lieber Neve und besonder. Wir haben eur schreiben, de dato den 22ten Martij, zu unsern händen entpfangen, gelesen; thun uns der vertreulichen antzeige günstiglichen bedancken, was aber die sachen der Spanischen Inquisition halben und dasz man dieselbe den Niederländen gern ufftringen wolte, betrift, tragen wir in warheit mit den guten leuten dero örter ein trewesz, billichesz mitleiden: wasz wir auch zu milterung iresz leidensz immer rathlich befürdern konten, dasz inen zu gutem gereichen, dasz seint wir vor unser person gantz willig und bereit. Wie esz unsz aber ansiehet, so achten wir nit dasz diesz jahrsz die Nidderlände sich einicher gefahr überzugsz halben zu besorgen, dann ob wol ein zaitlang auszgeschrieben, als solte sich der Türck diesz jahrsz nit sonders Malta oder deroselben greintz halben annemen wollen, sondern sich allein uff Hungern rüssten, So geben doch jetzo die zeitungen widder, dasz der Türck gewaltiger alsz vorhin jemals umb Malta und Sicilia sich antzunehmen gedencke und bisz in 200 galeen mit aller notturft zu solchem be-

hueff auszgerüsst hab, desz fürhabens gar balde darmit 1556.
antzugreiffen. So eilen auch die Spanische Obristen gar Mars.
sehr die knechte fürderlich in *Italiam* zu schicken, zudem ist auch hertzog Erichs gewerbe gar in brunnen gefallen und man hört sonst von gar keinem gewerbe, Welchsz ein zeichen ist dasz man diszmalsz nichts gegen die Niderlände vornemen, sondern mit dem Türcken soviel zu schaffen bekommen wirdet, dasz man diesser alhie vergessen muessen. Hoffen derhalben, es werde der Almechtige des *Impii Amman* rath zerstoeren und über seinen eigenen halsz lassen auszgehen, und den frommen *Marthocheum*, sambt seinem volck, genediglich schützen und erhalten. — Soviel zeitliche hilff und Rath antrifft, ist *fide et taciturnitate* in diesser sach gar hoch vonnöten, darumb uns sehr bedencklich bey vielen Chur-und fürsten, Eurm begern nach, derhalben zu sollicitiren. Dann ob wir wol aller, wansz unsz nutz ist, gute Christen und Lutterischer Confession seint, so wisst Ir doch, dasz irer ettliche mit freundschafft, ettliche mit dienst, wo nit selbst, doch irer Rethe, dermassen Spanien zugethan und verwant seint, dasz zu besorgen esz möchte nich allein in keiner geheim pleiben, sondern sich auch eher schümpfierung, [1] alsz befürderung bey solchen zu getrösten, dann euch nicht unbewuszt wie mann alle dinge jetziger zeitt zum übelsten kann auszlegen und verdrehen. — Wie aber deme, wollen wir nicht underlassen unserm Schweher Hertzog Christoffern (als den wir wissen dasz er die Religions sachen mit allen trewen meynet), hiervon vertreulich zu admoniren, mit bitt S. L. wollen mit andern Chur- und Fürsten, die S. L. nit suspect helt, darvon rathschlegen.

[1] schimpf.

1566. So zweivele unsz nicht S. I. werden die sachen ir mit
Mars. trewen angelegen lassen und was sie hirin den armen, verdrückten Christen dero örter zum bessten thun können, ir eusserst vermügen nicht sparen, dann S. L. schon dahin bedacht, auch andern Fürsten zugeschrieben, dasz mann uff jetzigem Reichstag anhalten solte damit die Niederlände mit in den Religion-frieden genomen und dessen zu geniessen hetten. Damit nun S. L. und andere gutherzige Fürsten und Stende ursach gewunnen solchsz mit desto mehrerm ansehen zu treiben und zu regiren, und dieweill one dasz, wovern die bewusste supplication der Regentin überlieffert, die Katze hart gnugsam in das auge troffen und geschlagen sein wirdt, So konten wir nicht widderrahten dasz von wegen der Niderlände stattliche gesandten, mit gnugsamen schein und Credentzbrieven (damit man derhalben nit wie etwa zuvor andern nationen auch beschehen, zu cavilliren hette) jetzo uff dem vorstehenden Reichstagh wurden abgefertigt, welche daselbst die Key. Ma. und allen Stenden desz Reichs eine supplication, darin ire beschwerungen nottürftiglich deducirt, übergeben, und darneben underthenigst gesucht und gebeten hetten iren herrn die Khü. M. zu Hispaniën dahin zu vermügen, damit sie, wie andere stende des Reichs, bey der erkanten wahrheit und Augspürgischen Confession gelassen und von der Key. M. und Stenden desz Reichs bey dem Religionfrieden möchten geschützt und gehandthabt werden. Wann solchs geschiht, zweivelt unsz nicht, esz werden leuthe gnugsam funden werden, die sich dasz beste bey Inen zu thun werden befleissigen: dann one dasz kont Ir selbst dencken dasz esz wirdt bedencklich fallen sich der Niderlendischen Stende unersucht ant-

zunehmen oder irenthalben ettwas in den Reichszrath zu geben oder zu proponiren. Esz were auch nit unrathsam dasz neben den abgesandten ettwa Ir selbst oder sonst ein beglaubte und den Chur-und Fürsten bekante person gein Augspurg wurde abgefertigt, die *ad partem* allerhandt guten bericht den Churfürsten diesser sachen halben geben und diesz *negocium* mit vleisz sollicitiren thete. 1566. Mars.

Nachdem auch der von Hohenstratt[1] bey der Key. M. gewesen und sonder zweivell dieser sachen halben etwas erwehnung wirdt gethan haben, so were gleichfals gar gut dasz die Churfürsten möchten wissen wasz vertröstung er bey der Key. M^t. erlangt und wie er Irer M^t. gemuet gespuert hette. Die Proposition ist unsz noch nit zukomen; wiewol sy den vergangen 23ten Martij hat geschehen sollen: darausz wirtt man balt vernehmen wasz der Key. M.^{t} gemuet seye in religionssachen vortzunehmen, welchs wir euch alsz vor unser einfeltiges bedencken guter, vertrauter meynung, nicht wolten verhalten, und seint euch allen günstigen guten willen zu erzeigen geneigt. Datum Marpurgk am 31^{en} Martij A° 66.

Wilhelm L. z. Hessen.

[1] Le Comte de Hoochstraten.

LETTRE CXXXVIII.

Le Prince d'Orange au Comte Louis de Nassau. Il l'exhorte à avoir soin que les Confédérés ne soient pas accompagnés d'étrangers et qu'ils viennent sans armes.

1566. Avril. *** On répandoit faussement que le Duc de Clèves étoit de la ligue. *Procès d'Egm. II.* 315. « De Cliviae duce brevi rumor » evanuit. » *Strada*, I. 207. Plusieurs circonstances donnèrent lieu à cette supposition: les relations du Duc avec les Seigneurs des Pays-Bas, sa vie passée, ses précautions contre les armemens du Duc Eric; enfin l'accueil bienveillant qu'il avoit coutume de faire aux réfugiés Protestans. Deux ans plus tard la crainte du Duc d'Albe le fit changer de conduite à leur égard. *Bor*, *I.* 225.

D'après *Strada* un bon nombre des Confédérés, entrant à Bruxelles, étoit armé. « Erant illi in equis omnino ducenti, forensi » veste ornati, gestabantque singuli bina ante ephippium sclopeta. » I. 218. Ce seroit une nouvelle preuve que l'influence du Prince sur les résolutions des Nobles étoit beaucoup moins grande qu'on ne le croit communément. Mais dans l'apologie que les protestans firent imprimer en 1567, ils disent hardiment. « Et quand à la procé- » dure en la présentation de la requeste, un chacun scait qu'ils » n'ont eu nulles armes du monde, fors celles que gentilshommes » sont tenus porter ordinairement: mesmement aux champs n'ont » en nulles armes que de coustume. » *Le Petit*, p. 141.ª Et ils ajoutent. « Là ou toute fois leurs calomniateurs avoyent raporté » paravant leur arrivée, pour chose veue et asseurée, qu'ils venoyent » tous en équippage de guerre. Si avant que la Duchesse fut » contrainte par leurs faux rapports d'envoyer au devant d'eux, » pour les prier de poser les armes, lesquelles ils n'avoyent onc » pensé de prendre. » *l. l.* En tout cas cet *onc* est de trop; car les Confédérés avoient eu dessein de venir *en armes* (voyez le Mémoire, p. 57.)

Le Comte Louis vint le 29 mars à Vianen, et partit le 31 avec le Comte de Brederode pour Bruxelles. *Te Water*, *IV*. 324.

Mon frère, jay vous amvoie ce porteur exprès pour vous 1566.
advertir comme l'on parle issi estrangement de la venue Avril.
de la compaignie et principalement en ce que l'on ast adverti Madame qu'il y vient beaucoup des estrangiers, comme Clevois et du pais de Julliers, et oires que j'ay dict à Madame en estre asseuré à contraire, pour n'avoir les estrangiers affair de dire ou remonstrer quelque chose qui concerne ce pais, si esse que le bruict continue, parquoy ferés bien de tenir la main que si il y at quelques estrangiers qu'i ne vienent point; je dis en quantité, mais pour ung cinquant ou soisante seroit peu de chose, car pour moy ne le peus penser. L'aultre point est que l'on dict que viendres en arme et oire que le scay bien que non, néanmoings si il eusse quelques ungs quil se avanceriont de en porter, feres bien les fer oster, car le plus paisiblement que porres venir et point de tout avecque si grande trouppe ensamble, serat le melieur et feres vostre affaire beaucoup mieulx; d'aultre part aussi ne ferois faire nulle salve, ny dehors la ville, ny dedans, en quoy il vous fault que tenés la main. Je donne charge à ce porteur vous dire le tout plus amplement, vous priant me mander par luy en quel équippage que viendrés, et sur ce vous baise les mains et à mons.r de Brederode aussi, priant Dieu vous donner accomplissement de vos désirs. De Brusselles ce 1 de apvril A° 1566.

Vostre bien bon frère à vous
fair service,

Guillaume-de Nassau.

A Monsieur le Conte Louys de Nassau, mon bon frère.

1566.
Avril.

LETTRE CXXXIX.

L. de Schwendi au Prince d'Orange. Ses prévisions sur la guerre contre les Turcs et sur les résolutions de la Diète.

*** Il n'est pas étonnant qu'après cette lettre le Prince ne reçut de longtemps des nouvelles par Schwendi lui-même : car ce que celui-ci prévoyoit, arriva. « Der Sultan verlangte dasz alles abge-» nommene an Siebenbürgen zurückgegeben werden sollte. Da Ma-» ximilian und die Ungern sich nicht dazu verstanden, brach der » alte Suleiman an der Spitze eines groszen Heeres in Ungern ein. » Maximilian beschlosz ebenfalls selbst zu Felde zu ziehen, und » sammelte aus den Erblanden und aus dem Reiche ein Heer von » 80000 Streitern . . . . . Nachdem Suleiman gestorben war, zeigte » dessen Sohn Selim wenig Ernst zur Fortsetzung des Kriegs. Die » Streifzüge der Türken wurden von Schwendi mit Nachdruck » zurückgewiesen. » *Pfister, Gesch. d. T. IV.* 321.

Monseigneur!

Il y a desjà longtemps que n'ay eu novelles de vostre Seig[rie]: mais cela me seroit grand contentement, quant tous vos affaires allassent selon vostre desir. Je suis icy en un labourinthe et quand je pense et espère de y sortir par le moyen d'une paix avec les Turcs et le Transilvain pour laquelle l'Empereur a desjà longement travaillé, nous retombons en une plus griefve guerre. Maintenant l'on tient pour certain que le Turc, si vient, qu'il y viendrat luy mesme avec toute sa puissance. Ains il est bien de besoing que l'Empereur aye bone assistance d'Empire et des aultres princes chrestiens. Aultrement tout le pais d'Autriche et d'Ungarie demeureroit en extrême hazard. Je ne veus faire à vostre Seig.rie long discours par cestes, ains me remets à ce que j'ay escrit tout au long à mons.r d'Egemont, pour le vous communiquer. 1566. Avril.

Je tiens que l'on traicterat bien peu sur ceste diète quant à la religion, mais que l'on laisserat le tout en suspens et au mesme cours comme par avant, puisque l'Empereur sera contraint de tant haster son retour (1). Il sera bien le moys de jullet avant que le Turc pourra arriver avec sa puissance. Mais les plus prochains Basses[1] antecéderont et commenceront la guerre plus tempre[2], de sorte qu'il est bien nécessaire de haster les provisions. Car comme l'on pense peu à la guerre au temps de paix, ainsy se trouve l'on maintenant bien despourveu de ce qui est de besoing. Je ne scay comme l'on me laissera et pourvoiera en ce quartier, l'apparence est encore maulvais asse.[3] En fin il fault faire extrême debvoir avec ce que l'on peult avoir des forces, et bien espérer de l'aide de Dieu........ A Unguar[4] le 4 d'april l'ann 66.

De vostre Seig.rie très affectioné serviteur,

LAZARUS DE SWENDI.

Le Seig.r Conte Ludvic se debvoit[5] cest année laisser veoir en Ungarie et accompaigner l'Empereur, puisqu'il veult faire la journée contre le Turc en persone. Je vous prie luy faire mes affectueuses recommandations.

A Monseigneur Monsieur
le Prince d'Orange.

---

(1) *Retour*. Les choses se passèrent ainsi et l'espérance trompée

[1] Pachas. [2] tôt. [3] assez. [4] Unghwar. [5] devroit.

1566. Avril. Le 5 d'Avril la requête fut présentée. Nous croyons devoir la communiquer, ainsi que les pièces qui s'y rapportent, vu l'importance de ces documens, et parceque nos Manuscrits, appartenant aux papiers du Comte Louis ont un caractère remarquable d'authenticité. D'ailleurs il y a quelques variantes, et les ouvrages où ces actes ont déjà été imprimés, sont en grande partie peu connus hors de notre pays.

Voici d'abord le discours prononcé ou plutôt lu (« pauca *ex* » *scripto* praefatus:» *Viglius ad Hopp.* 358) par Bréderode en présentant la requête : « Erat ea Brederodio a foederatis delata pro- » vincia, . . . sive quod summa gentis Brederodiae nobilitas exis- » teret, sive quod iis esset moribus ut ingenti verborum factorum- » que audacia omnem observantiae atque metus cogitationem quovis » negocio facillime deponeret. » *V. d. Haer*, 207.

Madame. Les gentilzhommes assemblez en ceste ville et autres de semblables qualité en nombre compétent, lesquels pour certains respect ne se sont icy trouvé, ont arresté pour le service du Roy et le bien publicque de ses Pays-Bas, présenter à Votre Alteze en toute humilité ceste remonstrance, sur laquelle il plairat à vostre Alteze donner tel ordre qu'elle trouvera convenir, suppliant à votre Alteze la vouloir prendre de bonne part.

---

augmenta l'effervescence dans les Pays-Bas. « Sperabant Belgae » Imperatorem Maximilianum in proximis comitiis remedium » aliquod ipsorum malis adhibiturum; ubi viderunt se sua spe » falsos, tentârunt extrema. » *Languet*, *Ep. secr. I.* 6.

En oultre, Madame, nous sommes advertys d'avoir 1566. esté chargés devant vostre Alteze et les S.[rs] du conseil et Avril. aultres, que ceste notre délibération a esté principalement mis en avant pour exciter tumultes, révolte et séditions, et, qui est le plus abominable, nous ont chargés de vouloir changer de Prince, ayant praticqué ligues et conspirations avecqs Princes et capitaines estrangiers, tant François, Alemans que aultres, ce que jamais n'est tumbé en nostre pensée (1) et est entièrement contraire et à nostre léaulté et à ce que vostre Alteze trouvera par ceste remonstrance. Supplians néanmoings à vostre Alteze nous voulloir nommer et découvrir ceulx qui tant injustement ont blâsmé ungne tant noble et honnorable compaignye.

Davantaige, Madame, les S.[rs] icy présents ont entendu qu'il y a des aulcuns entre eulx, qui en particulier sont accusés et chargés d'avoir tenu la main et tasché pour effectuer la susdite malheureuse entreprinse, tant avec François que aultres estrangiers, dont nous nous resentons de ce grandement; parquoy supplions à vostre Alteze nous vouloir faire tant de bien et faveur de nommer les accusateurs et accusés, affin que le grand tort et méchanceté estant découvert, vostre Alteze en face briefve et exemplaire justice, et ce pour obvier aux maulx et scandeles qui en pourroient advenir, estant bien asseurés que vostre Alteze ne permettra jamais qu'une telle et tant honnorable compaignie demeura [1] chargée de tant infâmes et malheureuses actes.

---

(1) *Pensée.* Voilà une affirmation un peu forte, et qui ne donne pas une très haute idée de la franchise et de la bonne foi des confédérés.

[1] demeurra *(demeurera)*.

La requête se trouve aux Archives, ayant en marge l'apostille de la Gouvernante; en outre il y a une copie.

Madame!

L'on scait assez que par toute la Christieneté a tousjours esté, comme est encores pour le présent, fort renomé la grande fidélité des peuples de ces Pays-Bas envers leurs Seigneurs et Princes naturels, à laquelle tousjours la noblesse a tenu le premier rancq, comme celle qui jamais n'ast espargné ny corps, ny biens, pour la conservation et accroissement de la grandeur d'iceulx. En quoy nous, très humbles vassaulx de Sa Ma.[té], voulons tousjours continuer de bien en mieulx, se que de jour et nuict nous nous tenons prestz pour de nous corps et biens luy faire très humble service; et voyans en quel terme sont les affaires de maintenant, avons plustost aymé de charger quelque peu de mavais gréz sur nous, que de céler à vostre Alteze chose qui cy après pourroit tourner au desservice de Sa Ma.[té] et quant et quant troubler le repos et tranquillité de ses pays: espérans que l'effect monstrerat avecq le tamps qu'entre tous services que jamais pourrions avoir faicts, ou faire à l'advenir à Sa Ma[té]., cesluy-cy doibt estre réputé entre les plus notables et mieulx à propos, dont asseurément nous nous persuadons que vostre Alteze ne le scaura prendre que de très bonne part. Combien doncques, Madame, que nous nous ne doubtons poincts que tout ce que Sa

Ma^{té}. a par ci-devant et meismement ast heure de nouveau ordonné, touchant l'inquisition et l'estroicte observation des placcars sur le faict de la religion, n'ait eu quelque fondement et juste tiltre, et ce pour continuer tout ce que feu l'Empereur Charles de très haulte mémoire, avoit à bonne intention arresté. Toutesfois voyans que la différence de l'ung tamps à l'aultre ameyne quant et soy diversités des remèdes et que désjà depuis quelques années enchà les dit placcars (nonobstant qu'ils n'ayent esté exécutés en toute rigeur) ont toutesfois donné occasion à plusieurs griefs et inconvéniens; certes la dernière résolution de Sa Ma^{té}., par laquelle non seullement elle déffend de ne modérer aulcunement les dit placcars, ains commande expressément, que l'inquisition soit observée et les placcars exécutés en toute rigeur, nous donne assez juste occasion de craindre, que par là non seullement les dit inconvéniens viendront à s'augmenter, mais aussi qu'il s'en pourroit finalement ensuyvre une esmeute et sédition généralle, tendante à la misérable ruyne de tous les pays, selon que les indices manifestes de l'altération du peuple, qui desjà s'apparchoit [1] de tous costés, nous monstre à veue d'oeil. Parquoy, cognaissans l'évidence et grandeur du dangier qui nous menasse, avons jusques à maintenant espéré que, ou par les Seigneurs, ou par les estats des pays, seroit faict remonstrance à temps et heure à vostre Alteze, affin d'y remédier, en ostant la cause et l'origine du mal; mais après avoir veu que eulx ne se sont poinct advanchés, pour quelques occasions à nous incogneus, et que cependant le mal s'augmente de jour en jour, si que le dangier

1566. Avril.

[1] s'apperçoit.

1566. de sédition et révolte généralle est à la porte, Avons es-
Avril. timé estre nostre debvoir, suyvant le serment de fidélité et d'hommaige ensamble et le bon zèle qu'avons à Sa Maté. et à la patrie, de ne plus attendre, ains plustost nous advancher des premiers à faire le debvoir requis, et ce d'aultant plus franchement, que nous avons plus d'occasion d'espérer que Sa Maté prendra nostre advertissement de très bonne part, voyant que l'affaire nous touche de plus près qu'à nuls aultres, pour estre plus exposés aux inconvéniens et calamités, qui coustumièrement proviengnent de samblables accidens, ayans pour la plus grande part nos maisons et biens situés aux champs, exposés à la proye de tout le monde; considéré aussi que générallement, en ensuivant les rigeurs des dit placcars, ainsi que Sa Maté. comande expressément estre procédé, il n'y aurat homme d'entre nous, voire et non pas en tout le pays de pardecha, de quelque estat ou condition qu'il soit, lequel ne sera trouvé coulpable de confiscation de corps et biens, et assubjecti à la calomnie du premier envieulx qui, pour avoir part à la confiscation, vouldra l'accuser soubz couverture des placcars, ne luy estant laissé pour refuge aultre chose que la seulle dissimulation de l'officier, à la merchy duquel sa vie et ses biens seraict totalement remis. En considération de quoy avons tant plus d'occasion de supplier très humblement vostre Alteze, comme de faict nous la supplions par la présente requeste, d'y vouloir donner bon ordre, et pour l'importance de l'affaire, de vouloir le plustôst que possible sera, dépêcher vers Sa Maté. homme exprès et propre pour l'en advertir, et la supplier très humblement de nostre part, qu'il luy plaise y pourveoir, tant pour le

présent qu'à l'advenir; et d'aultant que cela ne se pourra 1566.
jamais faire, en laissant les dit placcars en leur vigeur, Avril.
veu que de là dépend la source et l'origine de tous inconvéniens, qu'il luy plaise de vouloir entendre à l'abbolition d'iceulx, laquelle se trouverat estre non seullement du tout nécessaire pour destourner la totale ruyne et perte de tous ses pays de pardeça, mais aussi bien conforme à raison et justice; et affin qu'elle n'ait occasion de penser que nous, qui ne prétendons sinon de luy rendre très humble obéissance, vouldrions entreprendre de la brider, ou luy imposer loy à nostre plaisir (ainsi que nous ne doubtons poinct que nos adversaires le vouldront interpréter pour nostre désadvantage). Supplions bien humblement à Sa Ma.té qu'il luy plaise de faire aultres ordonnances par l'advis et consentement de tous les estats-généraulx assemblés, affin de pourveoir à ce que dessus, par aultres moiens plus propres et convenables, sans dangiers si très évidens. Supplions aussi très humblement à son Alteze, que tandis que Sa Ma.té entendra à nostre juste requeste et en ordonnera selon son bon et juste plaisir, elle pourvoye cependant au dit dangier, par une surcéance généralle, tant de l'inquisition, que de toutes exécutions des dit placcars, jusques à tant que Sa Maté. en ait aultrement ordoné, avecq protestation bien expresse que, en tant qu'il nous peult compéter, nous nous sommes acquictés de nostre debvoir par ce présent advertissement, si que dès maintenant nous nous en déchergeons devant Dieu et les hommes, déclarans qu'en cas que aulcun inconvénient, désordre, sédition, révolte ou effusion de sang par cy après en advient, par faulte d'y avoir mis remède à tamps, nous ne pourrons estre

1566. tachés d'avoir celé ung mal si apparant; en quoy nous
Avril. prenons Dieu, le Roy, votre Alteze et messieurs de son Conseil ensamble et nostre conscience en tesmoignage, que nous avons procedé, comme à bons et loyaulx serviteurs et fideles vassaulx du Roy appartient, sans en rien excéder les limites de nostre debvoir, dont aussi de tant plus justamment nous supplions, que votre Altesse y veulle entendre, avant que aultre mal en adviengne. Et feres bien.

Le 6e avril la Duchesse rendit la requête apostillée. « Postridie » reversis numero adhuc majore Foederatis Gubernatrix libellum » reddidit, adjecta ad marginem responsione, quâ intermittendae » Inquisitionis, edictorumve moderandorum spem, sed Rege ante » consulto, faciebat. » *Strada*, I. 222.

Son Alteze ayant entendu, ce que ce requiert et demande par le contenu en ceste requeste, est bien délibéré d'envoyer devers Sa Mate. pour le luy réprésenter et faire devers icelle tous bons offices, que son Alteze advisera povoir servir à disposer et incliner Sa dite Mate. à condescendre à la requisition des remonstrans, lesquels ne doibvent espérer, sinon toute chose digne et conforme à Sa bénignité naifve[1] et accoustumée, ayant desjà Sa dite Alteze auparavant la venue des dits remonstrans, par assistence et advis des Gouverneurs des provinces, Chevaliers de l'Ordre et ceulx des Consaulx d'estat et privé estans chez elle, besoigné à concevoir et dresser une modération des placcartz sur le faict de la religion, pour la

[1] native *(aangeboren)*.

représenter à Sa dite Ma[té]. laquelle modération Son Alteze espère debvoir estre trouvé telle que pour debvoir donner à chascun raisonnable contentement; et puis que l'autorité de Son Alteze (comme les remonstrans peuvent bien considérer et comprendre) ne s'estend si avant, que de povoir surseoir l'inquisition et les placcairtz, comm'ils le demandent et qu'il ne convient de laisser le pays endroict la religion sans loy, icelle Son Alteze se confie que les remonstrans se contenteront de ce qu'elle envoye à la fin susdit devers Sa Ma[té]., et que pendant que s'attend sa responce, Son Alteze donnera ordre, que tant par les inquisiteurs, où il y en a eu jusques ores, que par les officiers respectivement, soit procédé discrètement et modestement endroict leurs charges, desorte que l'on n'aura cause de s'en plaindre, s'attendant Son Alteze que aussy les remonstrans de leur costé se conduyront de façon que ne sera besoing d'en user aultrement, et se peult bien espérer, que par les bons offices que Son Alteze fera devers Sa Ma.[té] icelle se contentera descharger les aultres pays de l'inquisition où elle est, selon que s'est peu entendre que desjà s'est déclairé sur la requeste des chef villes de Brabant, qu'elles n'en seront chargées, et se mectra Son Alteze tant plus librement à faire tous bons offices devers Sa dite Ma[té]. à la fin et à l'effect susdit, qu'elle tient asseurément que les remonstrans ont propos et intention déterminée de rien innover endroict la religion ancienne observée es pays de pardeçà, ains la maintenir et conserver de tout leur povoir. Faict par Son Alteze à Bruxelles, le 6me jour d'apvril 1565, avant pasques.

1566. Avril.

MARGARITA.

1566. Avril. Le 8 avril les Confédérés remirent à la Duchesse une réplique à l'apostille, conçue dans les termes suivans.

Madame. Ayant veu l'apostille qu'il a pleu à vostre Alteze nous donner, nous n'avons volu laisser en premier lieu de remercyer très humblement vostre Alteze de la briefve expédition d'icelle, mesmement de la satisfaction que vostre Alteze at eu de ceste nostre assemblée, laquelle n'at esté faicte à aultre intention que pour le service de Sa Ma^{té}., bien et tranquillité du pays; et pour plus grand contentement et repos d'icelluy pays eussions fort desiré que la ditte appostille de vostre Alteze eust esté plus ample et plus esclercye, néantmoins voyans que vostre Alteze n'a le pouvoir tel que nous désirerions bien, comme nous entendons, de quoy nous sommes bien marys, Nous nous confions selon l'espoir et asseurance que vostre Alteze nous a donné que icelle y mectra tel ordre qu'il convient tant envers les magistrats que inquisiteurs, les enjoindant de se contenir de toutes poursuytes procédantes d'inquisition, édicts et placars, tant vieulx que nouveaulx, sur le faict de la religion, attendant que Sa Ma^{té}. en ayt aultrement ordonné. De nostre part, Madame, puisque ne desirons sinon d'ensuyvre tout ce que par Sa Ma^{té}. avecq l'advis et consentement des estats-généraulx assamblés serat ordonné pour le maintenement de l'anchienne religion, espérons de nous gouverner de telle sorte que vostre Alteze n'aurat aucune occasion de se mescontenter, et s'il y eust quelcung qui fisse aucun acte enorme et séditieulx, qu'i soit par vostre Altesse et ceulx du Conseil d'estat ordonné tel chastoy que le mérite du faict le requérera, protestant de rechief que si quelque inconvénient en advient par faulte de n'y avoir donné bon ordre, que avons satisfaict à nostre devoir. Supplians bien humblement à vostre Alteze d'avoir cestuy nostre devoir pour agréable et recommandé, le recevant pour service de Sa Ma[té]., nous offrans de demeurer très humbles et obéissans serviteurs à vostre Alteze et de mourir à ses pieds pour son service, toutes les fois qu'il plairat à vostre Alteze nous le commander. 1566. Avril.

En oultre, Madame, pour aultant qu'il court un bruyct duquel nous commes advertis, que aucuns de nos calumniateurs ont desjà faict imprimer des copies de notre requeste où ils ont altéré ou changé aucuns points par lesquels ils vouldroient donner à entendre nostre assamblée avoir esté séditieuse et par là nous rendre odieulx à tout le monde, chose du tout contraire à notre juste intention, comme il est suffisamment notoire à vostre Alteze, la supplions très humblement permectre à l'imprimeur de Sa Ma[té]., imprimer la ditte requeste en la mesme substance et teneur de mot à autre, qu'elle at esté présentée par nous à vostre Alteze (1). Ce que nous donnera, Madame, ung très grand contentement et plus grande occasion de continuer le service par nous offert et promis en général et particulier à vostre Alteze.

(1) *Alteze.* La Gouvernante le permit.

1566. Avril. La Duchesse, après avoir délibéré avec le Conseil d'Etat, répondit.

J'ay veu et visité avec ces Seigneurs ce que m'avez apporté et pour responce j'espère donner tel ordre tant vers les inquisiteurs que les magistrats, que aucun désordre, ny scandale n'en adviendrat, et s'il y en a, il viendra plustost de vostre costel, parquoy advisés selon vos promesses icy contenues, qu'aucun scandale ny désordre n'en advienne, tant entre vous que la commune, vous prians de ne passer plus avant par petites practicques secrètes et de n'attirer plus personne.

A quoi Eustache de Fiennes, Seigneur d'Esquerdes, répliqua, ainsi que *Strada* le rapporte. « Ad Margaritam redeunt ; atque omnium » nomine Eustachius Fiennius, Esquerdae Dominus (nam Brederodius in publico verba facere, nisi meditatus aut ex scripto, non audebat) officiose actis pro responsione gratiis, orat ne gravetur testatum facere quidquid ab eo Nobilium conventu factum esset, pro » Regis obsequio utilitateque fuisse. » p. 223. Mais cet auteur confond les deux réponses de la Duchesse et les deux répliques des Nobles, et, pourvu qu'on n'imite pas cet exemple, on peut aisément concilier les historiens qui font mention de Bréderode et ceux qui donnent la parole au Seigneur d'Esquerdes (nommé *des Cordes* par *Hopper*, *Mém.* p. 75). Bréderode récita la première réplique qui étoit couchée par écrit ; mais il se retira, contre ses habitudes, modestement, dès qu'il s'agit de parler *ex tempore*. La conduite des Nobles à Bruxelles, tant prônée auparavant, a été jugée d'une manière extrêmement défavorable par *Bilderdijk*, l. l. p. 52, sqq. Et en effet on y remarque une hardiesse qui, à mesure qu'elle éprouve de la résistance, dégénére en timidité. Mais apparemment beaucoup d'entre eux auront été médiocrement contens de cette façon d'agir; et il ne faut pas oublier que les Gouverneurs et Chevaliers auront exercé ces jours là une influence conciliatrice sur les Chefs de la Confédération. 1566. Avril.

Replicque faicte par le S^r^. des Kerdes.

Madame. Il a pleu à ces Seigneurs et à toute ceste noble compaignie me commander de remercyer de leur part V. A. très humblement de la bonne responce qu'il a pleu à V. A. nous donner ce jourd'huy, et furent esté beaucoup plus contens et satisfaicts, s'il eust pleu à V. A. leur déclairer en la présence de tous ces S^rs^. que V. A. a prins de bonne part et pour le service du Roy ceste nostre assemblée, asseurant V. A. qu'aulcung de ceste compaignie ne donnerat occasion à V. A. de se mescontenter de l'ordre qu'ils tiendront doresnavant.

(Et comme ma dite dame respondit qu'elle le croyt ainsy, n'affermant nullement en quelle part elle recevoit nostre assemblée, luy fut replicqué par le dit S^r^. de Kerdes: Madame, il plairast à V. A. en dire ce qu'elle en sent, à quoy elle respondit qu'elle n'en pouvoit juger.)

Aux deux remontrances qui suivent, est relatif ce passage de *Bor.* « D'Edele hen vastelyk vertrouwende opte groote beloften hen » gedaan, hebben . . . geresolveert te scheiden en elk na huis te » trecken: maar hebben eerst in handen van haer vier hoofden ge- » looft en toegeseit by seker geschrifte onder hen daer af gemaekt » dat sy der Religien noch andersins niet nieuws en souden invoeren » noch attenteren . . . . en dat sy in alles souden bereet en onder- » danig wesen tot 't gene deselve hen vier Hoofden hen ordonneren » en bevelen souden, hebbende ook tot assistentie en correspon-

1566. » dentie van denselven uit haren geselschappe gekoren drie of vier
Avril. » van elke Provincie, die in denselven souden gadeslaen dat aldaar » niet en werde geattenteert tegen de voorsz. brieven en geloften. » I. 61[a]. — Apparemment ces deux remontrances ne sont pas de la même date. La première paroit avoir été faite le lendemain de la présentation de la requête; à moins que par *requête* on ne veuille entendre ici la réplique des Nobles, et par *apostille* la réponse verbale de Marguerite. La seconde ressemble plus à un avertissement de Brédérode fait au moment où l'on étoit près de se séparer.

Remonstrance aux gentilshommes pour savoir si se contentoient de ce que seroit traicté et faict par les députés.

Messieurs. Vous avez hier ouy l'appostille que Son Alt. nous a donné sur nostre requeste, de laquelle n'avons receu telle satisfaction comme eussions bien desiré, et ayans trouvé quelques bons moyens pour recevoir tout contentement, vous avons bien voulu advertir, affin que de tant mieulx soyez à votre repos, et pour ce mieulx effectuer, nous vous avons bien voulu de rechief demander, si vous avouerez et contenterez de tout ce que sera traicté par tous vos dit députés, selon l'authorité que auparavant leur avez donné, vous asseurant que à ce nous nous emploierons selon la confiance que vous avez de nous.

Autre remonstrance pour respondre à ceulx qui vouldroient interroguer la cause de l'assemblée.

Messieurs, nous avons esté hier matin assemblés pour

remédier à toutes sinistres interprétations de nostre assamblée, par lesquelles polrions venir à quelque division, et affin que nous puissions pertinement respondre à tous ceulx qui se polroient ou vouldroient enquester ou interroguer la cause de nostre ditte assemblée, attendu qu'il y a des aucuns qui font courrir le bruit que, soubs prétexte de nostre requeste, nous prétendions secrètement aultre effect, et en cas que Madame ou les Seigneurs vouldroyent demander à moy, comme à celluy qui a porté la parole de la part de vous autres messieurs, quelle asseurance je leur polroye donner. A correction est que nous ne prétendons autre chose, sinon d'observer ce qui est contenu en nostre requeste présentée. Avons avisé par ensemble de leur respondre unanimement ce que s'ensuyt: que nostre intention n'est autre que supplier bien humblement Sa Ma^té., qu'il luy plaise, pour obvier aux troubles et émotions présentes, d'abolir entièrement tous édicts, inquisitions et placars, vieux et nouveaux, sur le faict de la religion, et que tous sommes résolus d'entretenir tout ce que par le Roy, advis et consentement (1) de ses estats-généraulx assemblés, sera ordonné et arresté pour maintenir la religion anchienne, nous soubmectans à tel chastoy que par Sa Ma^té. et ses estats contre les transgresseurs sera commandé et publié.

1566 Avril

(Ce que tous ont accordé unanimement.)

---

(1) *Consentement.* Ce mot mérite d'être remarqué. Voyez aussi p. 86.

1566. Avril. *M. Te Water*, chez qui ces deux remontrances ne se trouvent point, communique (p. 13) encore une autre pièce, sous le titre de *Copie de la promesse faite des Chevaliers de l'Ordre, aux Gentilshommes assemblez avec Brederode et Culenborch*, etc. Elle manque dans notre collection, et c'est un nouvel indice que cet acte est controuvé. On craignoit le mécontentement des Nobles; et il paroit que, pour satisfaire aux instances de plusieurs personnes, entr'autres du Conseiller d'Assonville, la Gouvernante ordonna ou permit que quelques Seigneurs leur donnassent une assurance plus positive que, jusqu'à la réponse du Roi, il ne seroit rien innové en matière de religion: mais il y a loin de là à une promesse aussi solennelle, *sur leur foi, serment et ordre*, faite par écrit, et pas au nom de la Gouvernante, mais *des Seigneurs*. Apparemment des paroles rassurantes furent prononcées; le bruit public, peut-être aussi la tactique de quelques uns d'entre les Nobles, fit le reste. C'est ainsi qu'on peut très bien concilier *Strada*, p. 230 (qui appelle cette promesse écrite *impudens conjuratorum commentum*) avec le témoignage de la plupart des historiens par rapport à des assurances verbales de la part de la Gouvernante. Les raisonnemens de *M. Te Water*, I. 326—329. pour révoquer en doute le récit de *Strada* nous paroissent peu concluans. *V. d. Vynckt*, dans son *Histoire des Troubles des Pays-Bas*, dit positivement que cette garantie par un engagement formel étoit *un faux bruit*. I. 145; cependant ce n'est par sur son témoignage que nous voudrions nous fonder; puisqu'à notre avis, *M. Tarte*, en donnent en 1822 une nouvelle édition de cet ouvrage, lui a ôté son seul mérite, celui de la rareté.

Les Comtes de Hornes et de Mansfeldt (*Procès d'Egm. I.* 162), les Comtes Louis de Nassau et H. de Brédérode (*Strada*, *I.* 218) logèrent chez le Prince d'Orange, qui du reste ne paroit pas avoir donné aux Confédérés des marques de son approbation. S'il se trouva quelques momens à un de leurs festins, *l. l.* 225, ce fut par hazard; et c'est ce que *Strada* n'a pas su ou n'a pas voulu ajouter. Le récit du Comte de Hornes sur ce point porte le cachet de la vérité. « Le défendeur aiant disné avec le Prince d'Orainges,

» où il estoit logé; allèrent visiter le Comte de Mansfelt, lequel » estoit retiré à son logis à cause d'un mauvais oeil, et y vint aussi Monsr d'Egmont, et comme ils furent mandez au Conseil » s'adonna qu'ilz passèrent par devant le logis de Culenborch. Et » demanda le Prince d'Orainges ce que l'on y faisoit, et luy fut res- » pondu que l'on estoit à table. Sur quoy il dit ..... que ce seroit » bien faict rompre cette assemblée, afin qu'ils ne s'enivrassent; car » si l'on avoit à traicter avecq eux, l'on n'y trouveroit nulle raison.... » Et ne furent en la salle que un *Miserere* ou deux debout, et lors » la compagnie beut un petit voire[1] à eulx. Crians *vive le Roy et les* » *Geux.* » *Procès d'Egm. I.* 161 *et* 69. Les Confédérés venoient d'accepter ce nom, et de prendre la devise, *Fidèle au Roy jusqu'à la besace.* Le Prince desiroit se retirer en Allemagne (*Hopper, Mém.* 76); le 20e avril il écrivit à ce sujet au Roi: *Bor I.* 62. Le même jour *Viglius* écrivoit à *Hopper.* « In omnibus exacerbati ani- » mi non levia indicia significant Orangius et Hornensis, et Regem » a se alienatum queruntur. » *Epist. Vigl. ad H.* 360. Toutefois on ne sauroit supposer que le Prince ait voulu, en quittant ses Gouvernemens, abandonner la cause des Pays-Bas: nous avons vu qu'il se préparoit à résister, dans des cas extrêmes, les armes à la main. Mais il desiroit probablement de recouvrir une indépendance que son office de Stadhouder lui ôtoit. 1566. Avril.

Une infinité de maux menaçoit le pays. Les délibérations au Conseil d'Etat étoient bien souvent entremêlées de plaintes et de récriminations. Il fut « proposé par le Comte d'Egmont et aulcuns » aultres Seigneurs s'il ne seroit bon de publier incontinent la mo- » dération conçue par ceulx du Conseil Privé, pour donner conten- » tement aux Seigneurs Confédérez et à leurs alliez; mais comme » il sembloit de non debvoir entrer en acte de si grand préjudice » sans le mandement de S. M., fust dit que faisant cela seulement » de la part du Roy sans l'advis des Etatz-généraulx, qu'il ne se- » roit d'aulcun goust aux Confédérez et aultres, et que pourtant à » tout le moins seroit bien que l'envoyant à S. M. fust aussy en- » voyé aux Consaulx provinciaulx pour en ce donner leur advis; » enchargeant oultre ce aux Gouverneurs de faire part de ceste

[1] verre.

1566. » modération aux principaulx des Etats et Villes de leurs Gouver-
Avril. » nemens, pour les informer et entendre leur inclination et volunté, » ce qui fust aussy conclu. » *Hopp. Mém.* 75. Il n'est pas dit quel fut l'avis du Prince: la Modération (*Moorderatie*) n'étoit pas de nature à lui plaire; il ne pouvoit donc se joindre au Comte d'Egmont: puis ce n'étoient pas les Etats provinciaux, mais les Etats-Généraux qu'il vouloit. *V. Wesembeeck*, 102. Les avis des Etats de *Namur*, *Artois* et *Flandres* se trouvent aux Archives.

LETTRE CXL.

Le Comte H. de Brederode au Comte Louis de Nassau. Billets semés parmi le peuple; affaires des Confédérés.

*** Le 10 avril les Comtes de Brèderode, de Culembourg, et de Berges quittèrent Bruxelles; le premier se rendit d'abord à Anvers, où il harangua la multitude assemblée sous ses fenêtres. *Strada*, 229. Le 13 avril il étoit de retour à Vianen. *Te Water*, IV. 324.

Monsieur mon frère, mon amys: ceste servyrast seullement pour me ramentevoir à vostre bonne grâce, vous avertyssant que je ne dore ou j'ay le moyen Sayncte Aldegonde et à ceste heure icy arivé (1), auquell je n'ey ancor pus comme parlle. Je ne fauldrey l'yncontynant dépêcher: on nous ast desjà servy de bourdes par quelques byllés, que l'o nas t donné à Madame, luy donnant à antandre, que sommes estés nous aultres, quy les devons

(1) *Arrivé.* Donc un jour avant la date indiquée dans le journal communiqué par *Te Water*, *l. l.*

avoyr semé ou fayct semer; ce que suys asseuré que trouverés ung faict quy ne méryte estre escusé, car c'est ung fayct trope notoyre à ung chasqun. Je sey certeynement qu'il n'y ast amme[1] de nous aultres, quy y panssasse, onques mons^r^. d'Egmont ast esté celluy quy me l'ast escript et me prye par ses lettres luy voulloyr mander ce quy en est. Je vous prye fayctes tant qu'il vous montre la responsse que je luy escryrs, ancor que j'en ey retenu copye et verés la responsse ou mesme, ancor que je suys ny bachellyer ny chanssellyer. Le porteur de ceste s'en vat vers monsieur le Prynce, lequell je vous prye examiner et vous dyrast mervelle des amys que avons de par dechà, et certes il fault pourvoyr pour beaucoup d'yncovenyens, ancor sur mon honneur que il ne m'an aye parllé, qu'il puisse revenir à l'escouteleryе, car il nous y duyct antyrement et cluy quy l'est à présente est ung byen méchant et malle-reus[2] homme. Les denyers du rachapt sont tous pres. Sy mons^r^. le Prince y veult tenir la meyn, il y [prouverat[3]] byen de vostre part. Je vous an supplye et pour toutes ocasions, que vous savez myeus que ne vous soroys escrypre, avecq ce que il y ast mylle occasions par où mons^r^. le Prynce an pourat lybrement respondre. Je croy que orés antendu que [Mangny] a joué de son perssonage byen délicatement et malleureusement, sellon que j'antanps; vous saves combyen sella vault. Je vous prie de vostre part an user comme l'antenderes, ce que ne fauldray de la myegne et espérant vous mander demeyn plus amplement de mes nouvelles d'aultres choses, que je ne doubte vous contanteront, prye le Créateur vous donner, monsr. mon frère, an santé bonne vye et longue, après m'estre recom-

1566. Avril.

[1] ame. [2] malheureux. [3] pourvoirat (?).

1566. mandé ung myllion de foys à vostre bonne grâce. De vos-
Avril. tre (1) meson de Vyane, ce dysneusvyesme jour d'apvryll 1566.

Vostre frère et antyèrement vrey amys à vous servyr jusque au dernyer souspyr de la vye,

H. de Brederode.

A Monsieur mon frère, Monsr. le Conte Hendryck (2) Lodewyck de Nassauw.

LETTRE CXLI.

Charles de Revel, Seigneur d'Audrignies, au Comte Louis de Nassau. Sur la démission donnée par la Gouvernante à trois de ses Gentilshommes membres de la Confédération.

*** Le Seigneur d'Audrignies étoit un des principaux Confédérés. La Gouvernante avoit donné un éclatant témoignage de son improbation en cassant trois Gentilshommes de sa Maison, comme ayant signé le Compromis. Cette marque de défaveur fit une grande impression parmi les Confédérés, et les porta, comme on va le voir, à une démarche qui ne leur servit de rien.

Monsr. Je suis fort mariz entendre par la lettre qu'il vous a pleut m'escrire, du cassement comandé par Madame la Gouvernante estre faict du service de sa Maison à noz trois confrères, denommés en vostre lettre, pour

(1) *Vostre.* Voyez Tome I. p. 252.

(2) *Hendryck.* Entrelacement de noms; en signe d'une amitié étroite, d'une indissoluble confraternité. C'est ainsi que la lettre 142 est signée Louys *Henry de Bréderode.*

si maigre occasion, dénotant assez amplement le peu de 1566.
désir qu'elle at les affaires de si grande importance par Avril.
nous remonstrés pregnent bon succès. Je treuve vostre advis pour remédier à ceste malveuillance tel et si bon, que n'en scauroy trouver aultre plus duisable, m'estant advis (soubz correction) si nos dits confrères povoint tant faire par quelque moien d'avoir accès vers Madame, affin d'être ouis en leurs raisons et excuses plus que légitimes, ne seroit que bon pour de tant plus fortifier et donner à cognoistre à [chascun] noz justifications et au contraire à nos adversaires leurs obstinées passions, procédant de toute malice et ambition de ravissement, me doubtant asses ne vouldrat accorder la demande, par s'estre démontrée trop aigre vers les bons geulx. Patience de Lombart. Le bruict court icy que les estaz provinciaulx de pardechà commenchent se déclarer et conformer à nostre intention, choze fort propre et convenable pour le bien publicq, si ainsi est.

Monsr, je vous supplie adviser en quoy je vous puisse faire service agréable; l'opportunité s'offrant, je vous asseure y emploier toute ma puissance et ce d'aussi bon coeur que me recommande plus que humblement à vostre bonne grâce. De vostre maison du [Parl] ce 22 apvril A°. 1566.

L'entièrement prest à vous faire humble service,

Charles le[1] Revel.

A Monsieur, Monsieur le
Conte Ludovic de Nassau,
à Bruxelles.

[1] *Cette signature, au lieu de* Ch. de Revel, *est très distincte.*

LETTRE CXLII.

Le Comte H. de Bréderode au Comte Louis de Nassau. Sur le même sujet et sur l'observation du jeûne catholique.

1566. Avril. Monsieur mon frère, j'ey repceu vostre lettre ce jourduy et antanps par icelle que Madame de Parme doyct avoyr donné congé à ses gentyllomes quy sont de nos geus : il me samble à correctyon que elle ast tort et pouvoyct byen atandre aultre comodycté que d'y procéder de cette rygeur ; c'est pour nous donner à passer, que de ce que nous an avons fayct, que il n'ast esté équystable, comme sy par là elle voullusse dyre que ce fust esté contre le servyce du Roy : car sy elle conffesse que ce que nous avons fayct est pour le servyce du Roy, comme elle, ny aultre vyvant soroyct dyre aultre chose, il fault que elle confesse que il ont byen fayct, car elle et tous les syens sont icy pour le servyce d'ycelluy ; anffyn c'est ungne famme. Je luy escryps la lettre que me mandés et vous l'anvoye anssamble la copye et ung blanque synet[1] avecque, affyn que sy elle ne vous plest, an puyssyes dresser ungne aultre sellon vostre bon plesyr. Touchant à ce jantyllomme [vaudra] je suys byen de cest avys que nous luy fesyons tout le byen de quoy nous nous pourons avyser ; la reson le veult affyn de donner courage à tous les aultres ; de moy, avecque luy et tous aultres an ferey de ma part, comme vous an ores[2] avysé. Touchant à ce que l'on ast raporté à Madame que estant an Anvers nous nous avons fayct servy de chayre[3], il an ont man-

[1] blanc-seing. [2] aurez. [3] chair.

ty méchamment et malheureusement vynt quatre pyes au travers de leur gorge: il est byen vrey que le soyr que fusmes là arivé, mon nepveu Charlles (1) fyst acoustre[1] ung chapon et quelque aultre chosse, lequell quant je le seu je ne voussu[2] poynt que l'on le servyce[3] à table et ne fust onques servy; ce que l'on an fyst après je n'an sey ryen, mes d'an avoyr mangé à la compagnye il n'an est rien. L'on m'ast byen dyct que mon nepveu le matyn rotyt ungne saussysse an sa chambre et la mangeast: je croys que il panssoyt estre an Espagne, là où l'on mange des morssylles. Voyllà tout ce que il ce passat et n'ey là fayct chose ny à aultre place, que je n'an veulle byen respondre et mesme la fayre publyer au son du tambouryn, et sy Madame veult que je luy mande par escrypt toute ma vye de jour an aultre, je le ferey, mes je ne sey sy elle s'an contanterast. Jé peur que non, anffyn ..... pour elle luy seroyct byaucoup plus duyssant que de prandre la payne de prester l'oreylle à ung tat[4] de petys coseryes[5]. Touchans de ses byllés quy sement par là je n'an pouvons, mes je ne sey quy ce fust quy an pryst la copye, c'est ungne chose mal antandu, je sey byen que il n'y ast amme des nostres quy ne l'antande aultrement: y fault reguarder à le redresser par là; je l'ey desjà redressé par icy par

1566. Avril.

(1) *Charles.* Il avoit assisté à la présentation de la requête, affrontant le courroux de son père. « Mansfeldius addidit increpitum » a se peracriter Carolum filium, quem conjuratis inmistum audis» set ...... Sed monita minaeque adolescentem natura ferociorem... » non statim a conjuratis abstraxerunt. » *Strada*, I. 211. Son zèle fut de courte durée: plus tard il rendit par ses talens militaires de très grands services au Roi d'Espagne.

[1] accoutrer (*préparer.*) [2] voulus. [3] servit. [4] tas. [5] causeries.

1566. l'avoyr tout fayct inprymer an Flamman, aultrement je n'y
Avril. voyés aultre ordre. Je suys fort ayse que aves randu Mons.r de Warlusell (1), certes je ne eu onques pansé que il nous eust manqué, cellon ce que je luy an ey aultrefoys ouy dyre. Il est byen venu, ancor que il antant la reson, il an fera condessandre[1] d'aultres, spandant[2] de mon costé ne fauldrey tousjour à randre mon extrême devoir de fayre toute bon offyce an depyt de toute la rasse[3] de la rouge truye desquels n'an vyent james [neus] de carongne à byen. Et sur ce, Mons.r mon frère, je te demeure esclave frère à james, me recommandant myllyon de foys à vostre bonne grâce. De Vyanne ce xxiiij jour d'apvryll 1566.

Vostre frère et esclave humble et
obeyssant vous servyr à james,
Louys (2) Henry de Brederode.

A Monsieur mon frère, Monsieur le
Conte Lodewyck de Nassau.

Voici la copie dont le Comte fait mention; elle est entièrement de sa main.

Madame, je suis mary que il fault que je importunne vostre Alte. par ceste sachant que icelle a d'aultres occupatyons de grandes importances: sy esse comme il est

---

(1) Voyez. Tom. I. p. 213.
(2) *Louys*. Voyez la remarque p. 96.

[1] condescendre *(suivre, venir avec lui.)* [2] cependant. [3] race.

venu en cognessance que il ast pleu à vostre Alt^e. de faire casser de son servyce trois de ses jantylsommes[1] de la Meson de vostre Alt.^e pour avoyr esté de la honorable compagnye dernyèrement assamblés à Bruccelles pour présenter ungne requeste à vostre Alt.^e tandant au byen et servyce de Sa Majesté et mayntyennement de ses estas et à la tranquyllyté du pays an général et repos de vostre Alt^e.; toute fois que, sellon que puys entendre, on leur interpreste tout aultrement, dysant que il doyvent avoyr contrevenu par là au servyce de vostre Alt^e. et au serment que il devryont avoyr fayct à icelle. Je suis esté requys de tous ceus an générall de la dicte assemblée de vouloyr de leur part escrypre ce petit mot de lettre à vostre Alt^e. la supplyant byen humblement, comme je la feys pareyllement de ma part, que vostre Alt^e. ne veuylle prandre à mall part que, encores que les dys troys jantylsommes ny uns de nous aultres n'estyons d'yntentyon d'anffayre[2] aulcun samblant à vostre Alt^e. pour ne nous poynt estre imputé que tandyons d'empêcher vostre Alt.^e de commander et ordonner sa Meson sellon ses bons et vertueus plesyrs; si esse toutesfois, Madame, que voyant cecy nos adversayres prandont matyère et fondement à nous callomnyer par les propos quy doyvent avoyr esté tenus à ces dys troys jantylsommes par le mestre d'ostell de vostre Alt.^e, allégant par là que vostre Alt.^e ast asses démonstré le desplesyr et mescontentement que icelle doyct avoyr repceu de la dycte assamblé ansamble l'estyme que vostre Alt^e. tyent de ceulx quy s'an sont meslé. 1566. Avril.

[1] gentilshommes. [2] en faire.

1566. Avril. **Apparemment cette lettre déplut au Comte Louis, et jugea t'il que l'on devoit formellement présenter une requête à ce sujet, accompagnée de quelques lignes à la Duchesse. Voici un brouillon de la lettre et de la requête trouvé parmi ses papiers.**

Madame, comme j'ay trouvé les gentishommes dernièrement assemblés à Brusselles fort troublés pour certain propos que le maistre d'hostel de vostre Alteze peult avoir tenu à trois gentishommes licentiés par vostre Alteze, se sont résolus pour la conservation de leur honneur, estant par ledit propos tous [infamevrivoles], de présenter requeste à vostre Alteze, laquelle supplient à vostre Alteze de vouloir faire venir et examiner par le Conseil de sa Ma^{té} afin d'impetrer apostille par laquelle, jusques à ce que leur faict soit entendu de sa Ma^{té}, se puisse mettre à repos et non estre calumniés, pour éviter tout scandales et inconvéniens, bien entendant, Madame, que ne voullons donner loy à ceulx que vostre Alteze peult tenir en son service, mais bien respondre pour ceulx qui font profession du mentendement [1] d'ungne cause à nous tous touchante équalement et commune.

Requeste touchant les trois gentilzhommes de Madame.

Madame, les S^{rs} et gentishommes qui depuis naguères, pour le service de Sa Ma^{té} et repos publique ont estey assamblés en la ville de Brusselles pour présenter requeste que vostre Alteze a receu, ont entendu depuis

[1] maintien.

leur partement qu'il a pleu à vostre Alteze otter[1] de son service trois gentishommes, pour ce qu'il sont de la compaignie et trouvés en la dite assemblée et que pourtant auroit faultez[2] le serment faict à vostre Alteze et attenté choses contraires au service de Sa dite Ma^té. Madame, comme il a pleu à vostre Alteze présentant la dite requeste user d'ungne singulière bénévolence en nostre endroict et asses déclairer nostre intention estre bonne et loyable, toute la compaignie a esté fort troublée et trouve estrange, Madame, ayant vostre Alteze donné à cognoistre qu'elle n'estoit d'intention de juger de nostre faict, que ceste déclaration en est ensuyvie, parquoy supplions très humblement à vostre Alteze, pour le repos desdits S^rs et gentishommes assemblés, de vouloir donner à cognoistre, si ce procéde du commendement de vostre Alteze ou de l'ignorence du maistre d'ostel de vostre Alteze, lequel pour non estre imbeu des affaires de pardeçà peult avoir sinistrement interpreté la dite assemblée. Attendu aussy, Madame, que tous les S^rs assemblés en général et particulier sont prestz par droics et vives raisons asseurer leur faict et prendre la justification de leur cause, laquelle non estant entendue encorre de Sa Ma^té., supplions à vostre Alteze, pour la considération de l'honneur d'ungne tant honorable compaignie, l'avoir pour recommendée et imposer silence à tous ceulx qui téméralrement la vouldroient calumnier.

1566. Avril.

Il y a aussi la minute suivante, écrite, à ce qu'il paroit, par le Comte Louis.

[1] ôter. [2] faussé.

1566. Avril. Madame, j'avois proposé de ne point donner aulcune fâcherie à V. Alt. pour le faict sur lequel est fondé la présente requeste cy joinct, cognoissant qu'icelle est assez occupée en aultres affaires de plus grande importance. Mais ayant esté instamment requis, voire pressé de toute la compaignie de vouloir présenter ceste nostre requeste, ne lé[1] sceu[2] aulcunement excuser, suppliant bien humblement V. A. la prendre de bonne part. Et qu'yl luy plaise y respondre par apostille, comme nous espérons et attendons de la prudence et naifve bonté de V. A. laquelle le Seig^{r}. Dieu veuilleprospérer en tout accroissement d'estat et grandeur de ses estats. Me recommandant et nostre cause très humblement à la bonne grâce de vostre Altesse.

Enfin voici la requête comme elle fut présentée. Le brouillon, de la main du Comte, se trouve également aux Archives.

Madame!

Nous, les très humbles et obéissans serviteurs de Vostre Alt., ne povons délaisser d'advertir à icelle, comme qu'avons entendu qu'il a pleu à V. A. faire casser trois gentilshommes de sa maison, lesquels ont esté de nostre compaignie, quand nous fusmes dernièrement à Bruxelles pour présenter nostre très humble requeste à Vostre Alt., leur faisant dire par vostre maistre d'hostel qu'ils avoient contrevenu au service de Sa Ma^{té} et au serment qu'ils debvoyent à V. A. — Madame, nostre intention n'est point de nous entremesler des affaires de vostre Maison, pourtant venons tant seullement aux parolles que le

[1] l'ai. [2] su.

maistre d'hostel de V. A. doibt avoir tenu au dit cassement, 1566.
lesquelles sont conjoinctes avecq la reproche et notable Avril.
deshonneur de nous touts, et avons eu ung fort grand resentiment, voyans meismes que nos adversaires prennent matière de nous calomnier, disans que Vostre Alt. donne assez ouvertement à cognoistre par ce propos que le maistre d'hostel de V. A. leur a assez déclairés en quelle estime icelle tient toute nostre compaignie, et comme nous ne sommes poinct asseurés si le commandement de Vostre A. a esté tel, de peur, ou de mancquer à nostre honneur, ou d'offencer Vostre Alt., vous supplions très humblement nous vouloir déclairer par appostille sur la présente, quelle a esté l'intention de V. A., pour suyvant icelle donner quelque contentement et satisfaction à la compaignie et serrer la bouche à nos calomniateurs. Et si ferez bien.

En marge on lit une apostille de la teneur suivante:

Par ordonnance de son Al^{ze}. Il n'a esté icy question du service de Sa Ma^{té}, ains de celuy de son Alteze, à laquelle est loysible, comme à chacun de moindre qualité, de licencier ses serviteurs, selon que bon luy semble, comme aussi les suppliants confessent assez de ne se debvoir mesler des affaires de la maison de Sa dite Alteze.

Par le Greffier du bureau de son Al.^{ze}
Imbrechs.

Ainsi finit cette affaire, dans laquelle la Duchesse sut défendre ses droits et montrer de la fermeté. Peut-être eut il mieux valu s'abstenir d'une tentative qui ne pouvoit guères avoir d'autre resultat.

566. Mai.

LETTRE CXLIII.

Le Comte H. de Bréderode au Comte Louis de Nassau. Sur une poursuite dirigée contre quelques Gentilshommes de la Gueldre : éloge du Marquis de Bergen.

Monsr mon frère, j'ey repceu vostre lestre datée du synquyesmejour de mey, et touchant de ses jantylsommes du pays de Gueldre qui devyont comparoyr[1] an justyce, après l'avoir fayct remontrer deumant à l'officyer et ce quy luy an pouroyt avenyr par tyerce meyn, j'entanps que il les ast lessé et quisté; si aultrement, j'an userey cellon[2] vostre avys, car cest icy à deus lieus de moy et j'espèr que il n'an serast de besoyn d'avoyr usé actes scandalleuse ou innormes[3] [nulles,] synon que l'offycyer c'est antremys par soubsson pour non poynt les voyre aus églises fayre les cérémonyes comme aultres (1), quy est la totalle ocasyon. Touchant aus Compromys, j'ey tousjour esté de ceste avys que l'on le peult librement donner à Madame et mesmes l'ey communiqué aus deputées icy à l'antour de nous, lesquels le trouvent pareyllement bon, desorte que en poures user lybrement comme vous l'entanderes; mes, soubs corectyon, je ne leur vauldroye[4]

---

(1) *Aultres.* On étoit accoutumé à une inspection assez sévère quant à l'observance exacte des cérémonies religieuses. Ce fut même en Espagne un grief contre le projet de modération, que par là « il ne se mect aulcun chastoy contre ceulx là qui peschent par » obmission, et n'allant à l'Eglise, ne jeusnant, ne communiant, » ne suyvant les mandemens de la saincte Eglise, ny aussy contre » ceulx qui ne font ce qu'ilz doibvent faire en leurs maisons parti- » culières. » *Hopper, Mémor.* 86.

[1] comparoitre. [2] selon. [3] énormes. [4] voudrois.

montrer le vostre quy est tant soubsigné, car je panse- 1566
roye que il le feryont tout pour avoyr la copye d'yceuls Mai.
comme le pryncipall, toute foys que je vous veus bien asseurer que le myen n'an ast tantost moyns et espère le ramplyr devant huyt jours. Je suys mary de la blessure de mons[r] le marquys de Berge (1) horyblement à l'ocasyon que il est plus que souffyssant pour cest effect et n'an congnoys aultre, de mons[r] d'Egmont il est bon syngneur, mes cestuy dict marquys est aultre homme pour anffoncer jusques aus abymes les affayres; puysque il ast antrepryns, j'espèr an Dieu que la bonne dellybération, anssamble la bonne affection que il a de remédier à ce faicttant juste, luy donnerast bryeffve querison, avecque ce que il nous oblygerast tous antyèrement luy demeurer esclave à james, anssamble toute la patrye. Je voldray que il ouysse aulcune foys ce que j'oye journellement du commun peuple de la louange qu'y luy donnent d'avoyr antreprys ung sy louable faict et magnanymme, ancor que aultrement an avyns[1] que byen. Je vous prye, sy le voyés, luy fayre mes très humbles recommendations à sa bonne grâce et que luy demeure esclave à james, et que ne luy ay promys chose avant mon partement de Bruccelles que je ne ratyffyerey[2] avecque la dernyère gouste de mon sang. Touchant du jour que vouldres que vous vaye trouver, mandes moy le lyeu et le jour, je ne fauldrey à m'y trouver anssamble quelques députés d'ycy, an cas que le trouvyes bon, et voldreye que ce fust byen tost,

---

(1) *Berge*. « Il survint au Marquis une fortune de blessure en la » jambe qui le détint quelques jours. » *Hopper*, *Mém.* p. 78. *Bor*, I. 62.

[1] advint. [2] ratifierai.

1566. car je vous ey à communyquer choses quy ne se permes-
Mai. tent aynssy escrypre: le lyeu quy vous serast le mieus commode me le serast à moy, car il ne duyt nullement que vous vous esloignés. Je suys fort ayse que aves réduyct mons[r] de Warllusell an bon chemyn (1) cellon que j'ay veu par ses lettres: certes il est ung gentylhomme [complyde[1]] et perffeyct, et né doubty onques quant il oreyct antandu le comble de nostre fayct, qu'y ne fysse du mesme, que il démonstre par effect, et voldroye avoyr quelque moyen luy fayre servyce, je ne fauldreye à m'y amployer à mon pouvoyr. Au reste, mons.[r] mon frère, vous savés que ne suys icy et n'aspyre après aultre chose synon scavoyr ce que il vous plerast me commander: spandant je fey tousjour ce quy est à mon pouvoyr et ne doubtes[2] que je dorme. J'esper an bryeff vous an randre du tout compte. Me recommandant byen affectueusement à vostre bonne grâce, prye le Créateur vous donner, mons[r] mon frère, an santé bonne vye et longue. De Vyanne, ce huyctyesme jour de mey 1566.

Vostre obéyssant frère à vous fayre
servyce à james, fyn[3] à la messe!
H. de Brederode.

Mes très humbles recommandations à la bonne grâce de mon syngneur et mestre[4] mons.[r] le Prynce et que luy demeure esclave à james.

A Monsieur Monsieur le Conte Lodvyck
de Nassau, mon bon frère.

---

(1) *Chemin*. Voyez p. 100.

[1] accompli. [2] craignez (*redoutez*.) [3] fin. [4] maître.

LETTRE CXLIV.

Le Comte H. de Brêderode au Comte Louis de Nassau.

*** Polyxène, fille du Comte de Mansfeldt, nièce de Brêderode, étant logée chez lui à Vianen, avoit secrètement contracté une promesse de mariage avec Palamède de Chalon, bâtard de René Prince d'Orange, et quelques semaines plus tard s'étoit éloignée avec lui. Cet événement jettoit Brêderode dans la consternation. D'après le caractère de Charles de Mansfeldt il n'est pas impossible que la chose ait contribué à le détacher de Brêderode et des autres Confédérés. On trouvera des détails sur cette affaire dans une lettre du Comte Louis de Nassau à son frère Jean, du 16 août. Le mariage eut lieu. 1566. Mai.

Monsieur mon frère, je n'ey voussu dellesser vous envoyer le Syngneur de Brect, mon lieutenant, pour vous déclerer choses quy ne se lessent rescrypre, laquelle je ressens aultant comme la mort, et comme je sey le byen que me voulles et au myens, je vous suplye d'an user an toute dyscrétyon, comme je ne doubte que n'an sores fort byen fayre. Personne n'est ancor [adverti] de cecy et n'y ast amme que ungne seulle quy pense que je le sache: de ce costé j'an userey fort byen, je vous prye du vostre fayctes an un vrey frère, comme sy le mesme vous fust avenu, dont Dyeu vous an guarde, voldryes que j'an fysse comme j'an ey byen la confyance an vous, et aussy pour évyter grandes troubles et fâcheryes quy an pourryont esouldre[1]. Du surplus le dyct Brect vous le dyrast, vous

[1] résoudre *(résulter)*:

1566. pryant luy ajouster foy comme à ma propre personne.
Mai. A tant, mons^r. mon frère, prye le Créateur vous donner an sancté bonne vye et longe, après m'estre recommandé très affectueusement à vostre bonne grâce. De Vyanne, ce xme jour de mey 1566.

J'ey peur, sy n'avysons de mestre remede an cecy, que cella ne soyct cause d'ungne terryble révolte à nostre fayct, je vous jure Dyeu que ne suys peu an payne.

Vostre très affectyonné frère
et servyteur à james,
H. DE BREDERODE.

A Monsieur mon frère Monsieur
le Conte Lodvyck de Nassaw.

LETTRE CXLV.

Le Comte Jean au Comte Louis de Nassau. Sur des levées pour le Roi Philippe II en Allemagne.

Wolgeporner, freundlicher, lieber Bruder. E. L. soll ich nit verhalten das kurtzverrückter tage Caspar Rump, so bey unserm H. Vetter selig ein jung[1] gewesen, mir vertreulich ahngezeigt wie das ettliche gutte leutt von adel und andere in Westphalen sein solten, welchen bestallung vorstünde; dweil aber der ortt und sonsten die sage und geschrey gienge, als das Kön. Ma^t ausz Hispaniën gegen die Niederländ und under andern sonderlich gegen den herren Printzen, der religion halben, be-

[1] Page.

wegt und dieselbe vieleicht ahnzugreiffen vorhabens sein 1566.
solten, hetten sie sich darzu und sonderlich gegen den H. Mai.
Printzen gebrauchen zulassen, bedenckens. Begertten derhalben von mir dessen also underricht zu werden, dan do demselben also sein solt, wolten sie sich hiemit iren Gn., für andern herren zu dhienen, ahngebotten haben. Nachdem ich dan nicht gewust wes ich mich hirin zuhalten, habe ich ime die anttwortt geben das ich hirvon weitters nicht, als was so hien und wider flugmerig[1] gesagt wirdt, wissenschaft halte; ich were aber E. L. allen tag sonsten schreibens wartten, do dan E. L. mir hiervon etwasz schreiben wurden, solte er dessen vertreulich von mir verstendigt werden...... Datum Beilstein den 13ten May Anno 66.

E. L.

Alzeit getreuwer dienstwilliger Bruder,

JOHAN GRAFF ZU NASSAUW.

LETTRE CXLVI.

Le Comte Jean au Comte Louis de Nassau. Sur le désir de l'Evêque de Liège, Gérard de Groisbeck, de voir leur frère le Comte Henri.

Wolgeporner freundlicher lieber Bruder...... Als E. L. auch in deren letzten schreiben meldung gethan das der Bisschoff von Lüttich unsern brudern G. Heint-

[1] flugmährig.

1566. Mai. zen zu sehen begeren, und demselben das erschinen gelt, ehe und zuvor solches geschehen werde, nicht gevolgt werden solte, und derwegen unserer frauw mutter und mir zu bedencken heimstellen, ob's nit rathsam sein solte das man ihnen als balt hinaben[1] geschickt hette, dweil sonderlich der von Brederode sich so viel erbotten, das er ihme dahin selbst füren, und darfür sein wolte das er zu nichts unbillichs gezwungen werden sollte;

Darauff will E. L. ich nicht verhalten, das meine frauw mutter und ich solchs nicht zu widderatten wissen, wofern das gemelter unser bruder nicht zu kheinen unchristlichen dingen, die wider Gott weren, als das er in die mesz gehen, oder dergleichen thun solte das wider sein gewissen were, solte ahngehalten werden, und tragen die vorsorg es werde der Bisschoff seiner nicht allein zu sehen, sondern vieleichten mehr inen zu tentiren und zu erlernen begeren; welches da es geschehen solte und, E. L. zu erachten, wenig frucht bringen würde, dan unserm bruder nicht zu rathen das er etwas wider sein gewissen thun und simuliren solte, derwegen er mich alszdan wenig erlangen, vieleicht mein h[r] Printzen allerley verdacht und nachrede erregen würde; und bedeucht mich demnach, wie solches unsere frauw mutter ihr auch so gar nicht miszfallen lest, damit unserer bruder desto füglicher und unvermerckter hinaben zu dem Bisschoffen komen, auch so viel do weniger mit der mesz und anderm tentirt werden mögte, dasz man diese gelegenheit fürgenomen hette, als das er von unserer frauw Mutter hinaben geschickt worden were, unsers Schwestern erlaubnüs bey dem herren Printzen naher unser

[1] hinab.

frauw mutter zu ziehen, zu bietten; auch seinen alten 1566.
herren, den herren von Büren, dieweil er vieleicht in Mai.
kurtzen naher Franckreich, Italien oder sonsten verschickt werden solte und sonderlich zu Loven do er selbst ein zeitlang studirt hette, zu besuchen. Wo dan der herr Printz und E. L. ihnen solchen vorschlagh gefallen liessen, köntten unsere Schwestern ihren weg uff Vianen, welches wie ich höre nicht weit von Lüttich liegen solle (1), zu nemen, do dan unser bruder Heintz, durch den von Brederode oder sunsten, füglich gehn Luttich zum Bisschoff hien kommen köntte, mit dem schein als das er dahin die statt zu besuchen, oder aber dem Bisschoff, ausz bevelh des herren Printzen, die hend zu küssen, und *beso los manos* im nachgezogen were.

Und köntte gemelter unser bruder seine gelegenheit dahin richten, das er uff ein solche zeit dahin komen mögte, da er der mesz halben desto weniger ahngefochten werden möchte; köntte auch darbeneben ursach haben sich zu entschuldigen, das er über ein tag, zwen oder drei nicht bleiben köntte, dieweil er mit unsern Schwestern fortziehen müste. Wen auch seine ercklerung der geistlichkeit halben oder sonsten etwas beschwerlichs von ime begertt werden sollte, hette er sich damit zu entschuldigen, das er seiner nicht mechtig were und ohne vorwissen seiner frauw mutter, brüdern und freunde, nichts thun köntte.

Wo es dan auch zur sache dienlich sein solte, also das er mit so viel do weniger verdacht danieden sein,

(1) *Liegen solle.* Cette supposition semble montrer que les connoissances géographiques n'étoient pas très étendues dans ces temps là.

1566. Mai. auch desto mehr hinweg eilen köntte, wolte ich doch uff meins hern Printzen und E. L. guttachten, meine junge vettern, den von Hanauw (1) welcher sonsten die zeitt über allein sein müste, mit ime hinaben ziehen lassen, wie dan solches seine frauw mutter und bevelhaber in Hanaw gehrn sehen und woll leiden möchten; dan ich ihnen unvermerckt ahnzeigen lassen, was Ir guttbedüncken were, wan unser bruder G. Heintz nach unsern schwestern hinab geschickt würde, ob er alszdan mitziehen oder alhie bleiben sollte.

Und bedünckt mich, wan der von Hanaw mitt zoge, so köntten sie beide alsdan iren praeceptoren, demen sie sehr lieb haben und von ine vleissig und gehrn sich underrichten lassen, mitnemen, und zwischen wege ire *studia* ettlicher massen continuiren, und hett den namen als wan er des von Hanaws praeceptor were.

Was nuhn mein her der Printz und E. L. hierin für gutt ahnsieht, wohin das man sie schicken und wen man ihnen von iren praeceptoren von adel und sonsten zu geben, und wie mans mit allem halten solle, bitt ich mich zum fürderlichsten zu verstendigen, dan ich derhalben Hilarium, so naher hausz zu ziehen begertt, bisz daher uffgehalten ..... Datum Beilstein den 13ten May Anno 66.

E. L. treuer, dienstwilliger bruder,
JOHAN GRAFF ZU NASSAU.

Dem Wolgebornen Ludwigen, Grafen zu Nassau, Catzenelnbogen, Vianden und Dietz, meinem freundlichen lieben Bruder.

---

(1) *Hanauw.* Apparemment le Comte Philippe-Louis de Hanau, né en 1553.

LETTRE CXLVII.

. . . . *à N. de Hames. Sur les persécutions contre les Protestans, nonobstant l'apostille de la Gouvernante.*

*** Malgré les promesses faites, au nom de la Gouvernante, on continuoit dans quelques Provinces à persécuter pour le fait de la religion. En avril et mai, plusieurs religionnaires furent jetés en prison; quelques uns brulés vifs. Toutefois il convient d'observer que la Gouvernante n'avoit pas donné des promesses aussi positives et aussi étendues qu'on vouloit bien le faire supposer. Les faux bruits à ce sujet (voyez p. 92,) avoient beaucoup contribué à augmenter la hardiesse des protestans. « Reversis suas in Provincias conjuratis, evulgatâque famâ impunitatis ac fidei publicae ab Equitibus aurei Velleris propositae, redire passim e finitimis locis, qui haeresis causâ ejecti fuerant: quique clam in Belgio delitescebant, apparere: excipere laudibus Gheusium nomen, illos appellare vindices libertatis. » *Strada*, I. 236. Plusieurs exécutions eurent encore lieu en ce temps là. « Den 11den van Lentemaendt 1566 wert Willem Hose met Dontissent gedoodt, omdat hy syn kindt by geen Priester ten doop had gebragt, den 10den van Louwmaendt gevangen... Noch schryft men van 32 die korts te voren ter sake van de Religie gevangen waren, van welke 12 werden verbrandt, en 20 hun geloove versaekten, doch soo haest als sy los waren, weêr beleden. » *G. Brandt, Hist. d. Ref.* I. 282. Les Nobles se plaignirent amèrement qu'après la présentation de la requête beaucoup d'emprisonnemens avoient eu lieu en vertu des Placarts. « Tot Doornik, Ryssel, Berghen in Henegouwen, Arien, Ath, Brussel, Gent en op meer andere plaetsen. » *V. Wesembeeck*, p. 166. 1566. Mai.

Mons.r de Hames, j'ay receu vostre lettre et ayant bien entendu tout le contenu d'icelle, il m'est advis que vous trouvé de mauvaise grâce que nous nous sommes adres-

1566. sés aux deputés de la Noblesse pour nostre quartier,
Mai. lesquels nous ont esté denommés à ces fins pour estre de par eux aidés et conseillés, quand le besoin le requerra. Ce que aussi nous avons fait, nous adressans et recourans à eux, comme à nos deffenseurs et conseillers, au cas advenant qu'on procéda envers nous durant la surséance, autrement que la relation nous en a esté faicte; car si on ne nous eut promis, et pour chose toute certaine et asseurée, que les Magistrats n'avoyent aucune puissance de nous rechercher, en façon qui soit, pourveu que nous nous tinssions coy et couvert comme auparavant, ce que aussi nous avons fait, nous n'eussions point eu d'occasion de nous plaindre, parceque ceux qui maintenant sont emprisonnés, ne le seroyent pas. Mais quant nous voyons que contre l'asseurance qu'on nous a donné, on procède à toute rigueur, autant que jamais, contre nous, c'est tout le moins ce me semble que nous pouvons faire, que de nous plaindre, puisque mieux nous ne pouvons avoir. Que pleut à Dieu que la relation que j'ay fait au peuple de la part de la Noblesse, ayant charge d'icelle, fut encores en m'a[1] car je ne seroyt point taxé comme je suis d'avoir abreuvé et repeu le peuple de mensonges, et que ceux qui sont prisonniers ne le seroyent pas. Car de fait estant délibéré de partir, craignans de tomber entre les mains de leurs ennemis comme ils sont, on leur fit savoir qu'ils ne bougeassent, ains qu'ils se tinssent couvertement ches eux, et qu'on ne pouvoit autrement procéder contre eux, jusqu'a ce qu'autrement en fust ordonné. Lequel conseil a esté cause, hors mis la providence de Dieu, de leur emprisonnement

[1] *L'apostrophe de* m'a *est très distincte.*

et de tout ce qu'ils souffrent et endurent, qui nous de- 1566.
vroit autant ou plus toucher qu'à eux. Car veu que Mai.
nostre cause et la leure est commune, et que pour la foy laquelle nous voulons maintenir, ils sont prisonniers, à fin de rendre tesmoignage à icelle, nous nous devons aussi employer de tout nostre pouvoir pour eux, comme nous voudrions qu'on fist pour nous, si nous estions en leur place. Et pour tant, Monsieur, je vous supplie autant que vous aimez le Seigneur et par la charité de nostre Seigneur Jésus, laquelle nous devons exercer les uns envers les autres, que si vous pouvez quelque chose en cest endroit et avecq vous tous vos amis et associez, que le facies maintenant, en quoy faisant, nous prierons le Seigneur de vous maintenir en sa garde et protection, par laquelle vous soyés préservés de tous dangers. Au reste touchant de l'apostille à laquelle vous me renvoyés, pour entendre le contenu d'icelle. Que pleut à Dieu que les officiers de Madame ne passassent point tout outre d'icelle comme ils font, ains se contentassent de garder et observer ce qui y est contenu sans transgresser et cracher si[1] [2]ceste apostille et contre ceux qui osent parler de ce qu'ils font, car si ceci n'est cracher tant contre ce que Madame promets en l'apostille et contrevenir directement à ce qui y est contenu, je ne scay que c'est. Assavoir que le jour de Pasques dernier, en un sermon qui fut fait en la grande Eglise de nostre dame, fut tenu tels et semblables propos par celuy qui preschoit, qu'en despit du Roy et de la Noblesse il n'y auroit autre Evangile presché que celuy qu'il adnonçoit, et qu'il faudroit bien que le Roy cria mercy au Pape, s'il aidoit ou

[1] ainsi (?) [2] contre (?)

1566. favorisoit à la Noblesse. Après, le 7e de ce mois de May,
Mai. fut joué un jeu aux Jésuites de ceste ville, lequel contenait en somme que ce pauvre homme qui est prisonnier ici, estoit damné, ensamble avec luy tous ceux qui ont présenté la suplication de la part de la Noblesse et principalement Mr de Bréderode, comme chef et capitaine d'iceux. Outre plus les Officiers de l'Evesque ont demandé ceste sepmaine assistance à Messieurs de la ville, pour avoir prinse de corps sur un homme, pour ce qu'il ne veut nullement confesser ni croire que son fils, lequel on a exécuté et bruslé en ceste ville pour la parole de Dieu, soit damné. Tellement que le pauvre homme en est venu jusques à là, ou qu'il faut nécessairement qu'il s'absente d'ici, ou bien qu'il confesse une chose tant estrange et monstrueuse, ou qu'il soit griefvement puni. Et encores n'est ce pas tout, car lundi dernier il y eut une pauvre jeune fille constituée prisonnière, laquelle nous avons retirés des bourdeaux et lieux infâmes, seulement pour n'avoir point voulu aller à confesse et apporter lettre du Curé de la paroisse en laquelle elle faisoit sa résidence. Or je vous laisse penser maintenant, quand le peuple oit et voit toutes ces choses, s'il n'a point bien juste matière de se plaindre et par conséquent de se fâcher, car on dit en commun proverbe, que tant on vient à moucher le nez, qu'il seigne. Qui me fait craindre qu'en la fin, synon qu'on tasche d'y pourveoir, que la patience d'icelluy, de laquelle on abuse tant vilainement, se pourra bien tourner en fureur et rage. Car est ce là, Monsieur, la promesse contenu en l'apostille, par laquelle on nous promet qu'elle mettra si bon ordre entre les officiers, qu'aucun n'aura occasion de se plaindre? Brief si je

vous voulois discourir tout ce qui se fait contre la promesse de Madame, mentionnée en l'apostille, je n'auroye jamais fait. Qui sera l'endroit où après m'avoir recommandé à vostre bonne grâce, je prieray le Seigneur de combler vos saints et vertueux désirs. De Tournay ce 16me de May 1566. 1566. Mai.

Vostre serviteur et amy, (1)

Monsieur, Monsieur de Hames
du Toison d'Or en mains, seurement,
à Bruxelles.

Le projet de modération, bien qu'il apportât un adoucissement réel aux Placarts, n'étoit pas en harmonie avec les espérances qu'on avoit conçues, ni avec les principes de tolérance Evangélique dont beaucoup de protestans croyoient pouvoir exiger l'application. On desiroit la liberté du culte public, et bientôt, afin de l'obtenir, on commença par s'en emparer. Il y eut des endroits où ce fut une espèce de tactique et de calcul. C'est ce que Fr. Junius fait connoître par rapport à Anvers. « Cum novae leges cuderentur, specioso » Moderationis nomine exornandae, quae tamen nihil de atrocitate » plane nisi in speciem remittebant, tum gravissimo piorum adeo» que Ecclesiarum universe periculo cognito, et conventibus ali» quot exspenso (quibus etiam bis per illud tempus Antverpiae » Philippus Marnixius S. Aldegondius interfuit) visum est neces» sarium ad praevertenda graviora Ecclesiarum incommoda, ut, » quemadmodum Flandri jam diu fecerant, ita nos publice Eccle» siam colligeremus concionesque in propatulo haberemus, cum

---

(1) On s'est donné beaucoup de peine pour rendre la signature illisible. Toutefois en tenant la lettre contre le jour, nous croyons distinguer à travers les ratures le nom de *Ryhove*. Nous laissons à d'autres le soin de rechercher si c'est le même qui en 1577 fit prisonnier le Duc d'Aerschot.

1566. Mai. » Antverpiae, tum ubicunque futura esset colligendarum Ecclesia» rum per Evangelium Christi commoditas. » *Vita*, p. 245. « L'on » crut artificieusement, » dit le Cardinal *Bentivoglio*, p. 106 (*ed. de Paris*, 1669,) « que par ce moyen la nécessité devoit d'autant » plus induire le Roi à consentir aux demandes que l'on avoit » faites. »

En général cependant l'impulsion qui amena la publicité des prêches fut plus spontanée et pour ainsi dire électrique. Le peuple avoit soif de la vérité, et il n'y avoit plus moyen de satisfaire à ses besoins par quelques réunions clandestines dans des maisons particulières. Déjà depuis plusieurs années les religionnaires avoient essayé de temps à autre de se rassembler dans les champs et dans les bois (voyez, par exemple, *Procès d'Egm.* II. 268.); mais on avoit pu réprimer ce qui n'étoit pas encore général. Maintenant les Flandres donnérent l'exemple, et quelques semaines plus tard presque toutes les Provinces l'avoient suivi. D'abord on se réunit dans des lieux écartés; bientôt on se rapprocha des villes, et l'on se mit en mesure, en y venant bien armé, de résister à ceux qui voudroient troubler les réunions. L'exemple de la France, où une certaine liberté de religion avoit été accordée, excitoit et enhardissoit à conquérir les mêmes faveurs. *Bor* I. *Auth. St.* 7[b].

LETTRE CXLVIII.

Le Comte H. de Bréderode au Comte Louis de Nassau.
Les affaires marchent bien.

Mons.[r] mon frère, je n'ey voussu dellesser vous depecher le porteur de ceste an toute dylygence, pour vous déclerer ce que il ce passe de par dessà, vous pryant le croyre de ce que il vous dyrast, ansamble ce ne pourryes resouldre sans moy; car vous saves, ce que feres je le tyent pour fayct, et l'effecturey avecque la dernyère gouste de mon sanque, mes il me samble soubs corectyon que puysque les affayres sont sy byen anchemyné par ycy, que l'on les doyct pousser oultre. Toutefoys je ferey ce que vouldrés; sy trouvés que je demeure icy, vous poures prandre avecque vous ce dyct porteur, affyn que m'avertissyes de toute vostre résolutyon. Me recommandant humblement à vostre bonne grâce, prye le Créateur vous donner, mons.[r] mon frère, an santé bonne vye et longue. De Cleffe, ce xviij[me] jour de mey 1566.

1566. Mai.

Vostre frère et vrey amys à vous servyr à james jusq à la mort,
H. de Brederode.

A Monsieur mon frère, Monsieur le Conte Lodwyck de Nassaw.

LETTRE CXLIX.

Le Comte G. de Berghes au Comte Louis de Nassau. Sur les affaires de la Gueldre.

*** Les *deputés* sont probablement ceux qui en Gueldre devoient veiller aux affaires de la Confédération. Dans cette Province l'Inquisition Papale n'avoit pas été introduite. *Procès d'Egm.* II. 312. La Gouvernante ne demanda point l'avis des Etats sur la modération des Edits.

Monsieur mon frère, je vous remercie qu'avez eu une

1566. sy bonne souvenance de moy, et de vous novelles dont
Mai. m'avez fait part. Quant à cartier de pardechà, nous avons tenu dernièrement une journée à Zutphen, asscavoir tous les députés du pays ensemble, le 17 de may, où avons conclud présenter aussy ung requeste au Roy, et en tiendrons encores ung aultre lundy prochain 26 du may, en laquelle espère m'y trouver encoure aussy en persone, pour tant myeulx faire mon devoir, et espère que le tout aura bonne fin. A la reste tout est icy paisible, niatmoins s'il advenoit aultre chose que raisonable, ilz ne sont nullement délibérés endures telles choce, comme savés. Ains plustost jusques au dirnir homme la perte! Atant, Mons.r mon frère, après m'estre recommandé bien à vostre bonne grâce, prie le Créateur vous avoir en la sienne. Escript le 23 de may 1566.

Le tout vostre bon frère à vous faire service,

Guillaume de Berghe.

Monsieur mon frère, je vous prie de faire mes très humbles recommandations à Monsieur le Prince, comme serviteur sien.

A Monsieur, Monsieur le Conte de Nassau, mon bien bon frère.

Dans une lettre du Capitaine George v. Holl au Comte Jean de Nassau, datée de Hemelreich, le 24 mai, on trouve le passage suivant. « Alsz ich vor langst glaubwürdiger antzeig hab dasz euer » G. Herr Bruder Graff Adolff zu Nassaw mein gnediger Her

» und spieszgesell (1) uff diessen itzigem gehaltenem Reichstagh zu 1566.
» Auszburgh gewesen, mucht Ich demnach von herzen gern wissen Mai.
» wie es S. G. daselbst ergangen uund ob dieselben, weill man sacht » das die Römische Kay. Mat. unser aller gnedigster her in eygener » person gegen den Erbfeindt dem Türcken ziehenn werden, sich » auch gebrauchen lassen wollen »(M.S.) Apparemment cette proposition aura été acceptée, et ce sera en 1566 que le Comte Adolphe a pris part à une campagne contre les Turcs, et non en 1565, comme le suppose *M. Arnoldi, Gesch. d. N. Or. L.* III. 1. 292. On l'engage à venir, parceque l'Empereur y seroit en personne; ce qui n'a pas eu lieu en 1565; Schwendi ne fait aucune mention du Comte comme ayant participé à ses exploits, et les lettres 106 et 107 montrent qu'en juin Adolphe se trouvoit dans les Pays-Bas. — La lettre de G. v. Holl fait voir que, malgré les conférences de Hoogstraten, il ne croyoit pas que les Seigneurs eussent sous peu besoin d'avoir recours aux armes : car sans doute il étoit fort disposé à prendre en ce cas service pour eux. Ceci paroit aussi par sa réponse évasive au Comte d'Egmont qui « avoit parlé » à G. v. Hol, afin qu'il voulut accepter d'estre pensionnaire de » S. M., et ce par charge de madame de Parme, à quoy le dit v. » Hol respondit qu'il y penseroit, dont le dit Comte se corrouche à » luy, disant qu'il se debvoit respondre de l'un ou de l'autre. » *Procès d'Egm.* I. 153. Le Comte, à ce qu'il paroit, n'étoit pas toujours maitre de soi (voyez Tom. I. 112.).

M. Te Water a communiqué, IV. 83 — 133, en Hollandois un écrit au Roi, du 28 mai 1566, intitulé *Remonstrance au Roi sur la requête naguères présentée par la Noblesse . . . La mesme Remonstrance sert aussi pour confuter certains points de la modération advisée sur les Placarts et proposée aux Etats de Flandre assemblez à Gand le* 11 *jour de mai* 1566. L'introduction de ce document, qui a été imprimé en 1566 à Anvers (*Te Water*, I. 351), se trouve en manuscrit aux Archives et dans la langue de l'original.

Voici la résolution des Etats.

---

(1) *Spieszgesell.* Voyez Tom. I. p. 103.

Résolution des quatres membres d'Estat de Flandres sur la modération des placcards.

1566. Mai. En premier lieu les quatre membres ont déclairé la bonne volonté de dévotion qu'ils ont tousjours eu et ont encores à présent, de persévérer et continuer en l'observation de la sainte foy Catholique, en telle forme et manière qu'elle a esté entretenue et observée, et que leur semble que Sa Ma^té pourroyt effectuer l'ordonnance du dit placcart, soubs les considérations que s'ensuyvent.

Ascavoir que l'inquisition, laquelle on prétend avoir esté ou estre en Flandres, sera abolye et abroguée, et aussy que cy en après aultre ne seroit remise, ny practiquée.

Secondement que par la disposition ou publication du dit placcard, ne seroit préjudicié aux privilèges ou prérogatives, que à ung chascun des villes, chastellainies ou aultres, respectivement peuvent compéter, tant au regard des biens et personnes et signamment quant au faict des articles, là où se faict mention de la confiscation, prenant aussi regard aux mulctes pécunairres en commis.

D'aultre part que seroyt expédient que déclaration se feisse, quant bien avant en ceste matière les évesques et gens spirituels exerceront leurs jurîdictions.

Qu'on ne pourroyt procéder à la charge de quelqu'ung par appréhension de sa personne, sans préallable deue information de sa charge, et ce par le Magistrat ordinaire du lieu.

Et qu'on ne feroyt visitation aulcune des maisons, sinon par les officiers et juges du lieu et préallable abandonnement et où on est accoustumé d'user d'icelluy. 1566 Mai.

Et qu'estant quelqu'ung puny une fois par le magistrat, les évesques et gens spirituels ne pourront itérativement procéder à leurs charges, soyt par citations, censures ou aultrement.

Et qu'on entendreroyt que par ceste modération l'effect et l'observation des touts les aultres placcards cesseroyt.

Et que l'observance du placcard sera général par toutes provinces et pays de pardeçà, et que ceulx de Flandres ne seront en aulcune chose, regardant la Religion, plus estroictement obligées qu'aultres subjects de Sa Ma[té] des pays de pardeçà.

En espérant aussi, si la raison se représentasse cy après, par le changement de temps ou aultre raisonnable occasion, que Sa Ma[té] n'entenderoyt si précisément obliger ses subjects, qu'ils ne pourroyent estre ouys vers Sa Ma[té] en leurs remonstrances et doléances.

Le dernier de mai B. de Merode écrivoit au Comte Louis de Nassau: « Je suis fort mari que n'a sceu obéir à vostre commandement » pour me trouver à Engien: l'on m'at dit que aucuns Seingneurs » eussiont volunte [1] diverti [2] l'assemblée. » (M. S.)

[1] volontiers. [2] détourné.

LETTRE CL.

Le Comte H. de Bréderode au Comte Louis de Nassau. Relative à la Comtesse Polyxène de Mansfeldt.

1566. Juin. *** Le Comte de Mansfeldt, qui seroit *désespéré*, se trouvoit en Allemagne, où il avoit assisté à la Diète. Il retourna peu après. « Cobelius cum Mansveldio a Comitiis Imp. reversus est, ac prae» clare omnia gesta refert.... 27 Junii. » *Vigl. ad Hopper.* 368. *Praeclare* : c'est à dire qu'on s'étoit fort peu soucié des Pays-Bas.

Monsieur mon frère. J'ey veu la lettre que Brect m'ast aporté, que m'aves rescrypt de par luy, aussy antendu par luy de bouche, ce que luy pouves avoyr dyscouru de la faire[1] que saves (1), laquelle m'est tant à la teste, que je ne sey à demy sy je suys vyff ou mort, pour la doubte que j'ey que ce fayct ne soyt ocasyon de quelque garbouylle. Je suys à ungne extrême payne. Vous me mandés d'en rescrypre à monsieur d'Egmont et à monsieur l'amyrall ; je ne le soroye fayre, le ceur me cryeve trop. Je vous prye en faire aveq monsieur le Prince le myeus que pourés ; touchant icy, amme vyvante n'a parllé. Je la fays byen guarder, elle ne me guarde d'eschapper. Je vous prye d'avyser le plus dyscrètement et quoyment[2] que faire ce pourat, comment on pourat prevenyr aveq le père, car il me semble

(1) *Saves.* Voyez p. 109.

[1] l'affaire. [2] secrètement (coi).

que je le voys désespéré jusqu'à la mort et le pouvre Carle. 1566.
Je vous prye me mander ce q'an ores faict, et ce que mon- Juin.
sieur le Prince orast trouvé convenyr à ce faict. Au reste tout est icy geus et doubles geus. Mon Lyeutenant Brect (1), porteur de ceste, vous dyrast le tout plus amplement, à cause que le papyer est chatouylleus. Il n'y est que de pousser oultre, puisque nous y somes jusque aus oreylles. Me remectant tousjour à ce que me voldrés comander, tant que la dernyer gouste de sang me serast au corps, me recomanderey affectueusement à vostre bonne gràce, pryant le Créateur vous donner, monsieur mon frère, an santé, bonne vie et longue. De Cleff ce 2me jour de Juny 1566.

Vostre frère et perffect amys à vous fayre servyce jusque à la mort, et vyve les geus par mer et par terre!

H. de Brederode.

A Monsieur mon frère, Monsieur le Conte Loys de Nassau.

---

(1) *Brect.* Deux Seigneurs de Brecht se trouvoient parmi les Confédérés. *Te Water*, II. 279.

LETTRE CLI.

George de Montigny, Seigneur de Novelles, au Comte Louis de Nassau. Sur les prêches publics.

1566. Juin. *** Le Seigneur de Noyelles étoit un des principaux signataires du Compromis.

La liberté des prêches étoit contraire aux engagemens pris envers la Gouvernante, et devoit beaucoup aigrir le Roi : elle devoit également déplaire aux Seigneurs et même à une grande partie des Confédérés. Mais, comme toujours en pareil cas, il y avoit une grande diversité de vues, et sans doute plusieurs n'étoient pas contraires aux moyens violens.

Monseigneur. Ayant entendu depuis huyst à dix jours enchà, que plusieures asamblées et presches se font en ses quartiers (avecq grand scandale), ay trouvé pour mon office et debvoyr que ne seroy mal d'en advertir vostre S[rie], à raison que crain fort que les dictes asamblées ne se font tant pour l'amour et grand zèle qu'yl ont à la parolle de Dieu, que pour aultres effect, tendant à quelque sédition ou révolte. Ce qu'yl ne fault permettre aulcunement, d'aultant que vostre S[rie] peult cognoistre que par la requeste présentée à Son Alteze, protestons n'endurer aulcuns scandales, tendant à perturber le repos e tranquillité de la Républicque, ains l'empêcher par tous moyens convenables. Par tant je supplie qu'il plaise à vostre S[rie] me mander comme en ce cas auray à me régler et conduire advant que plus grand désordre en advienne. A cause que j'oy de jour à aultre qu'yl se voldriont por-

ter de vos aultres mes seignieurs et de l'asamblée des gen- 1566.
tilshosmes faicte à Bruxelles, comme fauteurs et suppoz Juin.
de leur presches, ce quyl contrevient directement à nostre juste entreprinse et à la promesse que fismes à vos Sries. Doncqs je supplie de rechief m'escrire vostre intention, aux fins qu'ensuyvant icelle m'emploie à ce qu'yl plaira ordonner sur ceste affaire, et ne manqueray d'effectuer vostre comandement come cestuy quyl ne désyre q'à faire tous bons offices de humble vasal à sa Matd et serviteur envers vostre Srie. Ce cognoict l'Omnipotent, auquel je prie vous donner, Monseigneur, bonne et longue vye, me recommandant très humblement à vostre bonne grâce. De Primecqs ce 7e juin 1566.

De vostre Srie

très humble et très obéissant
serviteur pour jamays,
George de Montegny.

Monseigneur Monsieur le
Comte de Nassau.

LETTRE CLII.

Le Comte H. de Bréderode au Comte Louis de Nassau. Les affaires de la Confédération sont en bon état.

Monsieur mon frère. Je suys fort estonné n'avoyr repceu de lontanps de vos nouvelles. Je ne sey sy vous vous

1566. portes mall, ce que Dyeu ne veuylle, aussy je pansse que
Juin. quelques des nos amys m'an usyont averty. Je m'estonn fort que Elpendam (1) ne revyent, ou s'yl ast eu fortune ou quomant[1], car j'antanps que de lontanps estes de retour à Bruccelles. Je suys icy à mon dyquage fesant du ménage pour trois jours. Je m'aperçoys bien que ce bon Dieu et geu du tout[2]. Il m'ast anvoyé la valleur de trois cent mylle floryns, quy ceront, monsieur mon frère, pour vous fayre servyce, quant et quant la dernyer gouste de mon sang et à tous les geus an despexte[3] de toute la rouge rasse [mall queynoye]. Je n'antanps synon que dyable vous voldres [tretous] dyre. Les geus sont par icy semé comme le sable dullon[4] de la mere[5] (2). Ce jantylhomme, porteur de ceste, quy ast esté de la conpangnye de feu mon père, m'ast esté anvoyé de la part de tout pleyns de bon geus, pour voyr s'yl ne pouroyt recouvryr leur vyeus deu et m'on rescrypt ungne lestre, laquelle je vous anvoye là, où il m'on escrypt comme vous voyres; ce que je leur ey fayct fayre, affin que elle puysse estre montré à Madame et que de toute manyère que l'on la puysse tourmanter, que l'on le face. Ces soubscryps à la lettre, sont tous geus et jantylhommes, quy ont fort byen le moyen de fayre ung reutredeynst[6], comme

---

(1) *Elpendam*. Secrétaire de Brederode: l'orthographe de son nom varie; *Helpendam*, *Ilpendam*, *Hilpendam*.

(2) *Mere*. En effet un très grand nombre des Nobles de la Hollande prirent part à la Confédération. On peut consulter entr'autres à cet égard la liste de ceux qui, en 1567, furent cités devant la cour de Hollande pour faire serment de fidélité au Roi, communiquée par M. le Baron *d'Yvoy de Mydrecht*, et publiée de nouveau par *M. Beeldsnyder*.

[1] comment. [2] est entièrement gueux. [3] dépit. [4] du long. [5] mer.
[6] Reuterdienst (*service à cheval*).

il ce me sont oblygé. Je vous supplye l'asyster à ce que pourés et fayre coucher ungne requeste à Madame de ma part et de la leure, joyncte la lettre par laquelle je me deuylle[1] me voyr à tells termes, pour avoyr fayct servyce à Sa Majesté, et aussy affin que ses bons jantylhommes voyent que l'on désyre leur asyster et qu'il syont tant plus voulluntayres, quant les occasyons se donneront; de quoy il ne fault doubter; et m'an allant boyre à la sancté de mon bon Syngneur Joncre Wyllem[2] (1), que vous cognesses, et à la vostre ce dysner, ne vous feres ceste plus longue, que après m'estre recomandé ung myllion deffoys à vostre bonne grâce, prye le Créateur vous donner, monsr. mon frère, an sancté, bonne vye et longue. De Berges an Hollande, ce neuffvyesme jour de juny 1566. 1566 Juin.

Vostre frère, vrey amys à vous servyer jusque à la mort et vyve les geus par mere et par terre!

H. de Brederode.

A Monsieur mon frère, Monsieur
le Conte Louys de Nassauw.

(1) *Wyllem*. Apparemment il désigne ici le Prince d'Orange.

[1] plains (*doleo*, *deuil*). [2] Jonkheer Willem.

LETTRE CLIII.

Le Comte H. de Bréderode au Comte Louis de Nassau.

1566. Juin. *** Probablement il s'agit de la disparition subite de la Comtesse de Mansfeldt. Voyez. p. 109.

Monsieur mon frère. Le porteur de ceste, que vous cognesses, vous dyrast le reste de mon malleur quyl m'est advenu, sy avant que suys esté icy à mon dyquage. Je ne suys guère myeus que hors du sang; du reste le porteur de ceste vous dyrast le tout, quy ne me haste le ceur vous escrypre. J'ey escrypt ungne lettre à Monsr. d'Egmont et à Monsr. l'Amyrall et à Monsr. d'Ostrate, leur pryant vous ajouster foy à ce que leurs dyrey de ma part, ancor que vostre personne ni suffysoyt de son dyre, mes seullement affyn q'ils voyent que vous an ey requys et pour les qonséquence que saves. Vous supplyant byen fort, mon frère, mon amys, an cecy m'asyster, que je vous jure mon honeur, que sy je devoys sortyr an campe aveq deus lyons pour me deschyrer au dans[1] avecq eus, ne seroye sy troublé que je suys, vous supplyant de fayre an cecy, comme sy c'estoyt pour vous propre à quy ce fayct touchasse, aussy le dyable l'a conduyct. Je vous anvoye la copye de la lettre que j'escryps à ses Syngneurs, me recomandant à vostre bonne grâce, prye le Créateur vous donner, monsr.,

[1] aux dents (?).

an sancté, bonne vye et longue. De Berges ce 13 de juny 1566. 1566.
Juin.

Vostre frère et vrey amys à vous servyr à jamais,
H. de Brederode.

Je escryps le sanblable à monsr. le Prynce. Je vous supplye luy dire que il me fasse tant de bien et d'onneur d'avyser an ce fayct.

A Monsr mon frère, Monsr
le Conte Louys de Nassaw.

LETTRE CLIV.

Le Comte G. de Berghes au Comte Louis de Nassau. Sur une entrevue à Lierre.

*** Les circonstances devenant de plus en plus critiques, par l'effervescence du peuple et les délais de la Cour, les chefs et députés des Confédérés se réunirent le 4 juillet à Lierre. Ce fut probablement là que fut résolu le départ de M. de Bréderode pour Anvers et la tenue d'une assemblée générale le 14 juillet à St. Tron. Il est à présumer que l'on inclinoit de nouveau à des mesures violentes. *Languet* qui, par les relations des Calvinistes François avec les Pays-Bas, étoit d'ordinaire bien informé, écrivoit le 12 juillet de Paris. « Omnia in rebus Belgicis videntur » spectare ad tumultus : nam rex Hispaniae non feret eam imita- » tionem quae ibi tentatur..... Valde vereor ne Belgium in eadem » mala incidat, in quae incidit hoc Regnum proximo bello civili. » Si ad arma deveniatur, innumeri ex his regionibus eo confluent. » *Epist. secr.* I. 6.

1566. Juin. Monsr mon frère. Ces jours passez Monsr de Brederode m'envoya Helpendam vers moy, pour me faire scavoir qu'avies touts vos bons S[rs] et députés par ensamble résolu tenir une journée à Lyere, me disant aussy de bouche et à Monsr de Culembourg estant lors à Berghe, se debvoit tenir icelle journée le 2e de juillet; suyvant quoy me suis trouvé cette part pour montrer ma bonne affection, auquel lieu arrivé n'ay trouvé personne. Ce que j'ay trouvé bien estrange, au moyen de quoy ay prins aultre chemin, et pour en scavoir le tout et comment le tout va, vous ay envoyé incontenent le porteur de ceste, vous priant aussy, s'il y a quelques novelles, m'en vouloir faire part. A tant, Monsieur mon frère, après m'ettre bien recomandé à vostre bonne grâce, prie le Créateur vous et à nous donner ce que nostre ceur désire. Escripte à Lyere ce 2e de juillet 1566.

Le tout vostre bon frère, san fin à vous faire service,

Guillaume de Berghe.

Monsr. mon frère, je vous prie de faire mes très humbles recommandations à Monsieur le Prince, comme le tout serviteur sien.

A Monsieur le Conte de Nassau, mon bien bon frère.

LETTRE CLV.

Ch. de Revel, Seigneur d'Audrignies, au Comte Louis de Nassau. Il se trouvera à St. Tron, et s'est opposé aux prêches à Valenciennes.

*** A Valenciennes il étoit extrêmement difficile de réprimer l'ardeur des protestans, vu la proximité de là France et le grand nombre de prédicateurs Calvinistes que les huguenots envoyoient dans les Pays-Bas. Déjà depuis plusieurs années cette ville étoit une de celles où la religion Evangélique avoit fait le plus de progrès, et il paroit que maintenant, principalement par l'entremise des ministres François, les religionnaires y avoient une correspondance suivie avec ceux de Tournai et d'Anvers. « Mittunt Valencenenses ad » Antverpienses et Tornacenses qui communicarent consilia : quippe tres hae civitates communi fere consensu regebantur. » *Burgundus*, p. 162. Il n'est dont guères étonnant que, peu de temps après, la prédication publique y eut son cours. « Valencenenses, » dit le même écrivain dans son style ampoulé, « vetus malum stupore » morientium legum licentius aluerant. Primores civitatis externus » timor maxime intentos habebat. Caeterum concionandi libidini » pares esse non poterant. Viam licentiae Conjurati aperuerant. » Accedebat et metus ne, si intempestivis quaestionibus asperaretur populus, desperatione adactus ad Gallos respiceret. Hinc » sectarii ad insaniora progressi sunt . . . Tornacensibus et Valencenensibus dictus est dies VIII Id. Jul.; in suburbiis suae quisque civitatis solenniorum auspicia incipere statuit . . . Circiter » quinque millia Valencenis numerata sunt. » *l. l.* p. 161, 164. 1566. Juin.

Monsieur. Je ne fauldray me trouver au jour que man-

1566. dés au lieu désigné d'assamblée, et ce avecque la melleur
Juin. compagnie que me sera possible, espérant vous déclarer plusieurs propos touchant nostre faict que j'ay traicté avecque Monsieur le Marquis de Bergues(1), espérant les recepverés de bonne part. J'ay diverty la presche de Vallen̄.[1] que se debvoit faire mardy dernier hors la ville, à la requeste de plusieurs bon bourgeois d'icelle ville, nous bien vieullans. J'espère ne le trouverez maulvais pour les raisons que vous diray. Ne s'offrant chose pour le présent méritant advertissement, présanteray mes humbles recommandations à votre bonne grâce, priant le Créateur vous maintenir en la sienne saincte. De Vallen̄. ce 5e juillet l'an 1566.

Vostre humble serviteur,

Charles Le Revel.

A Monsieur, Monsieur le
Conte Ludvic de Nassau,
à Bruxelles.

LETTRE CLVI.

Le Prince d'Orange au Comte Louis de Nassau.
Sur la venue du Prince à Anvers.

⁂ Anvers, cette ville si importante par une population de cent mille âmes, les richesses de ses négocians et l'étendue de son com-

---

(1) *Bergues.* Il étoit parti de Bruxelles le 1 juillet. *Viglius ad Hopp.* 366.

[1] Valenciennes.

merce, étoit en proie à la plus grande agitation. Depuis plusieurs semaines on prêchoit publiquement dans les environs en François et en Flamand; le 24 juin il y avoit eu près de Berchem une assemblée de quatre à cinq mille personnes : la Régence s'y opposoit en vain. La Gouvernante, à laquelle on envoyoit députés sur députés, ordonnoit de disperser ces réunions par la force; mais on se croyoit trop foible pour pouvoir tenter ce parti. Le 2 juillet fut publié un Placard contre les étrangers et une défense d'assister aux prêches; le même jour les magistrats reçurent une requête de ceux de la Religion Evangélique pour en demander le libre exercice. Pour subvenir à tant de difficultés, on supplioit la Gouvernante de se rendre à Anvers, mais elle craignoit de s'engager dans une ville pleine d'étrangers et de soldats et dont la position étoit si critique.

1566. Juin.

Au refus conditionnel du Prince est relatif un passage dans le *Mémorial de Hopper*. « Son Alteze advertit S. M. que ne luy estant possible de s'absenter de Bruxelles auroit requis le Prince » d'Oranges de faire cest office de sa part, avecq le Comte d'Eg- » mont; le dict Prince ne l'auroit voulu faire. » p. 81. *Strada*, I. 342, est encore plus inexact, puisque selon lui le départ du Prince pour Anvers auroit été le résultat non pas des démarches de la Gouvernante, mais uniquement de ses propres instances à ce sujet.

Le Prince étoit Vicomte *(Burggraef)* d'Anvers. C'étoit une acquisition d'Engelbert II, mais très peu lucrative. *Arnoldi, Gesch. d. Or. N. L.* II. 211.

Mon frère. Madame c'est résolu sur le mis en avant de ceulx d'Anvers de se treuver là en peu de jours et avoit commandé à monsr. d'Egmont et à moy de voloir aller devant ung, deux ou trois jours, pour déclairer à ceulx d'Anvers que Madame et nous tous trouvions mauves ces presches. L'aultre point estoit de scavoir de messieurs de la ville que[1] seurté qu'ilx y veuillent donner à Madame tant pour son corps, comme que nulx presches se fassent; il

[1] quelle.

1566. me sambloit que il ne me convenoit nullement aller pour
Juin. cela, ny aussi en compaignie de quelque aultre Seigneur, car tout le mal qui porroit advenir, je en serois seul coulpe et si il y advinse quelque bien, mon compaignon recepvroit seul le bon gré, et pour plusieurs aultres raisons trop longes à escrire, desorte que, après plusieurs disputes, Madame at enchargé au députés d'Anvers, que eulx mesmes doibvent mester en avant à la commune les deux articles si desus mentioné, en oultre, comme monsr. d'Arrenberghe passerat demain ou après demain par Anvers, qu'il en parlerat ung mot à ceulx de la ville. Je dis à Madame que, oires que je faisois difficulté de aller pour ceste fois et pour ceste charge, que néanmoings, que quant Son Alt. me y vauldrat anvoier seul et avecque tel authorité comme il appertient, que ferois voluntiers mon debvoir de tenir la main, autant que en moy seroit, que nulle tumulte ou désordre advinse à la ville, mais non pas pour deux ou trois jours. Je pense qu'il feront demain assembler le braide rat[1]; si il vous samble que l'on porrat faire quelque office qu'il désirassent que je vins là comme leur bourgrave, pour veoir le succès que les affaires prendriont, affin que Madame puisse après tant plus facillement et en plus gran seurté venir là, le remés à vous, moienant qu'il se fasse secrètement et dextrement, car il me sambleroit que cela feroit plus mon honeur, que non pas aller comme ung fourir[2], pour aprester les logis de Madame. De monsr. de Brederode, ni me samble convenir qui il allie[3] pour ce coup, pour plusieurs raisons, vous priant luy baiser les mains de ma part: d'aultre part vous prie n'en faire mention de cessi et bruller la lettre:

[1] Brede Raed. [2] fourrier. [3] qu'il y aille.

et venir le plus tost que faire porres. A mon frère mis 1566.
besa manos [1] et sur ce nostre Seigneur vous aye en sa Juin.
sainte garde. De Bruxelles ce 5 de juillet à 8 du soir.

Vostre bien bon frère à vous faire service,
GUILLAUME DE NASSAU.

A Monsieur, le Conte Louis
de Nassau, mon bon frère.

Le Comte de Bréderode vint le 5 juillet à Anvers, bien accompagné. (« De H.r van Br. ende eenighe andere van 't verbondt met » grooten sleep. » *V. Weesembeeck*, p. 121.) Il y demeura plusieurs jours : ce qui semble de nouveau prouver que l'influence du Prince n'étoit pas toute puissante auprès des Confédérés. « Brede» rodii interventu accensa improbitas modum excessit. Nihilque » jam dissimulata audacia VIII Cal. Julias in concionem proru» pit : quam Burgerhauti haut procul moenibus Ministri indixe» rant. Eandem diem Tornacenses Valencenensesque pari insania » feralem fecerant : prorsus ne quis dubitaret ex composito egisse. » (voyez p. 135. Il faut donc lire ici *Id. Jul.*) Permixtae viris foe» minae ad sexdecim fere millia excessere portis. » *Burgundus*, p. 171.

Les députés d'Anvers avoient déjà prévenu les desirs du Prince. « De Ghedeputeerde baden daarinne op 't spoedigste te willen voor» sien . . . . . sonder eenich persoon te noemen, maar *daernae* » *met d'een ende d'ander van de saecke sprekende*, hebben ver» claert . . . dat de herten ende affectien van de Ghemeynte seer » gheslaghen waren op den Prince van Oraignien, aan de welcken » sy oock ende hy aen haer met eede verbonden waeren, als synde » Borch-graef van de Stadt. Sy hadden ook sulcx voor haer ver» treck wel duydelyck van de Magistraet ende Ghemeynte ver» staen. » *V. Weesembeeck*, 118. Peut-être cependant ce fut une

[1] mes baisemains (*voyez p. 113*).

1566. Juillet. conversation avec le Prince ou avec un de ses amis qui les détermina à particulariser leur demande.

LETTRE CLVII.

Le Comte H. de Bréderode au Comte Louis de Nassau. Sur la position critique d'Anvers.

*** La Gouvernante se défioit des Confédérés et les Confédérés se défioient de la Gouvernante. Il paroit bien que c'étoit surtout la crainte de voir la Duchesse envoyer garnison dans Anvers qui avoit déterminé Bréderode à s'y rendre. « Er is eene groote murmuratie en alteratie onder 't volk opgestaen, uit dien dat so de Heere van Brederode en eenige der geconfedereerden Edelen in der stad was en vele aenhangs en naloops des volx hadden: dat ter anderen sijde de Grave van Megen nu sekere dagen binnen der stad was blijven stil leggen, sonder door te reisen, en dat aldaer ook werde verwacht de Grave van Arenberge, hebbende terstont daerdoor de Gereformeerde vermoeden en achterdenken gekregen dat de selve twe Graven mogten last hebben om by assistentie van de Magistraet eenig volk van oorlog heimelyk van buiten in te brengen. » *Bor*, I. 73^{b}.

Monsr. mon frère, Je ne veuls délesser vous avertyr que sommes icy à la geulle des lous[1] an dangier que l'on nous coupe à toute heure la gorge, desorte que dormons toute les nuys à lonsquenect[2], avecq le mot du guet et les escoutes et corps, desorte que atandons demeyn estre la proye de nos mallveullans comme le bruyct court par icy: mais il y ast ung byen; quy nos aborderat, doyct pans-

[1] loups. [2] lansquenet.

ser de jouer quycte ou double. Monsr. de Megen ast trecté icy des estranges [factyons] et an eust désjà effectué ungne partye sans nostre venue et la vylle perdue pour nous aultres antyèrement, comme le porteur de ceste vous dyrast le tout plus amplement, vous voullant au reste byen asseure, qu'esperons le fayre [car jy servelle]. Pour le moyns, il an aurast à parller. Atant feray fyn de ceste, attandant de vos nouvelles, anssamble vostre bon avys. Prye le Créateur vous donner, monsr. mon frère, an sancté bonne vye et longue. De Anvers ce sysyème de juillet 1566. 1566. Juillet.

Vostre frere, vrey amys à vous servyr à la mort,

H. DE BREDERODE.

A Monsieur mon frère,
Le Conte Loduwyck de Nassauw.

Le 6 juillet le Prince d'Orange écrivit de Bruxelles au Landgrave Philippe de Hesse. « Ihm als gebornem Teutschen, der eine Gema-
» lin Augsburgischer Confession habe, lege man die Ursache der
» Religions-Unruhen zu. Auf sein vor drey Monate bey Philipp
» II. eingereichtes Entlassungs-Gesuch sey noch keine Antwort
» erfolgt; daher er in Gefahr seines Lebens und seiner Güter ste-
» he; nur wenn er den Papisten zufalle und die arme Gemeine ver-
» lasse, werde er Dank verdienen. L. Philipp möge ihn in diesen
» Nöthen nicht verlassen, ihm treuen väterlichen Rath und Zu-
» flucht ertheilen. Denn man fange mit den Niederländen an, um
» mit Teutschland zu endigen. Hessen müsze den Bedrängten freye
» Rüstung gewähren, und diese hochwichtige Sache bey allen Evan-
» gelischen Reichsfürsten fordern. » *V. Rommel*, II. 582.

LETTRE CLVIII.

Le Comte H. de Bréderode au Comte Louis de Nassau. Il lui envoye une requête d'un prisonnier pour la Foi.

1566. Juillet. Monsieur mon frére j'avoye donné la lettre de mons.r le Conte de Mansfelt à mons.r de Louvervall, lequell passant par Mallynnes, antandant que le dyct Conte deMansfelt estoit party, la randat à mons.r de Rumme, lequel le m'ast randu au [prunsme] ce matyn. Je vous supplye la luy voulloyr donner aveque toutes les serymonyes que trouveres apartenantes, comme je sey que saves byen fayre. Je luy escryps et donne toute les satysfaction que amme vyvante ce soroyct avyser, ancor que il n'an fust aulcun de besoyng pour ma part, car certes et Dyeu le scayt ce que j'ey fayct tourjour pour ses anffans; sy ce fussent esté les myens propres n'an eu seu plus fayre. Je vous prye m'escrypre sy mons.r le Prynce cest [1] à parller de troys lettres que ceus de la vylle, je pensse le magystrat, ont escrypt à Madamme, supplyant à son Alteze le fayre venyr icy, car je voy que il y ast de la méchansté, ansamble m'escrypre quant il vous samblerat que je parte; mes sy je m'anvoys [2] devant la venue de mons.r le Prynce, tout donnerat icy à la traversse et yront toute chose an confussyon. Voyllà pour ce que vous prye m'an mander vostre avys. Je vous anvoye aussy ungne requeste de quelque prysonnyer pour la foy là à Bruccelles, je vous prye d'an fayre vostre myeulx et comme le trouveres la convenyr. Me recommandant à vostre bonne grâce, prye le

[1] sait. [2] m'en vais.

Créateur vous donner, mons.[r] mon frère, an sancté bonne vye et longue. D'Anvers ce 9me jour de jullet 1566. 1566. Juillet.

Vostre obéyssant frère, vrey amys à vous servyr jusque à la mort,

H. de Brederode.

A Monsieur mon frère, le
Conte Louys de Nassaw.

Aen eedelen hoochgeboren heer Henrick van Breederoode heer tot Vyanen enz. ende den adel van desen Nederlande met hem gesaempt ende geconfedereert tot conservatie deser Nederlanden privilegien.

Verthoonen in alder oytmoet Pieter van Vyck, Jasper Stevens ende Sander van Cuelen, ingeseten van Bruesele, hoe dat sy nu onlanx geleden in compaignie tot vyfthien of sesthien toe ten hoochsten zyn gaen wandelen buyten Bruesele ende hebben aldaer malcanderen (in stede van droncken drincken) vermaent vuyt het Goddelyck woort tot eerlycke conversatie ende deuchtelyck leven sonder dat nochtans eenige predicatie by predicant onder heur geschiet is, of dat sy oock eenighen predicant by heur gehadt hebben, ende hoe wel zy in dese saecke egeensintts des C. Ma^{ts} ordonnantien oft statuyten gecontravenieert oft gevioleert en hebben, soo is nochtans geschiet dat de Amptman van voors. Stadt van Bruesele onder andere verspiet hebbende ons voors. drye supplicanten geapprehendeert, tegens alle recht ende privilegien, ende in stricter gevanckenisse geworpen heeft ende oock daerenboven van alsoo veel gelts als wy dagelycx met onsen

1566. sveren aerbeyt winnende gerecouureert hadden, geweldich-
Juillet. lycken gespolieert ende ontnomen heeft. Alle het welcke meer een specie van tirannye ende oppressie is dan van exercitie der justicien, aengesien dat wy oytmoedige supplicanten egeensints in desen des C. Ma^{ts} statuyten, noch oock de ordonnantie der surcheantie ofte suspensie by zyn Ma^{t} nu onlanx verleent, gecontravenieert en hebben, soo wy in geender manieren eenige cause ofte middele van oproer ofte schandael gegeven en hebben, dan alleen in alder stilte ende manierlyckheit onse wegen gegaen hebben. Soo versucken wy in alder oytmoet dat u gelieve, Edel Heeren, hierinne te versien, op dat wy mogen uuyt deser stricter ende onrechtverdelycke gevanckenisse verlost worden ende die previlegie der voors. surcheantie by uwer Eedelheijt ernstelick tot welvaerde van desen Nederlanden nu onlanx vercregen, mogen genieten ende gebruycken, hetwelcke wy uwer E^{t} in alder oytmoet zyn biddende. Uuyt onser stricter gevanckenisse tot Bruessel.

LETTRE CLIX.

Le Prince d'Orange au Marquis de Bergen. Sur la nécessité de mesures efficaces pour conserver le Pays.

⁂ Le Marquis de Bergen étoit parti au commencement de Juillet. « Marchio a Berghen jam proficiscitur in Hispaniam et hodie (12 Julii) discessit ex hac urbe (Lutetia). Multi putant eum » non satis caute facere, quod se hoc statu rerum Hispanorum fi- » dei credat. » *Languet*, *Ep. secr.* I. 6.

La publicité des prêches en contradiction manifeste avec les lois du pays et ces réunions nombreuses de sectaires armés déplaisoient sans doute au Prince, qui desiroit parvenir par des moyens plus légitimes et plus réguliers au même but, savoir à la tolérance envers les Protestans, comme elle étoit introduite en Allemagne par la paix de religion. On peut juger combien peu les catholiques zélés étoient disposés à accorder chose pareille, par le passage suivant d'une lettre écrite le 1 août par Hopper à Viglius. « Quod de *Religion-*» *frid* istic nunc disputari scribit Amplitudo Vestra, haud scio an » inter perniciosissima meritò debeat haberi. Quippe quod populo » concitato quasi suggeri videatur quo pacto, specie quadam juris, » tametsi falsi, scelestissimi voti sui queat fieri compos. Quemad-» modum Amplitudini Vestrae, ita et mihi, semper visi sunt hu-» jusmodi sermones, (quorum tamen ille plenus est) plane pestiferi » in Republica; et maxime quidem his temporibus tam exulcera-» tis. » *Epist. Hopperi ad Viglium*, p. 93. Il n'est pas malaisé de deviner quel personnage le mot *ille* désigne, surtout quand on compare d'autres passages, par exemple le suivant. « Pour rémédier » aux Sectes fust proposé par le *Prince d'Orenges* qu'il n'y avoit » aultre remède que d'user de bénignité et de doulceur, ne permec-» tant le temps présent aulcune rigueur, avecq aultres choses ser-» vantes à ce propos. » *Mémor.* p. 93. — « Quid ad rem, » dit également *Hopper* plus tard, après avoir exposé le rétablissement partiel des affaires, « si domestica libertas maneat.» *Ep. ad Viglium*, p. 114. « Visa mihi est semper haec fabula eo tendere inter » caetera ut domestica libertas Religionis saltem Augustanae con-» stituatur. » *l. l.* p. 121. Ainsi tolérer la liberté domestique même de la Confession d'Augsbourg, qu'on avoit beaucoup moins en horreur que le Calvinisme, sembloit une chose détestable. Comment donc le Prince eût-il jamais, sans renier sa foi, pu satisfaire à ce qu'on exigeoit pour le service de la religion Catholique et du Souverain! 1566. Juillet

Jusqu'à présent les Seigneurs avoient insisté auprès du Roi sur trois points; abolition de l'Inquisition, modération des Placarts, pardon général. *Hopper*, *Mém.* 78, sqq. Maintenant le Prince donne à entendre, « et se disoit publicquement en ce temps » là, selon qu'aussy escriva Son Alteze à S. M., qu'il n'estoit plus » question de consulter et traicter sur ces trois points....., comme » ne servant plus au propos, et vivant un chascun à son bon plai-

1566. » sir..., mais que seulement on avoit à délibérer sur l'assemblée
Juillet. » générale des Etatz. » *l. l.* p. 93.

Monsieur. Il me desplait qu'i vault que vous escris que les affaires d'issi s'enpirent plus tost que se amendent, car les presches continuent de plus en plus et puisqu'ilx entendent que l'on at donné quelque ordre pour les empescher, s'en vont à la presche avecques armes, de manière que jay[1] voy peu de moien de remède, si Dieu ne mest la main et que l'on lesse toumber touttes particularités et ambitions et que l'on prende seullement regart à ce qui convient pour conserver le pais, car estant le pais perdu se perde quant et quant le service du Prince et la religion; se conservant, avecque le temps et la grâce de Dieu il y at espoir povoir le toutt redresser, veant mesmement que combattons avecque la raison. Monsr de Norcarmes (1) m'ast monstré hier ung certain escrit, lequel y[2] vous amvoie; il ne serat que bon que y prendes quelque regart pour éviter touttes parleries; et ne servant ceste pour aultre chose sinon pour me ramentevoir à vostre bonne grâce et vous présenter mon service, feray fin, vous baisant, Monsieur, les mains, priant le Créateur vous donner ung bon voage et brief retour. De Brusselles, ce 9 de juillet an 1566.

Vostre bien bon amy à vous faire service,

GUILLAUME DE NASSAU.

A Monsieur Monsieur
le Marquis de Berghes.

(1) *Noircarmes.* Philippe de St. Aldegonde, S[r]. de Noircarmes: bailli et capitaine de St. Omer, et chargé de remplacer provisoirement le Marquis de Bergen dans le Gouvernement du Hainaut.

[1] j'y (?). [2] il.

LETTRE CLX.

1566.
Juillet.

Charles de Revel, Seigneur d'Audrignies, au Comte Louis de Nassau. Sur les prêches à Valenciennes.

Monsieur. Je vous envoye icy joincte la copie d'une lettre que j'envoye au sieur de Noirkermes, laquelle je vous prie bien peser pour les raisons y contenues, et craindant que le dit sieur de Noirkermes ne dilligent[1] si à la haste que seroit bien requis, je vous prie y tenir la main et tellement besongnier en cest affaire, que l'inconvénient décleré en la ditte lettre, ne sort son effect; vous voeillant bien adviser, que si aucune rescousse[2] s'en faict, que je crains fort ne sera sans effusion de sang. Dieu par sa grâce y admette le remède convenable, le priant, Mons.r, vous maintenir en la sienne saincte, me recommandant bien humblement à la vostre. De Vallen̄. en haste le 9e juillet 1566.

La presche se faict pour le présent hors de la jurisdiction de la ville de Vallen̄., y estans assamblé grant peuple, tant de dedans la ville que dehors, selon qu'on dist (1).

L'entièrement prèst à vous faire service,

Charles le Revel.

A Monsieur, Monsieur le
Conte de Nassau,
à Bruxelles.

---

(1) *dist.* Voyez p. 135.

[1] diligente [2] recousse (*reprise d'une chose enlevée par force.*)

LETTRE CLXI.

Le Comte H. de Bréderode au Comte Louis de Nassau.
Sur la situation d'Anvers.

1566. Juillet. Monsr. mon frère. Je m'ebays comme ne pouves [1] la payne me rescripre ung seull mot de lettre voyant aus termes où je suis. Je vous anvoye aryere le porteur de ceste, Helpendam, qui vous dyrast ce quyl ce passe, vous jurant mon honneur que suys ranvyelly de dys ans despuys que suis icy, mays d'ungne chose me resyouys et remercye ce bon Dyeu, que jusque à ceste heure avons esté ocasyon d'évyter ung extrême inconvényent, lequell eust redondé à ung teryble mall. Les choses sont icy pour leur [2] à telles termes, qu'avons quarante synq et la chose au mur. La bourgoysye c'est desconffyé [3] du tout du magystrat et deffect [4] les Wyckmesters, assamble les bourgoys, leurs ont osté les cles des portes et les guardent eux mesme et antre eus ont donné ungne telle ordre au guet, que certes on ne les surpranderat de la sorte et le fayct leur, voyre le surplus quy ne ce lesse escripre, vous dyrast ce mesme porteur. Je vous prye de m'escrypre ung mot de ce que monsr. le Conte de Mansfelt orast dyct sur la lettre que luy ey escrypte (1), et vous pryant me redépêcher le porteur de ceste, sans le me retenyr, me recommanderey myllyon de foys à vostre bonne grâce, pryant le Créateur

(1) Voyez p. 142.

[1] *Apparemment le mot* prendre *a été omis par le Comte.*

[2] l'heure. [3] a perdu confiance. [4] de fait.

vous donner, monsr. mon frère, an sancté, bone vye et longue. De Anvers, ce 9me jour de jullet 1566. 1566. Juillet.

Vostre frère et vrey amys à vous servyr
jusque à la mort,
H. de Brederode.

A Monsieur mon frère,
Monsieur le Conte Louys de Nassaw.

LETTRE CLXII.

Le Comte H. de Bréderode au Comte Louis de Nassau. Sur le même sujet.

Monsieur mon frère. J'ey repceu vostre dernyère ce matyn, est[1] antans que pour plusyeurs occasyons, comme me mandes par icelles, n'est nullement convenable nous rassambler an ceste vylle : il nous samble toutesfoys à correction à tous nous aultres quy sommes icy, que il seroyct fort nécessayre, mesmes du tout, et le peuples, assamble les bourgoys, le désyreryont fort, lesquels an manyère du monde ne me leront[2] partyr avant la venue de monsieur le Prynce et m'on dyct rondement, que je leur marcherey plustost à tous sur le vantre, que de me lesser aller. Vous me rescrypves ungne chose quy passe mon antandement, que je ne sey antandre, c'est que me mandes que monsieur le Prynce vyent icy et de l'aultre costé qu'y vyent à Saync-Tron ; cepandant je ne sey quy

[1] et. [2] laisseront.

1566. demeurerat icy. Il n'est aulcunement loysyble, ny pans-
Juillet. sable, que ceste vylle demeure sans quelque teste agréable au peuple, veu que monsieur de Megen et Arenberge sont ancor anssamble, lesquels ont esté ceste nuyct à Breda et on panssé antrer sur la meson, ce que l'on leur ast reffusé, et cecy certeyn, car deus de nos gens nous an ont fayct le raport ce matyn, quy les ont veu. Il fault pansser et mesmes ne doubter que il s'y ont assamblé qu'yl ne machynent et broue quelque brouet. Je dépêche à Vyane pour fayre guarder ma meson. Escrypves moy an toute dyllygence et byen clerement, ou dyctes les à monsieur de Hammes, les resons pour lesquelles vous ne trouves pas convenyr que l'assamblée ce fasse an ceste vylle et panssés à ce que dessus. Ne vous fesant ceste plus longue, me remectant au reste à ce que monsr. de Hammes vous dyra, me recommanderey à vostre bonne grâce, pryant le Créateur vous donner, monsr. mon frère, an sancté, bonne vye et longue. D'Anvers, ce 12me jour de juillet 1566.

Vostre frère et servyteur à james,
H. de Brederode.

A Monsr. mon frère, Monsieur
Le Conte Louys de Nassauw.

Le 13 juillet le Prince d'Orange « ores que du commencement » il l'eust refusé et que non obstant une lettre gratieuse de S. M. il » continuoit en son mescontentement, desirant se retirer en sa mai- » son (si comme faisoit aussy le Comte d'Egmont), toute fois estant » aultre fois requis par Son Alteze, fust content d'aller à Anvers. »

Hopper, *Mém.* p. 91. Toutefois il déclara à la Gouvernante qu'il n'étoit pas en son pouvoir d'y faire cesser les prêches. « Vient » à considérer que auparavant accepter la charge, avons ouverte- » ment déclaré en plain Conseil d'Estat, qu'il n'estoit en nous et » ne voulions entreprendre d'y faire cesser les presches, dès lors » accompagnées de l'exercice de la Religion, comme d'appendence » nécessaire d'icelle. » *Le Petit*, p. 189ᵃ. 1566. Juillet.

» Le Prince arrivant à demie lieue près Anvers, luy vint au de- » vant le Seigneur de Bréderode avecq quelques gens de cheval, » armez de pistoletz, suyvant à pied une grande multitude de peu- » ple, lesquelz tous . . . criarent à haulte voix, *vive les Gueux*. » Lequel cry se continua jusques à l'entrée de la ville, où que es » portes et sur les murailles y avoit une infinité de gens, crians » le mesme, et aultres choses à la louange du Prince, l'appellans » leur Viscomte, vray libérateur, et celuy qui mectroit un tel ordre » aux affaires par son autorité, qu'il ne seroit plus besoin courir » à Bruxelles à la Duchesse, avecq beaucoup d'aultres choses sem- » blables, *desquelles le Prince se montroit fort faché et mal content.* » Et estant quant et luy entré le Seigneur de Bréderode demeura » là celle nuict, mais parta le lendemain. *Hopper*, *Mém.* p. 91.

A Anvers les Magistrats se défioient des citoyens: les citoyens, de la Cour et des Magistrats; les protestans, de la Cour, des Magistrats et des autres citoyens: enfin les protestans étoient eux memes divisés; d'un coté les Calvinistes, de l'autre les Luthériens. *V. Wesembeeck*, p. 129. Il y avoit aussi des Anabaptistes. « Regionem omnem tres distraxerant sectae. In Flan- » dria proximisque Galliae Calvinistae praecellebant: vicina Ger- » manis invaserant Lutherani, Hollandiam et Zeelandiam Ana- » baptistae. Universae faeces Antverpiam insederant. » *Burg.* 156. « Calviniani majore quidem quam caeteri concursu plausuque, sed » quam Lutherani minore assectarum potentiâ frequentabantur; » Anabaptistae Lutherianis numero superiores a Calvinianis vin- » cebantur: utrosque vero sectatorum nobilitate Lutherani supera- » bant. » *Strada*, 237. Au milieu de tant d'élémens de discorde, certes la tâche du Prince n'étoit pas de nature à lui promettre beaucoup de satisfaction.

1566. Juillet. Bien des négocians songeoient déjà sérieusement à se retirer dans d'autres pays. « Mercatores soliti hactenus negotiari in Belgio pe- » tunt a Rege (Franciae) eas immunitates in urbibus Galliae mari- » timis quas habuerunt Antverpiae, et promittunt se emporium » quod ibi fuit, in Galliam translaturos. » *Languet, Ep. secr.* I. 6.

---

* LETTRE CLXIII.

Quelques Nobles Confédérés au Comte Louis de Nassau. Ils refusent de se rendre à St. Tron.

*** Les causes qui amenèrent les délibérations de St. Tron, étoient le retardement de la réponse du Roi, l'agitation générale que les prêches occasionnoient, et les plaintes élévées à ce sujet contre les Confédérés. La réunion avoit pour but d'aviser aux moyens de se disculper, de tranquilliser le pays et surtout aussi de se défendre, en cas que le Roi voulut user de violence contre eux. L'attitude de cette réunion, où beaucoup de Nobles comparurent, étoit extrêmement menaçante et prouvoit que les principaux membres de la Confédération, soutenus ou plutot poussés en avant par une grande partie du peuple, avoient le sentiment de leur force vis-à-vis du Souverain. Elle causa beaucoup de frayeur. « Non » modo Celsitudini suae, sed toti pene Curiae metum injecit: » praesertim cum populus per sectarios incitatus, sub eorum » praesidio quotidie fiat insolentior. » *Vigl. ad Hopp.* 365.

On se trompe fort en supposant, comme fait *M. Bilderdyk* (*Hist. des Vad.* VI, 60), que les Nobles étoient découragés, que la Confédération en étoit à son déclin, et que le Prince d'Orange desiroit lui donner un peu de relief. *Le Petit*, p. 115, fait des réflexions pareilles. « Voyez » s'écrie t-il, « en quels termes estoyent » lors réduistes les affaires des Confédérés par la pusillanimité » d'aulcuns et desbandage des aultres . . . Par la longueur des me-

» nées de la Gouvernante ils sont contraincts de pourvoir à leur 1566.
» seureté, comme s'ils se fussent sentis coulpables d'avoir mal Juillet.
» versé. » Mais les remarques de cet écrivain ont à nos yeux très peu de valeur. Ce que nous venons de citer, est applicable à la situation des Pays-Bas trois mois plus tard. Maintenant les Confédérés, repoussant d'ailleurs toute idée de *pardon*, exigeoient une *assurance* qu'on ne leur vouloit aucun mal; et étoient assez disposés et assez bien préparés à se donner eux-mêmes des garanties, si on refusoit de leur en donner.

D'après cela il n'est pas surprenant que plusieurs Confédérés se fissent scrupule de venir à St. Tron.

Mons.r Comme avons escript par Cornille de Ghistelles sur celle que nous avies escript pour nous treuver à St Thron, ne le pouvoir faire, d'aultant que trouvons (soubz correction) ne convenir par l'acquit de nostre debvoir, aussy pour celle que sommes obligez au compromis, pouvoir comparoir aux assemblées, hors de celles qui sont ordonnées et licites comme du passé, ne schaichans que par le dit compromis soyons aulcunement obligez, saulf que ayderions y assisterions de tout nostre pouvoir à l'abolition de l'Inquisition et placcartz, et nous semble parainsy que du susdit soions suffisamment excusez, veu aussi que nostre requeste nous a esté accordée, à l'occasion de quoy estoit fait le dit compromis. Nous vous supplions ne treuver maulvais qu'entendons n'avoir en sorte que ce soit obligation quelconque, et où l'on excédera aulcun poinct du contenu de la Requeste présentée à Bruxelles du cincquiesme d'apvril, nous protestons par ceste d'estre exempts de toutte obligation, vous désirans néantmoings secourir de tout nostre pouvoir, en ce qu'auparavant nous sommes obligés. Et sur ce nous

1566. recommandans à vostre bonne grâce, prierons le Tout-
Juillet. puissant vous donner, Monsieur, en santé, très bonne vie et longue. De Luxembourg ce 12me de juillet 1566.

Jo. de Brandenbourg (1).
J. C. de Lamazgelle.
Maximilian de Faulquez.
Bern. Waldecker.
Carles de Faulcuez.

A Monsieur le Conte
Lodovick de Nassau en Anvers.

---

† LETTRE CLXIV.

...... *au Landgrave Philippe de Hesse. Sur les levées du Duc Eric de Brunswick et du Prince d'Orange.*

*** Cette copie fut envoyée au Prince d'Orange par le Landgrave Guillaume de Hesse, dans une lettre datée de Marbourg le 13 juillet, qui contient le passage suivant. « Viel meinen auch ob » schonn Herzog Erich auszgebe als geldt seine vorhabende Bewer- » bung jegen die Niederlände, so sey es doch *revera* ein practica mit » Grumbach, und den andernn Echtern[1], dieweill ihm Herzog » Erich die Acht auch nicht weith ist. » (M.S.)

Durchleuchtiger, hochgeborner Fürst und her, mit

(1) *Jo. de Brandenbourg.* Chez *Te Water*, II. 271, on trouve un *N. de Brandenbourg* parmi les Confédérés.

[1] geachteten.

erpietung meiner underthenich und stets bereithwilligen 1566. diensten, muesz E. F. G. underthenig nicht verhalten wie Juillet. das ich in glaubwürdige erfahrung kohmme, bin auch desselbigen mehr dan gewisz, das herzog Erichs zu Braunschweig bestalte hauptleuth inn vertröstung vieler knechte und gueter leuth sich eingelassen, auch zum theil geldt gegeben, und ist ferner ire zusag, inwendig acht tage nach dato dieses brieves, entlich geldt und bestallung vorzupringen, das Kriegsvolck irem hernn ins feldt zuzuführenn.

Und damit nun E. F. G. der sachen gelegenhaith fernner und soviel ich gründtlich habe erfahren können, gnedige wissenschaft haben muegen, alsz soll es diese gestaldt und meinung haben, das ehr, Herzog Erich, sich von der Kön. Wür. zu Hispanien sol haben bestellen laszen, der meinung die Niederländen, des göttlichen worts halben und sonsten habender empörung, zu überziehen, zu straffen und wiederumb von wahrer Religion abzupringen.

Hiergegen aber, gnediger Fürst und Her, ist dies auch und entlich wahr, das der Printz zu Uranien, sampt derselben hern freunden und anhengeren, sampt der gantzen Niederländischen landtschafft und stetten, den obristen George vonn Holle, sampt derselbigen hauptleuth, auch besteldt und angenohmmen (1), welcher dan diesser zeit gleichergestaldt seine hauptleuth vertröstet, und manglet nuemehr nichts, dan das Hertzogh Erich vortziehet, als wirdet sich obgemelter George von Holl auch nicht seumen; was aber noch aus diesen handel werden kan,

(1) *Angenohmmen.* Voyez p. 123.

1566. mag der liebe Gott wissen; aber diesses, gnediger Fürst
Juillet. und herr, ist wahr, das diese dinge, wie erzelt, verhanden, und ich auch darauff, doch nicht von Herzogen Erichs, sondern von dem jegentheile mich zu ehrlichem beschelichen gepräuchen zu laszen, bin selbst angesprochen und vertröstet worden.

E. F. G.
Un[1]. gantzwilliger,
N. N.

An Hern Philipsen den
Eltern, Landgraf zu Hessen.

LETTRE CLXV.

Le Comte d'Egmont au Comte Louis de Nassau. Relative à une conférence avec le Prince d'Orange et les deputés des Nobles assemblés à St Tron.

*** Cette entrevue, au nom de la Gouvernante, eut lieu peu de jours après ; non pas à Aerschot, le Prince ne pouvant s'éloigner d'Anvers, mais à Duffel.

Monsieur. J'ay receu vostre lettre du jour d'hier, mais je ne vous responds riens quant au jour que nous nous pourrions trouver à Arschot, tant que j'aye la responce de monsieur le Prince, auquel j'ay escript comme entendrez plus à plain de S.r de Bacquercelle. Et sur ce je me recommande bien affectueusement à vostre bonne grâce,

[1] unterthäniger.

priant le Créateur qu'il vous ait, Monsieur, en sa garde. Bruxelles le xxiij^e jour de juillet 1566. 1566. Juillet.

Vostre[1] bien bon amy pret à vous obéir,

[2]

A Monsr. Monsr. le
Conte Ludvic de Nassaw.

LETTRE CLXVI.

Le Prince d'Orange au Comte Louis de Nassau.
Sur les démarches des Calvinistes.

*** Le Prince favorisoit les Luthériens. Ceux qui, lors de son entrée à Anvers, crioient, Voilà celui qui nous apporte la Confession d'Augsbourg, (*Strada*, I. 243), avoient assez bien deviné ses intentions ou du moins son désir. Il partageoit encore les préjugés contre les Calvinistes, ou bien ne jugeoit pas les différences entre les Confessions assez grandes pour compromettre par trop de ténacité la cause commune. — Quant aux Anabaptistes, le Prince avoit été disposé à publier contre eux un Edit, mais la Duchesse montra assez d'indifférence à cet égard. « La Gouvernante déclaroit asses qu'elle tenoit toute religion n'accordant à la » Roymaine (mesmes les Anabaptistes, contre lesquels desirions » faire defence publicque, si Madame l'eust trouvé bon) en pareille » estime. » *Le Petit*, 189.[b]

Cette lettre montre de nouveau qu'il n'aimoit pas *ces presches désordonnés*. Les Confédérés ne suivirent pas ses conseils : car les Calvinistes ayant présenté leur requête, *le 17 juillet ou environ*, on leur donna une réponse très satisfaisante. Les conséquences firent voir que le Prince avoit eu raison : car cette protection de la part des Nobles enhardit extrêmement le peuple et exposa les Con-

[1] vostre-obéir. *Autographe.* [2] *La signature est enlevée.*

1566. Juillet. fédérés à d'injustes soupçons. En 1569 les Etats d'Utrecht disoient à ce sujet. « De oproerige Gemeente en Rebellen hadden de wapenen » in handen genomen, niet alleen tot resistentie, maar ook tot in- » vasie van de Overheid en Catholyke, al op 't betrouwen van de » Edelen Geconfereerden die hen-luiden te St. Truyen vryheid » van de Religie beloofde, en genoeg in protectie genomen had- » den....... Vermits de vergadering die in Julio te St. Truyen » geweest was, en konste men niet anders weten, of de predica- » tie en beeldstormerye geschiede bij kennisse en oogluikinge van » de Geconfedereerden. » *Bor*, I. 303b.

Mon frère. J'ay entendu qu'il y at aulcungs de ceulx qui tienent la loy de Calvin, qui se trouveront en ceste assamblé, et comme sont gens qui de peu de bonn samblant que l'on leur faict, prendent ung gran piet et audace, et que je scay qu'il y at beaucoup d'entre vous de la mesme loy; pour éviter tous inconvéniens qui porriont succéder par eulx, si y pensent avoir quelque solagement et assistence de vos aultres, dont facillement redunderoit la totale ruine du pais, comme je me commence apercevoir en ceste ville qu'i marchent jusques à maintenant de bien grande audace et peu de respect du bien publicque; vous prie de tenir la main que l'on leur donne si peu d'espoir que faire ce porrat de les assister en ces presches désordonés (1), et vous diray plusieurs choses qui sont passé issi, bien au contraire de ce que me dittes à Brusselles, retournant de Lire[1]; parquoy il est plus que nécessaire les rebastre la confidence qu'ilx ont; ilx vie-

(1) « Quant aux presches publicques, je n'avois pas lors tant de » crédit qu'on m'en demandat advis, et ne le conseillay jamais. » *Apologie*, chez *Dumont*, V. I. 393b.

[1] Lierre.

nent bien si avant de dir e que, oires que l'on leur permes- 1566.
teroit la confession Augustane, qu'ilx ne se contente- Juillet.
roient. Je vous lesse penser à quoy ilx prétendent. Je n'ay le loisir de faire ceste plus longue, sinon que vous recommande la sagesse et le bien du pais et prie Dieu vous donner la grâce le povoir faire. D'Anvers, ce 16 de juillet A. 1566.

Vostre bien bon frère à vous faire service,
GUILLAUME DE NASSAU.

Voici la requête *présentée à la Noblesse à St. Tron par les marchands et peuple de par deçà* d'après une copie qui se trouve aux Archives ; cette pièce a eté communiquée par *Te Water*, IV. 305.

Aux Sengneurs et noblesse assemblée à S[t]. Tron.

Les marchands et le commun ne scauroyent asses remercier vos Seigneuries de ce que depuis quelque moys en çà, considérant l'intollérable joug de l'Inquisition et placcarts, ils se sont délibérés de charger plustost tous les mauvais grés sur leur espaules, que d'endurer l'oppression du peuple par trop assubjetty aux inquisiteurs et leurs commis. Toutesfois les dit remonstrans considérans que l'ouverture leur estoyt jà faicte, ils n'ont trouvé par conseils de s'arrester à la porte, ains de passer plus avant, si que dequis ung moys ou environ ils se sont assemblés publicquement pour satisfaire à leur conscience et à l'ardeur et zèle du peuple, lequel il estoyt impossible

1566. de le plus contenir. Or d'aultant qu'ils apperçoyvent assez
Juillet. que par divers moyens on tâche de dissiper et rompre l'advancement de la prédication de l'Evangile, désjà fort engravée au coeur du peuple et que les magistrats sont totallement contraires, ils ont despuis consideré où ils pourroyent avoir refuge après la confiance qu'ils ont eu en Dieu touchant l'equité de leur cause, sy que jettans l'oeil d'ung costé et de l'aultre, ils ne voyent de toutes parts que menaces et menées secrètes pour dissiper le troupeau du Seigneur. Vous aultres doncques, Messieurs, estes ceulx sur lesquels ils ont l'oeil fiché[1] et desquels ils implorent non seulement la faveur, mais aussi l'assistence au besoing, tellemen qu'ils ont conceus ceste bonne et sainte espérance de vos Seigneuries, qu'elles n'endureront en façon que ce soyt, que tort ou violence leur soyt faicte pour l'exercice de la religion Evangélique. Ils supplient doncques très humblement au nom de Dieu, qu'il plaise à vos Seigneuries les prendre soubs vostre protection, les défendans contre tous leurs ennemys à ce qu'aulcungs empêchement ne leur soyent donnés pour l'exercice de la dite religion, et pour leur donner plus grande asseurance de vostre bonne volonté envers le païs, à la conservation de la paiz et repos publicq, que certains nobles soyent députés pour chascun quartier, affin de pourvoir aux troubles apparentes, jusques à ce que il y soyt aultrement pourveu par les estats-généraulx, légitimement assemblés. Que faisant, les dits remonstrans seront obligés de plus en plus prier Dieu pour votre prospérité, ensamble employer corps et biens pour conserver le païs en repos, et ferez bien.

[1] fixé.

La réponse, communiquée aussi par *Te Water*, *l. l.* est publiée ici d'après l'original et avec les signatures. 1566. Juillet.

Il est résolu par les Seigneurs députez (1), qu'on asseurera le peuple que l'on ne luy fera aulcung tort ou violence pour le fait de la religion, jusques à ce que par les estatz-généraux rassamblez en soit aultrement ordonné : à condition que le dit peuple se conduise modestement se submectant entièrement à la résolution des ditz estatz-généraux comme la noblesse ichy assamblée.

CHARLES DE LEVIN (2).
GUILLAME DE BERGHE.
G. DE MONTEGNY.
JAN D'ESTOUR[MEL.]
CHARLES LE REVEL.
PHILIPPE DE MARBAYS,
S. DE LOVERVAL.
BERNART DE MALBERGH.
PHILIPPE VAN DER MEEREN.
H. DE BREDERODE.
LOUIS DE NASSAU.
FLORENT DE PALLANT.
J. DE MONTEGNY.
JEAN DE MARNIX.
FRANCOYS DE HAEFTEN (3).
FLORENT DE BOETZELER ET D'ASPREN.
BERNART DE MÉRODE.
MARTIN DE TSERCLAES.
DE HOUCHIN.

---

(1) On trouve ici les noms de tous ceux qui, avec le Comte Louis, furent députés vers Madame : *Eustache de Fiennes*, *Ch. le Revel*, *B. de Mérode*, *Ch. de van der Noot*, *G. de Montegny*, *M. Tserclaes*, *Ph. v. d. Meeren*, *Ph. de Marbays*, *J. de Montegny*, *Ch. de Levin*, *Fr. de Haeften* et *J. le Sauvaige*. Peut-être les *Seigneurs députez* de cette liste sont les *nobles députez pour chascun quartier*. Voyez p. 160.

(2) *De Levin*. Seigneur de Famars, qui, par ses talens militaires et politiques, rendit des services fort importans aux Provinces-Unies. *Te Water*, II. 495.

(3) *Fr. de Haeften*. *l. l.* II. 436.

1566. Juillet.

JAN LE SAUVAIGE.

A. DE BERGUES (1). RENÉ DE RENESSE (2).

BOUTON (3).

J. D. VAN DEN BOURCH. CH. DE VAN DER (4) NOOT.

[P. MARMER.]

CORNILLE DE GHISTELLE.

ALBRECHT VAN HUCHTENBROUC (5). J. D. RENESSE (6).

[J.] SNOEY (7).

JEHAN DE CASEMBROT,

S. DE BACQUERZELE. EUSTACHE DE FIENNES.

Cette réponse ne paroit pas avoir entièrement rassuré et satisfait les pétitionnaires. A la suite de délibérations ultérieures, ils proposérent quelques points sur lesquels ils desiroient avoir une réponse précise. Voilà ce qui résulte du document suivant, Mémoire très curieux, qui semble être écrit de la main du Comte Louis de Nassau. La requête de *ceux de la religion* est probablement la même que celle des *marchans et du commun*. « Eene Requeste in » den naeme van de Cooplieden, Borghers ende Inwoonders van » den Lande die van de Religie waeren. » *V. Wesembeeck*, p. 133.

---

(1) *A. de Bergues*. Seigneur de Dolhain. *Te Water*, II. 205.

(2) *A. v. Huchtenbrouc*, Gentilhomme d'Utrecht. *l. l.* II. 319.

(3) *Bouton*. Apparemment fils de Claude Bouton, Seigneur de Corbaron. *l. l.* II. 324.

(4) *De van der N.* Chez *Hopper*, *Mém.* p. 102, il y a *Ch. van der N.*, mais dans le Manuscrit de cet ouvrage à la Bibliothèque Royale *Ch. de van d. N.*

(5) *R. de Ren.* Fils de Jean de Renesse et d'Elizabeth de Nassau, fille legitimée du Comte Henri de Nassau. *l. l.* III. 258.

(6) *J. D. R.* Fils de Gerard de Renesse. *l. l.* III. 256.

(7) *J. Snoey*. Apparemment J. Sonoy; *l. l.* III. 313. —Sur plusieurs autres signataires voyez ci-dessus, p. 57-64.

MEMOIRE de ce qu'il semble qu'on pourroit respondre à ceulx de la religion, mesmement des points qu'on aurast à huider[1] à l'assamblée. 1566. Juillet.

Ceulx de la religion désirent scavoir, voire estre asseurés des gentishomes confédérés:

1. En premier lieu s'ils les veulent maintenir en la liberté de la religion qu'ils appellent reformée, come ils sont apprins par la parolle de Dieu et selon qu'elle ast esté exhibée par les Eglises de par deçà à Sa Ma^té., l'an 62 (1).
2. Qu'ils entendent que les singneurs et gentishomes confédérés entretiendront et feront entretenir tant qu'en eulx serast, touts et chascung des privilèges et immunités du païs, tant à l'endroit de la dite religion qu'en touts aultres points.
3. Que les dits confédérés voulussiont soubsingner la requeste (2) par eulx présentée aulx magistrats, à

---

(1) *L'an* 62. « Omtrent desen tydt (1562) heeft Guido de Bres » met hulpe van Saravia, Modet, Wingen, en noch een of twee » andre Leeraeren een boeksken in 't Walsch of Fransch ingestelt, » dat daernae in 't Nederlandsch gebraght wierdt, onder desen » titel, *Bekentenisse of belydenisse des Geloofs.* » *Brandt, Hist. d. Ref.* I. 253.

(2) *Requeste.* « En ceste même saison (le 2 juillet) fut, par ceux » de la Religion réformée à Anvers, des deux langues Françoise et » Tudesque, adressée une requeste aux Maistres des quartiers, » pour la présenter de leur part, comme il fut fait, au Magistrat et » superintendens de la ville. » *Le Petit*, p. 111.[b]

[1] vider (?).

1566. Juillet. condition toutesfois là où qu'ils trouvassent aulcune chose que ne estimassent estre convenable, ny pertinent, que cela se pourroit changer, supplians ceulx de la religion de vouloir laisser la soubstance en leur entier aultant que possible serast.

4. Qu'il leur plaise de donner asseurance par serement[1] aulx Députés du peuple, de n'attenter jamais riens que ce qui pourrast servir pour la conservation de l'estat publique des subjects de Sa M^{té} au Païs-bas et pour la liberté de l'exercice publique de la religion, sans prendre resguard à leur particulier en quelque façon que ce soit, et qu'en cas qu'entre eulx quelqu'ung voulsist soubs ce prétext pourvoire en son particulier, que les députés et tout le peuple seront libres de leur cousté, sans aulcuns obligation aultre qui pourroit estre fondée sur ce faict présent ou alliance, comme aussi réciproquement le peuple ou leur députés pour eulx s'obligeront par serrement[1] ou par escript, de n'attenter riens de leur cousté qui pourroit troubler le repos publique, ains qu'ils se submesteront en tout ce qui concerne la défence de leur religion, corps et biens, à ce que les dit gentishommes par l'advis de leur conseil adviseront estre expédient et nécessaire.

5. Que se dénommeront six gentishomes par Monsr de Bréderode et le Conte Louys de Nassau pour leur conseil, ausquels seront adjoints six de la part du peuple, soint marchans ou aultres, selon qu'ils seront ordonné par ceulx de l'église réformée, de l'advis commun desquels les deulx singneurs ausdit

[1] serment.

s'aideront en touttes affaires de conséquence, sans riens attenter de ce qui concerne touts en général sans leur adveu et consentement. 1566. Juillet.

Quant au premier point semble que nous les debvrions promestre suivant ce que les avons par cy devant (1) asseurés, assçavoir que nous emplierons touts les moiens que Dieu nous donnerast corps et biens pour tout le peuple de pardeçà maintenir en liberté de l'exercice des deulx religions, come de la confession d'Augspourg et de la[1] religion réformée, tant et si longuement que Sa Ma[té] en aurast aultrement ordonnée par l'advis et consentement des estats-généraulx de ces Païs-bas, ausquelles ordonnances ceulx des deulx religions susdictes se submetteront, comme nous avons faicts et faisons par cestes.

Que n'entendons contrevenir, diminuer ou violer aulcungs privilèges des provinces de ces Païs-Bas, ains les entretiendrons et ferons entretenir, aultant que nous serast possible, en touts et quels points qu'il pourrast concerner.

Que sommes contants de singner la requeste par ceulx de la religion présentée, moienant que nous la porons changer ainsi que serast trouvé convenable par commun advis des députés des gentishomes confédérés, bien entendu qu'on laisserast la substance en leur entier aultant que faire se pourrast.

Que promesteront par serrement ou leur signature manuel de ne riens attenter de ce qui pourroit tendre au déservice de Sa Ma[té], perturbation du repos et bien publique des païs et subjects de Sa dite M[té] de par deçà

(1) *Cy devant.* Ceci se rapporte à la réponse ci-dessus.

[1] l. r. r. *Ici il y a une rature. Il y avoit auparavant* loi de Calvin.

1566 Juillet. et pour empêcher l'exercice des deulx religions susdits, si par Sa Ma[té] ne fust aultrement ordonné avecques commun advis et consentement des estats genéraulx, sans prendre aulcung esguard à nostre particulier; et qu'en cas que pourroit conster que aulcung de nous vouldroit pourvoire à son particulier sur ce prétext, que le peuple serast alors déchargé de toutes ses obligations qui pourriont estre fondées sur ce faict présent ou aulcungne alliance.

Que sommes contents qu'on y meste tel conseil et ordre comme on trouverast par commung advis estre le plus expédient pour l'advancement des affaires publiques, sans l'advis duquel conseil ne ferons aulcune chose d'importance.

Réciproquement voulons nous estre asseurés du commung peuple et leur députés, que eulx ne prétenderont soubs ombre de la liberté de l'exercice de religion, de vouloir estre désobéisseans à leur Roy et Prince naturel, moins traicter ou practiquer aulcune chose qui pourroit tendre à son déservice et diminution de son auctorité, semblablement qu'ils n'attenteront aulcune chose par où que la tranquillité, repos et paix publique pourroit estre perturbée, et le respect qu'ils doivent à leur magistrat estre diminué, ains qu'ils se submetteront aulx commandements et ordonnances tant de Sa Ma[té] que aultres magistrats par icelle leur ordonnés, moiennant que ce ne soit chose par où leur conscience pourroit estre intéressée et se régleront en tout ce qui concernerast la défence de la liberté de leur religion, selon l'advis et commandement de nous et de leurs députés nous adjoincts pour conseil, tant et si longuement que par Sa Ma[té] soit

sur icelle liberté aultrement ordonnée par advis etc. 1566.
selon lesquels ung chascung se réglerast. Juillet.

Quel que puisse avoir été le résultat de ce Mémoire, il est certain que les Confédérés prirent le peuple, les Luthériens et les Calvinistes, sous leur protection; ils donnèrent l'assurance qu'il ne seroit fait aucune violence pour le fait de la religion; démarche bien hardie et très inconsidérée. En outre on prit des mesures pour opposer, le cas échéant, la force à la force. Il y a donc lieu de s'étonner que *M. Bilderdyk* ait écrit. « Waartoe hier besloten en » of er iets besloten zij geworden, is onzeker. De Spaanschen » willen dat het besluit was volk te werven om zich tegen des » Konings krachtige maatregelen, zoo hij ze doorzetten mocht, » met geweld te kanten, en dat zy den Onroomschen die hunne » bescherming versochten, die beloofden. Het laatste is wel » waarschijnlijk, maar het eerste ongeloofbaar, naar de twij- » felmoedigheid, waarin zij verzonken waren, schoon er zeker- » lijk in die bijeenkomst wel quaestie van geweest zal zijn.» VI. 60. Et *M. de Beaufort* (*Leven van Willem I*,) va encore plus loin. « Viglius verhaelt dat sy voorstelden de nootzaekelykheit om geld » op te brengen om den oorlog daarmede te kunnen voeren.., doch » van die voorstellingen is niet gebleken, en uyt de onderhandeling » van de Edele met den Prins van Oranje en den Graef van Eg- » mont blykt het tegendeel. » I. 478. Malgré ces assertions si positives, la protection promise est un fait constaté, et la résolution de lever des troupes est également averée Il est vrai que *Strada* écrit: « Nunciatur Gheusios circiter duo millia conven- » turos Trudonopolim ... deliberaturos an arma suscepturi sint, » animato ubique populo. *De armis falso nunciatum est.* » I. 244. Mais ceci se rapporte à une prise d'armes immédiate. Les Confédérés ne firent pas mystère de leur résolution, disant ouvertement à la Gouvernante. « Nous avons été contraints chercher les moyens » de faire amis en certain Pays pour nous en servir et ayder en cas » qu'on voulut procéder allencontre de nous et les subjects et vas-

1566. » saux du Roy plus avant par voye de fait, et non à autre fin. »
Juillet. *Le Petit*, *Chronique de Hollande*, p. 109a. Et invités par la Duchesse à s'expliquer encore plus clairement, ils ajoutèrent. « Ce » n'est sinon en ce Pays ici et en Allemagne. » *l. l.* p. 114b.

———

La pièce suivante adressée, à ce qu'il paroit, par le Prince d'Orange au Comte de Bréderode, contient quelques avis et exhortations tendant à prévenir les inconvéniens qui pourroient résulter de l'assemblée. Il est difficile d'en fixer précisément la date. Elle est postérieure aux promesses des Confédérés à ceux de la religion. Peut-être ce Mémoire a t'il été remis au Comte soit à la conférence de Duffel, qui eut lieu le 18 juillet, soit du moins peu après. *La réponse qu'on fera à Madame* est la réponse à ce qu'elle leur avoit fait notifier par le Prince et par le Comte d'Egmont (*Te Water* I. 391,) et l'envoi de *députés à Madame* eut aussi lieu quelques jours plus tard. — Le Prince prévoyoit le cas où il ne pourroit de nouveau quitter Anvers et en effet le Comte d'Egmont revint à Duffel sans lui.

———

Mémoire.

Que Monseig^r le Comte tienne la main que ceulx de l'assemblée ne facent nul désordre dont leur réputation pourroyt estre diminuée, et qu'en traictant les affaires on use de bon ordre et gravité.

Qu'en cas que Monseigneur le Prince ne pourroyt partir d'Anvers, il donne ordre que les dits gentilzhommes puissent traicter avec Monsr. d'Egmont ou aultre Seigneurs et que sur tout ce fusse Monsr. le duc d'Arscot, sans venir en la ville d'Anvers, pour le bruict qu'il pourra faire et mettre les choses en désordre.

Qu'on regarde que les députez qu'ilz envoyeront à Madame, puissiont avoir telle charge, qu'ils n'eussiont pic- 1566.
ques ou menaces, ains telle modestie et courtoysie que ne puissent enaigrir le faict. Et que le semblable ils facent sur l'instruction que Monsr d'Egmont pourra proposer. Juillet.

Que les ungs désirent merveilleusement que Monsr de Bréderode puisse retourner en ceste ville en l'absence de Monseign^{r}, mais les aultres ne le désirent nullement, donnant à entendre qu'en cas qu'il vienne, ils se retireront trestouts[1]. Et semble à Monseig^{r} que ne conviendra aulcunement qu'il revienne, cependant que Son Excell^{ce} sera là. Par quoy ayant achevé icy, trouve bon que Monsr. le Comte destourne sen eux, affin qu'il ne revienne. Mais bien que luy mesme viene seul avec la moindre compaignie, pour avertir[2] désordre, comme sera adverty plus particulièrement.

Que mons^{r} le Comte envoye copie de la responce qu'on faira à Madame comme de soy mesme, et si mandera Monseig^{r} le Prince son advis, comme son Exc. a desjà declairé à Monsr. de Bréderode et quelques ungs de ses gentilzhommes.

Que Monseign^{r} a entendu des estranges propos d'aulcungs des gentilzhommes et bien contraire de leur requeste, à cause de quoy sera nécessaire, que Mons. le Comte prenne garde qu'il ne sorte hors de la dite Requeste, car tout le malfaict d'eulx tombera sur luy et leur l'imputerast-on à grande legiereté.

Que Monseign^{r} trouve les Calvinistes bien eschauffés et voyt encores bien peu de remède pour les induire à

[1] tous sans exception (*ad unum omnes*). [2] éviter, détourner (*avertere*).

1566. quelque bon moyen, que Son Excell^ce craint que sera à
Juillet. la fin la destruction, non seulement de ceste ville, mais de tout ce pais en général, et ce que les faict estre ainsi présumptieux ne procéde sinon soubs l'ayde et assistence de ces gentilzhommes, lesquels, comme Son Excell^ce a entendu, ont donné grand espoir et promesses de ne les jamais abandonner, que semble toutesfois estre entièrement contraire à leur Requeste, et trouve Son Excell^ce, encores que le Roy voulsusse parmettre l'exercice de la Religion, selon la Confession Augustane, que les aultres n'en seroyent contents de cela, mais vouldront avoir églises à leur opinion.

Que Son Excell^ce trouve ceulx de la confession Augustane fort gens de bien et paisibles et nullement enclins à sédition ou désobéissance et fort contraires à ceste façon des Calvinistes.

Considérés toutes ces choses que Monsr. le Comte prenne peine de négotier tellement avec les gentilzhommes, qu'au lieu de penser faire le service du pais, ne soyent cause de la perdition d'iceluy, ce que luy reviendroyt à perpétuel deshonneur et charge.

Il paroit bien que le Prince n'avoit pas une haute opinion de l'assemblée. Ce qu'à Duffel il dit au nom de la Duchesse, savoir qu'il n'y avoit pas de raisons valables pour se réunir de nouveau et que la Gouvernante avoit beaucoup fait pour leur donner satisfaction, étoit probablement assez en accord avec sa propre manière de voir. C'est dont une remarque très peu fondée de *M. de Beaufort (Leven v. Willem I*, I. 481.) « Die redenen waren buyten twyfel seer be-

» drieglyk, de Prins en de Graef van Egmont spraeken alleen uyt 1566.
» naem en uyt last van het Hof, en het is hier wel te vermoeden Juillet.
» dat de Prins een dubbele rol speelde. » D'abord, puisque le Prince agissoit par ordre et même d'après une Instruction *écrite* (*Te Water*, I. 391), il n'est pas nécessaire de supposer de la duplicité; en outre il y avoit, d'après les convictions du Prince, beaucoup de vrai dans la réprimande que la Duchesse faisoit donner aux Confédérés.

LETTRE CLXVII.

Le Comte Jean au Comte Louis de Nassau. Il se fait scrupule d'envoyer le Comte Henri dans les Pays-Bas.

Wolgeporner freundtlicher lieber Bruder . . . . . . Unsern bruder Graff Heinrich hab ich biszdahin wie auch noch nicht können hinaben schicken, ausz ursach das ich nach itziger gelegenhaitt unserer sachen, niemandts zu bekommen weisz den man ihnen beiden, dem von Hanau und unserm bruder, zuordnen köntte (1) und, dweil unsere schwestern, wie ich ausz E. L. schreiben verstanden, nuhmehr uff der weg nach hier zu sein, kan ich nit woll bey mir finden, wie man unserm bruder füglich ohne grosse geschrey, könne hinab brengen. Ist derwege mein freundtliche bitt, E. L. wollen meiner frauw mutter und mir gerathen sein, wes man sich mit unserm bruder halten solle. Es haben meine frauw mutter und ich grosse vorsorg das man unsers bruders zu sehen begere, gescheheetwan mehr, das man inen der mesz und sonsten an-

(1) *Köntte*. Voyez p. 114.

1566. derer abgötterey mehr halben versuchen wolle, als das
Juillet. man ime gelt zu geben oder sonsten befürderung zu thun geneigt seie, und do unser bruder uff ein ungewisses hinab ziehen solte, were meines erachtens besser, das man ihnen hiraben gelassen, den unkosten gespartt und ihnen seine *studia*, dar innen er Gott lob ein zeittlang zimlich und woll forttgefaren hatt, continuiren lassen hätte, als das er etwan hinab ziehen und allerley geschrey und *suspiciones* verursachen und erregen möcht . . . . . *Datum* Dillenburg in eill den 18ten Julij Anno 66.

E. L.

Dienstwillig treuwer bruder,
Johan Graff zu Nassauw.

Dem wolgebornnenn Ludwigen, Grafen zu Nassauw Catzenellenbogen, etc.

LETTRE CLXVIII.

Le Comte de Hoogstraten au Comte Louis de Nassau. Sur les mesures du Duc Eric.

, Le Comte de Hoogstraten étoit fort zélé contre l'Inquisition. D'après *v. d. Haer* il étoit personnellement attaché au Prince, et durant les derniers mois cet attachement s'étoit encore accru. « Hoochstratanus Orangio perquam familiariter utebatur : in ejus » itaque gratiam multa Hoochstratanus in Senatu liberius dicere, » quam ferre Parmensis facile posset; laudare eam hominis fortitu- » dinem Orangius, caeterique multis cum officiis sermonibusque » tantum non in coelum extollere, crescere inde Hoochstratano pro » patria, pro amicis decertandi cupiditas, Parmensi saepe refraga-

» ri, simultates nullo in se metu libenter suscipere : quod certe eo 1566.
» tristius viris bonis accidebat, quod Religionis Catholicae per- Juillet.
» quam studiosus, Orangii consilia non tam judicio quam amicitia
» sequi diceretur. » *De init. tum.* p. 222. Mais le Comte lui-même dans sa Défense dit : « Combien qu'aions tousjours porté au Prince » singulière affection, comme aussi ont fait la plus part des Seig- » neurs des Pays-Bas, toutesfois il n'estoit en lui, ni autre qui » vive, nous faire oublier les devoirs et obligation que devons au » Roy . . . pour seconder, favoriser ou promouvoir quelque rebel- » lion. » *Bor*, I. *Auth. St.* 27.[b]

Monsieur. Chejourdhuy avons ouy seures nouvelles que le duc Erich, Monsieur d'Arenberghe et le Sr de Meghe avoyont demandé passaige à Deventer, Swol et Campen et au Swarten-Sluis pour enbarquer quelques gens vers Amsterdam, et que le dit de Meghe auroit depeiché Anderlec en poste vers Madame pour luy advertir de tout; qui le poldroit dévaliser en chemin pour découvrir ce qu'i porte, nous y reviendroit fort à notre advantaige, et qui vouldroit donner une bastonnade à son maitre, y aueroit à mon advis, bon moyen, par advertir Monseigneur le Duc de Jueliers, qui doibt avoir dict aultre fois à table à Bruxelles que sy son Exc^e^ ne luy faisoit raison, qu'i se le feroit bien, en luy mestant un [chapion[1]] en gage lorsqu'il seroit à la chasse mal accompaigné. J'eussé escript tout ce que dessus à Monsieur le Princhе, mais scaychant les enpechements qu'il at, n'ay ausé[2], par quoy vous plaisiast luy communicquer avecg mes très humbles recommandations en sa bonne grâce, et l'ouffre de mon perpétuel service. De Viane, ce 20 de juillet 1566.

[1] champion (?). [2] osé (?).

1566. Juillet. Le dit Anderlec doibt aussy avoir tenu propos à Arnhem que, sy luy avoit quelchun qu'y voulusse estre bien traicté, que luy avoit bon moyen desous le dit duc Erich, tellement qu'il est par tout faisant des bons offices. Ceulx d'Utrecht ont eus les meismes nouvelles touchant les passaiges et ont dépeischez vers Deventer, comme ay faict pareillement. Ce que poldray descouvrir, ne fauldrey vous en faire part. *Datum ut supra.* De par

Vostre meilleur frère et serviteur à james,

Anthoine de Lalaing.

A Monsieur, Monsieur
le Conte Louis de Nassaw.

Le Mémoire qui suit, écrit extrêmement à la hâte, probablement par un homme en qui le Prince mettoit beaucoup de confiance et qu'il envoyoit au Comte Louis, montre, comme aussi la lettre 169, que le Prince, bien que désapprouvant plusieurs mesures des Confédéres, agissoit cependant, quant à la levée de troupes, assez de concert avec les principaux d'entre eux. Leur coöpération étoit nécessaire, afin de se procurer les sommes considérables dont on avoit besoin. Il est très remarquable et presque certain (voyez p. 169) que le Prince a revu et adouci la réponse à la Gouvernante, et peut-être que cette réponse ainsi modifiée (comme auparavant la requête, voyez p. 46) est l'écrit *dicté par Son Excellence.*

Dans cette réponse se trouve aussi le passage suivant, « Pour ce » que ces Seigneurs, àssavoir M. le Prince d'Orange, M. le Conte » d'Egmont et M. l'Admiral, ont le plus entendu de noz affaires, » depuis nostre requeste présentée, avec lesquels il nous faudra » traitter encore de plusieurs choses qui nous pourroyent servir, » supplions V. A. leur commander qu'ils nous veuillent doresnavant

» assister de leur conseil et nous prendre en protection. Et que le » commandement que V. A. leur fera soit tel et si souffisamment au- » torizé qu'ils puissent absolutement pourvoir et donner ordre à » tout ce qui touche la garde et conservation du Pays, tant dedans » que dehors . . . Et sachans que V. A. ne le peut faire que par » provision, supplions qu'au même instant, il plaise à icelle despe- » cher courier exprès vers le Roy : afin qu'il plaise à S. M. faire le » mesme commandement,.. en attendant que par le consentement » et résolution des Etats-Généraux S. M. en ait autrement ordon- » né. » *Le Petit,* 109.[b] Ce triumvirat ne pouvoit guères convenir au Roi. » Censuit triumviratum nullo modo concedendum ob cau- » sas plurimas ac evidentissimas, et quas Amplitudinem vestram » non dubito per se satis perspicere. » *Hopper ad Vigl.* 99.

1566. Juillet.

Memoyre de ce que j'ay à dire de la part de Monseig.[r] le Prince à Monseign.[r] le Comte.

Comme Monseigr. a veu par les lettres du Landgrave, la levée que faict le Duc Erich, ce que luy semble chose la où il fauldra prendre bon regard, car ne faict doubte que si viendrat par deçà, ce sera pour luy et la compangnie de touts gentilshommes, et qui a esté cause son Excell[ce] a envoyé le Secrétaire alemand à Monsr. de Egmont, que si ainsi fust, ce serait une graude defidence du Roy et Madame de nous aultres. Et que le secrétaire debvoyt dire à Monsr. d'Egmont bien ouvertement, que pour que la chose alloyt ainsi, que de la part de son Excell[ce] a desjà adverty les amys d'icelle, affin que si le duc Erich se voulsusse encheminer de se faire [art eux] pour faire ce que trouveroyent convenir pour la seurté de son Excell[ce] et ses amys, comme ne faict doubte qu'ils le feront,

1566. et que son Excell[ce] fait tout cecy à propos, pour aultant
Juillet. qu'en la dite lettre du Landgrave[1] de Jorge van Holle (1), et venant cela à cognoissance de Madame que elle ne pense pour qu'on l'aye voulu faire en cachet, si non de le luy dire ouvertement. Néantmoins semble à S. Exc[ce] que quant à eulx (2), qu'ils doibvent mettre ordre en leur affaires, mais point de refuser d'accepter ce que monsr. d'Egmont at faict avec eulx, [soubs] l'escript que mons.[r] de Bréderode luy aura monstré estant dicté de son Excell[ce], lequel ores qu'il estoyt ung petit hors de ce qu'il savoient résolu, néantmoins que ce estoyt la mesme substance, mais plus courtoise et point si aigre[2]. Et désirent mêmement que ces presches puissiont rester pour quelque jours icy, et disent ouvertement n'avoyr la Confession de Auguste, parquoy sera bon de tenir la main pour oster la confiance qu'ils ont des nobles, comme Son Excell[ce] a dict à ces nobles.

Touchant le troussement de cesluy la qu'i scayt, semble que n'en pourroyt venir nul mal, moyennant que fusse faict secrètement, car aultrement l'Empire pourroyt estre offensé et sur ce prétexte l'Empereur nous pourra faire beaucoup d'empêchement et acquérerions tousjours des ennemys plus en plus, ce que luy semble qu'on doibve éviter.

---

(1) *Von Holle.* Ceci se rapporte apparemment à la lettre 164.
(2) *Eulx.* Apparemment les Confédérés.

[1] *On aura oublié ici quelques mots*, il est fait mention de, *ou quelque chose de semblable.*

[2] *Apparemment il y a ici une lacune, peut-être assez considérable. Les mots suivans se trouvent sur une autre page.*

Or que son Excel. se doubte encoires que la d[te] levée 1566.
ne nous touchera, si non le Duc de Saxe Electeur. Mais Juillet.
ayant failly l'entreprinse pourrion bien, comme gens chassés et bannis de l'Empire (1), se présenter au service du Roy, nostre maistre, quand sa M[té] sera résolu de venir pardeçà. Quant à l'argent trouve bon de escrire en toute diligence à Jorge van Holle par paige exprès et de ceste mons.[r] envoyera expressément deux ou troys pour entendre le tout, affin que ne soyons surprins.

Qu'on puisse envoyer quelq'ung pour scavoir la copie de la capitulation.

Quant aux affaires de ceste ville, son Exc[ce] a faict assembler toute la commune, laquelle le trouve fort bien affectionnée au bien d'icelle et on trouve fort bon mon (2) mis en avant, asscavoir les estats-généraulx, remettant au surplus quant à la seurté d'icelle à moy, m'offrant corps et bien. Sur quoy suis empêché à cest heure de le faire et l'envoyeray par le premier et l'espère que se sera à contentement de trestous.

---

(1) *l'Empire.* Ceci à sans doute rapport aux adhérens de Grumbach : voyez Tom. I. p. 175. Le Prince quelque temps plus tard desiroit beaucoup les prendre à son service.

(2) *Mon.* Qui est ce *moy?* Peut-être l'écrivain a-t-il jetté en hâte les paroles que le Prince lui avoit dites, sur le papier.

LETTRE CLXIX.

Le Comte Louis de Nassau au Prince d'Orange. Sur les mauvaises dispositions de la Gouvernante et la nécessité de se prémunir par des levées en Allemagne.

1566. Juillet. *** La date de cette lettre montre que les députés furent admis non pas le 29 juillet (*Te Water* I. 398), mais le 26, conformément au témoignage de *Strada*, I. 245.

Burgundus raconte aussi que la Gouvernante répugnoit à les recevoir. « Praesentiam eorum aversata: quare, inquit, Auriacum et Egmondanum non conveniunt? . . Hi se ad Gubernatricem missos dicebant . . . concilium rursus evocandum fore, si perseveraret ipsos excludere. His relatis ad memoriam concilii exhorruit. » p. 178. Mais il est mal informé quand il ajoute: « Gubernatrix ad simulationem comparaverat vultum, contumaces irritare verita duriori supercilio. » p. 182.

L'assemblée de St. Tron se sépara : à la fin de juillet M. de Bréderode étoit de retour à Vianen (Voyez la lettre 173). Il n'y a donc pas lieu de soupçonner les députés de mauvaise foi, parcequ'ils déclarèrent à la Gouvernante que la réunion étoit dissoute. *Te Water*, I. 398. D'ailleurs S. A. étoit trop bien informée pour qu'on eut tâché de lui en imposer de la sorte.

Monsr. Son Alt. après avoir faicte grande difficulté de nous ouir, en ast esté enfin contente, que fissions nostre rapport au Conseil d'estat, mais bien à son grand regret, et de faict s'est mise en une telle colère contre nous, qu'elle a pensé crever; tout ainsi, quant elle nous fict la responce sur nostre réplique (1) de l'apostille qu'elle nous avoit donnée sur nostre requeste, par où qu'elle démonstre asses quelle bone affection qu'elle nous porte,

---

(1) *n. réplique.* Voyez p. 88.

voire tout au contraire de ce que monsr. d'Egmont a voulu persuader à nous aultres (1). Je me doubte que la responce serast du mesme, après laquelle ne tarderai pas ung heures en ceste ville. Car il fault certainement reguarder à nous affaires, puisque la bone dame prendt ceste pressante, je vous asseure que le dedans ne vault riens. Nous avons arestés icy entre nous, à vostre correction toutesfois, de tenir quatre mille chevaulx noir harnois et quarante enseingnes des piétons en *wartgelt* et si longuement que nous avons résolution de Sa M^té^., et come il est question de donner quelque bon ordre, ay bien voulu envoier le présent porteur, officier nostre en la ville de Siegen, pour vous communiquer tout ce que mon frère trouve estre nécessaire en ce faict icy, et aussi affin qu'on ne dépende trop pour ces mille chevaulx, puisque mon frère le Conte Jehann les lève, desquoy la compaignie se pouroit resentir quant on viendroit aulx contes; de l'aultre cousté fault il reguarder que nous aions des gens de bien et de sorte, affin que par le moien de ceulx cy vous vous en pourries servir en particulier. Monsr l'admiral (2) est de la mesme opinion, qu'on s'asseure d'un bon nombre des gens de cheval en ce quartier là. Il ne reste sinon de scavoir au nom de qui on les pourroit lever toutz ces gens, et me semble qu'on pourroit tenir le

1566. Juillet.

(1) *Aultres.* Le Comte avoit peut-être cru lui-même que la Gouvernante étoit dans de bonnes dispositions; il se fioit quelquefois un peu trop à de belles paroles.

(2) *l'Admiral.* Le Comte de Hornes s'étoit retiré à Weert; d'ailleurs le Prince ne paroit pas avoir eu coutume de s'informer particulièrement de son opinion. Il s'agit probablement ici de l'Amiral de Coligny : le Comte Louis avoit, surtout maintenant, beaucoup d'intelligences avec les François. Voyez. la lettre 176.

1566. mesme pied, come il est escrit en la lettre que le Lant-
Juillet. grav vous ast dernièrement escript, et scay bien qu'ils se contenteront et de moins, puisque ce sont gens de nostre cognoissance. Quant à l'argent me semble qu'on pourroit faire ung change jusques à dix ou douze mille florins à Coulonie[1]. Au surplus nous nous remettons à ce qu'il vous plairast ordonner pour cestui-cy, affin qu il retourne incontinent vers mon frère. Sur ce vous baise les mains. De Bruxelles ce mardy [26 juillet] Anno 66.

Vostre très obéissant frère prest à vous faire service,

Louis de Nassau.

A Monseigneur Monseigneur le Prince d'Orange, Comte de Nassau.

---

* LETTRE CLXX.

Le Prince d'Orange à . . . . (1). Sur l'état dangereux des Pays-Bas et particulièrement d'Anvers.

*** Les prêches furent introduits dans les Pays-Bas par des prédicateurs François, à l'exemple de ce qui avoit lieu depuis quelques années dans leur patrie. En 1561 *Languet* décrit ainsi le commencement de ces assemblées. « Calendis hujus mensis nostri » primum prodierunt in publicum, et sunt concionati ac Sacra- » menta administrârunt ...... Erat ex aula significatum, si conve- » nirent non plures quam ducenti, Regem hoc toleraturum. Con- » venimus igitur non ducenti aut trecenti, sed duo, tria, et inter- » dum novem aut decem millia : hodie vero existimo non pauciores » quindecim millibus interfuisse concioni . . . . Hi publici conven-

---

(1) *à* . . . . Apparemment *au Comte de Schwartzbourg.*

[1] Cologne.

» tus fiunt extra urbem et diebus profestis tantum, ad vitandas 1566.
» seditiones, quod si diebus festis fierent, concurret infinita mul- Juillet.
» titudo opificum et aliorum tenuiorum hominum. Cum conveni-
» mus, recipiuntur mulieres in medium. Ipsas mulieres undique
» cingunt viri pedites, qui et ipsi cinguntur ab equitibus. Interea
» vero dum habetur concio, equites et pedites praefecti urbis ar-
» mati occupant vicina loca, et si quem videant insultantem, aut
» se petulanter gerentem . . . . . eum coercent, et diligentissime
» cavent ne quis tumultus exoriatur. Sub finem concionis colligun-
» tur eleemosinae, quae statim distribuuntur in pauperes, qui
» magno numero occurrunt. Hi vero conventus plerumque fiunt
» sub dio; nam, cum templis careamus, non facile possumus inve-
» nire aedificium capax tantae multitudinis. Sed fiunt alii clandes-
» tini in variis locis urbis, ad quos confluunt, qui adhuc nolunt
» publice innotescere. » *Epist. secr.* II, 155.

Unser freundtlich dienst und wasz wir mehr liebs und gutts vermügen allzeit zuvor, wollgeborner freundtlicher lieber Schwager undt Bruder, Es wundert uns gantz sehr und groszlich dasz wir nuhn in zweien monatten von E. L. khain schreiben entpfangen haben, so habenwir auch sunstet von Euer Liebe nichts eigentliches vernhommen das wir hetten abnhemen können wie es umb E. L. und Iren zustandt gelegen were; bitten derwegent gantz freundlich E. L. wollen unser nit so gahr vergeszen, sondern uns bissweilen mit Iren schreiben haimbsuchen und uns verstendigen laszen wie es derselben ahn leibs gesundtheit und sunstet allenthalben ergehet. Dan da es E. L. nach allem Iren willen zustunde, das gönten wir derselben getreulichen gerne und thäten uns deszen von herzen erfreuen.

1566. Wir und unsere freundtliche liebe Gemahl, sampt
Juillet. unserm Bruder Ludwigen und Schwestern, auch andern unsern guten herren undt freunden diszer orts, seindt noch Gott lob bey zimblicher leidlicher gesundheit. Sunst seint die hendell und leuffde in diszen landen noch zur zeitt so seltsamb und gefehrlich das wir nit ersehen können was sie vor einen ausgang gewinnen werden; dan es stehen allenthalben diesze lände durch und durch Predicanten uff und gewinnen einen groszen zulauff von volck. Alhier zu Antorff haben sie drey predicanten, zwen Niederländer und einen Welschen, die predigen etwan ein vierthaill meill wegs auszerhalb der Stadt uff einem sehr schönen und [grühnen] wasenn[1], und kommen woll zu gemeinen tagen mehr als zwantzig oder dreissig thausent personen in die predigt, darunder auch vill gerüster man seint, mit langen und kurtzen röhren und knebellspieszen. Wie das nuhn der Kön. Matt. zue Hispaniën gefallen wirdet, das geben wir E. L. zu bedencken.

Unser gnedige frau'w die Hertzogin zue Parma Regentin hat uns anhero ghen Antorff abgefertigt dasz wir dieszen neurungen und andern weitterungen, so villeicht darausz endtstehen möchten, mit gutem rath und beschaidenheit vorkhommen solten. Nuhn hatten wir's albereitz so weit befürdert das mehr als die helft zu hausz solt pleiben und nicht in die predigt kommen sein, und were also zu hoffen geweszen das sich die versamblung mit der zeitt gar zertrennet und verloren hette. In deme so kompt ein geschrey ausz, das der droszart in Brabandt etliche Knecht ahnnehme und wolte sie also unversehens

[1] Rasen *(gazon)*.

und unbewert von irem platz abtreiben lassen (1), darausz dan dasz volck sovil desto mehr zusamen gelauffen und sich vil mehr mit rüstungen ergröszert und beszer versehen hatt. Und ob schon der drossart sich entschuldigt und antzaigt das er etliche angenhommen hab diejenigen zu straffen so vergangener zeit misbruchen, und mit den predigten nit zu thun haben, so will im doch das gemein volck nit trawen noch glauben, und lauffen je lengder je mehr und gerüster zusamen, das wir, wie vorbemelt, nicht woll wiszen können was noch zu letzen darausz werden würdet. 1566. Juillet.

Es ist auch sunstet alhier ein bestendiges gemein geschrey gewesen, das Hertzog Erich zu Braunschweigh etliche reutter und knechte ahnnhemen lasz und sie wieder diesze lände gebrauchen wolle, und wiewoll das gemein volck viell darvon sagt und es auch vor glaubwürdig hält, so können wir's doch nit glauben, hoffen auch es werde nichts daran sein und müszen's also der zeitt beuelhen.

Sonst wiszen wir E. L. dismals besonders nichts zu schreiben; was sich aber weitters zutragen und wir her-

(1) *Laszen.* Cette terreur panique eut lieu le 19 juillet. *Bor.* I. 80.* A la Cour on donnoit au Prince des éloges dont, sous quelques rapports, on peut admettre la sincérité. Le 24 et le 29 juillet d'Assonville écrivoit (*Procès d'Egm.* II. 364.) au Comte de Hornes. « M. le Prince travaille beaucoup à pacifier les affaires à An» vers. Et l'on voit les bons offices qu'il y a faicts . . . . S'il y peult » réprimer les presches et tumultes, en quoi il s'emploie de tout » son pouvoir, . . . il fait ung fort grand et notable service au » Roy et à la Patrie. Le dict Seigneur est fort dextre à manier » grands affaires. » En effet !

1566. nachmals vernhemen werden, das wollen wir E. L. je-
Juillet. derzeitt freundlichen gerne mitthailen und bitten E. L. die wolle sich kegent uns auch also verhalten; hiermit wollen wir E. L. Gott dem Almechtigen in gesundheit lange zeit zu erhalten bevelhen. Datum Antorff ahm 27ten Julij A°. 66.

E. L.
Dienstwilliger Bruder,

Wilhelm Printz zu Uranien.

LETTRE CLXXI.

Le Comte de Hoogstraten au Comte Louis de Nassau.

Monsieur. Scaychez que suis esté ces jours plus mort que vif, me trouvant avecq ung tas des bourreaux, ennemis de Dieu et des Geux, quy at esté cause que me suis hier transporté icy, où le grant geu (1) at faict ce miracle de me faire resusciter, ayant par nostre communicquation descouvert la vérité des bruicts qui courent du Duc Erich... (2) Sur ce, Monsieur, vous baise les mains cent

---

(1) *Le grant Geu.* Apparemment Bréderode.

(2) *Erich....* Le Comte ne s'explique pas davantage; seulement il ajoute quelques menaces contre le Duc. La lettre suivante montre quelle étoit cette découverte.

mille fois, vous offrant mon service et ung *ruiterdeinst*. 1566.
De Viene ce 29e de juillet 1566. Juillet.

Votre meilleur frère et vray amy Geu
à vous faire tout service,

ANTHOINE DE LALAING.

A Monsieur Monsieur
le Comte Lowis de Nassaw.

LETTRE CLXXII.

Le Comte H. de Bréderode au Comte Louis de Nassau. Sur les intelligences du Duc Eric de Brunswick avec les Comtes de Megen et d'Aremberg.

Monsieur mon frère. Je n'ey voussu délesser vous advertyr commant le bon Monsr d'Arenberge et Megen sont esté jusque à cest heure à Deventere, afflatant[1] tous les pryncypauls de la vylle par leurs fayre bonne cherre et dons de chevauls, avecque mylle caresses, desquelles on ne les ast veu onques accoustumé, et de nos bons amys estyment que tout at esté, affyn que il ne trouvassent estrange que sy l'on passoyt quelque jans par le pont du dyct lieu, que ce n'estoyt pour les offandre, ayns que c'estoyt póur conserver le pays du Roy contre les Franssois, lesquels avyont quelque antreprynse secrète sur les pays de par dessà. Scachant iceuls que telles et samblables parolles ce sont passée, n'on voussu délesser de vray

[1] en flattant.

1566. Juillet. m'an avertyr, estymant entre eus que c'estoyt méchanseté, et ayant antandu du [hoilt] ou assamblé de Hertych Eryck, estyment que c'est pour icelluy de quy il désyrent le passage. Je vous an lesse à pansser ce quy an est. Le dyct Monsr de Megen revynt de Deventer lundy passé et party le landemeyn, quy fust le mardy, fesant samblant d'aller à la chasse, s'an allyct à ungne meson, nommé Optlo[1] auprès d'Apledoren[2], où le Ducque Eryck l'est venu trouver et sont ancor pour ce jourduy par anssamble. J'ey jecté ung synquante chevauls bons hommes pour descouvryr ce quyl ce pourrat. Des premyères avertances que j'orey, an seres de jour an aultre averty, ce que vous prye pareyllement ne fayllyr de vostre costé. Les bateauls que il ast fayct fayre, j'an suys averty certeynement, et les ast fayct fayre en manyère de scau[3], que l'on apelle icy an Hollande, large au deus bous, vrey bateauls pour passer jandarmerye, comme feu l'Empereur les avoyct touryour d'amonytyon pour passer jandarmeryes ou fayre pontons. Je vous supplye que avysyons tanpre et deure[4] à nostre fayct: car de voulloyr tout ce submectre au dyscours de reson et ne poynt comprandre que seus[5] que vous saves sont conduyct d'ung désespoyr démesuré, l'on nous pouroyct tacher de néglygence ou byen de grande ingnorante présumtyon de n'avoyr fayct conte de nostre anemys, ayant eu le tamps d'y remédyer et de nous an avoyr sy très peu soucyé. Touchant à moy je me raporterey toute ma vye à tout ce que vous, mons.[r] mon frère, et tous vous aultres mes syngneurs et confrère me voldres commander; la dernyère gouste de mon sanque an rendrat le témonnage tant que l'amme me basterast au

[1] op het Loo. [2] Apeldoorn. [3] schouw. [4] tendre et dur (?). [5] ceux.

corps. Me recommandant humblement à vostre bonne grâce, prye le Créateur vous donner, mons.[r] mon frère an sancté bonne vye et longue. De Vyanne ce ...... de juillet 1566. 1566. Juillet.

Vostre dedyé frère et vrye amys, servyteur jusque à la mort,

H. de Brederode.

J'escryps à mons.[r] d'Egmont que luy feres part de ceste, je vous prye le fayre, anssamble à nos confrères, affyn que voyent que je rent tout devoyr, comme je randerye tant que je vyve, avecque mes humbles recommandations à leur bonne grâce, et vyve le geus au depyt des anvyeus!

A Monsr mon frère, Monsieur
le Conte Louys de Nassaw.

LETTRE CLXXIII.

Le Comte H. de Bréderode au Comte Louis de Nassau. Sur le même sujet.

Monsr mon frère. J'ey ce jourduy repceu certaynes nouvelles que le Duc Eryck, Monsr de Megen, Aremberge ont demandé au bourgemestres de Deventer, Campe, Svoll et à chesqun d'eus an particulyer, voyr sy

1566. l'on estoyt délyberé de fayre passer quelques pyétons et
Juillet. jandarmerye par là, sy leur bourgoys et la commune ce deffyryont [1] de quelque chose, leur asseurant que ce ne seroyct an manyèr du monde pour les fouller [2], ny fayre tort d'ung seull lyart, et que il peryont [3] de byen bonne monoye et à denyers contanpt par tout là où il passeryont; mes des bourgemestres n'ont esté d'avys que leur bourgoysye et commune ce contanteryont, vue que le Roy n'a ny guere contre Françoy, ny Angles, et ne pouront pansser que ce soyt pour aultre effect que pour leur donner ungne [baste], comme il an sont desgà asses abreuvé, mes que toute fois il antandryont au myeus quy pouryon de la commune, ce que il an vouldryont dyre, de ce que les dys Syngneurs leurs an ont fort requys, leur promectant mont et merveylle, et cecy je le tyens de Benne, bourgemestre de Nymmege, lequell l'ast d'ung syen beau-frère, bourgemestre de Deventer, duquell Benne il desyryont avoyr son avys. Le dyct Benne me l'ast mandé dyre par ung bon soldat capytayne, nomme Geert van Cleve. Le dyct Geert van Cleve estant an aryère du Duq Eryck d'ungne bone somme de son voyage de Munstre, on luy ast fayct offre de luy donner bon trectement de la part du Duque Eryck, et que le tout luy seroyct contanté pour ce servyr de luy de consseyll de guerre. Le dyct Geert ast respondu, que il ne le tronpryont [4] plus. Mons.r mon frère, mons.r d'Ostrate vous escrypt le surplus de mes advertyssemens. Je ne fauldrey vous avertyr d'eur an aultre tout ce que pourey descouvryr, vous asseurant que ne repose nuyct ny jour, pour mestre jans an cam-

[1] déferoient. [2] fouler (*opprimer*) ou fouiller (*piller*). [3] payeroient. [4] tromperoient.

pagne d'ung costé et d'aultre. Le Ducq Eryck partat devant hyer de Optlo et s'en allast vers son pays. Monsr. de Megen revynt hyer à Ernem et monsr. d'Arenberge à Vollenoven. Voyllà la séparatyon, le gran dyable après seroyct ungne belle chasse; c'est aultre chose toutesfois que la séparatyon des apostres, car il tandyont[1] à byen et ce messyeurs à toute méchancesté. Je suis fort estoné n'avoyr ancor repceu aulqunes de vos nouvelles. Je vous prye me fayre part de ce que il ce passe et ce que vous antandes que je doyve fayre. Devant ma venu losyo[2] estoyt eschapé, sy aultrement, il m'eust cousté la vye ou je le vous eu rendu . . . . et sur ce me recommande humblement à vostre bone grâce, pryant le Créateur vous donner, monsr. mon frère, an sancté, bone vye et longue. De Vyanen ce 30me jour de juillet 1566.

1566. Juillet.

Mon frère, haston nous, ou l'on nous hasterat.

Vostre dedyé frère et vrey amys à vous servyr jusque à la mort,

H. de Brederode.

A Monsr mon frère, Monsr
le Conte Louis de Nassauw,
Le geux.

[1] tendoient. [2] l'oiseau (?).

LETTRE CLXXIV.

† *Le Roi d'Espagne à son Parlement de Bourgogne. Il l'exhorte à se tenir en garde contre les menées des hérétiques.*

1566. Juillet.

*** Il est assez curieux que déjà dans cet acte il est fait mention de la Duchesse de Parme et du Seigneur de Vergy (« Provinciae » Vicegubernator » : *Burgundus*, p. 279), mais nullement du Prince d'Orange, à qui le Gouvernement de la Bourgogne étoit depuis longtemps confié (Voyez Vol. I. p. 54). Le Roi, sous prétexte que le Prince étoit absent, desiroit l'écarter entièrement. Il s'exprime d'une manière plus positive dans une lettre à la Gouvernante écrite d'Espagne le 26 mars 1567, donc avant le départ du Prince pour l'Allemagne. « Je tiens que le S.r de Vergy, à qui j'ay commis le Gou» vernement de Bourgogne en absence du Prince d'Oranges, ne » correspond à personne en absence dudict Prince, sinon qu'avec » vous... Que le dict S.r de Vergy ne se laisse abuser de personne... » de qui que ce soit. » *Procès d'Egm.* II. 548. — Cette lettre est sans doute une traduction.

Lieben getrewen. Wiewohl wir wissen dasz es nicht vonnöten euch deren dinge so euch bevolhen seindt, noch viell weniger an unsere alte religion die wir (wie euch bewust) so tief im hertzen haben, zu erinnern, jedoch weill unsere Graffschafft Burgundt mitt einer gantz gefährlichen nachbarschafft umbringet ist, zudem esz sich auch vor weniger zeitt angefangen, dasz die sachen in unsern Nidderländen durchausz nicht so wohll alsz wir gern woltten, von stadt gehenn, welchesz bey unsz einen argwann machett, das ohne zweiffel diejehnigen so sich zur falschen religion bekennen, underm schein

derselbigen, allenthalben wo sie können, irem verkerten 1566.
bösen sinne nach ufruhr zu erwecken, sich understehen Juillet.
werden; so haben wir nicht underlassen können euch diesser dinge, dasz die also in warheit sein, zu berichten, und derhalben bevelch zu thun, uff dasz ir ewer sachen achttung und darauff ein auge hapt, das ir allen vorstehenden prackticken, so zuw grossem nachtheill Gotts und unserer dienste, zu schaden unserer Lehnmanne und underthanen, verführung desz armen einfeltigen volcks, verlierung irer sehlen und zu endtlichen irem verderben und undergang sich durch versamblung einesz volcks zutragen möchten, begegnet, und die undertrücket, und inn allem mitt unserer Schwester, der Herzogin von Parma, Regentin und Guvernantin in unsern Nidderländen, deszgleichen auch mitt dem Hern von Vergy, Guvernantorn, gedachtter unserer Graffschafft, correspondenten halttet; welchem Guvernantori wir auch schreiben, das er sich jegen euch gleicher gestaldt haltten solle, uff das also durch die gemeine handt desto bessere ordnung gemacht werden muege, wollen wir mittler zeitt, dieweill wir in unsern Nidderländen solchen dingen ob sein werden, welches in kurtzen (wie wir hoffen) geschehen wirdet, nehr bey die handt kommen, und alszdan in allem masz und ordnung geben. Unserer Herr Gott wolle euch, lieben getreuwen, in seinem schütz halten. Zu Bois de Sagovia den letzten julij 1566.

LETTRE CLXXV.

Le Comte de Bréderode au Comte Louis de Nassau. Sur la défection du Comte Charles de Mansfeldt.

1566. Août. *** Le Comte Charles céda probablement à l'influence de son père, peut-être aussi au désir de conserver les bonnes grâces du Roi. L'assemblée de St. Tron fut pour plusieurs une raison ou un prétexte pour se détacher du Compromis. Le 2 juin Brederode, qui ne paroit pas avoir été doué d'une perspicacité fort extraordinaire, nommoit encore le Comte *le pouvre Carle* (voyez p. 127), d'une manière tout autrement affectueuse que maintenant *le bon Charles*.

Monsr. mon frère. Je vous anvoy deus lettres de mon nepveu de Mansfelt, que j'ey repceu à ungne mesme heure, ancor que elles soyent de dyversses dates et an dyversse lyeu. Je les ey repceu aussy nouvelles[1] escryptes et de mesme ancre[2], d'ungne mesme plumme et seché du mesme sablon et d'ung mesme papyer, desorte que je ne doubte que elle ce reprocheront l'ung à l'aultre ryens de vyellesse. Il fayct mall clocher devant ung boyteus. Je luy eu byen randu la responce que il méryte, mes comme ce n'est mon fayct partycullyer, n'ey vouslu dellesser vous anvoyer ses lettres, par où verres ce que il ce passe et poures conyecturer la grande anvye que ont quelquns de jecter leurs venyn et d'où est procedé ce que l'on

[1] nouvellement. [2] encre.

avoyct dyct de nous aultres, que beaucoup des nostres estyont d'yntentyon s'en retyrer auprisme[1] : voyé d'où cecy procéde. Je vous prye me ranvoyer les dyctes lettres, anssamble vostre avys et de nos amys, que à cecy y soyt procedé de bonne façon. Vous saves comant le bon Charlles à Breda m'estoyt pressant, lorsque nous nous devyons trouver à Bruxelles. Et sur ce vous bese les meyns, pryant le Créateur vous donner, monsr. mon frère, an sancté, bonne vye et longue. De Vyanen, ce premyer jour de aoust 1566.

1566. Août.

J'ey aryere certaynes nouvelles que le Duq Eryck a fayct recognestre, par auprès de Svartsleus et Harderwyck, pour voyre où il pouroyt myeus anbarquer jans. Montres ung peu toute mes avertance à nos confrères.

Vostre du tout dedyé frère à vous servyr à james,

H. de Brederode.

A. Monsieur mon frère, monsieur le Conte Louys de Nassau.

[1] au premier jour.

LETTRE CLXXVI.

Le Comte H. de Bréderode au Comte Louis de Nassau. Sur le Duc Eric de Brunswick et les Comtes de Megen et d'Arenberg.

1566. Monsr. mon frère. J'ey de recheff à la mesme heure
Août. repceu certaynes nouvelles d'ung myen jantyllomme, que j'ey anvoyé vers Lyngue et les pays là allantour cyrconvoysyns, et m'escrypt comme le Ducq Eryck est aryvé là au dyct Lyngue, accopangné du Conte Joste de Chaunbourck[1] et de Hylmar de Munyckhuysen: ont dyct là que il atant[2] les Syngneurs de Mechelenbourch et Lunebourch, Hylmar de Queren, Frysberger, Aynslach et aultres quy s'y doyvent trouver. Les Syngneurs de Megen et Arenberge, après avoyr tenu consseyll avecque le dyct Ducq Eryck deus jours d'ung tenant[3], ce sont retyré, fesant de la chatemycte[4], panssant l'avoyr fayct fort dyscrètement et secrettement. Le dyct Arenberge est à Lewerde et Megen c'est retyré à Ernen, là où il fayct du bon compangnon à son acoustumée. J'ey certaynes nouvelles que Arenberge a donné cherge à ung capaytayne, nommé Splynter, demeurant auprès de Deventer, du nombre des ansengnes. Je n'an sey ancor la verytė; je pansse le savoyr ce jourduy, de quoy vous avertyrey incontynant. J'antanps que l'on faict dys anssengnes de jans de pyet à Herpen. J'ey dépêché an toute dyllygence pour savoyr

[1] Joost van Schouwenburg. [2] attend. [3] de suite. [4] affectant un faux air de douceur (*catus mitis*).

ce quy an est. Il n'y ast jour que monsr. de Megen ne dépêche forsse[1] messagers à chevall vers Lyngue et toutes ses lettres adressante au drossart du dyct lieu; pareyllement monsr. d'Arenberge et le dyct Duq de l'aultre costé ung certayn offycié par là, à quy il dépêche ses lettres. Voyllà comme il ce chatouylle. L'on ne trouve aultre chose par les champs par là, que messagyers. J'espère de descouvryr quelque chyffre. Il est aussy certeyn, car je les tyens pour certeyns du lyeu où il me vyengnent, que le Ducq Eryck ast sollycyté à la vylle de Campe et Swoll, de voulloyr prendre son argent, que il avoyct là comptant, à guarde, et la somme estoyt de quatre cent mylle daldres et oultre ce désyroyct que il pouroyct demeurer auprès d'eus secrètement, ce que il yont[2] reffusé tout platement. Ung nommé Lynde, quy fust à Saync-Tron nous présenter son servyce, duquell je vous parlley deus ou trois foys, le dyct Duq l'avoyct là anvoyé, et est de retour à Lyngue auprès de luy, lequell vous ast suyvy vous aultres députés jusques an Anvers et ce vast vantant le bon Ducq an pleyne table de savoyr tout ce que avons là aresté et que tous nous estyons an quell nombre, tant de chevauls que cheryos[3] et aynssy ce gaudyct[4]. Il n'est à espèrer de ses bonnes jans là nuls byen et ey gran peur que nous ne nous lessyons mestre des bryIles[5] sur le né; et sur ce vous besse les meyns, pryant le Créateur vous donner, monsr. mon frère, an sancté, bone vye et longue. De Vyane, ce premyer jour de aoust 1566. 1566. Août.

Je ne sey pansser aussy quelles fassons de fayre non acoustumée de fayre fayre ungne monstre généralle par tout les pays d'Utrect. Sy vous an savyes quelque chose,

[1] force. [2] lui ont (?). [3] chariots. [4] réjouit *(gaudere)*. [5] lunettes *(brillen)*.

1566. m'an pouvies byen avertyr, car ces nouveaultés me sam-
Août. blent estrange. Il panssent ce jourdhuy la montre et plusieurs ont anpresté les armes et [armas] de mes subges[1], dont j'an suys esté fort mary et ne les eussent pas eu, sy j'an fusse esté premyèrement averty. Je vous prie de m'an mander ce que vous an saves, mes cecy est vrey.

Vostre dedyé frère à vous servyr à james,

H. de Brederode.

Monsr. d'Ostrate vous dyrat mervelle du cousin de monsr. de Megen Hyll, comant nous sommes asseuré de tell gallant; tout ceus de l'âge de seys[2] ans peuvent passer.

A Monsr mon frère, Monsr.
le Conte Loys de Nassauw.

LETTRE CLXXVII.

Le Prince d'Orange au Comte Louis de Nassau.

*** Le Comte Louis de Nassau avoit sans doute des intelligences avec les principaux Calvinistes François; voyez Tome I. p. 227. On crut que des François avoient assisté aux conférences de mars. « Furent présens aulcuns Comtes et Capitaines d'Allemaigne, et (comme il se disoit) secrètement aussy aulcuns de France. » *Hopper*, *Mém.* 68. Ceci cependant est très invraisemblable; car ces conférences avoient surtout pour but de réunir plus étroitement les Seigneurs (voyez p. 41,) chez qui le souvenir des guerres contre la France étoit trop vif pour qu'ils voulussent admettre ces anciens ennemis à leurs délibérations. Un passage de la vie de *Junius* fait voir la force de ces préventions dans le Comte d'Egmont. « Probabant omnes summopere, et afficiebantur hoc scriptorum genere: » et ipse Comes Egmondanus laudabat, donec me, id est *Gallum*,

[1] sujets. [2] seize.

» auctorem esse cognovisset. » p. 242. — Mais à St. Tron le Prince de Condé et l'Amiral de Coligny firent déconseiller aux Confédérés tout arrangement avec la Gouvernante, leur promettant de venir à leur secours avec quatre mille chevaux. Il est très probable que le billet du Prince est relatif à cette offre. Il est à remarquer que ce n'est que dans la seconde déclaration des députés, après avoir conféré avec le Comte d'Egmont et les Conseillers de Bruxelles et d'Assonville, qu'ils affirment ne pas avoir eu recours aux François. 1566. Août.

Chez les classes inférieures, où le zèle religieux avoit en général plus de ferveur et de simplicité, les antipathies nationales tomboient plus facilement devant l'unité de la Foi. *Junius* écrit. « Haerebat plerisque in animo bellorum adversus Gallos jam olim » gestorum recordatio... Quapropter saepe, omissa quavis defen- » sione gentis... coactus sum in haec verba erumpere... Rem pro- » fecto mirandam... ! non posse tantum apud nos illum sanguinem » Christi, qui mundat nos ab omni peccato, ut ista odia eximat, » et nos compingat in sanctam Spiritus unitatem! Ita acquiescebant » omnes sermoni meo, efficiebatque Dominus, ut illud malum... » patientia et fide superarem. » *l. l.* 240. La France eut ainsi, par suite du mouvement Chrétien, chose rare! une heureuse influence sur les Pays-Bas.

Mon frère, J'ay songé toutte ceste nuit comme vous esties tous des François et n'ay sceu sortir de ceste songe jusques que me suis levé. J'espèr que se serat quelques bons novelles qui nous viendront: néanmoings feres bien d'estre sur vostre garde; il me samble que toutte la résolution dépent de la responce (1) de Madame, parquoy remestray le tout pour allors. D'Anvers ce premier d'aoust.

GUILLAUME DE NASSAU.

---

(1) *Responce.* Donc, si Madame n'avoit pas voulu entrer en délibération ultérieure avec les Députés, on eut peut-être prêté l'oreille aux conseils et aux offres du Prince de Condé.

LETTRE CLXXVIII.

Le Comte H. de Bréderode au Comte Louis de Nassau. Sur l'enrôlement de troupes contre la Confédération.

1566. Août. Monsieur mon frère. Je vous ranvoye de recheff ceste que à la mesme heur Monsieur d'Ostrate et moy sommes averty pour tout certeyn par ces perssonnes, et mesmes ne l'ey voussu croyre sans y anvoyer expressément, que le tanbouryn sonnyt devant hyer à Ernem, et sonne journellement par le pays de Gueldre, mes seullement commanssat devant hyer à Ernem où le Duq Eryck vynt trouver Monsieur de Megen et incontynant retournat vers Lynge, et ce que le tanbouryn ast publyé est, que perssonne sur payne de la vye et de conffyscatyons de ses byen n'eust à servyr à perssonne vyvante que au Duq Eryck, lequel estoyt de la part du Roy et voyllà les parolles an sommes [1], hyer à Nymmege pareyllement. Il n'est impossible que l'on ne nous trayssen [2], sellon que je voys vos menées de par dellà. J'ey certayne nouvelles que Monsieur le Duq Eryck et Megen estant à table, ce pouvoit parller du Ducq de Clèves, sur quy nous nous apuyons ungne partye, ce dyct l'ung à l'autre. « Il sevent [3] byen peu des affayres; le Duq ne lessera eschaper cest bonne ocasyon que l'on luy ast promys, » de conffyscatyon. » Ung quy estoyt auprès de Monsieur de Megen, luy demandat, « Quesse [4] à dyre cella que dyct le

[1] en somme. [2] trahisse. [3] savent. [4] Qu'est-ce.

» Duq? » — C'est» ce dyct il, « que l'on ast donné la conffysca- 1566.
» tyon de terre à Monsieur le Duq de Clèves et Batenbourch, Août.
» [tant] à cause de la monoye, comme aussy le Syngneur » de Batenbourch c'est oublyé plus que lourdement an » beaucoup de chose, comme l'on an cognestrat devant » lontanps aultres plusyeurs quy ne se donnent de guarde » et panssent estre byen fyn, mes les plus fyn seront pryns » à ce jeu icy, pour fyn que il panssent estre et mesmes que » il an font proffectyon[1]. » — Voicy ungne estrange chose que voyons devant nos yeus ce que l'on nous prépare et sanble que sommes anchantés[2] et aveuglés. Sy aultre chose ne s'an veult fayre, je vous supplye et resupplie le me mander affyn que j'avyse à mon partycullyer ce que j'orey de fayre, que je cherche quelque but sur quoy m'arester. Telles et sanblables choses, je vous prye an fayre part à mes confrères, affyn que il antandent ce que il ce passe. Je suis esté pour vous aller trouver an perssonne; je voy de la grande trahyson ou je ne soys homme. A tous ceux quy ont passé icy aus pays d'Utrect la montre généralle, l'on leur à fayct assavoyr de meyn à meyn le mesme quy c'est publyé an Gueldre. Je vous anvoye aussy ung byllet que Monsieur d'Ostrate m'anvoyt à la mesme heure. Je le savoye desgà. Je m'an suis anquesté et est vrey, je ne vous an eusse ryens rescryps, ne fust que le byllet et[3] venu escripvant ceste, car il me sanble que an fayctes toutes fryvolles. Touchant à moy je me passeroys byen de telle deduyct, mes puisque an aves plus certaynes nouvelles, ce n'est que graster papyer et fayre dépens inutyll, ce que me puys asses aperssevoyr sellon les escryps que j'ey repceu de vous depuys vostre partemant. Vous besant les

[1] profession. [2] enchantés. [3] est.

1566. meyns, prye le Créateur vous donner, Monsieur mon
Août. frère, an saucté, bonne vye et longue. De Vyane, ce deusyemme jour d'aoust 1566.

Vostre du tout dedyé frère à vous servyr à james,
H. de Brederode.

La montre généralle je leur et[1] fayct demander à quelle ocasyon; il m'ont donné pour responce, que c'est par le commandement de Madame.

Madame ast mandé lettres jusques au prestes et aus chanoynnes, an somme toute jans d'église, de s'aseurer de gens chesqun sellon leurs puyssance an leurs logys, avecque longue et courte armes. Je vous anvoyrey la copie de la lettre sy vous voulles. Je l'ey autantyque. Monsieur d'Ostrate à veu la pryncypalle[2].

Voici le billet autographe du Comte de Hoogstraten dont le Comte de Bréderode fait mention.

Monsieur, depuis cestes escripte l'on m'at asseuré [Gaton] avoir escript à ceulx de Culenbourgh quy fuissiont bien sur leur guarde, scaychant à la vérité que le Duq Erich et le Conte de Schauenbourgh marchyont et estiont forts ensamble.

[1] ai. [2] l'original.

LETTRE CLXXIX.

Le Comte H. de Bréderode au Comte Louis de Nassau. Il le prie de lui donner plus souvent des nouvelles, et lui fait part des menaces contre les Gueux.

Monsr. mon frère. Je vous anvoye ce myen jantyllomme, porteur de ceste, nomme Lymynge, pour vous déclerer choses quy ne ce lessent escrypre, vous supplyant le croyre et aussy y donner tell ordre que trouveres pour le fayct convenable, affyn que l'effect ce puysse effectuer, car il nous conple[1] antyèrement pour beaucoup de resons quy ne ce lessent aynsy escrypre, pour estre le chemyn et papyer chatouylleus. Vous cognestres à peu près par ung byllet que vous donnerat ce dyct porteur, là où je veuls aller. J'esper que ne vous playndres du devoyr que je rens à vous fayre part de toute les avertances que je puys, et tenes vous tout asseuré que je ne dormyrey poynt, mes je vous prye d'user de la ressyproque. Je n'ey eu que ungne seulle lettre de vous depuys mon partement de Saynt-Tron, desorte que je ne sey le plus souvent que dyre à tous nos amys de pardessà; dequoy il ce contantent byen peu, synon quelques bourdes que je leur invente que m'aves escrypt pour les contanter, et de cella par vostre seulle paresse an estes occasyon. Et sur ce me recomande ung myllion de foys an vostre bonne grâce, pryant le Créateur vous donner, monsr. mon frère, an sancté, bonne vye et longue. De Vyanne, ce deusyeme jour d'aoust 1566.

1566. Août.

[1] convient.

1566. Monsr. de Langerak fust hyer icy auprès de moy et
Août. me dyct avoyr antandu de quelques homme de byen, lequell avoyct ouy dyre à Byllant, que vous cognesses, an pleynne table, que il ne quytoyt sa part des conffycatyons des geus pour dys mille esqus par an, et que son mestre, que aussy vous cognesses, avoyct le régystre de tous eus avecque leurs adehérens, que l'on avoyct anvoyé au Roy par son comandement, lesquels montyont à la somme de sys à sept cent mylle esqus par an. Voylà leurs bonnes devyses de table an commun et du mestre pareyllement.

Vostre dedyé frère à james vous fayre servyce,
H. de Brederode.

Fayctes tousyours part à quelque de nos confrères de mes besongnes et avertyssemens.

A Monsieur mon frère, Monsr
le Conte Loys de Nassaw.

LETTRE CLXXX.

Le Prince d'Orange au Comte Louis de Nassau.

Mon frère. Je vous amvoie issi plusieurs lettres de monsr. de Bréderode (1) qu'ay reçu ce jourdhuy qui sont de grande conséquence, principalement celles de Char-

(1) *Bréderode.* Apparemment les lettres 174, 175, 177, 178.

les Mans.[1] Les autres faisant mention du Duc Erich sont 1566.
bien chaudes, toutesfois celluy qui est venu de Georg Août.
van Hol dict n'avoir ancores nulle novelles de assamblé. Je vous prie me mander ce qu'i veult dire par le billet que ce gentilhomme vous doibt monstré (1) et me mander comme vostre négociation se port, et sur ce me recommande à vostre bonne grâce. d'Anvers ce 3 d'aoust A°. 1566.

Vostre bien bon frère à vous faire service,

GUILLAUME DE NASSAU.

LETTRE CLXXXI.

....au Comte Charles de Mansfeldt. On l'exhorte à ne pas se séparer de la Confédération.

*** Cette lettre a été écrite, à ce qu'il paroit, au nom des Confédérés, pour écarter les prétextes assez insignifians, sur lesquels le Comte vouloit se fonder pour abandonner le Compromis. Toutefois cette réponse, quelque victorieuse qu'elle fut, ne changea pas une résolution sans doute basée sur de tout autres motifs. Voyez p. 192.

Monsr le Conte Charles, mons.^{r} de Bréderode vostre oncle nous a envoyez deux de vos lettres, par lesquelles

(1) *Monstré.* Voyez p. 201.

[1] Mansfeldt.

1566. Août. vous insistez du tout de vous oster de nostre Compromiz, pour trois raisons, que nous semble y estre contenues et alleguéez. Et pour ce que mons.r de Bréderode n'estime cecy estre de son faict particulier, il n'a voulu laisser nous envoyer voz dites lettrez, affin que puissions sur icelles respondre par commun et meilleur advis.

Quant au premier poinct que vous amenez, que aulcuns de nostre Compromis commettent nouveaultez, il semble à la compagnie que cela mérite grande et vraye probation, pourveu[1] que nous aultres à qui touche de beaucoup, n'avons nulle cognoissance, ayantz rendu toute peine de le scavoir et offenser, et n'avons sceu trouver aulcune adparance sur ce faict, de quoy il semble vouldriez charger quelques ungs de la compagnie; parquoy vous requérons tous nous en vouloir dénommer aulcungs si en cognoissez, affin de les faire purger, envers Madame, comme nous avons promiz présentement à son Alteze, tant en général comme en particulier. En second lieu, que vous dictes que le Compromiz pour quoy il a esté faict et l'occasion en est ostée; nous ne scavons nulle occasion, pour quoy le Compromiz se doibve oster, pourveu que nous sommez encoires aux mesmes termes que nous estions par avant, et que icelluy Compromiz tendant à plusieurs fins n'est limité à nul temps. Quant à la difficulté que trouvez de ne pouvoir satisfaire à deux obligations, nous semble que le voyage de Hongerie que déliberez de faire et le serment que voulez donner à l'Empereur, ne sera empescher nullement par le faict de nostre Compromiz, mais au contraire le trouvons très bon et l'approuvons tous, pour estre ung voyage si

[1] vu.

louable et de si très bonne entreprinse, et nous assu- 1566.
rons que la distance et longeur du chemin n'empeschera Août.
que demeurez nostre fidèl confrère et vray amys, comme nous tous demeurerons aussy. Aultrement certes, mons.[r] le Conte, la compagnie ne peult comprendre ung tel changement, vous prians tous de relire encoires un aultre fois nostre Compromis et le visiter de prez, pour voir s'il vous est loysible de en pouvoir retirer, et à nous de vous en absouldre nous vous declairons franchement ce qu'il nous a semblez.

LETTRE CLXXXII.

Le Comte Louis au Comte Jean de Nassau. Relative à des levées en Allemagne au nom du Prince d'Orange et de la Noblesse des Pays-Bas: exposition de l'état critique du Pays.

Mein freundlich dienst und was ich sonst liebs und guts vermag jederzeit zuvor, Wolgeborner freundtlicher lieber Bruder. Dem abschied nach wie ich's mit unserm Rentmr. Hederichen verlassen, hab ich das gelt nach gelegenheit der sachen wie es in der eil aufbracht worden, nach Cöllen und daselbst in unsern hoff verordnet, werden E. L. dasselb alda zu entpfangen wissen, als nemlich in der summa von sechs dausent daler, würde auff ein pferd sex daler wartgelt kommen und wiewol ich

1566. von Hederichen gnugsam verstanden wie die leutt, so
Août. ettwan E. L. in bestallung bekomen möchte, darmit schwerlich zufrieden sein wurden, so hat mich doch bedüncken wollen es seye ehrlich und gnugsam, dan nach der handt Georg von Holl auch sein wartgelt auff seine pferdt begert, und fordert nicht mehr als sex daler auff ein pferdt fünff wochen lang, und hatt sich sonst ein statlicher Westerholdt angebotten zwey dausent pferd auff drey Monat im wartgelt umb zehen tausent taler zu halten, wird derhalben E. L. mit den sextausent talern so weit reichen als auff diszmal müglich und die proportion in der auszteilung halten darnach die personen sein und ettwan heut morgen möchten zustatten kommen, und mit denselben handlen auf so lang zeit als müchlich ist, mittler zeit mich auch mit erstem wider verstendigen wie alle sachen geschaffen sein. Ich hab mit der Muirz also in der eil keinen Wechsel treffen können, werden E. L. dieselbig annemen wie sie diszmal vorhanden gewesen und damit sich behelffen so weit als müglich, hoff ob Gott will die sachen sollen hinfürter besser gerichtet sein und von stat gehen: es ist aber mein rath noch diszmal nit das E. L. von dem Irem zusetzen, dieweill sich ettwan die leut tewer machen, dann ich verhoff es solle uns an guten leuten nicht fehlen. (E. L. mögen vor gewisz halten das derselben alle unkosten so sie in disser sachen angewent haben oder anwenden würden, gnugsam und alsz baldt ersttatet werden sollen, mögen derhalben Heiderichen bevelhen die rechnung darob zu halten.)[1] So diejenigen mit denen E. L. schon in bewerbung stehet, wolten ja wissen wer der feldherr sein

[1] *La parenthèse est écrite en marge.*

solle und wem sie dienen solten, mögen E. L. den fürnemesten anzeigen, es seye mein gn. h. der Printz, ettlich Stendt und die Ritterschaft dieszer landen. 1566. Août.

Die ursach seye das Kön. Würden ausz Hispaniën, durch erglistigen rath ettlicher geistlichen, disz land hatt aller seiner freyheiten und loblichen langherbrachten privilegien berauben, und sie under dem schein der Spanischen Inquisition und der Religion in eine unleidliche und unmenschliche dienstbarkeit ires gewissens, irer leib, ehr und guter zwingen wolle, darvor der Adel erstlich gebeten und mit sampt ettlichen Stenden angezeigt was heraus folgen wirdt, weil aber biszher sie noch kein andtwortt haben können, hatt sich das gemein volck hernach mit gewalt dargegen gesetzt und die übung der rechten Gottesdiensts eingebracht, darbey sie stehen bleiben und sterben wollen, und wo nit vermittelst ettlicher Stenden, sonderlich aber meines gn. hn. Printzen, das volck noch biszhieher zurück gehalten worden, wer disz land lang der underst boden zu obrist gangen. So hatt aber das volck solch vertrauwen zu hochgedachtem meinem gn. h. Prinzen und der Ritterschafft, das sie es inen alles heim gestelt haben, doch die predig Gottes Worts und der rechten Gottesdienst unverhindert. Also dieweil wir allerley heimliche practicken spüren, dardurch nit allein das volck, sonder auch insonderheit mein gn. herr Printz und die Ritterschafft gemeint wurden sein, und aber wir keine versicherung von der Herzogin haben mögen, so haben mein gr. hr. Printz, die Ritterschafft, ettliche Stendt und stett, für gut angesehen sich in der zeit zu versehen das sie nicht unversehens überfallen und unbillicher wisz umb leib, leben, und gut

1566. komen. Solchs mögen E. L. den fürnemsten, wo sie es je
Août. begeren, also entdecken. Was witer bey E. L. daroben verleuft, wollet mich jederzeit, gleich wie ich's gegen derselben halten will, verstendigen. Es wolle auch E. L. ordnung geben das in nehestkomender franckforter herbstmesz dem Rentmeister von Wittgenstein, Herman Pintzern, auff herauszgebung meiner handschrifft so er von mir hatt, erlegt werden sexhundert und ettlich daler, nach laut seiner verschreibung welche er mir alhie in der eil zu underthenigen gefallen geliehen bisz auff gedachter herbstmesz. Dieweil aber der termin noch nit verlauffen und er seine sachen gerichtet das er dessen gelts zu Franckfort zu seinem behuff wird haben, hab ich im das alhie itzund nit wollen auffdringen.... Es hatt unsz Hessen (1) dissen heissen lermen mit Herzog Erichen gemacht, welcher nich gar ohn ist, dan wir gewisse zeitung haben das er mit Spaniën inn heimlichen practiquen stecket, welches dan zue unserem frommen keiniges wegs gereichen mag. Es wirdt noch eine harte nusz zue beissen sein, dan der König will die predigen keiniges wegs gestatten, das volck will hinwidderum darvon nicht abstehen und solte es inen den halsz kosten, und ziehen auch an etlichen örten mit zwei, drei, auch vier dausent gerüster man zue predig; wo da nicht ein guet mittel getroffen wirdt, so wirdt diesz landt einen hartenn unndt schweren pouff austehen muessen.

Gott der schicke alles nach seinem ewigen allmechtigen willen. Es hat mein herr der Printz M. Georgen bisz daher uffgehalten, dweil er inne willens disser geschwinden leufften halber das schloss Bueren mit zweien newen bolwerck zu bevestigen, versehe mich aber er werde in

(1) *Hessen*. Voyez la lettre 164.

kürtzen tagen bei E. L. sein. Hiermit thue ich mich derselben gantz dienstlichen bevelhen. *Datum* Antorff den 10 August Anno 1566. 1566. Août.

E. L.

gehorsamer und gantz dienstwilliger bruder,

LUDWIG GRAV ZUR NASSAW.

E. L. wollen mein grosz bott sein undt derselben gemahel meinen dienst vermelden.

A Mons.r Mons.r le Conte
Jean de Nassau, à Dillenbourg.

LETTRE CLXXXIII.

[De Colloguren] à B. de Malberg. Sur le refroidissement des Confédérés dans le Luxembourg.

*** *De Colloguren* nous est inconnu. — L'influence du Comte de Mansfeldt, Gouverneur du Luxembourg, avoit fait beaucoup de tort à la Confédération dans ces quartiers. Voyez la lettre 163.

Monseigneur, j'ay receu vos lettres et suis esté fort joyeulx des bonnes nouvelles et de l'advancement du Règne de Dieu et de son sainct Evangille, et aussy fort maris de ce que n'ay peu aller auprès de vostre Srie. Pour nouvelle je vous advertis que pendent nostre voyage de S.t Tron nostre Pharaon ou nostre Pillate d'Ivoix at estez vers la personne de monseigneur de Mansfeldt et a faict des certaine acusations contre moy, lesquelles je n'ay peu encor toutes découvrir, toustesfois le dit S.r scait bien que je suis estez au dit lieu avec vostre Srie et vous doit

1566. Août. avoir apellé le grand capitaine; il scait bien aussy que nous y avons porté des armes deffencive. Je n'ay point encor parlé à luy, mais j'espère y parler avant que partir. Le Conte Charle avec tout les aultres d'alantour de Luxembourg sont fort reffroidy et font courir le bruit que l'inquisition et les placart nous sont osté, ce qui est contre vérité. D'avantage ils osent bien dire que mons.r de Bréderode donne fort le lieu et la vogue aux anabaptistes, et osent aussy bien dire qu'il l'est luy mesme avec le bon Conte Loudvic; chose certe qui me desplaict tant, que je meurerois bien tost sy il me failloit longuement souffrir telles injures. J'ay entendu que mons.r de Mansfeldt ne veult plus souffrir que j'aille en nulle assemblé, craignant qu'il n'ait affaire de moy pendant le temps que je pouldrois aller ou estre aux assemblé et me le fit hier dire par son filz: il m'at faict dire aussy par son dit filz, qu'il n'avoit donné point de charge au prévost d'Ivoix de faire aulcune enqueste contre moy, mais je ne me veulx tenir en cela, car je veulx parler à luy et luy dire ce que je porte en mon coeur. Le dit Pharao at envoyé quérir nostre curez pour scavoir quelque chose de moy et encor de quelque de mes bourgois, mais je scaurais[1] la vérité ou je ferey du mal au dit prestre incontinent mon retour. Il m'at dit, quand je luy ay demandé pourquoy il fasoit enqueste contre moy, que c'estoyt par ordonnance de mon dit S.r de Mansfeldt, et pour tant me fault scavoir sy le dit S.r luy a donnez ceste charge. Je ne fauldray incontinent mon retour vous aller trouver. Je vous asseure sur mon honeur ne fut estez que le dit Pharao avec ses satellites, mes adversaires, eussent peu dire que c'est par leur moyen, j'eusse

[1] saurai.

prins congé de la compagnie, (1) mais j'attendray encor 1566.
de le demander; tousjours sy on at affaire de moy, je Août.
m'en yray bien sans congé, et je jure en présence de Dieu que je ne feray jamais faulx bond tant que je me pouldrays soustenir. Qui sera la fin, où après vous avoir présenté mes plus que cordialle et affectionné rescommandation, je prie le souverain S.r Dieu, Créateur de toutes choses, qu'i vous donne ce que plus desiré. De Laigle près de Trèves ce XIII.e d'aoust 1566.

Par vostre très humble et obéissant serviteur,
[De Colloguren.]

A Monseigneur Monsieur le Baron de Malbergh mon bon S.r et amys où il soit.

LETTRE CLXXXIV.

Le Comte Louis au Comte Jean de Nassau. La crise devient de jour en jour plus menaçante. Affaire de la Comtesse de Mansfeldt.

*** La Gouvernante avoit promis aux Confédérés de faire venir les Chevaliers et Gouverneurs à Bruxelles afin de délibérer sur l'état du pays et en particulier *sur l'asseurance demandée par les gentilzhommes confédérez* (comme écrit la Gouvernante elle-même; *Gachard*, *Anal. B.* 439), et on devoit y communiquer aussi la lettre du Roi qu'elle venoit (le 12 août) de recevoir. « Estant l'exer» cice de la juridiction épiscopale établie comme de droict appar-

---

(1) *Compagnie.* Apparemment il faut entendre la compagnie d'ordonnance du Comte de Mansfeldt.

1566. » tient, S. M. estoit contente que l'autre Inquisition cesseroit.
Août. » Item qu'aultre forme de modération des placarts fust conceue » par delà, . . . authorisant en oultre la Duchesse de donner grâce » et pardon . . . . tout cela à condition que Son Alteze soit préalla- » blement asseurée par les Seigneurs que moyennant l'accord des » dicts trois poincts, iceux seront contens .... Et quant au surplus » que soient ostées toutes ligues, confédérations, assemblées, » presches, scandales. » *Hopper, Mém.* p. 89. Ces concessions étoient fort grandes, mais venoient trop tard. Quand on gouverne à distance un pays en fermentation, presque toutes les mesures deviennent des anachronismes politiques.

Plusieurs écrivains catholiques ont donné à entendre que peut-être le Prince d'Orange et que très probablement le Comte Louis de Nassau avoient favorisé l'éntreprise des iconoclastes : *Pontus Heuterus* cité par *Te Water*, I. 381 ; *Strada*, I. 261 ; *Hopper, Mém.* 95, 98, 99. Quelques historiens protestans, en repoussant l'accusation contre le Prince, ont exprimé des doutes quant à la participation du Comte : *Wagenaar*, IV. 181; *Te Water*, I. 380; *Bilderdyk*, *l. l.* VI. 63. Mais aussi à son égard c'étoient là d'injustes soupçons : de nombreux indices le feront voir. Ainsi, par exemple, dans cette lettre on remarque combien il craignoit que le peuple ne se portât à quelques excès. On voit aussi qu'il n'étoit pas calviniste, comme on a ordinairement supposé, et on ne sauroit méconnoitre l'influence du Calvinisme sur les iconoclastes. Voyez p. 219.

Mein gantz willigen dienst zuvor, wolgeporner, freundtlicher, lieber brueder. Ich versehe mich E. L. werden nunmehr die sex tausent thaler entpfangen haben, damit sie denn Rittmeistern undt anderen, so sie ettwan besprochen haben mögen, glauben halten können. Stelle keinen zweivel sie werden mit den sex dalern uff das pferd vor fünff oder sex wochen gar wol zufrieden sein, undt können E. L., wo mann die leuth noch länger inn bestallung halten würde, iren schaden, mei-

nes erachtens, leichtlich undt mit gueten fuegen heraus- 1566.
ser reissen, auch unsere diener und undersassen hierin- Août.
nen vor anderen befürderen, dann es meines bedünckens zum uffziehen vor dem anderen Jar nicht kommen wirt. E. L. wollen mich doch allen bescheidt wissen lassen, damit ich denn handell hier darnach zue richten wisse, dann es alles durch meine hende muesz; kann alsoe E. L. undt unserer geselschafft dienen undt gnug thuen. Damit auch E. L. allerlei zeitungen, was von Hertzog Ehrichen undt anderen mag auszgekundtschafft werden, so viel do besser erfahren mögen, wil ich sie gantz freundtlich gepeten haben, sie wolle alle die schreiben so Ir an mich haltendt zue kommen, erbrechen, undt nach verlesung sie mir vertrewlichen übersenden. So mögen sie auch sehen ob die sachen, darvon etwann meldung gescheën mag, wichtig undt eilendt sein. Es ziehen nehest kommenden montag die Herren alle nach Brüssell eine resolution zue nemen, wasz die Hertzoginne unnsz anderen uff unser vor wenig tagen überlieberte supplication vor ein antwort geben solle, ahn welcher antwort, nehist Gott, die gantze wolfart aller diesser Niederlände gelegen ist (1). Der Almechtig wolle seinen göttlichen segen dartzue verleien, das sie dermassen falle das sie frucht schaffen möge, dann uf der einen seiten trachten die papisten nach unserem leib und guet, uff der andern so ist zue besorgen dasz der gemein mann under dem schein der religion undt des predigens, dermassen den zaum nemen wirt, das es entlich zue einer uffruer gerathen muesz, dann sie kurtzumb ires kopfs hinausz wol-

(1) *Ist.* Voyez p. 197.

1566. len, wie dann des gemeinen büffels geprauch ist und al-
Août. wegen gewesen ist, und dweil ich es täglich mit inen zue thuen haben muesz, so ist ahn E. L. meine gantz freundtliche bitt, sie wollen mir doch ein klein und kurtz *consilium* von unsern gelerten stellen lassen, ob die underthanen mit guetem gewissen inn einer stadt oder dorff gegen verwilligung der hohen undt undern oberkeit predigen lassen; nemlich da mann inen im feldt zue predigen keinigen intrag, noch verhinderung thuet; *item* da von dem gemeinen stenden geschlossen wurde, das mann hier zue lande kein *exercitium* einer andern religion dann der papisten, zuelassen solte; ob die underthanen alsdann mit der predig gleichwol fortfahren mögen, undt was dergleichen sachen meher sein, dann sie mir teglichs fuerwerffen das Gott meher zue gehorchen dann dem menschen; Gott befilet das man Sein Wort predigen undt verkündigen solle, *ergo* das man solle uundt müsse predigen, auch ob es der obrigkeit gantz undt gar zuewidder sey, ja ob man es schon mit dem schwert infueren solle. —Was meine schwestern anlanget, werden sie in kurtzen bey meiner schwester von Newenarr sein, versehe mich sie werden es daselbst nicht sonders lanck machen. Mit meinem brueder Heintzen weis ich warlich nicht wie mann es etwan machen möchte, damit er in seinen jungen tagen nicht verseumet wurde. Ich hab mit meinem herren dem Printzen darvon geredet, was i. G. am besten düncket, und seint i. G. der meinung, das mann noch eine geringe zeit mit im gewartet hette, dann so baldt er uff eine deutsche universitet geschickt wirdt, wurde er seine geistliche gueter, welche in die 1500 fl. järlichen tragen, gantz uundt zuemal ver-

lieren; demselben aber zuvorkommen, haben wir es dahin gehandlet, das gemelte geistliche gueter Grav Wilhelmen von Schauenberg[1] (1) zuegestellet werden, so lang das mein bruder sie selber bedienen undt geprauchen würde, doch solle im Grav Wilhelm den järlichen nützen darvon libberen[2], alszdann mögte mein bruder ziehen wo das er wolle. — Es stehet diesser ort wunderbarlich, denn Calvinismus reisset an allen örten mit gewalt ein, weisz in der warheit nicht wie mann inen wehren mag; wo mann den gewalt fuer die handt nimpt, so wirt ein grausame bluetstuertzung darausz ervolgen undt die ware religion wenig gefordertt; soll man sie dann auch also fortfahren lassen, so werden sie nicht allein ire religion, sondern auch einen grossen ungehorsam unnder dem gemeinen mann einfueren, wie man teglichs ahn inen spueret. *In summa*, es kann oder mag ohne bluetstuertzung nicht abgehen, dann sich alle sachen darnach anlassen. Gott wolle dann disz landt mit seinen gnedigen augen ansehen und die vielfältige wol verdiente straffen hinweg nemen, darumb er vleissig zue bitten (2). E. L. wollen mir doch mit nehister bothschaft Grav Ludwigen von Witgenstein und Ir bedenckens schrifftlichen zueschicken. 1566. Août.

Mit des von Mansfeldts dochter undt Chalon ist es leider war sie haben einander die ehe zuegesagt inn des von Brederodes hausz, unndt ist sie etliche wochen darnach (wiewol sie uff einer kammer verwaret) bey der nacht hinweg undt dem Chalon nachgefolgett, das man nichtt

(1) *Schauenberg*. Guillaume de Schauenbourg, prévôt de Hildesheim. Voyez Tom. I. p. 266.

(2) *Zu bitten*. Voyez I. p. 95.

[1] Schauenburg. [2] liefern.

1566. weisz wo das sie seindt. Es ist warlich ein unredlicher
Août. handell, zue besorgen das viel unglücks darausz entstehen mag: das aber das geschrei gehet das es in meines herren hof oder aber durch meine fraw Princessin solle getrieben worden sein, ist inn der warheit nichts; sie zwei haben es under sich ohne forwissen einiges menschen zue Vianen getrieben undt geschlossen, undt mögen E. L. mir solches frey nachsagen, dann es nicht anders ist. Sie zwei haben erstlichen des von Brederodes grossen zorn zue vermeiden, undt sonderlich sie vorgeben das die zuesagung zue Brüssell in meines herren des Printzen behausung gescheën sey; es hat sich aber doch am letzten befunden das es alles erdicht werck gewessen ist, undt solchs ausz ursachen wie oben gemeldet; war ist es das sie es meiner frawen Printzessin acht oder zehen tag eher undt zuvor es der von Brederode gewust, zuverstehen geben hatte: ich hatte es eine guete zeit zuvorn gewust durch ettliche briev die Polexina irem gesellen geschrieben hatte, hette es gern gehindert, so wäre es zu spaet, undt konte auch nicht wissen wo Chalon seinen underhalt hätte. Es ist Grav Peter Ernst wol zu bedawren, undt allen gravlichen heusern ein grosser spiegell. Hiermit will E. L. ich dem Almechtigen bevelhen. *Datum* Antorff den 16 Augusti Anno 1566.

E. L.

Gehorsamer und gantz dienstwilliger brueder,

Ludwig grav zur Nassaw.

Dem Wolgebornen Johan, Graven zu Nassau Catzenelnbogen, Vianden und Dietz, Hern zu Beilstein, meinen freundlichen lieben Brudern; Dillenburgk.

Ce fut vers la mi-août que l'on commença à briser les croix, à abattre les images, d'abord sur les chemins, puis dans les Eglises et dans les Monastères. « Estant ce malheur encommencé en Flan- » dre, ... en l'espace de trois ou quatre jours furent destruictes » plus de quatre cens Eglises. » *Hopper*, *Mém.* p. 97. On brisa » et fracassa toutes les statues, images, crucifixs, autels, tableaux... » Ce qui s'exécuta si soudainement en tous lieux, tant de Brabant, » de Flandre, de Hollande, de Zeelande, et d'autres Provinces, com- » me si ce fut esté un tonerre, un esclair, ou le foudre qui eut passé » en un mesme instant par tout. » *Le Petit*, p. 118ᵃ. La consternation étoit si grande que presque nulle part on n'opposa de résistance, souvent à une poignée de gens sans aveu. « Révérend père en » Dieu, » écrivit la Gouvernante à l'Evêque de Tournay, « vous » pouvez estre asseuré que le marrissement de coeur qu'avons d'en- » tendre les advertences qui nous viennent de tous coustelz des » violences exécrables, scandales, et abominations que commectent » les sectaires, est si très grand qu'il ne le pourroit estre plus, et si » l'augmente encoires le regret de n'avoir promptement à la main » le moyen d'y remédier, y accédant aussy de ne veoir une ame » seule se mouvoir à y résister : chose certes déplorable oultre me- » sure. » *Gachard, l. l.* p. 439. En octobre le Comte de Hornes écrivit à ce sujet au Roi. « Je suis seur que serons tant vers V. M., qu'envers » tous autres Princes de la Chrestienté grandement blasmez de ce » que n'y avons obvié, et samble à ceux qui ne s'y sont trouvez » que bien aisément l'on y eust peu remédier. Mais de ma part » me trouvis si estonné que ne scavoie quel conseil donner, veu un » désordre si grand et si inopiné, joinct que n'avoie personne pour » y résister, et que tous les Seigneurs estiont aux mesmes termes » qu'estoye . . . . Car ne scavions à qui nous fier. » *Procès d'Egm.* II. 474. Ceci n'est pas étonnant, vu le grand nombre de ceux qu'on savoit être secrètement des adhérens de la Réforme. « V. M. » se peut asseurer que de six pars du peuple (à Tournay) les cincq » sont de la nouvelle Religion. *l. l.* 475.

1566. Août.

L'iconoclasie fut commise par la populace. Les Nobles la désapprouvèrent ; les prédicateurs calvinistes également. C'est ce qu'atteste entr'autres *Fr. Junius* : « Nunquam mihi profec-

1566. » to violenta ejusmodi et ἄτακτα consilia placuerunt : nec puto
Août. » unquam apud me fuisse quemquam, cui istiusmodi actiones vel » minima significatione placere mihi ostenderim. Hoc testimonio » et meam ipsius et piorum collegarum meorum (nam ἀτακτοῦντας » αὐτοκράτορας nihil moror) fidem publice testatam volo. *In Vita*, p. 247. « Car d'en vouloir charger les ministres, anciens, ou Con- » sistoires des Eglises ou assemblées de ceux de la religion, ce » sera fait par trop impudemment, attendu que l'on n'a jamais » seu tirer ceste confession . . . : ains au contraire on scait que » ceux de la dicte religion ont tousjours esté d'opinion que ce » n'estoit à gens particuliers d'abattre les images dressées par l'au- » torité publicque. » *Le Petit*, 155[b].

Il n'étoit pas question chez les iconoclastes de se révolter contre le Roi. « Il y a certes grande différence entre se rebeller contre » son Prince et par un zèle trop eschauffé passer les bornes de sa » vocation en une chose qui autrement seroit sainte et louable. Aussy » y a il différence entre se retirer de l'obéissance de son Roy, et » monstrer par le brisement d'un tronc de bois, qu'on se repent » d'avoir esté adonné à Idolatrie, et rendu obéissance au diable et » faux dieux. « *Le Petit*, p. 161[a].

Il paroit qu'on se borna à briser tout ce qui sembloit deshonorer le temple de Dieu, sans se rendre coupable d'autres excès. *Strada* lui-même avoue que cette multitude sans frein respecta les religieuses; la manière dont il explique ce fait, n'est pas exempte de partialité. « Una salus plerisque earum virginum fuit, sacri- » legis irâ occupatis aut in rapinam intentis, clam fugam arripere » atque evolare ad parentum domos. » I. 258. Fort remarquable est sous ce rapport le témoignage de l'ecclésiastique *Morillon* relativement à ce qui se passa à Anvers. » Merkwürdig bleibt es » jedoch dasz die Bilderstürmer nichts stahlen, sondern Alles den » Kirchenvorstehern und obrigkeitlichen Personen unter der eid- » lichen verpflichtung übergaben, es für Unterstützung der Armen » in Geld umzusetzen. » *V. Raumer*, *hist. Br.* I. p. 169. Le Professur *Warnkönig*, a mal saisi le caractère de ces événemens lorsqu'il dit. « Freilich hatte die vordringende Reformation, bei dem » so leicht in Bewegung zu setzenden Volke, zunächst sehr herbe

» Früchte getragen. Brand, Mord und Zerstörung waren ihre Be- 1566.
» gleiter. » *Flandrische Staats-und Rechtsgeschichte*, I. 1. Août.

Il en fut du bris des images comme des prêches (voyez p. 120). Peut-être en quelques endroits on excita le peuple; mais en général ce fut un mouvement spontané et une conséquence nécessaire de la situation des esprits. Dans de pareils momens une étincelle suffit. En Ecosse, peu d'années auparavant, *Knox* prêche à Perth contre la messe et le culte des images ; un prêtre lit néanmoins la messe, on lui jette des pierres; une d'elles brise un tableau; eh bien, « Auf » diese Weise entstand eine furchtbare Bilderstürmerei, die sich » binnen kürzer Frist über einen groszen Theil des Reichs aus- » breitete. Unzählige Kunstwerke und Altäre wurden zerschlagen, » Büchersammlungeu verderbt, die schönsten Kirchen geplün- » dert und *170 oder, wie andere wollen, allmälig 260 Klöster » zerstört. » *V. Raumer*, *Gesch. Europas*, II. 433. De même dans les Pays-Bas on prêchoit depuis longtemps contre un culte idolâtre. Calvin s'étoit prononcé à ce sujet avec cette énergie qui distingue partout ses écrits: par exemple, dans son *Commentaire sur la* 1°. *Epitre de St. Jean*, ch. V. v. 21. Non idololatriam modo dam- » nat apostolus, sed praecipit ut a simulacris ipsis caveant. Quo » significat non posse integrum ac sincerum Dei cultum retineri, » simulac simulacra appetere homines incipiunt. Sic enim nobis » ingenita est superstitio, ut minima quaeque occasio nos contagio- » ne sua inficiat. Non tam facile ardebit lignum aridum carbone » subjecto, quam cito idololatria hominum mentes corripit et oc- » cupat, dum illis materia objicitur. Quis autem simulacra non » videt scintillas esse? Quid scintillas dico? Imo potius faces, quae » ad totius mundi incendium sufficiant, quamquam Apostolus » non de statuis modo loquitur; sed aras etiam et quaevis su- » perstitionum instrumenta comprehendit ... Pietatis est cor- » ruptela, ubi corporea Deo figura affingitur vel ubi eriguntur ad » cultum statuae et picturae. Meminerimus ergo in spirituali » Dei cultu ita sollicite manendum esse, ut, quidquid nos » ad crassas et carnales superstitiones flectere potest, procul » a nobis arceamus. » Il n'est donc pas surprenant que partout où l'influence de Calvin a été prépondérante, le culte des images

1566. ait été en horreur. Il en fut ainsi en Ecosse; il en fut ainsi chez
Août. les Huguenots. « Wo die Huguenotten obsiegten, zerstörten sie » Kirchen, Orgeln, Bilder, Altäre, und Büchersammlungen, » plünderten die Geistlichen und schlugen Geld aus den Kirchen-» geräthen. » *V. Raumer*, II. 229. En avril 1566 Hopper, après avoir traversé l'Orléanois, écrivit à Viglius. « Uti caeli et terrae » laetissima hic, in Gallia, est facies; ita templorum, monas-» teriorum, et aliorum religiosorum locorum plane miseranda: » adeo ut vel hosti misericordiam movere debeat. Non comme-» moro singulatim .....; sed hoc tantum exclamo: *Dii talem* » *nobis avertite pestem.* » *Ep. ad. Vigl.* p. 85. »

Ce souhait, de ne pas subir le même malheur, ne pouvoit guères s'accomplir. Depuis plusieurs années les Calvinistes François prêchoient l'Evangile dans les Pays-Bas: la paix de Cateau-Cambresis avoit rétabli les communications; car ce traité, conclu surtout afin de pouvoir travailler à la destruction du Protestantisme, contribua, dans les voies admirables de la Providence, à faciliter la propagation de la vérité. Le peuple savoit donc dès longtemps que le culte des images étoit odieux à l'Eternel: il étoit aisé de prévoir qu'à la première occasion on éprouveroit les effets d'un zèle irréfléchi. — La remarque suivante de *Strada* est assez conforme à la vérité; pourvu qu'on ne croie pas, comme lui, à une provocation immédiate. « Ego ex multorum litteris pro-» pius vero crediderim id malum ab Calvinianis Genevatibus il-» latum esse e propinquâ Galliâ digressis, an ultro immissis? » Sic enim Petrus Ernestus Mansfeldius Gubernatricem docuit. » I. 248.

La déstruction de tant d'objets consacrés, les tumultes et les désordres qui eurent lieu dans une infinité d'endroits, causèrent d'abord une grande frayeur à la Gouvernante, mais peu après ébranlèrent, on peut ajouter, renversèrent la Confédération.

Le Roi ne songea désormais plus à des concessions.

Beaucoup de personnes qui, même parmi les Confédérés, tenoient encore à la foi catholique, craignirent d'avoir indirectement, par leurs actes ou par leur connivence, amené ces excès.

D'autres qui déjà auparavant se faisoient scrupule de leur opposition au Souverain, se disposèrent à rentrer dans l'obéissance. La plupart peut-être furent déterminés par ce double motif. 1566. Août.

Ces évènemens contribuèrent en outre à augmenter la division entre les Calvinistes et les Luthériens. Ceux-ci saisirent l'occasion de se distinguer avantageusement. Il parut dans le cours de 1566 à Breda un écrit, dont l'auteur se nomme, « Iemandt van de Confessie van Augsborch », intitulé : « Sterke bewysinge dat men wel mach gedenck- ende getuychenisse beelden, maar egeen omme die aen te bidden, hebben. » *Ph. de Marnix* y répondit; il excuse le peuple en disant qu'il n'a pas été poussé par le mépris de l'autorité, mais par le désir ardent et indomptable *(onbedwongen ijver)* de montrer à tous combien il étoit affligé d'avoir si longtemps exercé une pareille idolâtrie et blasphémé le nom de Dieu. *Te Water*, I. 383. Réponse digne de son auteur; puisqu'en faisant l'éloge du principe qui animoit la plupart des iconoclastes, il ne justifie en aucune manière leurs excès.

LETTRE CLXXXV.

Le Comte B. de Mérode au Comte Louis de Nassau.
Sur les prêches aux environs de Malines.

Monsieur, Dimanche dernier le 11e de ce mois ont comparu pour le comenscement environ 1500 personnes à ung villaige entre Malins et Villefort[1], nomé Simpse, pour entendre la parolle de Dieu, et coment ce Ministre, après avoir faict, pensoit retourner vers Bruselles, il at esté retenu au dit Villefort dedains unne hostelerie, sains

[1] Vilvorde.

1566. lui faire quelque tort ou violence, et hyer le 15e l'on at
Août. encor faict aux mesme lieu unne autre presche par ung autre Ministre devant disner, où qu'il y at eu environ 3000 personnes à ce que l'on présume, entre lesquelles at esté descouvert que le premier Ministre estoit detenu comment ci-desus, desort que 12 ou 15 bon compaingions sont allé au dit lieu avecques armes et l'ont menez hors jusques sur la plasce de la presche, où qu'il at l'après-disner faict son office asistant de plusieurs auditeurs. L'on m'at dict aussy que dimanche prochain l'on doit faire quelque autre assemblée près d'unne maison de l'escouttet de Malins, qui est unne heure de chemin de la ville susdit, et que plusieurs d'Anvers s'i doibvent trouver pour metre en train et asseurer ceux de Malins, voiant qu'il sort encor avecques craint et ne sont encor faict au chapuron[1]. Les dit escoutet de Malins avecques aucuns du Magistras ont esté à Brusselles pour donner à entendre à son Allteze ces assamblée, mais ne scay quelle reponsce il ont eu : toutfois il a faict serer[2] les portes hyer pour tenir les borgois hors : je ne scay à quelle intention, ni à quelle fin ceci poldrat venir, car les borgois ce mescontent fort. Qui ferat fin, priant le Créateur avoir vostre singnorie en sa sainte grâce. De Raemsdonck, le 16 de ce mois d'aoust l'an 1566.

Entièrement prest à faire services,

Bernart de Merode.

A Monsieur Monsieur le Conte de
Nassau, Catzenellenboech, Vianden etc.
Anvers.

[1] chaperon. [2] serrer *(fermer)*.

LETTRE CLXXXVI.

Le Comte H. de Bréderode à la Princesse d'Orange. Relative à la Comtesse Polyxène de Mansfeldt.

Madame, je ne puys délesser vous supplyer byen humblement me fayre tant de faveur et d'onneur ne prandre à malle[1] part que ma famme et moy avons retenu sy longtamps mademoyselle [dous], laquelle il vous ast pleu prandre à vostre servyce, vous asseurant mon honneur que il n'ast pas tenu à elle que elle ne ce soyt allé aquycter de son service, et ce que l'avons sy lontamps retenu ast esté à son grant regret ; mes comme luy avons asseuré, ma famme et moy, que ne le prandryes de movese part, veu l'urgente ocasyon pour laquelle la retenyons l'at seull icy aresté, et ast esté pour plus grande justyfycatyon nostre du méchant et mallereus tour que ce syngneur Challon et ceste demoyselle m'on joué, affyn que sy le perre eust voullu s'anquester commant les choses ce sont passées, elle eu poeu et peust cestyffyer[2], que sy ce fusse esté ma propre fylle unyque, je n'eusse seu randre plus de devoyr que j'ey fayct vers sa fylle, et aynssy Dyeu me fasse comme j'ey fayct toute ma vye avecque tous les syens, ancor que l'on y pensse pour le présent byen peu, ce que il fault que je prayngne an pacyence. Au sur plus, Madame, je vous supplyrey me tenyr au nombre de vos obéyssans servyteurs, me recommandant byen humblement à vostre bonne grâce,

1566. Août.

[1] mauvaise. [2] certifier.

1566 pryant le Créateur vous donner, Madame, an sancté
Août. bonne vye et longue, ansamble le comble de vos vertueus desyrs. De Cleff (1), ce XVIme jour d'aoust 1566.

Vostre humble servyteur,
H. DE BREDERODE.

A Madame, Madame la
Pryncesse d'Oranges.

LETTRE CLXXXVII.

Le Comte H. de Bréderode au Comte Louis de Nassau.

Monsieur mon frère, mons.^r^ de Wlpe[1] s'an retourne par devers vous, auquell j'ey communyqué mon advys conrespondant sur ce que il m'ast allegé de vostre part et le tout sur vostre correctyon, mes comme il m'ast samblé estre le plus court chemyn cesluy quy vous déclérerat de ma part et le plus asseuré, ne m'ast samblé de passer oultre devant d'antandre ung aultre foys vostre avys et résollutyon: ce que puys après j'effecturey de tout mon pouvoyr, comme je ferey an tout androyct an tout ce quy concernerat vostre servyce; spandant je ne faul-drey à mon extrême d'avyser au fayct des denyers, et au surplus me remecterey à ce que vous dyrast le dyct syngneur de Wlpe, me recommandant humblement à vostre bonne grâce, prye le Créateur vous donner, mons^r^

(1) *Cleff.* Apparemment du *Huis te Cleef;* maison du Comte de Bréderode près de Haarlem.

[1] Wulp.

mon frère, an sancté bonne vye et longue. De Cleff ce xvime jour d'aoust 1566. 1566. Août.

Vostre du tout dedyé frére à vous servyr à jamés,

H. de Brederode.

A Monsr mon frère Monsr le Conte Louys de Nassaw.

LETTRE CLXXXVIII.

B. de Malberg au Comte Louis de Nassau. Sur le refroidissement des Confédérés dans le Luxembourg, les préparatifs contre la Confédération et sa disposition à y résister.

*** Bernard de Malberg paroit avoir été courageux et entreprenant. Il servit plus tard sous Bréderode et sous le Prince d'Orange.

La cause principale des troubles à Trèves étoit la religion. En 1559 la prédication évangélique de Gaspar Olévian, qui fut plus tard un des auteurs du Catéchisme de Heidelberg, avoit presque soustrait la ville à la domination du prélat, Jean von der Leyen, et les bourgeois renouvellèrent leurs efforts en 1566.

La lettre du *bon et fidel geux* est sans doute la lettre 183. C'étoit donc un gentilhomme peu connu.

Monsigneur, estans de retour en se cartier de Luxambourgh, le Sr de Guistel et moy avons faict toutte diligense pour incontinent asambler nos confrères pour leur faire antandre nostre besongner à nostre dernière assamblée, ce que n'avons peus faire à raison qu'ilz sont tous, exseptez ung ou deux, à la suit de mons.^{r} de Mansfelt et du Conte Charle son fils en la ville de Trèves, au moiens de quelques troubles esmeu entre l'arsevêque et les bourgeois de la dit ville, et se à raison de quelque

1566. previlège que le dit arsevecque leurs veult otter, pour à
Aoùt. quoy obvier is bourgeois ont requis le dit Conte de Mansfelt comme gouverneur du dit Luxambourgh pour protecteur, à raison qu'is sont sous la protexsion d'ung Duc du dit pais : la porte de la dit ville de Trèves at estez refusée et fermée au dit arsevecque et les siens. Voilà l'ocasion de l'apsanse de nos dis confrères, desquieux pour le faict que dit est, ne pouvons escripre à vostre signeurie leur advis et oppinions sur se quy s'est passez à la dict assamblée. Je l'ay fait entandre à l'ung des nostre quy le trouve fort bien dresez, d'autant qu'il n'est du nombre des recrus en leurs signature : à ce que je puis entandre quant la plus part de seux de pardesà quy se soliont[1] dire des nostre, iseux ont sans son de tromppet faict la retraicte, suivant le dit Conte Charle, dont par se est à extimer[2] que encore qu'is fusiont pardesà tous ensemble, la plus part d'entre eux n'eusiont trouvez de bonne digestion se que avons faict; se que me semble ne leur devoir estre communiquez, puis qu'il sont sy pusillanime que de se vouloir séparer de nostre Compromis. J'ay aquis partout sestuy pais ung grant honneur par le moien de mon dit S.r de Mansfelt, lequel ses jours pasez en plaine compaignie de seux de sa suit, dit par manière de reproche et moquerie à ung gentilhomme des nostre bon geux, que il avoit esté avecque moy en nostre dit derniere assemblée à Sainc-Tron, et que j'estois l'ung des prinsipalle geus, sur quoy le nostre luy répondit qu'il y avoit estez, et que par la say bien[3], encore iroit il sitôt que l'ocasion se présanteroit, et que de moy j'estois homme de bien et le maintenoit à quiconque en vousit parler. Voilà comme je suis en la

[1] avoient coutume de (*solere*). [2] estimer. [3] malgré toutes belles paroles (*parla si bien*)?

bonne grâce du dit Conte, si est que pour sela je n'espère point en amaigrir, tant que j'ores à manger. Mons.r, je meure à demy des despit que je vois que l'on faict par tous se pais, et mêsme en la compaignie ou les sudis sont, courir ung bruit faux, méchant et malheureux; c'est que les misérable menteur disent que le bon Signeur de Bréderode at toutallement retracté et revoqués sa singnature, s'estant du tout mis hors nostre Compromis, d'avantage disent qu'il tient le nez fort hault aux anabaptist, voire il sont bien sy effronté de dire plainement que le dit S.r de Bréderode est de sest maleureuze sext[1] et le S.r Conte Lodevic, comme vostre signerie pourat veoir par une lettre sy joingt que ung bon et fidel geux m'escript: vous euserez[2] de la dit lettre suivant que trouverez convenir, vous asseurant que seluy qui me l'escript, est homme de bien et véritable. L'on ne s'at aucore adresé à moy pour me dire [iceux] faux proupos, et quant l'on me les dirat, je direz et maintiendrez à tout homme qu'il at faussement menty, car se ne sont choses à soufrir. Suivant le départ que Madame nous donnat en la présence de mons.r d'Aiguemont, j'estimois pour le seur que toute chosez deusiont demeuré en surséanse jusque à se que eusions l'aseurance par nous demandée de son Alteze et de tous les chevaliers de l'ordre, et que nulle levée se deut faire, sinon par les trois signeur par nous desnommez, et qu'iseux sous l'autorité de son Alteze ordonneriont les cappitains pour lever souldat, si besoing estoit (1), et toutefois je suis adverty par ung gentilhomme dez nostre, comme ung 1566. Août.

(1) *Estoit.* B. de Malberg auroit il pris les demandes des Confédérés pour des promesses de la Duchesse?

[1] secte. [2] useres.

1566. Août. sertain Mondrgon[1] Chrestien de la nouvelle inpression en Espagne, ensamble le S.r de Malandry, gouverneur de Mommaidis[2], tous deux grans cardinalist, lievent[3] et font gens partout y peuvent, comme vostre signeurie connoiterat par l'advertissement que l'on m'an at faict, lequel est sy joint. Voiant que l'on euse en sest fason, il m'est advis que son Alteze nous traicte à son acoutumé, et que ses gens que l'on faict, son pour nous servire d'ung arière-banquest en lieux de fruit, sitot que le Duc de Savoie (1) serat arivez. Il est, sauf vostre corection, nécesaire que convenions à tellez deserttes. Deux chevaliers de l'ordre de France, toutefois cardinalist, m'ont dit pour le seur que six mil soldat Espaignol, et huit mil soldat Itallien sont desendus à Gênes et s'achemine par le Piémont, la Franche-Contté et Loraine, puis en sestuy pais, et de là en Brabant: le dit S.r Duc marche quant et eux comme lieutenant genéralle de sa M.té. Le Duc de Loraine est depuis six jour en sa allé au devant de la dit armée et se par la post; les mesme nouvelle nous sont donné en se cartier par marchans, tant de Lorraine que de la Bourgoinne: pouroit il bien estre que sela auroit quelque peur[4] estonnez noz refroidis, ors qu'ainsy fut pour sela pas maille, il me samble à correction de vostre signeurie et de tous les bon geux, que debvons donner tel et sy bonne ordre à nostre fait, que ne serons surpris en noz mai-

(1) *Savoie.* Les Députés avoient dit aussi à la Gouvernante. « Nous sommes advertis que le Duc de Savoie a promis assistence » à S. M. pour venir par deçà avec forces, et que pour cela il s'est » trouvé à la journée Impériale vers l'Empereur, pour luy déclai- » rer les demenées et desseins qu'il avoit sur ce Pays-Bas. » *Le Petit*, 114b.

[1] Mondragon. [2] Montmédy. [3] lèvent. [4] peu.

son comme en ung chaponnie; sela ne seroit propre à seux qui i seriont ratain[1], pour à quoy obvier suis bien d'avis que nous mettions de bonne heur en campaigne et les allions trouver pour les combatre de galant homme avant qu'ilz entre dedan sestuy pais, auquelle réitérativement le dit Conte de Mansfelt m'at intitulez le grant cappitaine, chose quy ne m'est de petitte faveur pour m'avanser vers sa M^{té}. et son Alteze. Mon advis est de les conbatre, comme dit est; tous les frans geux de pardesà sont de mesme opinions, toutefois nous remetons le tout à la bonne discrétion de vostre signeurie et à selle de tous les bons signeurs de vostre compaignie, vous supliant humblement et à eux en pareille, sy pour cest foys le dit de Guistel et moy n'asistons à sest présentte journée, comme il vous at plut nous commander et enchairger de se faire; et se quoy se nous en garde, c'est que le dit Gistel m'at dit n'avoir moiens plus avant fraier pour les seux de pardesà, comme il at fait jusque à présent, sy done en se il ne l'asistent en renbourse, joingt aussy qu'il est contrain donner ordre à ses négosses pour à l'avenir estre prèt à monter à cheval quant et les bon geux. Et quant et de moy je puis asseurer en vray verité, que m'est pour ce coup inpossible de conparoitre au jour dernier assigné, d'autant que je trouve mes négosses sy pressés que suis contrain sans plus long dilay y donner provision et remède, principallement sur le fait de lumes[2], duquel j'espère quelque bonne fin, et puisque l'ocasion se présente il me semble ne la failloir laisser perdre, à se que à l'advenir elle ne me puisse en rien enpêcher à randre service à sa M^{té}., à vostre signeurie et à toutte la noble et ver- 1566. Août.

[1] retenus (?). [2] Lumey (?). *De Malberg se sert rarement de majuscules.*

1566. tueuze compaignie de fidelles et vaillans geux et non aux
Août. aultres. Si esse mons.[r] que sy vostre dit signeurie, ensamble la noble compaignie sy dessus dit, séjournat pour nostre fait quelque jour ensamble à Bruxselles ou aultre lieux, et que par ensemble trouvassies estre de besoing que je me trouve verz la dit nostre compaignie et qu'en la congrégation ma présense i puisse servir, le m'escripvant, je ne faudrez à posposer toutes autres negossez et affaires, pour de mon pouvoir optempérer et obéir à ce qu'il vous plairat me commander, et sependant j'aprouve et advoue tout se que par vostre signeurie et les signeurs mes confrères serat faict, traité, et acordez sur nostre faict, tout ainsy que sy j'estois présen; le dit de Guistel m'a dit en faire de mesme. Monsr, il i at ung Berlemonnist, prévost d'Ivois, quy se jacte et menase de emprisonner et persécuter pour la religion des pauvre gens de son office et mesme satac[1] à ung gentishome de noz confrère (1), disant avoire chairge dudit de Mansfelt de ce faire; il ont envoié vers moy scavoir s'yl sacageront le dit prévost en quas[2] qu'il prooséd contre eux, comme dit est: je vous supplye de me mander comme en se ils auront à se conduire. Plusieur bon souldat me font jour sus[3] aultre demander sy l'on a besoing d'eux, car par les levées sy devant dit l'on les presse fort prandre partie, et par tel moiens est à craindre que quant en panserons trouver, tous les milleurs seront envoié; je ne leur sez que respondre pour les arester sans eux mestre sans seux quy les chairchent. Lesquieux font coure le bruit que s'est pour renforser les garnison, ce que ne se debveroit faire sinon par ordon-

(1) *Confrère.* Voyez p. 209.

[1] s'attaque. [2] cas. [3] sur.

nanse de noz dit troy signeurs, et aussy n'est besoing d'en 1566.
lever en telle nombre pour le dit renforsement, veux ce Août.
quy se passe. Il est bien nésessaire que soions bien sur nostre garde, car l'on ne tâche qu'à nous jouer à la fause compaignie, et est à craindre qu'il n'y en aurat beaucoup quy se disent des nostre, [venant lefext[1]], et qu'il faille porter le fardeau, ils feront faux bon; se que je ne ferez jamais, Dieu aidant, tant que la vie me durerat, et si tant est que l'on traicte les geux de sortes que vostre seigneurie et la compaignie d'iselle trouve estre nésessaire pour nostre seuretez de prandre les armes, ey je supplié vostre signeurie avoire mémoire du dit Gistel et de moy, et s'il vous semble qu'en se je puise faire service pour sest effect et autres, je mourez au pietz des trois signeurs et à seux de vostre signeurie, fesant le debvoire d'homme de bien jusque au dernier soupir, et de se se peult asseurer vostre susdite singneurie, à laquelle je présente mes très humble recommendation et servise, prians à tous messigneures mes confrères me tenir en leurz bonne grasce et souvenansce. Monsigneur, je supplie le Créateur vous donner en parfaict sancté longue et eureuze vie avecque sa sainct grasce et bénédiction. De vostre maison d'Andeux ce 19 jour d'aoust 1566.

Vostre bien humble et obéisan à vous faire service,

BERNART DE MALBERGH.

A Monsigneur, Monsr le
Conte Louis de Nassau etc.
A Bruxselle ou la part où il serat.

[1] le fait (?).

LETTRE CLXXXIX.

Le Comte H. de Bréderode au Prince d'Orange. Sur la nécessité de porter remède à l'état critique de la ville d'Amsterdam.

1566. Août. Monsieur, comme j'antamps que la bourgoysye de Amsterdam ont dressé ungne requeste laquelle il desyrent vous présenter, pour vous supplyer byen humblement voulloyr fayre ung tour jusque à leurs vylle pour mestre ordre à ungne inffynyté d'affaires quy vont byen malle, ce sachant je n'ey voussu délesser, mons.r, vous avertyr par ceste que, sellon que me suys apperceu tant passant par là que de ce que j'an antamps tous les jours, que sy vous n'y mestes ordre, an peus de jours l'ordre s'y mestrat et aveque ungne telle émotyon et désordre que la vylle est an danger se perdre et ruyner à james. Les gouverneurs d'ycelle ne cessent d'anchemyner leurs ambytyons et synystres desseyns, de l'aultre costé le peuples voyct à l'eur[1] d'auyourduy ung aultre monde, quy est ocasyon qu'yl haussent la teste et ne ce veuyllent lesser forcer et trecter comme du passé, de l'aultre costé leur magystrat n'ast poyn de dyscrétyon aultre que d'assouvyr leur ambytyon d'avaryce, de sorte que je leurs voys couper la gorge les ungs aus aultre, quy ny mestrat remède; et certes, mons.r, vostre venue serast le seull remède, je n'an voys neus aultres, et à l'ocasyon que il y ast là de-

[1] heure.

dans ungne infynytée de jans de byens, nos byens bons amys et antyèrement à nostre dévotyon, je vous voldreye byen supplyer humblement à la contamplatyon d'yceuls, sy au monde vous est possyble, vous y voulloyr trouver ung tour pour obvyer au dys inconvényens, desquels il an est plus que tamps; et me recommandant humblement à vostre bonne grâce pryrey le Créateur vous donner, mons.[r], an sancté bonne vye et longue, anssamble le comble de vos desyrs. De Cleff an Hollande, ce XXIIme jour d'aoust 1566.

1566. Août.

LETTRE CXC.

Le Comte H. de Bréderode au Comte Louis de Nassau. Sur les mauvaises dispositions des Présidens de Hollande et d'Utrecht, sur les excès des iconoclastes, et la nécessité de veiller aux intérêts de la Confedération.

Monsieur mon frère, j'ey parllé à nos amys de Amsterdam, lesquels je trouve fort voluntayres de nous ayder de leur pouvoyr. Il vous plerat m'anvoyer la procuratyon syngnée comme mons.[r] de Wlpe vous orast dyct lors. Je ne fays doubte au recouvrement des denyers et suys asseuré que an ung besoyn, il ne nous fauldryont de quelque bonne somme, et certes nous leurs sommes à tous oblygées, car il n'y a celluy d'eus, je pansse de nos amys, quy ne s'y veuylle amplyer à son pouvoyr, et davantage sy le moyen ce trouve; voyllà anffyn ce qu'y m'ont mandé dyre. Le Duque Erych est à Lysfelt (1): quy oroyct anvye

(1) *Lysfelt.* Château situé dans l'Alblasserwaard, près du Lek, vis à vis de Schoonhoven.

1566. luy fayre ungne trouce, il est à beau jeu; mandes moy ce
Août. qu'yl vous an samble, et lesses fayre à moy........
Je croys que estes averty que le président d'Utrect a fayct pétytyon d'un prest pour contre ses nouveaux sectayres et contre les geus, ce que l'on m'ast asseuré certainement; jusque à troys et à quatre quy luy ont ouy nommer de sa propre bouche ce mot de geus et jans daporen, ce que j'ay an témonage de non et surnon. Ceus d'Amsterdam m'ont mandé pareyllement an avoyr certayne nouvelles. Le présydent de Hollande et[1] sur les mesmes termes, comme je suys certaynement averty, pour ce trouver aus pryncypalles vylles de ce pais de Hollande, pour fayre le mesme. Ce quy lan[2] orast fayct ne fauldrey vous an avertyr pour le meyns. Il n'y ast homme d'eus quy n'ast sa responce preste sur tout ce qu'y leur soroyct proposer; je vous lesse à pansser ce que tout cella veult dyre, sy l'on veult les choses plus ouverte. J'ey aussy donné ordre par synq ou sys costé pour recouvrement de denyers; j'espère d'effectuer quelque bonne fayct sellon que me puys apercevoyr: de toute ma besongne an seres averty; de vostre costé je vous prye ne dormé pour cella, car c'est l'extrême onctyon et toute la guérysson du malade. Je vous prye demander à Messieurs les Contes van den Berghe et Cullenbourch fayre le mesme, affyn que chesqun effectue son pouvoyr en cas de nécesstyé, comme aussy il ont byen le moyen le fayre au lyeu où il sont. Tout vast icy extrêmement byen, mes an Amsterdam mons[r] le Prynce y doyt mestre quelque remède, ou je les voys antretailler les ungs aus aultres, l'ung de ses jours, comme je luy an ey rescrypt. L'on dyct icy que

[1] est. [2] qu'il en.

il ont fayct an Anvers le dyable tou creu, je vous prye me mander ce que c'est, et par Flandres; je n'an puys croyre la moytyé de ce que l'on m'asseure. Anffyn quant sella seroyt, personne n'an est cause que Madame de Parme, car le peuple s'offroyt à nous randre toute obéyssance et poser les armes antre nos meyns, ce soubmectant à tout chastoy que l'on an voldroyt ordonner, an cas que ame de eus fysse quelque cas scandalleus ou sédytyeus, moyenant que leur eussyons voussu promectre de ne souffryr que il ceryont recherché pour le fayct de la rellygyon et que il poveussent avoyr la prêche lybre hors des villes, jusque à ce que les estas-générauls rassamblés an eussyont aultrement ordonné; le mesme avons nous decleré à Madame yl y ast tantôt troys sepmaynes: le peuple a veu que l'on ne ce hastoyt guère nous randre responce et panssant que l'on les nochaylloyt[1], il se sont d'eus mes mes [ramantu], et j'ey peur puysque il vyengnent sy avant, que l'on orast de la fayre[2] leur mestre tell mor an bouche que l'on les peuyllent[3] tenyr, et vous souvyengne de ce que vous ey dyct aultre foys. Je prye à Dyeu que Icelluy le meste an mylleur chemyn et réduyse les affayres de mylleur sorte que je n'an voy les aparance; je scay byen ce que j'oye et voys de tout costé; anffyn je doubte que à la fyn, an lyeu que nous leur pansseront commander, que il ne nous commande absollutement. Je vous prye, mons^r^ mon frère, de m'anvoyer mons^r^ de Hammes ung tour jusque icy pour avyser à plusieurs affayres d'ympor-tances, tant pour denyers que pour aultre mylles affayres quy ce présente icy journellement, desquelles vous an dyrast ungne partye le porteur de ceste, ausquelles ne

1566. Août.

[1] négligoit, méprisoit (?). [2] l'affaire. [3] puisse (?).

1566. Août. puys seull vaquer, je vous avyse de mon honneur que je ne dors poynt, aussy il n'est pas le tamps. Je vous prye révellés[1] ses aultres syngneurs, Berge, Cullenbourch, de quelque lettres pour leur rafraychyr la mémoyre, aultrement ils panssent que ce soyt jeu d'anffan. Toute les vylles prêchent icy au plus fort, de sorte que yl y ast dans Hollande quy vont journellement au prêches plus de synquante mylle personnes. Le porteur de ceste vous dyrast tout ce quy ce passe; me recommandant ung myllyon de foys à vostre bonne grâce, prye le Créateur vous donner, mons[r] mon frère, an sancté bonne vye et longue, et le comble de vos desyrs. De Cleff, ce xxıj[me] jour d'aoust 1566.

Vostre du tout dédyé frère à mouryr à vos pieds,

H. de Brederode.

A Monsieur mon frère,
Monsieur le Conte Louys de Nassaw.

Le 23 août un accord fut conclu entre la Gouvernante et les Confédérés. Les nouvelles alarmantes se succédoient d'instant en instant. Le 19 on avoit ravagé les Eglises et les Monastères à Anvers. Peu d'heures auparavant le Prince étoit parti pour Bruxelles, afin d'assister à l'Assemblée des Seigneurs et Chevaliers. N'ayant réussi qu'avec des peines infinies, à empêcher les réformés d'établir leurs prêches au dedans de la ville (*Bor*, I. 81, sq.), témoin de la fermentation violente des esprits, il croyoit sa présence nécessaire; son départ fut presque forcé. La Duchesse ou n'ajoutoit pas foi à ses avertissemens, ou bien croyoit avoir absolument besoin de ses conseils. « De Prins is om notelyke affairen des Lands, en » besonder de swaricheit metten verplichten Edelen voorhanden » zynde, ontboden geweest om te komen, alle onschuld achterla-

[1] réveillez.

» tende tot Brussel, waer af, hoewel hy hem lange excuseerde, 1566.
» nochtans ten lesten is sulx gedrongen geweest, dat hy syn Août.
» vertrek niet langer en heeft kunnen uitstellen, heeft noch-
» tans tot grooter bede van der Wet en Ingesetenen noch den
» 18 Aug., mits de sorgelyckheid van den dag en de open-
» bare Ceremonien die men ten selven dage gebruikte, in de
» stad gebleven . . . . Aleer syn Excellentie heeft willen vertrekken,
» so heeft hy te meer stonden aen de Regente alle de swaricheden
» geschreven, en ook haer expres gewaerschouwt, by syn brieven
» van den 12, 14, 15 en 16 Augusti, dat hy in syn absentie vrees-
» de voor eenich inconvenient, ten ware sy eerst, volgende der
» Gemeente versoek, hen versage van een ander Hooft of ten min-
» sten van eenen Lieutenant, maar sy heeft selve altyd vertrocken
» en hem geschreven by haer brieven van den 13 en 16 Augusti dat
» genoech was dat de Officiers en Wethouderen voor so luttel
» dagen de toesicht souden nemen en sorge dragen. » *Bor*, I. 83.* Ces lettres du Prince à la Duchesse se trouvent probablement encore aux Archives à Bruxelles.

On étoit dans la consternation. Six semaines plus tard le Comte de Hornes, dans une lettre très intéressante à son frère, lui écrit: « L'on a eu un tel estonnement que estant à Bruxelles nous ne » scavions que faire ni en qui nous fier. Et afin que povez scavoir » aux termes où nous estions, fusmes mandez par Son Alteze le 22 » août, le matin entre trois et quatre heures, et la trouvasmes » preste à partir, ayant désjà ses hacquenées toutes prestes au » Parcq . . . Son Alteze nous déclaira qu'elle avoit résolu se retirer » à Mons. » *Procès d'Egm.* II. 477. Ce fut avec beaucoup de peine que les Seigneurs la firent revenir de ce dessein. « Elle fut contrainc- » te de demeurer, non pas tant de sa propre volunté que *par fuer-* » *ça*, à cause de la guarde mise à toutes ces portes . . . et ainsi » demeurant comme prisonnière, selon qu'elle escripvoit par ses » lettres à S. M. » *Hopper, Mém.* 99. — *Burgundus*, dont les accusations contre le Prince d'Orange rendent assez souvent la bonne foi douteuse, ne craint pas de donner à entendre que celui-ci excita la Gouvernante à prendre la fuite. « Vicerat pudor con- » templationem periculi. Jamque prorsus damnaverat abeundi

1566. Août. » consilia, cum Auriacus denunciat ei Iconomachos admovisse » propius agmen ... Seu vera haec erant, seu ad concitandum terrorem effícta, non dubitavit Gubernatrix pro compertis accipe» re » p. 233. Il suffira d'opposer à ce témoignage les paroles du Prince dans sa Défense en 1568. « Madame de Parme voulant se reti» rer à Mons et par là donner occasion à ceux qui eussent peu avoir » envie d'empièter sur son authorité, l'avons avec les autres par » grande instance et importunité requise et suppliée ne vouloir » faire ce tort à soy même, ny telle disputation[1] ny desservice à S. » M. qui monstre bien que noz actions et pensées ont esté du tout » contraires à l'ambition, dont pour le présent à tort on nous » accuse. » *Le Petit*, 179.ª

Le Roi avoit aboli l'Inquisition Papale: la Duchesse résolut d'accorder en outre pardon général, « non par forme de grâce, » pour ce qu'on ne la vouloit, disans estre plus dignes de récom» pense . . . , mais par forme d'asseurance. » l. l. p. 101. Quant à la modération des Placards, le Roi, ainsi que la Duchesse l'exprime prudemment, « n'est encore résolu si ce sera par la voye » des Etats-Généraux ou autrement. » En Espagne on craignoit extrêmement les conséquences d'une convocation des Etats-Généraux; les lettres de Hopper à Viglius contiennent plusieurs passages remarquables à ce sujet. Dans les Pays-Bas au contraire tous conseilloient au Roi avec instances de les réunir. « Est à noter qu'en » cette saison, et quasi par tout l'esté; d'un costé (je dy du peu» ple) la persuasion estoit sy grande, que non seulement la Com» mune, ains aussy les plus sages, doctes et Catholicques, et ri» ches, Gouverneurs des villes et Conseilliers de S. M. avoient » opinion que le vray et unicq remesde estoit d'oster l'Inquisition » et les placarts, assembler les Estatz-Généraux, et illecq forger » nouvelles ordonnances sur le faict de la religion: et de l'autre » costé (je dy ceulx du Conseil d'Etat de S. M. et de ses ministres » très prudens, fidelz et Catholicqz extrêmement) les menaces es» toient sy véhémentes, qu'encores qu'ilz entendoient fort bien » qu'il ne convenoit, toutes fois furent constraincts d'estre de mes» me avis, et que plus est, de l'escrire et conseiller au Roy par

[1] disréputation (?)

» leurs lettres propres. » *Hopper, Mém.* p. 95. Il auroit pu ajouter, ce qu'il atteste un peu plus tard, que la Gouvernante elle-même pressa le Roi d'y consenter. Parmi les *ministres fidelz et Catholicqz extrêmement* il avoit sans doute particulièrement en vue *Viglius*, qui lui écrivit le 26 août. « Statuum Generalium convocatio- » nem si Rex denegare perget, video ipsosmet conventuros, cum » in tantis malis remedium differri vident. Quamobrem convenit » aliquando aliqua vel coactum concedere quam cum neglectu au- » thoritatis populum per se usurpare. *Ep. ad Hopp.* p. 374. Et le 7 septembre. « Res eo rediit ut sine Statuum Generalium convo- » catione, absente Sua Majestate, amplius Respublica sustineri » nequeat, eaque una cum Religione pessum eat. « *l. l.* 376. Mais déjà à la fin d'octobre il avoit repris courage et changé de sentiment. « Non sine magna causa Rex ab Statuum Generalium convoca- » tione abhorrere videtur, ne per eos aliquod fiat praejudicium, » quod postea reparare difficile fuerit. » *l. l.* p. 383. 1566. Août.

La Gouvernante écrivit donc au Roi « que c'estoit force et né- » cessité inévitable de venir à la dicte assemblée, comme moindre » mal que de tout perdre. » *Hopper*, *Mém.* p. 101.

« Quant au poinct de donner ordre aux scandales et émotions » du peuple, se firent deux choses. L'une estoit, qu'achevée l'as- » semblée des Seigneurs convocquée par S. A. plusieurs se retira- » rent à leurs gouvernemens et aultres lieux où il estoit besoing... » L'autre, que comme les Princes d'Oranges et des Gavres, Comte » d'Egmont, et les Comtes de Hornes et d'Hoochstrate... disoient » expressément, qu'il n'y avoit aultre moyen ny remedde d'oster » les armes au peuple (estant ja levez jusques à deux cent mille » hommes) et de pacifier les Confédérés.... sinon en asseurant » le peuple qu'il ne se fera d'eulx aulcun chastoy, au cas qu'ilz » ostent les armes, et se gardent de désordres et scandales, oyant » seulement les presches es lieux où de faict se faisoient présente- » ment, S. A. après longs discours et disputes, et aussy après » beaucoup de dilations, larmes et protestations qu'elle ne faisoit » ce de sa volunté, mais comme prisonnière et forcée, enfin fust » constraincte d'estre contente que quictant le peuple les armes es » lieux où de fait les presches se faisoient, et se gardant des scan-

1566. Août. » dales et désordres, ne s'useroit de forces ny de voie de faict » contr'eulx es dicts lieux allant et venant, jusques aultrement par » S. M. et l'advis des Etatz-Generaulx en sera ordonné, et avecq » telle condition qu'ilz n'empescheront ou troubleront comme que » ce soit, la religion Catholicque. » *Hopper*, *Mém.* 103.

L'original des lettres de Marguerite est aux Archives. On les trouve ainsi que la promesse des Nobles Confédérés chez *le Petit*, p. 119, sqq. Il suffira de transcrire ici le passage relatif aux obligations de la Noblesse, comme étant nécessaire pour l'intelligence des événemens subséquens. « Son Alteze entend que les Gentils- » hommes luy donnent la foi, en premier lieu qu'ils ne feront ny » pourchasseront directement ny indirectement chose contre S. M., » ses Estats ny sujects, mais s'emploieront entièrement à faire tou- » tes et chacunes les choses que bons et loyaux vassaux et sujects » doivent allendroit leur Seigneur souverain et Prince naturel. En » ce faisant ayderont de tout leur pouvoir et de bonne foy à empes- » cher ces troubles, esmotions et tumultes présens, de refréner ce » populaire eslevé et que ces saccagemens, pilleries, ruynes de » temples, Eglises, cloistres et monastères cessent: mesme assiste- » ront à faire chastier ceux qui ont fait les sacrilèges, outrages et » abominations. Que nul tort ne soit fait à aucunes personnes Ec- » clésiastiques, ministres de justice, gentilshommes, ni autres sub- » jects et vassaux de S. M. Qu'ils feront tout leur efforts à bon » escient, que les armes prinses en main par le populaire, dont » tant de maux ont esté commis, et peuvent estre encore plus, » soyent posées et mises bas incontinent. Ils feront leur mieux et » tous bons offices pour empescher que les presches ne se facent es » lieux où elles n'ont esté faites, et es lieux où de fait elles se font, » empescheront qu'on n'y use d'armes, de scandale, ny de désor- » dre public. Au demeurant ils s'employeront et ayderont, selon » l'obligation de serment et fidélité qu'ils ont à S. M., au repous- » sement de tous estrangers, ennemis et rebelles d'icelle et de la » Patrie. Finalement feront devoir que le crédit qu'ils peuvent » avoir hors du Pays, de l'employer à tousjours pour le service de » S. M. et au bien du Pays, toutes les fois que leur sera comman- » dé, eux remettans en tout et par tout à ce qu'il plaira à S. M.

» leur commander par l'advis et consentement des Etats-Géné- 1566.
» raux. » De son coté la Gouvernante promettoit « en suyvant Août.
» le consentement et volonté de S. M., que pour la cause de la re» queste et compromis, et ce qui s'en est ensuyvi jusqu'à présent » ne sera imputé aux Gentilshommes par S. M. ni par Elle aucune » chose. » Les Députés, tant pour eux que pour les autres Confédérés, acceptèrent les articles proposés. « Nous nous faisons forts » pour tous les autres, et les ferons observer, entretenir et accom» plir par iceux nos Confédérés. Et à cest effect tenons nostre » dit compromis nul, cassé et aboli, tant et si longuement que la » dicte seureté promise par Son Alteze au nom de S. M. tiendra. »

Cet accord étoit un arrangement provisoire que des circonstances impérieuses réclamoient. « Je ne fais doubte, » écrivit la Gouvernante à l'Evêque de Liège, « que ne trouvez estrange que j'aye » m'eslargie si avant; mais je puis bien vous dire que y suis esté » forcée, par ce que l'on m'a réprésenté les choses estre venues icy » si avant que sans cela aussy bien iroit t'on aux presches et avec » armes et désordre. *Gachard, Anal. Belg.* p. 179. D'ailleurs cet accord ne se faisoit que sous le bon plaisir du Roi. « Entre » tant de maulx il y a une chose bonne, que S. M. n'y a consenty; » ny par conséquent n'est obligée à chose qui soit. » *Hopper, Mém.* 106. Puis on pouvoit espèrer que, par le moyen des Confédérés on feroit poser les armes au peuple, et qu'en même temps on pourroit se préparer à des mesures plus énergiques. Madame agissoit par nécessité; et, comme on le lui reprocha depuis, « pour » endormir les Confédéréz et s'en servir contre ceux qui s'estoyent » desbordés au brisement des images. » *Le Petit*, 185.[b] Les événemens prouvèrent que ce n'étoit pas un mauvais calcul. — Quant aux Confédérés ils n'avoient certainement pas une confiance illimitée dans les promesses de la Gouvernante: mais le Roi avoit fait de grandes concessions; la Duchesse de plus grandes encore; eux aussi craignoient les excès des iconoclastes; ils sentoient qu'en présence de pareils désordres le danger devenoit commun, et ils n'avoient aucun prétexte pour refuser les bons services qu'ils avoient plus d'une fois offerts.

Sans partager l'extase de quelques écrivains au sujet de cet

1566. Août. accord (*Te Water*, I. 435), nous ne pouvons taxer, comme fait *M. Bilderdyk*, VI. 63, la Gouvernante et, ce qui est assez curieux, en même temps les Nobles d'imprévoyance et d'inhabileté. Cet écrivain a raisonné ici sur des données peu exactes; et suppose entr'autres que les Confédérés n'avoient ni puissance propre, ni alliés hors du pays.

Quelquefois on a voulu justifier la révolution par la non-exécution de cet accord. Mais d'abord on y a donné de part et d'autre des interprétations trop étendues. Il y avoit sans doute sous plusieurs rapports, de la sincérité dans les récriminations de la Duchesse, lorsque dans une réponse du 16 février 1567 à Brèderode elle s'écrie. « Certes ceulx qui ont veu et sçavent avec quel crève-» coeur je suis esté conduicte à condescendre, tant seulement que » en mectant jus les armes par le peuple . . . , on n'useroit de for-» ce. . . contre eulx . . . , ne ignorent aussy qu'il n'y avoit rien plus » esloingné de ma pensée et intention que de consentir qu'il fust » loisible de créer nouveaux consistoires et magistratz, de faire » collectes cueiller aydes sur le peuple de S. M. . . . , usurper en-» tièrement l'administration des sacraments, entroduire une con-» fusion de toute la doctrine et police ecclésiastique, voires aussy » seculière, etc. » *Te Water*, IV. 269. D'ailleurs, en cas de violation, on pouvoit accuser la Duchesse, mais non pas se plaindre du Roi.

LETTRE CXCI.

Théodore de Bèze au ministre Taffin. Relative aux différens sur la St. Cène.

⁂ Théodore de Bèze étoit né en 1519 en Bourgogne. « Er » studirte die Rechte in Orleans, hegte indesz weit gröszere Vor-» liebe für alte Literatur und Dichtkunst, einer der eifrigsten, » gründlichsten, und würdigsten Schüler Calvins. » *V. Raumer*, II. 215. « Zu Genf 1547 Protestant, hierauf Prof. der Griech. Spra-» che zu Lausanne, seit 1558 Prediger und Prof. der Theologie zu

» Genf, gest. am 13 oct. 1605. » *Guericke, Handbuch der allg. Kirchengesch.* p. 912. — *M. Taffin*, ministre de l'Eglise de Metz, étoit un des nombreux prédicateurs calvinistes que la France envoyoit alors dans les Pays-Bas. Il prêchoit l'Evangile sans crainte à Anvers, mais respectoit soigneusement les ordres des Magistrats : *Bor*, 85.b Plus tard il suivit le Prince, et fut employé dans beaucoup d'affaires difficiles et délicates. — Il paroit que les Calvinistes des Pays-Bas desiroient se réunir aux Luthériens, en prenant pour base le *Wittemberger Concordie*, accord que Melanchthon et Bucer avoient composé (Tom. I. p. 216). On avoit consulté *de Bèze*, et sa réponse montre que les informations de *Strada* à ce sujet n'étoient pas exactes. «Quamvis Calviniani ab Augustanâ confessione abhorreant, » tamen explorato Theodori Bezae ab usque Geneva consilio, pro- » batisque ab eo hisce religionis induciis, novae professionis for- » mulam ad Augustanae similitudinem concepere. » *l. l.* 183. On lit sur le dos de la lettre, *Petitio Ecclesiarum inf. Germaniae ad Ecclesias confessionis, et judicium Th. Bezae de ea petitione.* Le Seigneur qui *promet* et qui *présenteroit la confession* (voyez p. 245,) est apparemment le Comte Louis de Nassau; du moins le Prince d'Orange ne s'engageoit pas encore si avant.

1566. Août.

Monsieur et frère. Je respondray tout ensemble à plusieurs de voz lettres. Quand au principal point qui est, si les frères du Pays-Bas peuvent présenter pour confession l'accord que m'aves envoyé, je vous en dyray ce que le Seigneur nous a donné d'en penser par deçà, après que le tout a este veu et examiné en nostre compagnie. Quand feu M. Bucer fit cest accord, il est certain qu'il tendoit à bonne fin et n'y a rien à nostre advis en son exposition de l'article de la Cène qui ne soit bien dict, estant bien entendu. Mais le temps nous aprent beaucoup de cautelles de nostre ennemy, come jadis il advint contre Arius et Pélagius entre aultres. Or ce qui est ensuivy à monstré et monstre plus clair que jamays, que ceulx avec le-

1566. quelz on cuidoit[1] s'accorder, ont tousjours tendu à ce
Août. poinct d'establir le corps de Jesu-Christ essentiel icy bas, tellement que pour saulver leur présence corporelle illocalement, vous voyez qu'il a falu venir à l'ubiquité, sans laquelle aussy il est impossible de maintenir leur opinion, et fault confesser que Brence (1) a mieulx jugé en cela, que tous ceulx qui pensent accorder leur présence corporelle avec la vraye opinion des deux natures de Jésus-Christ. De cela dépent la vuidange de l'aultre question, que c'est que les indignes recevent. Car quoy qu'il en soit, ces gens n'ont esgard qu'a leur consubstantiation, come il se voyct meyntenant plus clairement que lors. Or vous scavez combien qu'il est requis qu'on use de simplicité et clayrté toute évidente à matière de Confession. Maintenant donques vous voyes comme telles gens entendent cest accord, come[2] seroyt-il possible de le recevoir en bonne conscience? Je dys d'avantage[3] que Dieu a monstré par expérience que tout cela luy déplaysoit tellement, que cest accord n'a esté advoué d'une seule ecclyse par deçà, ny de celles qui depuis ont estés engendrées au Seigneur, et vous voyes les piteux estats d'icelles qui s'y sont rengées, au lieu de persévérer en la symple et vraye sentenze que le[4] suyvoit, et y'ose dyre que Satan s'est plus servy de cest accord à empescher la vraye concorde et l'avancement de la vérité, que de tout ce qui a esté faict

(1) *Brence.* Théologien Wurtembergeois. « Weniger gelehrt als » Melanchthon, war er weniger stürmisch als Luther, und ent- » schloszener als jener. » *Pfister*, *H. Christoph*, p. 288. « Nach » seiner redlicher Ueberzeugung war und muszte ihm der zwin- » glische und calvinische Lehrbegriff ein groszer Anstosz bleiben. » *l. l.* 294.

[1] pensoit. [2] comment. [3] davantage. [4] qu'elle (?).

de nostre temps en ceste matyere, combien que scache que M. Bucer avoyt une intention toute contraire. D'avantage quand vous auryes passés ces poincts aynsi, nous ne dubtons poinct que le poinct du baptesme et de l'absolution, come vous l'aves couchez à la vérité, ne rumpit tout, et toutesfois d'accepter ces articles, come ils sont couchés en ce que m'aves envoyé, yl n'y auroit ordre, come vous l'aves bien jugé. Oultre tout cela vous ne deves doubter, quoyque vous promette le Seigneur qui présententeroyt[1] ceste confession, que pour la fin yl ne fallut au lieu de l'Evangile, advouer simplement la Confession d'Augspurg et lors se seroyt à rycomancer, et peut-estre seroyt on bien estonné de voyer la plus part, affriendé de la paix, se révolter plainement de la vérité, car voylà come Dieu a accoustumé punir ceulx qui cerchent les destours. Je sçay bien que vostre intention est toute contrayre, mais nous vous dyzons aussy nostre advis. L'espérance qu'on donne à noz frères est belle et grande, mays oultre ce qu'elle nous semble sans apparanze, nous n'en scaurions attendre que très mauvayse yssue, et pensons au contrayre qu'en attendent en constanze la volunté du Seigneur et mayntenent sa pure vérité, il envoyera le sulagement plus tost et plus certayn. Vous adviseres si quelque confession novellement dressée y pourra servir. Quant à moy je n'y ay poinct voulu mettre la mayn, pour ce que la multitude de tant de Confessions me déplayt. S'on en veult choysir entre les anzienes et celle dez églises Françoises est suspecte au tiltre, je n'en sçache poinct de plus nette, que celle qui fust présentée à l'Empereur durant des dernières troubles, 1566. Août.

[1] présenteroit.

1566. Août. dont vous pourres faire un extraict et [sement] sans qu'on l'apparçoive. Et n'avons pour le présent aultre conseil sur ce point.

Quant à nos frères de Badonvillez[1], nostre frère M. Figon a esté arresté prisonnier à Vienne à son retour, comme nous l'avons escript à nostre frère, M. Polyandre; mais nous espérons que bientost il sera délivré et soubdain estant de retour partira, que si l'affaire traine tant soit peu, nous en envoyerons ung aultre en sa place, Dieu aydant. Quant à Monsr. le Duc de Buillon (1) nous en avons ung tout prest, grâces à Dieu, comme je luy mande, et vous prie luy faire tenir mes lettres, y adjoustant les vostres, affin qu'on ne soyt aussi long à envoyer querir ceslui cy que l'aultre, en quoy il y aura moins de frais, pour ce qu'il n'a femme, ny enfans. Quant à nostre frère, M. des Masures, je luy escrips suyvant ce que m'aves mandé, et sur sa responce je prendray occasion de faire selon que m'aves adverty, affin d'éviter toute la souspeçon que cela vienne d'ailleurs. Au surplus les bruicts esmeus par delà au mesme temps, que plusieurs ont tressé[2] les cornes allieurs, confirment bien les conjectures que tout est faict à la main. Mais en somme il n'y a point de conseil contre le Souverain, et voiant Satan s'enaigrir en ceste sorte, il nous fault espérer qu'il est sur le point de sortir, sinon que nos péchés le retienent, qui est ce que je crains le plus. De nostre part, grâces à Dieu, nous sommes en santé et en paix, mais il

(1) *Buillon.* Déjà en 1562 le Duc de Bouillon « étoit suspect » de Huguenotisme. » *Mezeray*, V. 60. Plus tard il devint un des principaux chefs des Huguenots. *l. l.* 290.

[1] Badenweiler, *ville à l'est de Lunéville dans le Départ. de la Meurte* (?). [2] dressé.

y a apparence de grande cherté, quy sera à ce que j'entends ung fléau universel. On se meurt de peste en Suyce et en Valley[1] et aux environs. Mais la grand peste que règne par tout, est celle à laquelle on pense le moins. Nos frères de Pietmont sont rudement traictés, estant les uns forcés à vuider le pais par édict, les aultres rudement menacés. Nostre bon Dieu y vueille bien pourvoir. En Languedoc, à ce que pouvons entendre, on est en grand danger de venir aux cousteaux, ne pouvant estre plus supportée la manière de laquelle ce povre peuple est gouverné. A Lyon c'est une chose presque incroyable aussi du pouvre gouvernement qu'y est. Nous avons ce me semble à prier sur tout, qu'Il donne pacience aux siens, par laquelle seule j'espère que nous veincrons. Les dernières nouvelles que j'ay eu de nostre père, mre Guilaume Farel (1), estoyent, qu'il y avoyt fort

1566. Août.

(1) *Farel.* Né en 1489 en Dauphiné. « Er hatte schon an vielen Orten der Schweiz..., auch in Straszburg, und Mumpelgard, und anderwärts das Evangelium verkündigt, als er auch nach Genf sich wandte, um seinem ihn verehrenden Freunde Calvin das Felt zu bereiten. » *Guericke, l. l.* 805. Il eut beaucoup d'influence sur la marche de la Réforme, tant par ses propres travaux, qu'en fixant à Genève le celèbre Calvin. « Genevae non tam consilio vel hortatu, quam formidabili Farellii obtestatione retentus sum acsi Deus violentam mihi e coelo manum injiceret. » *Calvinus, in Praefat. ad Psalmos.* Persécutés dans leur patrie les Protestans François évangélisèrent la Suisse, non sans y avoir rencontré d'abord de nouvelles persécutions. A la troisième Assemblée de la Société Evangélique de Genève, société qui marche sur les traces de Calvin, pendant que ses détracteurs élèvent une statue à J. J. Rousseau, M. le Professeur *Gaussen* a dignement rappelé leurs bienfaits. « Au milieu des abominations les âmes mouraient en foule faute de

[1] Valais.

1566. peu d'espérance de vie (1). Le bon homme a tousjours languy depuis son retour, et de fayct plusieurs se sont esbahys, comme on luy avoyt donné ceste peine. Nostre bon Dieu et père vueille recevoir en son repos son fidèle serviteur et faire la grâce à ceulx qui demeurent derrière, de bien courrir en la lice, jusques au bout. Tous les frères vous saluent. N'oublies, si vous plait, mes recommandations à Monsieur Garnier et à tous les frères, sans oublier Mademoyselle de la Croyx (2), tant de ma part que de celle de ma femme et nièpce, qui se recommandent humblement à sa bonne grâce. Nostre bon Dieu et père vous multipliant ses grâces, vous conserve tous en sa saincte garde. De Genève ce 24 d'aoust.

Août.

Vostre entier confrère et serviteur,

TH. DE BESZE.

A Monsieur Taffin,
ministre de l'Eglise de Mets.

» nourriture; aveugles conduits par des aveugles, elles tombaient » toutes dans une même perdition. Telle étoit notre misère, lorsque » des Evangélistes français nous arrivèrent, lorsque Dieu nous envoya » Farel, Saunier, Dumoulin, Laurent de la Croix, Antoine Froment, » Jean Calvin, Théodore de Bèze, ces hommes auxquels, après » Dieu, nous devons tout. » *Rapport*, p. 45.

(1) *Vie.* Communément on croit que Farel est mort en 1565. C'est une erreur, ou bien la lettre de Th. de Bèze seroit antérieure à 1566, ce qui nous paroit peu probable.

(2) *de la Croix.* Peut-être fille du martyr françois, Laurent de la Croix, qui en 1530, « comme il annonçait l'Evangile à Mâ» con, fut saisi, jeté dans les prisons, conduit à Paris, mis à la » torture jusqu'à ce qu'une de ses jambes y eut été brisée, et enfin » brûlé vif sur la place Maubert, pendant qu'il ne cessait de con» fesser Jésus-Christ avec une inexprimable onction.» *l. l.* » p. 47.

LETTRE CXCII.

Guillaume, Landgrave de Hesse, au Comte Louis de Nassau. Sur le colloque d'Erfurt et l'affaire de Grumbach.

*** Il devoit y avoir un colloque à Erfurt, afin de concilier les opinions de l'Electeur Palatin, Calviniste, avec celles des confessionaires d'Augsbourg. Le dernier juillet le Landgrave Philippe écrivit aux chrétiens Evangéliques de Zurich. « Was das gesprech zu » Erfurdt angehet, ist es darmit noch weitläufftig und lassen uns » bedüncken der Churfürst zu Sachsen sei dartzu nicht geneigt, » und trage die sorge, wan es zu solchem Gesprech khommen solte, » das man mehr uneinigk als einig werde. » *V. Rommel*, III. 339. Cependant la réunion préparatoire de 1566 fut suivie en 1567 par le colloque même, mais il n'eut pas de grands résultats: « So blieb » die sache endlich auf sich beruhen. » *Pfister*, *l. l.* 450. 1566. Août.

Qaunt au Duc de Saxe Jean-Fréderic, sa position devenoit de jour en jour plus critique.

Unserm günstigen grus zuvorn, Wolgeborner lieber Vetter und besonder. Wir haben Ewer schreiben de dato Anthorff den 10ten Augusti entphangen gelesen, auch darausz wie es itzo inn den Niederländen der religions und anderer sachen halben ein gelegenheitt hatt, verstanden; möchten vonn Gott wünschen es stünde besszer, hoffen auch sein Almechtigkeidt, als des die sachen eigen sein, werdt gnedige mittell verliehenn damit es allerseits zue guettem ende gerathen möge.

Was das angestelte *colloquium* zue Erffurdt betrifft, da wollen wir euch günstiger meinung nit verhalten, das die Evangelische Schweitzer, auch die *Galli* bey unserm

1566. heren Vatter, auch unsz, gesucht habenn dahin zue befürdern, darmitt ihrer verschonet und ihre kirchen und
Août. lehrer ihn demselbigenn *colloquio* nicht excludirt noch condemniert werden, ihn betrachtung des grosszen *Schismatis* und anders unheils, so ob solcher trennung erfolgen möchte.

Es stehett aber noch mitt solchem *colloquio* ihn weittern blettern; dan diesszer *conventus* zue Erffurdt ist keiner anderen meinung angestelt, dan dasz die politische Rethe zusammen kommen und sich berathschlagen sollen, *utrum et quomodo, quo loco et quibus conditionibus* ein *colloquium* anzustellen und zu halten sey; wie wir unsz aber lassen bedünckenn, so haben wenig der grossen herren luesten darzu, solchs *colloquium* vortgängick sein zu lasszen, ihnn' betrachtung das darüber die sach viell disputirlicher als zuvorn werden möcht, achten derohalben es werde solchs *colloquium* diszmahls ihn brunnen fallen, und das soll auch woll nach itziger gelegenheit vor gemeine Christenheit so unguett nit sein.

Der Churfürst und Herzog Johan Friederich zue Sachsenn, wachsenn des leidigen Grumbachs halben je lenger je hertter mitt schriefften zu einander. Es hatt Herzog Johan Friederich dem abgesandten des reichs ein anthwordt geben, darin der Churfürst zue Sachsen hartt wirdt angezogen; solch anthwordt soll gedachter Herzog Johan Frederich ihnn willens sein trücken und auszgehen zu lasszen, wiewoll unser herr Vatter noch gestern sein Hertzog Johans Friederichs Liebten gantz vetterlichen (1)

---

(1) *Vetterlichen.* Voyez la remarque à la p. 29.

' in.

verwarnet undt gebetten solchs einzustellen, dan wo es 1566.
solte geschehen, ist sich höchlich zu besorgen, es werde Août.
die sach *a verbis ad verbera* gerathen, wilchs itziger zeitt, dieweil der Türck so gewaltig herrein her tringt, ye gar beschwerlicher wehr.

Wolten wir euch in guetten vertrauwen diszmahls nit verhalten, und seindt euch günstigen willen zu erzeigen gantz gneigt. *Datum* Rothenberg, am 24ten Augusti Anno Domini 1566.

WILHELM L. z. HESSEN.

Dem wolgebornen unserm lieben vettern und besondern, Ludtwigen, Graven zu Nassau, etc.

LETTRE CXCIII.

Le Comte H. de Bréderode au Comte Louis de Nassau. Il désapprouve les désordres des iconoclastes en Hollande, et est disposé à réprimer ces excès. Il insiste sur l'assurance demandée à la Gouvernante par les Confédérés.

*** Cette lettre confidentielle de Bréderode montre de nouveau combien sont injustes les soupçons contre les principaux Confédérés, comme s'ils eussent excité les iconoclastes; et qu'on ne dise pas que leur zèle commença après que, par l'accord avec la Gouvernante, ils eurent atteint leur but; car ceci est écrit avant que le Comte eut appris que *l'asseurance* (voyez p. 255,) étoit donnée.

Bréderode étoit en Nord-Hollande avec son épouse, deux soeurs du Prince d'Orange et plusieurs nobles, d'après *Wagenaar*, VI. 189; mais cet historien se trompe, quand il ajoute: « Van 't beeld-» stormen werdt, ook terwijl Brederode zich hieromtrent ont-» hieldt, niets vernomen. » Quant à *Burgundus*, il calomnie Bré-

1566, Août. derode en disant: « Brederodius turbulentiâ ingenii apud plebem » validus, Amsterdamenses et Viannenses facile concitavit. » p. 225. Bien au contraire, ainsi qu'on lit dans un Journal (*Dagregister loopende van* 5 *Aug.* 1564 *tot* 27 *Febr.* 1567 *uit een oud M.S.*) tenu à Vianen et communiqué par *Te Water*, IV. 322—328: « Den 29 Aug. deede mynheer van Brederode, wesende in Hol- » lant, te Vianen verbyeden dat nyemant hem en soude onder- » staen aldaer enige nieuwicheden te gebruyken. » Il est vrai que dans le même journal on lit à la date du 25 septembre, « Te Via- » nen worden de beelden afgenoemen. » Mais là il s'agit d'un enlèvement des images par ordre du Magistrat: plusieurs régences, même celle d'Amsterdam, le 26 août (*Bor*, I. 101), y avoient eu recours. Bréderode étoit Seigneur de Vianen, et donner cet ordre étoit, pour un Seigneur protestant, non seulement un droit, mais un devoir. « Nous confessons, » disent les Calvinistes dans leur apologie, « que c'est proprement l'office et devoir du Magistrat » d'abattre tous instrumens d'idolâtrie, qui ont été dressez par l'au- » thorité publique, par lesquels l'ire de Dieu s'embrase sur tout le » peuple. » *Le Petit*, *Chron.* 158.[a]

———

Monsr. mon frère. Je repceu hyer vostre lettre, qu'estoyt le 26me jour de ce présent moys, datée du 22me, par lesquelles j'ey antandu les troubles et insollances quy ce font de par dellà, et pareyllement me mandés, de vostre part et de la part de toute la compagnye, de mestre ordre an ce quartyer le plus que je pourey, que le mesme n'avyengne. Je vous avyse que byen syncq ou sys jours avant la receptyon de vostre lettre, il avyont fayct le mesmes à Amsterdam là, où il y ast ung extremme désordre, à Delft, la Haye; mesmes an partant de ma meson de Clèves, pour m'an venyr icy secouryr ce cloytre d'Egmont, ungne heure après mon partement ruynèrent le tout à ung cloytre de [Reglyes [1]](1), tout devant ma meson, et ce me dyct on ce matyn, que le mesme fust hyer fayct dans la vylle de Herllem, desorte que je voys ce peuple sy désordonné et inssanssé, que an gran payne voye commant que l'on y mesterat ordre. Je suis icy aveq ung quarante jantylsomes, anvyron cent chevauls de ce quartyer icy. Je voyeray ce que je pourey dresser et fayre avecq toute doulceur et pryères; je ne fauldrey leurs remontrer à la mylleur fourme que je me pourey avyser, sy cella y peult ayder. Ce cloytre estoyt désyà vollé sans ma venue. J'an départyrey des jantylsommes de sa et dellà, voyre ce qu'y pouront fayre, toutesfoys leurs anchergans byen expressément de ne s'avancer que an tout doulceur et aveq toute la modestye du monde; car il ne duyct nullement les user d'aulcune menace, ou aultrement on les incytroyt à plus grandes sédytyons, quy occasyoneroyt la perte et ruyne totalle de ses pays de par dessà; et certes, quant tout est dyct, nous sommes trop bon, de s'avoyr sy peu fyé de nous et de nous avoyr detrecté an vrey chyens, comme sy jamés ne fust esté né de mère jans plus méchans, ny plus malleureus, et que sur ung seulle mot de doulceur que l'on nous donne, on nous anplye [2] à ce que l'on veult, après que il on fayct les ors poys, il veullent que nous les asseyons [3] de les manger. Je proteste devant Dyeu et le monde que, sy je n'avoys peur que le peuples s'avanssyssent à aultre effect, quy ocasyoneroyt la totalle ruyne du pais, je ne m'y an-

1566. Août.

(1) [*Reglyes*]. Il y avoit trois minutes à l'est du *Huis te Cleef* un couvent de Réguliers.

[1] Réguliers. (?). [2] employe. [3] essayions.

1566. pêcheroys jamés, et deussyont il tout rompre, puisque
Août. sommes esté trectés, mesmes an leurs publyques sermons, de la sorte comme il nous ont trecté; jusque au gallant Morryllon, quy me donnat l'ung de ses jours à la table de Vyglyus le nom d'antecryst. Je les ey souhedés tous deus aveq leurs infectées satallystes et compagnons, dans la meson de Conterau. Mon Dieu le beau feu que ce fust esté! Je n'eusse eu peure d'aultre chose, que la fumée de ce feu ne fust esté sy infectée de la destylatyon que eu fayct ce frit de tant de méchantes carongnes d'ommes, que ceus quy fussyont esté espryns de la fumée, n'eussyont tous eu la peste; car ung tell venyn eust perpénétré byen long. Touchant des denyers que m'escrypvés, il ne nous manquerons, et sy n'eussyes desyà anvoyé la procuration, comme il fust dyct à Lyre et depuis à Sayno-Tron, je vous les eusse desyà fayct tenyr, et ne manquerat à moy toutte la dylligence pour cela et tout ce quy concerne nostre fayct: me recomandant ung myllion de foys an vostre bonne grâce, prye le Créateur vous donner, monsr. mon frère, an sancté, bonne vye et longue. De Egmont l'abaye, ce 27me jour d'aoust 1566.

Vostre du tout dedyé frère à vous servyr jusqu'à la mort,

H. de Brederode.

Mes byen affectueuses recommandatyons à la bonne grâce de tous nos conffrères et que leur demeure esclave à jamés, et vyve les nobles gueus par mer et par terre!

A Monsieur, Monsieur le Conte Louys de Nassaw, mon bon frère.

Aussy, mons. mon frère, sy vous trouvyes bon pour nostre plus grande justyffycatyon que Madame de Parme m'an requérasse par ces lettres de m'effectuer an ce quartyer d'obvyer, tant que il serat à mon pourvyor, aus insolances quy ce font d'euhre[1] an aultre de pardessà, me sanble que il ne seroyt que bon, car aultrement l'on me pourroyct l'ung de ses jours demander quy m'an a fayct mesler, sy c'estoyt la bonne opynyon que l'on avoyct de moy, ou de vous quy m'an aves escrypt, ou de tous nos conffrères de la part de quy m'an rescrypvés. Je ne sey aussy, le tout à correctyon, sy c'est sagement fayet et sy à cella nous sommes byen avysé de nous lesser départyr ou de nous départyr de nostre voullunté ou par pryères ou remontrances, que l'on nous ast seu fayre d'ungne part et d'aultre, sans avoyr premyèrement et devant toute choses, et posposant[2] tous inconvényens, nostre prétandue asseurance[3], assavoyr telle que l'avons demandée de ses troys Syngneurs. La nécessyté fayct la truye (1) troter et sy elle, je pansse Madame de Parme, mise à ce coup de pleyne autoryté à nostre androyct, sellon nostre remontrance, veu que elle doyct ou à cesteur[4] ou jamés user de nécessyté vertu et s'arester nous donner la dycte asseurance; asseures vous que elle nous brasse le chaudyau sans sucre. Je vous prie, mons. mon frère, d'y pansser meurement, que nous ne nous coupyons la gorge de nostre mesme couteau et creyns que pour nous montrer sy voulluntayre d'anpêcher ses ynsollances, nos callomnyateurs ne jugent par sy après avoir esté nostre fayct, comme je

1566. Août.

(1) *Truye.* M.r de Bréderode aimoit beaucoup cette comparaison : voyez p. 100.

[1] heure. [2] laissant de côté (*postponere*). [3] l'assurance que nous avons exigée. [4] cette heure.

1566. yens que il n'an ont eu onques aultre opynyon. Je serois
Août. d'avys sy l'on[1] fayct la soupe aus ors poys, que l'on la leur lessasse manger. Sy à l'extrémyté on nous voulusse commander chose quy concernasse les pays du Roy, ses estas, la tranquyllyté d'ycelluy, de nous y anployer, je seray d'avys jusque à la dernyère gouste de nostre sang, comme sommes oblygés à jamés, més avecque telle protestatyon que āme vyvante ne nous eust demeyn ou après à nous reprandre du moyndre poyn de ce monde et tousjours avecque l'asseurance de ses troys Syngneurs, sans nous remectre à quelque aultre heure seullement, ou de dyre rondement que nous ne nous an mesleron poyn, et vaye comme yl vaye[2]; et seroy d'avys que nous demandyssyons bonne acte, de tout ce que l'on nous commande pour le servyce du Roy et repos et byen du pays.

† N° CXCIII[a].

Accord du Comte Louis de Nassau avec le capitaine Westerholt touchant une levée de mille chevaux.

*** Le capitaine Westerholt avoit offert deux mille chevaux: voyez p. 206.

La Gouvernante n'ignoroit pas que les Confédérés traitoient avec des capitaines Allemands. Eux-mêmes l'avoient donné à entendre fort clairement, et ce fut même pour cette raison qu'elle différa l'exécution des ordres du Roi, « sur la levée des gens de guerre » tant Allemans qu'aultres . . . . , pour ne mettre les Confédéréz de » rechef en mesfiance avecq S. M. par où pourroient arriver ques- » tions; iceux plus prestz que Son Alteze, léveroient incontinent

[1] s'ils ont (?). [2] que la chose aille comme elle peut.

» leurs gens, qu'ilz tenoient (long temps y avoit) en apparence et 1566.
» retenue en *waerdtgelt*, dont procéderoit une guerre civile. » Août.
Hopper, *Mém.* 103.

Cependant il paroit qu'elle n'avoit qu'une connoissance générale de la chose, et que le secret des détails étoit fort bien gardé. Au moins la levée de chevaux par Westerholt ne lui fut connue que deux ou trois mois plus tard. *Strada*, I. 283. A cette pièce, dont l'original signé, aura été remis au capitaine, est jointe une promesse avec la signature de *Herman van Westerholt tzu Westerholt;* où les principales clauses sont reproduites : entr'autres : « Im » fall. . . . auch mein gnediger Fürst und herr der Herzog zu Gü- » lich ander wartgelt als in Reichssachen auszgebe, soll ich's je- » derzeit . . . Graven Ludwig. . . verstendigen. »

Wir Ludwig Grave zu Nassaw Catzenellnbogen, Vianden und Dietz, Herr zu Beylsteyn, Thun kundt und bekennen hiemitt öffentlich, das wir von wegen der verbündnüsz der Ritterschafft und ettlichen Stenden dieser Niderburgundischen landen zum besten, angenommen undt bestelt haben, und nemen an und bestellen in krafft dieses, den edlen ehrnvesten Herman von Westerholdt zu einem Obristen über dausent guter gerüster pferden, welche er von wegen gedachter ritterschafft und stenden soll in wartgelt fertig halten so wie im verordnet, inen und uns im fall der nott, wenn er darzu erfordert würdt von uns, trewlich und ehrlich, wie einem ehrlichen von Adel undt andern zusteht, zu dienen. Wie wir im desszen nach gelegenheit der zeit weitern bescheid und bestallung geben werden. Mittler zeit soll es also gehalten werden, das er auff zwen monat, als nemblich September und October, die gemelten dausent pferd, wie obenge-

1566. Août. sagt, inn wartgelt fertig halten soll, und hatt auff das pferd entpfangen den monat zwen daler und ein halben; dessen sollen sich die Reutter verpflichten gegen im, keinem andern herrn dienst zuzusagen oder zu leisten, bisz auff künfftigen Januarium des folgenden sieben und sechtzigsten jars, on unser vorwissen und bewilligung. Im fall aber andere herren, vorbehalten den Herzog von Gulich weiter wartgelt geben, soll uns gemelter Westerhold dasselbig fürderlichst zu wissen thun; wollen wir in[1] ferner berichten wes er sich hierin gehalten soll, auch wo innerhalb zweyen monaten Septembris und Octobris die Reutter auffzuziehen und in volle bestallung zu tretten, aufgefordert wurden, soll inen das wartgelt an iren besoldung nicht abgezogen werden. Wo fern es dan auch darzu keme das gemelter von Westerhold von uns in volle bestallung erfordert wurde, soll er gleich und nicht anders gehalten werden, als die die Deutschen Reutter von Kön. Mat. ausz Hispaniën im letzten krieg, so er gegen den König ausz Franckreich gefürt, gehalten und bezalet worden sein. Solchs haben wir zu urkundt und groszerer versicherung also zu halten, mit underschreibung unsers namens und andrückung unnsers secrets wollen befestigen und bestetigen. Geschehen zu Breda den 30ten Augusti im jar 1566.

[1] ihm.

LETTRE CXCIV.

La Comtesse Juliane à son fils le Comte Louis de Nassau. Elle lui témoigne ses vives inquiétudes et lui recommande de se confier en Dieu.

*** On ne lira pas ces lignes sans attendrissement, et l'on peut juger par elles de l'esprit dans lequel une mère, aussi pénétrée de l'efficace de la prière Chrétienne, a du élever ses enfans. 1566. Août.

Was ich aus meutterlicher treuw allezeit liebs und guets vermagh zuvor, wolgeborner freundlicher hertzlieber son; mit beschwertten gemeut hab ich geheort mit was grossen gefar und schweren hendeln Ir jtz bei euch behaft seindt. Die heilige Dreifälttigkeit weol euch beschützen und beschermen, das Ir nix rot[1] oder dut das wieder Gottes wort underen ewer sellen seligkeit sei, auch das landt und Leuden gereichen mag, und das Ir euch menschlich weiszheyt und gutte meinung nit last verfeuren, sunder das Ir mit allen fleisz euwren himlischen Fatter umb seinen Heiligen Geyst bittet, das Er euch euwere hertzen erleut[2], das Ir sein Geotlich wort, so vil an euch, feordert und nit dor wieder handelt, und alleweg das ewig mer liebet dan das zeitlich; dan disse ding kennen[3] an[4] den Heiligen Geist nit volbracht werden, darumb dut beden hoch vonneotten, dan der beose geist wert nit feiern; darumb bitten ich dich, mein hertzlieber son, du weollest in der forcht Gottes leben, damit dich der veindt in den geschwienden nit erschleyg. Ach! wie beschwert is mir mein gemeut, was grosser sorg drag ich vor dich! was ich mit betten aus kan richten, sal bei

[1] rathet. [2] erleuchte. [3] können. [4] ohne.

1566. mir meoglicher fleis nit gespart werden. Der barmhertzig Got weol es alles zu einem seligen gutten end schicken, und diejenigen die es cristlich und wol meynen, nit verlassen, und euch alle vor allem übel beheutten. So vil dasjenig belanckt das du von meines sons Heynrigs gewessen schulmeyster bekummen hast, welges wie du schreibst mir zuschickst, is mir noch nix zukummen; ich bin aber bericht worden, meine dochter Juliane und Madelena seollen's bei sich haben, welge noch nicht kommen seindt, welgs mich vorwundert wie sie so lang bleiben, dan seider sie ausgezogen seindt, hab ich keine botschaft von inen bekummen, hoffe aber allen tag das sie kommen. Got geb inen glück. Hertzlieber son, ich schicke dir hie eyn kortz gebet, bitten dich du weollest es allen tag beden und den barmhertzigen Got in allen deinen sachen anruffen, und bitten das Er dich vor allen beossen beheutten weol, und dich leyden den weck der Ime gefellig ist von hertzen, so vorlest er dich

Août.

eyn glückselige gesunde zeit und alles das neutz und gut ist bescheren und dich in seine Göttliche bewahrung alle zeit erhalten; ich wil auch fleissig vor dich bitten, las du auch mit deinem gebet nit nach. *Datum* Dillenberg den letzten Augst Anno 1566.

Deine getreuwe Mutter allezeit,
Juliane Greffin zu Nassaw Witwe.

Dem Wolgebornen Ludwigen, Graffen zu Nassaw Catzenellenbogen etc. mein freundlicher hertzlieber sohn,
zu händen.

† LETTRE CXCV.

Le Prince d'Orange à Henri Duc de Brunswick et mutatis mutandis à Philippe et Guillaume, Landgraves de Hesse, au Duc de Clèves et au Comte Gunther de Schwartzbourg. Sur les excès commis dans les Pays-Bas, et particulièrement à Anvers.

*** Le Prince étoit revenu le 26 août à Anvers. On lui donna une garde de 60 hellebardiers. Le 28 il fit exécuter trois iconoclastes. Après de longues délibérations il permit aux Calvinistes, peu de temps après également aux Luthériens, les prêches et l'exercice de leur religion dans la ville. Cet accord fut publié le 2 septembre; cependant déjà dans cette lettre le Prince écrit qu'on a donné la permission. 1566. Août.

Il eut soin de faire restituer promptement les Eglises au culte catholique. Dans une lettre de la Gouvernante au Comte de Hornes, du 4 septembre, on lit : « Touchant la restitution du service » Divin en Tournay, ce me sera plaisir d'entendre qu'il y soit » faict incontinent, et les Eglises restaurées, comme à commenché » le Prince d'Oranges en la ville d'Anvers. » *Procès d'Egm.* II. 381. Quant à la permission « des cérémonies héréticques et de prescher » dans la ville, de ces deux poincts se monstra son Alteze fort » mal contente. » *Hopper, Mem.* p. 103.

Unser freundlich dienst und wasz wir mehr liebs und gutts vermügen allzeit zuvorn, hochgeborner Fürst, freundtlicher, lieber herr ohm und Ordensbruder (1).

---

(1) *Ordensbruder.* Henri, Duc de Brunswick-Wolfenbüttel, né en 1489, mort en 1568; longtemps ennemi fougueux des

1566. Demnach wir Eur Liebe hiebevhor geschrieben, dasz die
Août. sachen in dieszen länden so seltzamb und gefährlich stunden, da die Kön. Matt., unser genedigster herr, nit bey zeytten zusehen und in betrachtung der itzigen zeiten und diszer länden gelegenheiten, der relligion halben, ettwas zulaszen und übersehen wurde, dasz sich woll eben ein solichs spiell alhier erheben möchte als vor wenig jaren bey unsern nachbarren in Franckreich geweszen, Demselbigen nach, wollen wir Eur Liebe zue underhaltung unser vertrauten correspondentz, gleichwol mit gantz beschwertem gemuete, freundlichen nit verhalten, dasz ahm Montag den negst vergangenen 19ten monatztag Augusti, in Flandern etliche kirchen ahn hellem, klarenn tag beraubt worden seint, und alsz wir deszelbigen tags, uff erfürderung der Hertzogin zu Parma Regentin, nahe Brüssel von hinden gezogen und solche zeittung unsers abweszens in disze stad gelangen, so haben sich ahm volgenden dhienstag kegent abent umb sechs schläge ungefährlich, ein hauffen leichtfertiges gesindlins auch alhie zu Antorff in die höchste kirch verfüget, die darin alle altar, grosz und klein, mit allen steineren, meszenen und hölzeren heiligen taffeln und bildern, sampt allen anderen kirchenornamenten, nichts ausgenommen, miszbücher, briffe und gewandten, gantz und gar in stücken zerschlagen, zerriszen und verwüstet haben, und als solichs des orts also verrichtet geweszen, seint sie da dannen von kirchen zu kirchen gelauffen, und in allen kirchen, klostern und cappellen, die gantze

---

Luthériens. En 1542 la ligue de Smalcalde l'expulsa de ses Etats: plus tard il demeura quelques années en captivité. Il paroit que personnellement il affectionnoit le Prince: voyez la lettre 198.

nacht über, dermaszen hausz gehalten, das ahm volgen- 1566.
den mitwoch kheine kirch noch cappell in der gantze Août.
stadt verpliben, darin man bisz uff heutigen tag der alten religion nach eine eintzige mesz oder gottesdhienst hette halten oder celebriren mögen. Was sie aber ahn guldenen und silbern ornamenten, als: kilchen, monstrancen, paternoster und dergleichen andern klynodien bekhommen, deselben haben etliche einem erbaren rath diszer stadt, kegent ein erkendtnüs solchs entpfangs, gelieffert und zugestelt, und können woll dencken das danit¹ allenthalben recht zugangen sein wirdt. Es ist aber soliches nit allain in diszer stadt beschehen, sondern fast zu einer zeit ahn andern mehr orten, als: Tournay, Mechell, Breda, Amsterdhamb, Mittelburg etc. auch ergangen und also beynahent die gantze weithe über, durch alle disze lände geflogen gedhann. Der Almechtig, Ewige, gütiger Gott wolle seine genade verlehenen das alle sachen wiederumb zu voriger ruhe und rechter rüstlicher liebe und einigkeit kommen mögen.

Wir können auch woll erachten dasz diese handlung unserm genedigsten Hern, den Kö. Mat. zu Hispaniën höchlichen misfallen und sie betrüben werde, wie die den auch uns selbst nit weniger bewogen und uns von hertzen leidt seint; und können es gleichwoll nit gebeszern, dan das volck ist dermaszen wieder die Hispanische Inquisition und alt relligion erhitzet und erbittert geweszen, das hierin khein mittel zu finden, und hette ire Mat. die Inquisition in diszen länden vorlengst abgeschafft, wie wir und etliche andere unser ordensbrüder ausz underthänigster treuen ire Mat. gerathen, so zweiffelten

¹ da nicht.

1566 wir nit, es solt unser herr Gott die alte Catholische rel-
Août. ligion vil beszer underhalten und soliches stürmen und zerrütten noch lange zeitt verhütet haben (1).

So hatt man nuhn über den entpfangenen spott und schaden, nit allein die inquisition abschaffen, sondern auch der neuen relligion einen freien, offnen platz allenthalben; wie auch innerhalb dieszer stadt, eingeräuhmet und vergönnet, da sie nach irer ordnung sicherlich beysamen kommen und hinfürter predigen laszen mögen, hat man anders gröszer gefahr und unrath verhüten wollen; gleichwoll anders nit, dan bisz das die gemeine stende dieszer länden zusamen kommen, und hierin solche wege und mittell bedencken und verordnen, dadurch solche innerliche irrungen und zerrüttungen uffgehoben und ein endlicher bestendiger relligions-und Landfriede uffgericht und gehalten werde, darzu [müge] die Kön. Mat. und auch die frauw Regentin iren will albereits gegeben.

Und verhoffen also das unser gn. herr die Kön. Matt. dieszer ursachen wegent, und dan auch derhalben das derselben gemahel erst kürtzlich von einer jungen dochter Mutter worden (2), baldt herauszer kommen und alle

(1) *Haben.* Les expressions ici et dans l'alinéa suivant sont choisies de manière à ce qu'elles ne puissent ni choquer un zélé Catholique, ni déplaire aux Princes Luthériens.

(2) *Mutter worden.* « Au mois de septembre, écrit *Hopper* (*Mémor.* p. 107.) « le jour de St. Claire, la Royne se delibvra de sa Fille » première-née, appellée Isabella Clara Eugenia. » C'est une erreur de date : le jour de St. Claire est le 12 août, et *Hopper* lui même communique ce jour là cette heureuse nouvelle à *Viglius*. « Regina » hac nocte, inter duodecimam et primam, filiam peperit. » *Epist. Hopp. ad Vigl.* p. 96.

sachen selbst versehen und in ein gute rusame ordenung wiederumb brengen helffen werde, darzu dan Gott der Herr sein gnad und glück verlhenen wolle. 1566. Août.

Sunst stehet es in dieszen länden noch zimblich woll und begeren anders nicht als fride und einigkeit, und hat sich das geschrey von Hertzog Erichs werbungen alhier auch etwas verloren. So hören wir von Franckreich besonders nicht, allain das man sagt der Printz von Condé soll etlich thausent zu rosz und fusz beysamen haben, und uff den frontieren von einem ortt zum andern ziehen, und uff diesze hendell und lande gut achtung geben; wurden wir aber etwas gewisz oder weitters hierin vernhemen, so mögen uns E. L. zutrauen das wirs derselben nit verhalten, sondern sy es uffs fürderlichst wiszen laszen wollen, wie wir uns den zu E. L., die wir hiemit dem Hern in gesundheit zu erhalten bevelhen, in gleichem vertrauen auch versehen. *Datum* Antorff ahm letzten Augusti A° 66.

Wilhelm Printz zur Uranien.

Ahn herrn Heinrichen Herzog zu Braunschweigh. *Et mutatis mutandis,*
Ahn herrn Philipzen Landgraf zu Heszen.
— — Wilhelmen — — —
— — Wilhelmen Herzog zu Gülich.
— — Günthern Graf zu Schwarzburg.

LETTRE CXCVI.

Le Comte Jean au Comte Louis de Nassau.
Réponse à la lettre 184.

1566. Septembre.

*** Cette lettre est très remarquable par le ton naturel de foi et de pieté qui y règne. En général il y avoit sous ce rapport beaucoup de différence entre les Princes Protestans d'Allemagne, et les Princes et Nobles reformés de la France et des Pays-Bas. Chez ceux-ci on ne trouve pas souvent la même pureté de motifs, et il paroit que les Cours de Paris et de Bruxelles n'avoient guères une influence heureuse sur leur caractère et leurs moeurs. L'Allemagne, au contraire, produisit au 16 siècle un nombre considérable de Princes, dont la vie, malgré leurs imperfections, malgré leurs vices, servit de témoignage à la sincérité et à l'efficace de leur foi: nous mettrons en première ligne Fréderic le Sage, Jean le Constant, Philippe de Hesse, Christophe de Wurtemberg. « Es waren kräftige, » biedere, meistens geradsinnige, uneigennützige, immer zu ganzen Maaszregeln auf Leben und Tod entschlossene Männer. » *V. Rommel*, I. 9. Nous regrettons de lire dans l'histoire de M. *Bilderdyk*: « Het Protestantismus der Duitsche Vorsten bestond uit » zucht tot onafhanklijkheid van den Keizer, volkomener oppermacht, bevrijding van een uitheemsch geestelijk gezag, vrijheid » van meer naar willekeur te trouwen, te onttrouwen en te hertrouwen, het aan zich trekken van kerk- en kloostergoederen, enz. » enz. » VI. 228. Des motifs peu loubles auront sans doute influé quelquefois chez eux sur de grandes résolutions, mais pour porter un jugement tel que celui qu'on vient de lire, il faut ignorer presque entièrement l'histoire de ces illustres héros de la foi.

Wolgeporner, freundlicher, lieber bruder. Nachdem E. L. in deren letzten schreiben ahn mich begertt das ich derselben ein kurtz *consilium* wolte stellen lassen, dar beneben auch Graff Ludwigs von Witgenstein (1)

(1) *Ludwig v. Witgenstein.* Louis Comte de Sayn et Witgen-

und mein bedencken und guttachten mittheilen, was dem 1566.
gemein man und armen leutten daenieden zu rathen sein Septembre.
möcht, das sie sich in der jtzigen leufften, sonderlich mit ahnrichtung der predig Göttliches wortts und rechten Gottesdienst, verhalten sollen, wie man sie uff dem rechten weg bey billichem gehorsam, von krieg, auffrhuer, einnemung und zerstörung der kirchen und andern ungepürlichen fürnemen gegen ire hohe- und niedere obrigkeit und sonsten, underweisen und abhalten möge:

Als thue derselben ich hiemit vier kurtzer *Consilia* überschicken, versehe mich es werden die unsere zu Siegen auch eines gestelt haben, und brieffszaigern euch zuekommen lassen; und wiewoll die drey mit dem gedrückten etwas ungleich, wie ich den derselben bedencken so in den nechsten jahren auszgangen, in kürtzem noch ettlich mehr bekommen und E. L. zuschaffen werde, so werden E. L. in denselben doch die ungleichait der zeit, leuff und sachen zu bedencken und zu underscheiden, auch darausz was zur sachen dienstlich ist, zu nemen wissen. Was den unser beiden bedencken ahnlanget, will ich euch nicht verhalten das G. Ludwig von Wittgenstein vom reichstag zu Augspurgh in Italien, sampt seinem bruder, verzogen, und noch nit widder ahnkomen ist.

Wiewoll nuhn in diesen hohen und wichtigen sachen, welchs nit allein das zeittlich leib, gutt und ehr, zerrüttung aller regiment, pollicey und verderbung land und leutt, sonder auch das ewig, die seligkeit ahnlangen, gut-

---

stein, dont en 1586, le Comte Jean de Nassau épousa en troisièmes noces la fille ainée Jehannette.

1566. tes raths hoch vonnötten, ich auch für mein persohn das-
Septembre. selb zu thun nicht allain willig bin, sondern als ein Christen mich schuldig ercken, so befind ich aber dieselbe leider über meinen verstand und meine einfelt zu hoch sein, will also was ich mit meinen rath nicht befürdern mag, von Gott, welcher der best und fürnemst rattgeber in diesen sachen ist, soviell do mehr erbietten[1] helffen.

Und dieweil aber disz sachen sind, daran, wie E. L. als der verstendig besser dan ich wissen, hoch, mercklich und viell gelegen, und solche sachen sind welche nach Gottes wort und willen, und mit nichten nach der menschen guttbedüncken, fantasey und wolgefallen gericht und verhandlet sein müssen, er auch allein Der ist der dieselbe regirtt, füret, durchtreiben und widder aller menschen willen erhalten und hantthaben kann und will, So werden E. L. diejenig so bey euch rath suchen und bitten, zweiffels ohn, zur busz, beckerung[2], und ahnruffung zu Gott, das sie demselben die sach heimstellen, vertrawen, auf Ihnen allein und kheine menschen sich verlassen, woll wissen zu vermanen und von andern fürgenommen unbillichen mitteln abweisen.

Und werden E. L. auch meins verhoffens sich in diesen sachen selbst aller gepür zu halten und woll vorzusehen wissen; dan es warlich sachen sind, darzu emsiges gebetts und vleisiges vorsehens hoch vonnötten thut, damit man weder in einen noch den andern theil zuviel oder zu wenig thue, sondern uff dem rechten stracken weg bleiben und verharren möge.

Und weisz ich sonsten in warheit nit wie den leutten danieden zu rathen sein mocht; dan das sie eigenes gewalts

[1] erbitten. [2] Bekehrung.

den Gottesdienst ahnzurichten sich understehen und ahnmassen wollen, will, menschlich darvon zu reden, nicht woll müglich sein; hielte aber darfür das man ihnen nicht besser dhienen könte, dan das man mit allem vleisz und für allen dingen, reine, rechtschaffene, christliche und eiffrige lehrer und predicantten haben möge, die nicht ire ehr oder nütz suchen, zu krieg und uffruhr rathen, sondern vielmehr Gottes ehr und des volcks seligkeit und wolfard mit einen rechten eiffer und ernst suchen und meinen.

1566. Septembre.

Dweil es aber schwerlich fallen will nach notturfft rechtschaffene lehrer gnug zu beckomen, so köntt man doch viell gutts mit dem auszrichten, das man allerley bücher der unsern, so von den *Calvinismo* und anderen irrige *opinionibus* unbefleckt, hette vertiren, im druck auszgehen und under dem gemeinen man kommen lassen, damit derselb soviel do basz in Gottes wort erbawet und underwiesen werden möge.

E. L. kan ich sonsten, dweil ich itzo in eill verreitten musz, weitter nicht schreiben, will sich auch nicht woll alle ding sicher über feldt schreiben lassen.

E. L. zu dhienen haben sie mich altzeit mit treuwen vleisz bereit und willig, thue dieselbe dem Almechtigen hiemit bevelhen. *Datum* Dillenburg den 1ten september Anno 66.

E. L.
Getreuwer, dienstwilliger bruder,
JOHAN.

Dem Wolgebornen Ludwigen,
Gravenn zu Nassau, etc.
zu S. L. aigen händen.

* LETTRE CXCVII.

Le Comte G. de Berghes au Comte Louis de Nassau. Recommandation d'un ministre protestant.

1566. Septembre. Mein früntlich dienst und wasz ich zu jeder zeit liebs und guts vermach zuvor, Wolgeborner, früntlicher, lieber schwager. Zeiger dieszes, unser hoffprediger, hatt sich in meinem hob ein zeitlanck mit lerungh und predigen und anders nach Gottes wordt auffrechtigh und wol gehalten. Dweill dan nun vonn tagh zu tagh, und jhe lenger jhe mher, dem Almechtigen lob, ehr unnd danck, dasz *Euangelium Christi* hin und widder öffentlich und leuther am tagh verkhündigt unnd gepredigt, ist er vorhabens umb sich destobasz und freier zu üben und zu geprauchen, sich in eine gemeindt, und daselbst allen müglichen fleisz, mühe und arbeidt, umb dasz noch duncker, grob und simpell folck, nach seinem besten vermügen mit *Christi* lher zu erleuchten, und dennen dieselbige einzubilden, zu ergeben; hat er derhalb um mich underthenigh und demütiglich gelangen laszen, ich ime jegenwürtigen vorschrifft an E. L. mittheilen woll, dasz ich ime dan seiner pith halben nit hab abschlagen khönnen; derhalb an E. L. mein freuntlich gesinnen dieselb obbemelten zeigern, als fern müglich, umb ein gutte condition und gelegenheitt da er sich geprauchen und üben mücht, zu überkhommen und zu erlangen, befürderlich sein wollten; daszelbigh hinnwidder nach allem meinem vermügen in sollichen oder dergleichen jegen E. L. zu verschulden, byn ich geneigt, dieselbige ich hiemit dem Al-

mechtigen in seinem Göttlichen schütz und schirm 1566.
empfelhen thun. *Datum* Bergh, am sontagh den ersten Septembre.
Septembris Anno 66.

E.[1] L. goutwilliger broder,
Willem Grave zu dem Berghe.

Dem Wolgebornen Lodwichen, Graven zu Nassau, Catzenellenbogen, Vianden und Dietz, mainem früntlichen, lieben Broder und Schwagern.

LETTRE CXCVIII.

Le Comte Louis de Nassau au Prince d'Orange. Sur les préparatifs de résistance à des mesures violentes du Roi.

Monsr. Ce matin ést retourné vostre escoutte d'Etten du Coronel Georg van Holle, lequel m'ast rendu conte de sa commission en [brien], par où treuve les affaires de ce quartier là en asses bon estat et à nostre advantage, comme entenderes du dit escoutette. Il me semble qu'il serast bien nécessaire que vous eussies incontinent escript au duc Henri (1), luy advertissent l'estat de ce Pais-Bas, tant pour prévenir aulx faulx bruicts qui peulvent courrir de nous touts, que pour entretenir la correspondence et bone affection qu'il vous porte. Quant à l'enterveue du couronel et de moy, la treuve bien fort nécessaire, mais je craings que le temps à présent ne le permettera

(1) *Henri.* Le Duc Henri de Brunswick, auquel le Prince avoit dejà écrit; voyez la lettre 195.

[1] E—broder. *Autographe.*

1566. point; toutesfois me rapporte à ce que me vouldres
Septembre. commander. Touchant du mis en avant du dit Georg van Holle pour l'asseurance des trois mille chevaulx et certain nombre des piétons, le treuve fort raisonable et bien nécessaire, oires que ce ne fust sinon pour gaingner leur obligation d'amitié, pourtant me poures mander vostre bon plaisir. Et tout cecy ferast mestre au Roy ung peu d'eau en son vin. Je vouldrois que je puisse estre une peux des heures auprès de vous, pour prendre résolution sur tous les points les plus nécessaires. J'espère que les affaires d'icy parmetteront que je pourres faire pour demain au soir ou après demain devant disner ung tour vers vous, et de là pourrois revenir icy pour achever le tout. Toutesfois j'atendrai vostre responce. Je ne fais aulcune doubte que vous bourgois obéiront à ce que les vouldres commander. Ainsi aiant receu vostre résolution ne fauldrai de la faire exécuter.

Je vous ay envoié un boucq lequel trouvois hier au bois de cerf (où je vis beaucoup des bestes, tant cerfs que aultres) si bien à propos, que ne luy povois refuser ung coup de harquebouze et de bien venir ay adressé à ung qui est en si bone venèson, come n'ay guerres veu. Je vous asseure que vous bois sont bien repeuplés, car vous aures l'année qui vient plus de vint cerffs chassables, sans les fens de l'autre année et ceste présente.... De Breda ce 2 de septembre Anno 1566.

Vostre très obéissant frère à vous
faire bien humble service,
LOUIS DE NASSAU.

A Monsieur le
Prince d'Oranges.

LETTRE CXCIX.

Le Prince d'Orange au Comte Louis de Nassau. Sur les mesures à prendre à Breda.

*** Cette lettre et la précédente se croisent, ainsi qu'il paroit par la date: d'ailleurs la lettre 198 n'est pas relative aux *affaires de Breda*. Dans cette ville les iconoclastes avoient fait beaucoup de dégâts. 1566. Septembre.

Mon frère. Jay suis esté très aise avoir entendu par vostre lettre que les affaires de Breda sont en melieures termes que avions pensé, néanmoing pour autant que le bruict est par tout si gran du gran désordre et pillerie là advenue; et que plusieurs villes de mes gouvernemens prenderont regart comme l'on se conduirat là, seroit bien nécessaire y faire quelque démonstration et point seulement en la ville de Breda, mes aussi aulx vilages où telx désordres sont advenues, et peult estre que cela serat cause que demeureront plus paisibles pour l'advenir. Et quant à les accorder les presches deans la ville, suivant leur requeste, vous scaves que j'ay la loy par escript par mon supérieur, ce que ne peus altéré[1], ny le vauldrois mesmement pour point donner piet à mes gouvernemens, qui porriont dire: puisque le permec en ma ville où que je suis vassal, que tant plus librement le porrois concéder aulx villes de mes gouvernemens; ce que toutesfois Madame me défende expressément, parquoy leur porres assigner quelque [propice[2]] plasse hors de la ville et sur tels conditions mentionés en vostre contract, attendant ce que Dieu en vauldrat ordoner. Quant aulx

[1] altérer. [2] *Ou* propre. *Peut-être aussi un mot signifiant* voisine (*prope*).

1566. piétons, treuve fort bon qu'i soient licenciés, mais je
·mbre. désire qu'il en demeur toujours cent à la maison, assavoir, cinquante harquebusiers et cinquante picquenirs, et si vous puissies tant faire, que ceulx de la ville les voulussent tous paier ou pour le moings la plus gran part, en recepverois plaisir, sinon regarderay les entretenir moy mesmes, car de ma bende ne se vault fier, car elle ne porra demerer longement là, ains aller au frontières ou aultre part (1) où il y aura de besoigne; sur tout vous prie que regardes que soient gens de bien et souldas, et ne porra ester le paiement plus que six florins, dont vous prie me mander vostre advis; quant aulx Valons, les porres licencier, les donnant quelque chose dont qu'il aient satisfaction; si esse qu'i seroit bon qu'i demeurassent tant et si longuement, que les aultres soient prets et en ordre. Monsr. de Toullouse (2) m'a dict que les milles escus sont prest, dont luy avies parlé, rest à sçavoir à qui il les déliverat, ce que me porres mander; et sur ce, mon frère, me recommande à vostre bonne grâce, priant Dieu qu'il vous donne Sa grâce. D'Anvers ce 2 de septembre Anno 1566.

Vostre bien bon frère à vous faire service,

Guillaume de Nassau.

Les affaires d'issi se portent raisonablement, mais nous craindons le plat pais, qui me cause tant plus voloir entretenir les cent testes.

A Monsieur le Conte Louys
de Nassau, mon bon frère.

---

(1) *Part.* En octobre le Prince, partant pour la Hollande, se fit accompagner par sa compagnie d'Ordonnance forte de 260 chevaux.

(2) *Toullouse.* Jean de Marnix.

LETTRE CC.

Le Comte H. de Bréderode au Comte Louis de Nassau. Il se plaint des menaces contre les Confédérés, et demande des explications au sujet de l'accord avec la Gouvernante.

Monsr. mon frère, come tous ces gantylhommes sont an gran perplexyté de voyr les affayres aller de la sorte qu'y n'espéryont, et ne sachant que ce veult dyre, m'ont requys tous vous renvoyer le porteur de ceste, Helpendam, lequell vous dyrast ce que il ce passe. Les plaquas que l'on publye icy tous les jours, les menasses que l'on nous fayct à tous, nous menassant d'eure à heure de la corde, jusque à dyre ung moynne an publycque: « voyes » vous ce beau Syngneur de Brederode, devant qu'yl » soyct vuyt jours, il serat pendu par son coll et estran- » geller[1], » et ung monde d'aultres méchancetés que ses gentylshommes souffrent tout heure. Le présyden de la Haye ast fayct éryger ung gybet à la Haye, où que il dyct avoyr cherge exprès de les là fayre tous pendre, et commandant que l'on le fysse grant asses, que il seroyct orné d'uyne belle grande compagnye, desorte que l'on l'a fayct troys foys plus gran que l'on ast de coustume. Je ne doubte, sy ce veult jouer à ce jeu là et d'estre sy lygyere que d'user de telles et samblables termes, que ung matyn on ne le trouve au dyct gybet des premyers pendu, et an vyengne après quy an vouldrat. Je ne sey que panser de nostre fayct. J'ey veu ce que Helpendam m'ast

1566. Septembre.

[1] étranglé.

1566. Septembre. aporté, ce que je ne puys aulcunement antandre, ny comprendre, mesme de nostre Compromys, quy est anychyllé antyèrement (1). J'ey tousyours panssé que la seull mort nous pouvoyct séparer du Compromis, sans aultres milles petytes ny grandes ocasyons, et sy d'aventure je l'eusse seu ou panssé oltrement, certes je ne m'y fusse onques mys. Je lesse doncq ung cent et synquante pour le moyns que j'ey syngné. Ces jantylshommes tous ne lessent d'estre fort troublé de voyr les affayres ce porter de la sorte, qui est l'ocasyon que vous supplyons nous tous de recheff nous mander ce qui est de ce fayct icy, et que quelq'un des députés veuylle prendre la payne venyr ung tour jusque icy, pour nous fayre antandre byen au long ce dernyer trecté; car sur mon honneur perssonne de nous aultres ne le peult comprendre, et voy que sy les affayres demeurent an tels termes, sans leurs donner aultre satysfaction, il an pouroyct esouldre ung gran malheur, car chesqun avyserat de ce mectre hors du danger de la corde et vont désgà, dysant clerement que l'on les mesne et se voyent mené tous les jours à la boucherye, ce que il ne panssent an manyèr du monde avoyr merycté, pour ce estre allyé aveque nous deus, ausquels il ont désyr de servyr jusque à la mort. Au reste le dyct Helpendam vous dyrat ce que il ce passe par icy, et ne feys doubte que l'on ne vous farcyrat de myllion de bourdes que l'on vous dyrat de moy, qui mast occasyonné pa-

(1) *Antyerement.* Par le traité du 25 août; car c'est sans doute là ce que Ilpendam avoit apporté.—Bréderode n'eut donc pas écrit comme *M. Te Water*: «Dit verdrag moet, zonder twijfel, gehouden worden voor den gelukkigsten uitslag van 't verbond en de smeekschriften der Edelen.» I. 425. Voyez aussi ci-dessus p. 241.

reyllement vous anvoyer le dyct Helpendam, lequell ne m'ast abandonné d'ung seul pas, auquell ey anchergé vous dyre le tout, et pour vous rendre certeyn de toutes nos affayres de par dessà. Atant, Monsr. mon frère, pryerey le Créateur vous donner an sancté, bonne vye et longue, me recommandant byen humblement à vostre bonne grâce. De Egmont, ce 3me jour de septembre 1566. 1566. Septembre.

Vostre du tout dedyé frère à vous fayre
service à jamés,
H. DE BREDERODE.

A Monsieur mon frère, Monsieur
le Conte Louys de Nassaw

[1]LETTRE CCI.

Les Seigneurs d'Audrignies et de Lumbres au Comte Louis de Nassau.

⁂ Ces deux Seigneurs avoient été envoyés à Valenciennes afin d'user de leur influence pour calmer le peuple: *Procès d'Egm.* II. 465. Mais ils ne purent guères s'entendre avec M. de Noircarmes. « Consultus a Magistratu Noircarmius mandatam foederatis juris» dictionem negat: multa nihilominus uterque proponit. » *V. d. Haer*, p. 288.

Ils desiroient savoir la marche tenue par le Prince à Anvers. En effet, sur son exemple tous ceux qui ne s'étoient pas entièrement ralliés à la Gouvernante, croyoient devoir se régler: les Accords avec les protestans, à Tournai par le Comte de Hornes, à Malines par le Comte de Hoogstraten furent conformes à l'arrangement que le Prince avoit conclu.

[1] *Ecrite par le Seigneur de Lumbres.*

1566. Septembre. Monsieur, aiant donné particulière advertence à mons[r] le Prince de nostre besoigne en ce lieu, nous ne poursuivrons plus oultre ces arres[1] pour ne tomber en redite, asseurés que mon dit Signeur vos[2] en fera part: sans plus nous vos supplirons avoir pour agréable de tenir la mein qu'il lui plaise nous doner particulière advertence de la forme qu'il a tenu en la procédure de ses dessin pour la conformité de l'entreprise d'Anvers, avecque vostre advis sur le mesme faict, affin que par l'exemple du dit besongne ou quelque aultre conseil salutere, nous puissions mener le tout à fin aussi heureuse qué les commencemens nous semblent prometre. Si cependant il se présente quelque aultre chose, nous ne fauldrons vous en faire part. A tant nous prirons Dieu, après nous estre humblement recommandés en vostre bonne grâce, qu'en vos Monsieur, il continue la sienne saincte. De Vallenciennes, ce vj[e] de septembre 1566.

Les entièrement prets à vos faire service
en tous endroict,

CHARLES LE REVEL. GUISLAIN DE FYENNES.

A Monsieur, Monsieur le
Conte Ludvick de Nassau.

LETTRE CCII.

Le Comte d'Egmont au Prince d'Orange. Il part pour la Flandre; se défie de la Duchesse.

*** Le Comte étoit plein de zèle contre les iconoclastes; mais il

[1] erres (reprendre les dernières erres, *recommencer à travailler sur une affaire.*)
[2] vous.

avoit différé son départ « à l'instante prière de Son Alteze, pour as- 1566.
» sister à la résolution de la responce aux lettres du Comte de Hornes» Septem
sur la situation de Tournai. *Procès d'Egm.* II. 392.

La manière dont il s'exprime sur les levées en Saxe et en Hesse fait voir que le Prince et les Confédérés ne lui confioient pas leurs secrets.

Monsieur. Y me désplet grandement que n'aueray se bien de vous veoir devant mon partement pour Flandres, mais ne puis plus tarder de aller pour veoir sy je pouray fere ensuivre ce que fut decretté le 25e du mois passé, ce que ne serat sans paine, comme j'entens, car les chozes vont fort mal en ce [abbest] quartier de Flandres, mesmes le nombre des antbatistes et fort augmenté (1) depuis quelques tans [en est]: certes y seroict plus que temps de assambler les estas-généraulx, mes y ne me peult sembler que Madame, ny ceulx que sont issy auprès d'elle, le desirent (2). Je prie à Dieu que ses intensions soient bonnes. Siesse[1] qu'y me semble qu'elle est fort animée, et à mon advis elle ne se fie en personne que en Berlemont et Viglius (3), Dassomville et telles gens, et at

---

(1) *Augmenté.* « Qui versus Galliam vergunt, Calvini sectam » mordicus defendunt, Anabaptistis inter hos quoque tuto sua dog- » mata profitentibus. » *Vigl. ad Hopp.* 380.

(2) *Desirent.* Le Comte se trompe ; voyez p. 238.

(3) *Viglius.* Il paroit cependant qu'il n'étoit pas trop dans les bonnes grâces de la Duchesse, et qu'elle le consultoit surtout pour complaire et pour obéir au Roi. « Multae occasiones, dum » rectum tueri conor, Ducissam ac plerosque alios minus erga me » benevolos reddiderunt . . . . Quod scribis regio mandato fieri ut » Ducissa mea opera plus solito utatur, ego eo favore carere mal-

[1] si est ce.

1566. tenu tous les matins conseil de trois heures. Je vous
Septembre. lesse penser ce que cela veult dire; elle dit oussy d'estre bien avertie de ses levées quy se font en Saxe et Hessen, mesmes par ceulx de pardessà. Quant à moy ne le puis croire, car se seroict contre se que sette noblesse nous at asseuré. Depuis deux jours et venu courier d'Espaigne, mes n'ay veu nulles lettres de particuliers. Madame nous at montré deulx lettres du Roy de bien petite sustance[1], quy me fet penser qu'elle en at d'autres qu'elle ne veult montrer (1). Le prinsipal point estoiet une lettre de change de deulx cent milles escus, de quoy ses dernières lettres, devant selle ichy, en fesoient mension. Le dy courier et despeché [jense] et [veniente], par quoy et bien à croire que se n'et pour cela; en fin puisque n'avons james fet que nottre devoir, il fault espérer que Dieu serat nottre deffenseur. Monsieur le Conte Loudwig m'at ses jours passé envoié ung escript pour fere signer à tous chevaliers de l'ordre, lequel vay montré au Conseil, où paressent monsieur de Berlemont et monsieur de Hachicourt. Il semble à Madame que ne le devons fere, puisque le Roy le fet, et que par l'asseurance du Roy nous et commandé de l'opstruer. Quant à moy soiet que je le signe ou non, je l'opstrueray comme sy je l'euse

---

» lem, cum non solum invidiae, sed periculi plurimum mihi adferat. » *Vigl. ad Hopp.* 376, sq.

(1) *Montrer.* Cette double correspondance n'eut pas été contraire à la coutume du Roi Philippe. Par exemple « au commencement d'octobre le Roy commanda d'escrire deux lettres à S. A., » l'une publicque pour monstrer à tous, et l'aultre secrète pour elle » seule. » *Hopper*, *Mém.* 107.

[1] substance.

signé cent fois (1). La première fois que nous serons ensemble nous en parlerons plus à plain. Sy vous voies monsieur le Conte vostre frère, vous luy poves dire ce que dessus de ma parte, et sur ce, Monsr., vous veus beser les mains, priant le Créateur vous donner, Monsieur, ce que plus désires. De Dottenghiem, ce 7e de septembre. 1566. Septembre.

Vostre serviteur et vray amy,

LAMORAL D'EGMONT.

LETTRE CCIII.

B. de Mérode au Comte Louis de Nassau. Le peuple se défie des Confédérés à cause de l'accord avec la Gouvernante.

Monsieur. J'ay atendu tous ces jours passé pour avoir résolution sur la somme des deniers pour Monsieur l'Admiral, laquelle vous sçaves(2); et coment le singeur de Tou-

(1) *Fois.* Peut-être un écrit par où les Chevaliers se fussent engagés à repousser (*opstruer*) l'Inquisition. Du moins Madame pouvoit dire à cet égard que le Roi l'avoit déjà ôtée; que par suite de cette promesse (*asseurance*) on étoit tenu de s'y opposer, et le Comte d'Egmont pouvoit affirmer en toute sincérité qu'il *l'obstrueroit*, *comme s'il eut signé pareil écrit cent fois.*

(2) *Sçaves.* Voyez p. 274.

1566. lousze m'at ce jourdhui escript, qu'aves comandé les faire
Septembre. tenir au dit singeur Admiraell à Tournay (1), ne me serat besoinge de plus loingtaimps atendre après ce que desus, desorte que n'a volu fallir vous escrir que je part vers Tillemont et delà outre aux pays de Juliers. S'il vous plaict me comander quelcque choce, me trouveres prest à obéyr. J'ay receu novelles de quelcque gentilhomes, nous confidérés, lesquelles trouvent fort estrainge nostre résolution faict à Bruselles; le peuple se deffient entièrement des geux pour la cassation de nostre Compromis et leur semble que sommes entièrement desjoinct d'eux. Le bruict est aussi que aucuns confidérés font grand persécutions et exécutions principalement en ce pays de Flandres et Haynault. L'on faict aussi gens à tous costé, et ceux qui en ont la charge nous sont entièrement contrair, et l'on craint que quant son Al. arat assemblez quelcque gensdarmerie, qu'elle procéderat en tout rigeur: par quoi me semble, Monsieur, pour donner quelque contentement aux nobles et aux peuples, que l'on debvroit leur communicquer et faire entendre l'assurance des singeurs de l'ordre, avecques les lettres escript par son Al. aux gouverneurs des provinces et Magistras; lors je penseroit qu'il auriont plus de raison de ce contenter. L'on m'a dit que à Brusselles l'on at défendu expressément aux borgois de point sortir de la ville pour assister aux presches, qui poldroit bien causer quelcque mutation soudain; qui fera fin, priant le Créa-

(1) *Tournay*. Le Comte de Hornes s'y étoit rendu pour rétablir l'ordre.

teur avoir vostre Singnorie en Sa saincte grâce. De Malins, le 8e de 7bre l'an 1566. 1566. Septembre.

Entièrement prest à faire services,
BERNART DE MERODE.

J'ay mandé à Monsieur l'Admiraell qu'il trouverat les denirs à Tournay, suivant la lettre du Seigneur de Toulousse.

Monsieur, Monsieur le Conte de
Nassou Catzenellenbogen, Vianden, etc.
Anvers.

LETTRE CCIV.

B. de Mérode au Comte Louis de Nassau. Relative à un emprisonnement pour le fait de la religion.

Monsieur, estant arivé à Louvain, sont venu certains personaige ce plaindre coment le Magistraet c'est présumé de faire prendre prisonir pour la religion, disant qu'il estoit Ministre, ung nomé Laurins Tomas, lequelle et natiff de Bosleduc, et coment ces amis ont procuré vers le dit Magistraes pour le rélargir suivant l'accord faict par S. Alt. et la noblesse, leur ont certifié qu'il est relaxé, mais ne le peuvent nullement trouver, desort qu'il présument qu'il doit estre secrètement déspêché, comment il ont bien de coustume; parquoy il m'ont requis de voloir escrire ce mot vers vostre singnorie pour voloir escrir en leur faveur aux Magistras qu'il aient à le faire

1566. Septembre. sortir ou leur dire ce qu'il en ont faict, et ce en vertu de l'accort faict à Brusselles avecques son Alt., car si l'on comencoit à trousser l'ung devant et l'autre après pour les faire secrètement dépêcher, ce seroit chose bien dangereusse et de fort mavais conséquense; qui fera fin, priant le Créateur vous avoir, Monsr, en Sa sainte grâce. De Louvain le[1] de septembre l'an 1566.

De vostre S[rie]
entièrement prest à faire services,
BERNART DE MERODE.

A Monsieur Monsieur le Conte
de Nassou, Catzenellenboech, Vianden.
Anvers.

LETTRE CCV.

De Quaderebbe, Magistrat de Louvain, au Comte Louis de Nassau. Relative à un prisonnier dont on demandoit l'élargissement.

*** « Quarebbius, Praetor Lovaniensis. » *V. d. Haer*, 298. « Een » Edelman, Quareb, de Meyer van Loven. » *Bor*, 147[b]. Il s'agissoit sans doute du prisonnier au sujet duquel B. de Mérode avoit écrit au Comte Louis. Voyez la lettre précédente.

Monseigneur!

Ayant fait le debvoir à ce que vous m'escript [es], ay mandé Messrs de la ville près de moy à cause que me porte ung peu mal, et suys assez informé de la personne laquelle

[1] *Le chiffre est incertain.*

(come y a grief) at esté mené sur la maison de la ville, et veu en quelle forme et à quoy il venoit, ce est trouvé beaucoup des choses scandaleuses, dont en eult peu venier cédition ou désordre en la ditte ville, que ast esté occasion que Messrs l'on fait détenir secrètement, le faisant bien traicter, ce que V. S. entenderast plus amplement par leurs escripts Et de moy, V. S. me congnoit que ne vouldroye nullement contravenier aux appoinctemens, ny accors absoluts, car certes ay entendue que V. S. y at fait grand debvoir, et serast mémoire immémoriale pour sa maison, et espère que le tout se appaiserat par bon moyen. Je ay mon serment et V. S. et[1] sy discrèt, qu'il fault que j'en responde, suppliant d'entendre bien l'affaire, car sertes requiere en cecy advys et conseille de V. S., comme mon bon seigneur, et pour vraiz ne venois pour nul bien icy, veu le dégisement. Atant, monseigneur, prieray le Créateur maintenir à V. S. en santé, me recommandant bien humblement à la très noble grâce de V. S. Escript à Louvain, ce 9 jour de septembre 1566.

1566. Septembre.

De V. S. bien humble serviteur,

De Quaderebbe.

Monseigneur, Monseigneur le Comte Lodowycht de Nassau.

---

* LETTRE CCVI.

Guillaume, Landgrave de Hesse, au Prince d'Orange.
Réponse à la lettre 195.

Unser freundtlich dienst unnd was wir mehr liebs und

[1] est.

1566. guets vermuegen allezeit zuvor, hochgeborner Fürst,
Septembre. freundtlicher, lieber Vetter, Schwager und Bruder. Ewer Libten schreiben des *datum* weiset Anthorff denn letztenn Augusti, haben wir verlesenn, freundtlich verstanden; bedancken uns solcher mitgetheilten zeitungen zum höchsten, und ob es wol an dem dasz wir wünschen, es wehr bessere bescheidenhait in hinwegthuung der bylder, sonderlich zu Antorff und vieleicht ander mehr ortten derselbigen landes arth gehalten worden, so muessen wir doch bekennen, das die bilder ein groszer greuwel und abgötterey gewesen und noch sein, wie sie auch, der ursachen halber, in vielen kirchen der Augszpurgischen Confession, da der *Calvinismus* gahr nicht geduldet wirdt, vor dieser zeit abgeschafft sein (1). Darumb hierin dem gemeinen pöbel desto eher ignosciren und nachzusehen, dann, da mit der Spanischenn Inquisition leiser und gemacher gefarenn wehre, so möchttenn vielleicht dieszer ding gahr viel underpliebenn sein. Dieweil es aber beschehenn unnd nunmehr nicht zu wiederpringen ist, wir auch achtenn es werdt sich der gemeine man gahr schwerlich von der einmall erkenthenn göttlichen warheit tringen laszen, so werden ohn zweiffel die Kön. Wür. zu Hispaniën, auch E. L. und andere die

(1) *Sein.* Peut-être une des causes pourquoi les Luthériens ne s'opposèrent pas toujours avec autant de force que les Calvinistes au culte des images, se trouve dans des excès commis dès le commencement de la Réforme et contre lesquels Luther s'étoit prononcé fortement. « Andreas Bodenstein genannt Karlstadt, ging in guter » Meinung aber mit thörichter Heftigkeit weiter, entband von » allen zeitherigen Formen und Ordnungen, und veranlasste eine » wilde, verwerfliche Bilderstürmerei. » *V. Raumer*, I. 344.

es mit irer Matt. trewlich meinen, dahin zu dencken 1566.
und zu rathenn wissen, damitt der boege nicht überspan- Septembre.
net, noch under diesen sorglichen, des Türekenn und anders halbenn beschwerlichen leufftenn, übel erger gemacht werde; dann wir hoorenn gleichwoll soviel, dasz sollich volck irem Hernn König sonst in allenn zeitlichenn dingenn trew und gehorsam zu sein sich erpiete, und allein suchet und begehret das wortt Gottes lauther und rein zu habenn nach prophetischen, Christlicher und apostolischer lehr und einsagung.

Soldt nun hierüber dieses volck mit überzug wollen beschwerdt werdenn, so ist die defension natürlich und möchtenn warlich etwas thun das iren König zu schlechten vortheil gelangen könte: bevorab, wo dem also sein soldt wie man unsz saget, das viel irer Kön. Wir. underthanen in Hispaniën und sonderlichenn im könnigreich Arragoniën eben derogleichen wie diese in Religion-sachen begehren und suchen (1).

Das aber die Calvinische lehr sich so weith einreissen soll, tragenn wir, wie E. L., sorge dasz solchs die Kön. Wür. zu Hispaniën nit wenig offendiren und dasz darauff allerley grosse gepfar[1] stehen möcht, darumb von denen die das gehör habenn und zu Christlicher, fridtlicher ainigkaith geneigtt, gahr woll gehandlet und gethan würde wann sie köntenn den Predicanten persuadiren mit solchenn disputationen und sonderunghen in-

(1) *Suchen.* L'influence de la Réforme se manifestoit encore en Espagne malgré les persécutions. « Das Jahr 1570 kann man als den » Zeitpunkt ansehen, wo die evangelische Religion vollständig in » Spanien unterdrückt ward. » *Evang. K. Zeitung*, 1834, p. 389.

[1] Gefahr.

1566. Septembre. zu haltenn, bis Gott die wege einer mehrer Christlichenn vergleichung *in re sacramentaria* gebe und gnediglichenn verleihe . . . . . *Datum* Cassell am 16ten Septembris Anno Dni 1566.

WILHELM L. z. HESSZE.

E. [1] L. dienstwilliger bruder alzait.

Dem hochgebornen Fürsten Herrn
Wilhelmen, Printzen zu Uraniën, etc.

---

† N° CCVI.

Mémoire (Gedenckzettel) *du Prince d'Orange pour le Comte Louis de Witgenstein.*

*** Le Comte Louis de Witgenstein, de retour d'Italie (voyez p. 268), s'étoit montré disposé à rendre service au Prince. Celui-ci le fit prier de se rendre vers le Landgrave de Hesse et l'Electeur de Saxe. Le Mémoire expose les principaux objets de sa mission.

Fürs erst lassen wir's bey unserm genohmenen abschiedt und freundtlichen erpietten beruhen, und thun uns kegent seine Liebe gantz freundtlichen bedancken, das sie, uns und diesen länden zu freundtlichen willen und guetten, diese raise und werbungen bey den bewusten Chur-und-Fürsten zu verrichten, uf sich genohmen haben; wünschen demnach S. L. zu solchen Christlichen werck und vornehmen von Gott dem Herren viel glücks und hails und alle wollfarige und selige ausrichtung. Zum andern ist unser gantz freundtlich vleissig bitt, das S. L. diese vorgenohmene raise in Gottes nahmen ehster gelegenheit vortsetzen, und sich erstlich

[1] E. — alzait. *Autographe.*

zu . . . . Herrn Landgraf Wilhelmen zu Hessen, verfügen, und S. L. . . . den gefärlichen und hochbeträngten zustande und unruhe nach aller lengde ausführen und erzelen wolle, darin diese Niederlände, der wahren und rechten relligion halben, nuhnmehr kommen und gerathen wehren, wie wolermelter unser vetter dieselben ainsthails selbs gesehen und erfahren (1), und vor sich nach aller notturft und wichtigheit wol wirdet auszuführen und zu erzelen wissen. 1566. Septembre.

Darumb wir auch S. L. zu mehrdern und volkomlichen bericht, alles dessen so sich bis anhero derhalben zugetragen und auch erst ahm letzern mahl zu Brüssel endtlich gehandlet und verabschied worden ist, glaubhafte abschrieften übersenden; und nachdem dan wir und diese lände in solche gefahr und noch sonder unser schuldt und verdiehnen, gefallen, so wehre an seine Landtgraf Wilhelms Liebe unser freundtliche, hochvleiszige und gantz diehnstliche bit, das uns S. L. in unsern höchsten notten und anliegen irem gutten und getreuen rath mitthailen, sich auch aus Christlicher liebe und treu der armen Christen in diesen länden soviel annehmen und uns zu verstendigen unbeschweret sein wolle, wessen wir uns doch inn diesen geschwinden leuften und gefärlichen practiken und zeitten verhalten sollen, damit wir doch nit gentzlich verlassen und verderbet, sondern

(1) *Erfahren.* Il paroit que l'année précédente le Comte avoit fait un voyage dans les Pays-Bas. « Den 8sten Sept. waren te Vianen . . . de Prinche van Orangien . . . en twee Graven van Witgensteyn. » *Te Water*, IV. 323. Mais en outre le Comte étoit peut-être venu prendre les ordres du Prince.

1566. Septembre. durch guetter friedtliebender herren undt freundt gutten rath und unterhandelung, auch tröstliche hülf und beystandt, errettet, oder ja bis zu einer gemeinen christlichen reformation und vergleichung bey landen und leuthen, weibern und kindern, bleiben mögen.

Dan dieweil in diesen länden vielerley religion aufstehen; nemblich, die Bäbstische, der Augspurgische Confession-verwanten, die Calvinische und wiedertäufferische, so ist hochlich zu besorgen das der Babst mit seinen adhaerenten bey der Kön. Ma[t] und irer relligionverwanten zum vleissigsten anhalten werde (1), bissolang ire Ma[t] diese lände mit aller gewalt und macht angreiffen und dieselbigen irer relligion wiederumb unterwerffen werde, wie dan solches aus viele anzeigungen, so albereit ins werck gestelt seindt und hien und wieder getrieben und practicirt werden, genugsamb und schainbarlich zu vermutten ist.

Da es dahin gerathen solte das solche gefärliche anschlege ire fortgang gewinnen und diese lände erzeltermassen angrieffen werden solten, so geben wir S. L. freundtlichen zu bedencken, ob sie nicht zu verhüttung solcher practicken und vieler christlichen und unschuldigen bludvergiessens, vor radtsamb und guet ansehen das sich alle der wahren Religionverwante, Deutsche Chur-und-Für-

---

(1) *anh. werde.* Le 17 janvier 1567 le Pape écrit à Philippe: « Cogit nos et commissum nobis a Deo officium, et paternus » erga te amor eâ de re cum Majestate tuâ agere, de quâ saepius » jam egimus; et quo pejore in dies loco res Flandriae esse audi- » mus, eo impensius hortari, monere et instare, ut sine longiore » cunctatione ad eos sedandos tumultus sese conferat. » *Procès d'Egm.* II. 532.

sten, dieser armen lande und Christen so viel annehmen, das sie sich einer gemeinen Christlichen vorbith und ansehentlichen vorschrieft mit einander verglichen, die sie irer Ma^{t} gesambter handt zuschrieben, darin allerhandt statliche motieven und umbstende nach aller lengde und nottürft ausgefürt und anzaiget wurden was irer Ma^{t} selbst und diesen derselben länden vor gefahr und schaden endtstehen, auch was vor ein grosse weitterung in der gantzen Christenheit solches gebahren möchte. Wir verhoften gentzlich es solte solche stadtliche vorschrieft nicht ein geringes ansehen bey irer Ma^{t} gewinnen, und nit allein ir Ma^{t} zu viel einer bessern meynung bewegen, sondern auch vieler andern unruhigen leuthe gehaimbte stiftung und prackticen brechen und hindern. 1566. Septembre.

Da aber solches wieder unser hofnung enstehen und nichts fruchtbarlichs ausrichten würde, sondern solt je mit der gewalt fortgefahren und diese lände überzogen werden, so wehre abermahls unser gantz freundlich vleissig bitt, das uns seine Landgraf Wilhelms Liebe iren getrewen rath und guttdüncken freundlich mitthailen wolten, welcher gestalt, was massen und wie weit sich diese lände, der reinen religion halben, mit der kegenwehr wieder solchen gefährlichen überzugh einzulassen und sich demselbigen ohn verletzung irer privilegien und freiheiten, auch ayden und pflichten, wiederlegen könthen.

Und im fall hochermelter Landgraf Wilhelm vor guet ansehen würde das diese sachen zuvorderst oder hernach an S. L. Hern Vatter auch gelangen solte, welchs dan unser Vetter Graf Ludwig an S. L. leichtlich vornehmen kan, so seindt wir unser theils auch wol zufrieden, und

1566. Septembre. wollen hiemit unserm Vettern gebetten haben sich im selben auch gutwilliglich zu erzaigen, und seiner, des alten Hern Lantgrafens Liebden, rath und guttdünken uf jeden punckten auch zu begehren und anzumercken. Nach solchem ist unser weitter freundlich bith das unser Vetter Graf Ludwig hochermelten Herrn Landtgraff Wilhelm, auch mitt S. L. rath und gutdüncken derselben herren vatter, in unserm nahmen . . . bitten wolle: nachdem . . . Graf Ludwig, fürters nach dem Hern Churf. und Herzogen zu Sachsen-Weimar, der bewusten handlungen halben, verreissen werden, das wir . . . zum vleissigsten darumb gebeten haben, das I. L. unserm Vettern ein ansehenliche und vertraute person Ires Hofs, die wehre eines adelichen oder anderen herkommens, an die berürten örter zum Hern Churfürsten und Herzogen zu Sachsen-Weymar bey verordenen, damit die sachen allenthalben desto mehr ansehens haben und statlicher verrichtet werden könthen, . . . wurden aber herr Landgraf Wilhelm oder S. L. Her Vatter dieser schickung ein bedencken tragen und sich darin beschweren, so wirdt doch unser Vetter, seine reise zuvorderst zum Herrn Churfürsten woll zu nehmen und ahm selbigen orth seine werbunge erstlich ohn unser erinnern wol zu vorrichten wissen.

Da nuhn hochermelter Herr Churfürst . . . vor guet ansehen würde das solches unser vorhaben fürters ahn den Herrn Hertzogen zu Sachsen-Weimar gelangen möchte, darumb dan S. L. vor allen dingen des Hern Churf. rath und gutdüncken underthenichlich begeren und volgen soll, so mag sich dan S. L. aufs förderlichste da dannen nach hochermelten Hern Hertzogen verfügen, und auch des ortes alle sachen nach inhalt der instruction und seinem besten verstandt, vernehmen und verrichten . . . . . Antorff ahm 16ten Septembris A° 66. 1566. Septembre.

* LETTRE CCVII.

Auguste, Electeur de Saxe, au Prince d'Orange. Réponse à une lettre relative aux iconoclastes.

. . . . Wir haben E. L. schreiben, dem ersten Septembris zue Antorff datirt, zu unseren hendenn empfangen, und darausz E. L. sampt derselben freundlichenn, liebenn Gemahl, unser freundtlichen, lieben Muhmenn und Tochter, auch jungen Herschafft glücklichen zustandt, gantz gerne vernommen. Soviel dann denn mitgetheiltenn berichtt wie es zu Antorff und an andern örtenn inn Flandern der vorenderten Religion halbenn, zugangenn, und wasz sich am vorschiennenen neunzehenden tage Augusti darunter zugetragen, betrifft, thun wir uns kegenn E. L. dasz sie unsz solchs zu erkennen gegeben, freundtlich bedancken. Wiewol nun der anfangh, so durch den gemeinen pöpel der örtte gemacht, seltsam ansiehett, so können wir doch woll erachtenn das es durch die angestellte tyrannische Inquisition verursachtt worden, wir wollen aber hoffenn, Gott werde gnade verleihenn, das es zu keinen weitteren auffstandt oder thetlichenn handlung gerathe, sonderlich weill es mitt bewilligung der Kön. Würde und der Guvernantin dahin gerichtet sein soll, das die Augsbürgsche Confession mit fernerm rath un zuthun der Land-

1566. Septembre. stende, freigelassenn (1) und gutte policey-ordnung angerichtet werdenn solle. Welcher ordentlicher wege auch wohl der sicherste und beste ist, und wann der Augsburgische Confession also angenommen würdet, so kann alszdann der nebenn einreisendenn Sectenn halbenn vonn der Christlichen Obrigkeitt inn einer jeden stadt und gebitte auch gebürlich einsehen geschehen; dann das bei der reinen lehre desz *Euangelii* allemahl und baldt nach *Christi* und der Apostelen zeitt allerlei irthumb und unkrautt mit eingeschlichenn, dasselb soll und musz billich nichtt dem wortt Gottes, sondernn vielmehr desz Sathans und seiner werckzeuge bosheitt und wüttenn wieder den Sohn Gottes zugemessenn werdenn.

Was wir nebenn . . . dem Landgraffen und anderen so sich zu der Augsbürgischenn Confession inn irem rechttenn und wahren verstande bekennen, mitt vorschriften an die Kön. Würde, zu auszbreittung desz *Euangelii* und verhüttung der persecution unndt Blutvergissens, thun und befürdern können, darzu seindt wir freundlich geneigt, und will, unsers erachtens, E. L. und andern Ordensherrn sonderlich dahin zu sehenn sein, das es weitter zue keinem auffstandt der underthanen wieder die obrigkeitt gerathe. Wann solchs geschiehett und die underthanen die Augsbürgische Confession annehmen und sich derselben durchausz gemesz halten, so haltenn wir darfür die Kön. W. sollte es auch bei dem Religionfriedenberu-

---

(1) *Freigelassenn.* On répandoit des bruits de ce genre pour tranquilliser et endormir les Princes Protestans. C'étoit déjà une vieille tactique, et qui n'auroit plus dû trouver crédit.

hen lassen. *Datum* Senfftenburg (1) dem 19ten Septembris Anno 66. 1566. Septemb.

Augustus Churfürst.

Dem hochgebornen herren Wilhelmen, Printzen zu Uraniën.
zu Sr L. eignen händen.

LETTRE CCVIII.

Charles Utenhove, le fils, au Comte Louis de Nassau. Il se plaint des persécutions contre les iconoclastes et contre les protestans en général.

*** La famille des Utenhove paroit avoir de bonne heure embrassé les opinions Evangéliques et souffert pour la cause de Christ. Dans le *Scrinium Antiquarium* de *Gerdes* (Tom. IV, Part. 1. p. 429, sqq.) on trouve plusieurs lettres du célèbre Bullinger, écrites, 1549 — 1559, à Jean d'Utenhove Gantois; *in Anglia degentem*, 1549, *Ecclesiae peregrinorum apud Empdam seniorem*, 1554, *in Polonia agentem*, 1557, *Francofurti*, 1559. — Apparemment Charles, son père, et son frère, protestans zélés, avoient signé le Compromis. Tous trois furent bannis par le Duc d'Albe, mais retournèrent à Gand en 1576 et firent partie de la régence municipale. *Te Water*, I. 277.

Monseigneur. Suivant les commandemens que je receus de V. Ill. Seigrie avant mon partement d'Anvers, je n'ay osé faillir de vous mander des nouvelles de par-deçà. La où je suis arrivé ce 18me du mois à présent, après avoir esté à Bruxelles et conferé sur les différens de la religion avecq Mess. Viglius et d'Assoneville, dont l'un me donna

(1) *Senfftenburg*. Château dans la Lusace, appartenant à l'Electeur de Saxe.

1566. Septmbre. froide, maigre et peu plausible consolation, l'autre ouvertement envahissoit les sectaires, ainsi qu'ilez les nommoit, desorte qu'il me semble que le Roy des Roys n'y trouve aucun lieu où passer son chef. Quant à ceulx de la ville de Gand ils gémissent encore dessous le joug de servitude, non obstant que la moisson du Seig[r] soit tout par tout asses abondante et copieuse, et le peuple fréquent qui y accourt, affamé d'avoir Sa divine parole. Mais d'autant que le peuple de Dieu s'augmente et prend accroissement d'heure en heure, d'autant et plus le Magistrat se déclarre de tout contraire (1) mortel et juré ennemy du petit tropeau, et qui est le plus grand malheur pour eux, ilz ont tellement endurci les coeurs, qu'ils ne veullent en façon du monde entendre ou faire place à la voix du Seig[r] et à son Sainct Evangile. Voire toutes leurs entreprises, practiques et desseings ne tendent à autre fin, qu'à supporter les supposts de l'Antichrist et à redresser son Ciège [1]. Quant à ceulx qui ont brisé les images aux temples consacrez au seul service d'un seul Dieu, on continue à les persécuter plus que jamais, sans qu'un seul puisse eschapper l'ongle meurtrière de ce milans. Ceulx qui s'en sont enfuiz, pour estre soupconnés d'avoir aydé à briser les dicts images, sont en nombre de plus de mille, bien comptés, sans les femmes et enfans, de qui les pitoiables cris et misérables complaintes, s'oient à toute heure si piteusement tout par tout où on se tourne, qu'il est à craindre grandement que, si Dieu n'y remédie par vostre interces-

(1) *Contraire.* Dans la plupart des villes les Magistrats étoient contraires à la Réformation.

[1] Siège.

sion (1) et moien, qu'i ne s'esleve un grand nombre des fugitifs qui s'amassent et fourmellent en certains lieux, dont le trouble soit plus dangereux sans comparaison que le passé. Oultre ce qu'il y a plusieurs pouvres prisonniers, qui sont à la miséricorde et mercy d'un magistrat sans pieté et mercy. Et qui pis est, il y a plusieurs qui marchent icy et principalement à Bruges la teste haut levée, qui ne se soucient de contravenir à la permission accordée à ceulx de l'Eglise refourmée, s'estant enhardis d'empescher et rompre les prédications par plusieurs fois et sans le consentement du magistrat, mesme jusques aux capitaines qui sont ordonnés à conserver le peuple en paix et union. Or pour autant que ce ne seroit que redite de vous particulariser le tout par le menu, et pour ne vous donner plus d'ennuy, je feray fin, après vous avoir prié, au nom de toute la comunauté, d'y vouloir apporter tel remède, que nous ayons occasion de haut louer le Seigneur, qui de Sa grâce vous a si richement eslargy ses dons, qu'avecq le bon vouloir et singulière bonté que se lict sur vostre face, vous avez aussi la puissance de tirer les pouvres affligés hors de la geule des loups ravissans, en quoy faisant, ne ferez pas tant seulement service très agréable à Dieu, ains quant et quant obligerez la plus part des Gantois (lesquelz, à dire vérité, vous désirent

1566.
Septembre.

(1) *Vostre intercession.* Il n'est pas invraisemblable que le Comte Louis aura intercédé pour ces malheureux, particulièrement auprès du Comte d'Egmont, qui déployoit une grande sévérité. *Burgundus* raconte la chose à sa manière. « Ludovicus misit ad Egmondanum sub Conjuratorum nomine, qui absterreret eum ab » ejusmodi coeptis, et si perseveraret Iconomachis injurius esse, » Conjuratos ultionem expetituros. » p. 242.

1566. Septembre. mille fois le jour pour leur tuteur et gouverneur) à prier Dieu pour vostre prospérité, en vous promettant de ma part que je rendray à V. Ill. Seig.[rie] telle dévotion que sçavez attendre de un de vos plus humbles et plus obligez serviteurs, y apportant tousjours plus d'affection et désir que je n'auray jamais de moien ou pouvoir, espérant toutefois tant de la grâce de Dieu, qu'il me sera offert quelque occasion pour ne vous estre de tout inutile, emploiant toutes mes estudes et forces à vous faire tels offices en quelque lieu que je sois, qui vous donneront peult-estre non moins de plaisir que de contentement. Qui sera l'endroict ou je prieray le Créateur, Monseigneur, de donner à vostre Ill. Seig.[rie] l'accomplissement de vos saincts désirs et la maintenir avecq vie longuement heureuse en sa divine garde. De Denterghem près de Gand ce 19me de septemb. 1566.

De V. Ill. Seig.[rie]
Le très humble et très obéissant serviteur,

CHARLES UTENHOVE LE FILZ.

Monseigneur, s'il plaist à V. Ill. Seig.[rie] nous faire un mot de responce (dont très humblement vous en supplions), le présent porteur, Monsr. de Markeghem, mon frère aisné, viendra prendre à quelque heure qu'il vous plaira le luy commander.

Dem Edelen Wolgebornen Hern, Hern Lodwichen, Graeffen zu Nassau, meinem gnedigen Hern.

N° CCVIII[a].

Instruction du Prince d'Orange pour le Comte Louis de Witgenstein relative à sa mission vers l'Electeur de Saxe.

*** Cette pièce développe ce qui est indiqué p. 292. *Strada* se trompe en attribuant la mission en Saxe à Louis *de Nassau*. » Cum Augusto Saxonum Duce agendi munus suscepit Ludovicus Nassavius. Quamquam enim Saxonia implicita tum erat armis inter Joannem Fridericum Joannis Friderici olim Septemviri filium et Augustum patruelem; id tamen opportunum rebatur Ludovicus, quod speraret Principum Germanorum qui id agebant, authoritate, rebus brevi compositis, se inde milites armatos animatosque in Belgium traducturum. » I. 291. A moins que *Strada* n'ait en vue un voyage que le Comte de Nassau fit plus tard. 1566. Septembre.

Erstlich sollen S. L.... iren Churf. G. sampt derselben geliebten Gemahl und irer jungen herschafft in unserm nahmen allen glücklichen zustand und wolfart underthenuglichen wünschen.

Fürs andere sollen I. L. seine Churf. G. die gefährliche und hochbeträngte gelegenheit und grosze unruhe, darin diesze Niederlände durch verenderung der relligion gerathen seint, nach aller lengde und ausfürlich erzelen...

Dieweill wir dan woll wüsten und uns auch keins anders versehen dörfften, dan das uns die vornembste schuldt dieszes unruhigen zustandts wirdet zugemeszen werden, wie wir dan deszelbigen albereits ausz Hispaniën warnung bekhommen, daran unsz und unsern Erben

1566. Spt-nre hoch und viell gelegen, unangesehen das wir deszen kheine schuldt hetten, so were ahn S. Cf. G. unser gantz dhienstliche vleiszige beth, das uns I. Cf. G. in solchen unsern sondern nothen und anliegen iren guten und getreuen rath mitthailen, sich auch ausz christlicher Liebe und bewandlung unser und dieszer lände soviell ahnnehmen und uns durch E. L. verstendigen laszen wolle, weszen wir unsz doch in dieszen geschwinden leuffden und gefährlichen zeitten verhalten sollen . . . .

Dan dieweill in dieszen länden so mancherley relligionen zugleich endtstanden weren, nemblich die Augspürgische Confeszion, *Calvini* lehr, und auch zu besorgen stünde der wiederthauff würde auch mit der zeitt mit unterlauffen, so wehre ahm meisten zu beförchten das die Kön. Ma[t] und under Irer relligion-verwandte Fürsten und Herren, underm schein der mancherley secten, dieszen landen mit gewalt zu setzen und darin groszen übermuet treiben wurden. Es wirt I. M[t]. nit unterlaszen die Röm. Kay. Ma[t]., auch andere der Augspürgischen Confeszion-verwandte, Chur-und-Fürsten under schein der allerhandt secten und Rebellion umb hülff und beistandt zu ersuchen, oder uffs wenigest gesynnen laszen, dasz sie die Chur-und-Fürsten solchen sectarischen, so sich wieder Ire Ma.[t] uffgewerffen, auch der mehrtheill der Augspürgischen Confeszion zuwieder weren, kheinen beyfall thun, noch ainig mitleiden mit inen haben wolten, damit Ire Ma.[t], diesze lände destobes uberwältigen und betzwungen möchten. Dan wir hetten albereits ausz Hispaniën Zeittung bekhommen, das solch und dergleichen practiken schon im werck sein sollen, das auch die Kön. Ma.[t], der Röm. Kay. Ma.[t] derhalben geschrieben haben soll, das Ire Kay. Ma.[t] seine Churf. G. des Hungarschen kriegschafft so vil möglich uffertigen und sie darzu gebrauchen wolten, damit seine Churf. G. sich in der person dahien begeben und zum wenigsten sunste damit dermaszen bemühet sein möchte, das sie sich dieszer länden und relligions-verwandten weniger ahnnhemen könthen; ob nun dem also oder nit, mögen I. Cf. G. beszer wiszens haben. 1566. Septembre.

Solt es nuhn dahien gerathen das solche gefährliche anschläge iren vortgang gewinnen und dasz diesze lände erzelter maszen angriffen werden solten, so geben wir S. Cf. G. dhienstlichen zu bedencken, ob sie nit vor gut ansehen das sich alle der Augspürgischen Confessionbewandte Chur- und- Fürsten zu verhütung solcher practiken, auch zu verschonung vieles christlichen und unschuldigen blutvergieszens, dieszer armen Cristen und glaubensgenoszen soviell ahnnehmen und sich einer algemeinen vorbith und ansehenliches verschrifft mit eynander verglichen, die sie Irer Ma.[t], gesampter handt zuschickten..... under ander das Ire Kön. Matt. die armen Cristen in dieszen länden, so Gottes wort anhengig weren und anders nichts dan desselbigen öffentliche zu bekhennen, nach des hailigen Röm. Reichs constitution und abschieden suchten und begerten und sunstet Irer Mat.[t] alle underthenige dhienst, wie getreuen und gehorsamen underthanen zu thun gebürt, zu erzaigen, begerig und willig weren, unverfolget laszen wolten. . . . .

Wir seyn in erfarung kommen das etliche potentaten und groszen Hern hochermelten Hern Herzogen zu Sachsen-Weimar gern ahn sich bringen und hängen wolten

1566. (1), darausz dan nit allein seiner Churf. G., sondern auch
Septembre. unsz und dieszen länden in itziger gefährlicher gelegenheit und relligionszeitten, ein mercklicher nachtheill zu besorgen stünde.—Were demnach unser einfeltiges bedencken, so vern es sunstet S. Cf.G. nit zuwieder, das wir mit hochermelten Hern Herzogen zu Sachsen handlen, und S. L. vorschlagen laszen wolten, da S. L. mit irem anhang ein dhienst oder jargelt ahnnehmen wolte, so wolten wir derselben darzu verholffen sein, doch dergestalt und mit dem auszdrücklichen vorbehalt, das S. L. weder mit S. Cf. G., noch aintzigen andern reichsstände in ungutem etwas anfangen solte; Und soviell wir weitleuffig hetten vermercken können, so vernhemen wir, da solichs S. L. vorgeschlagen würde, das sie etwan darzu versehen, sich auch weniger beschweren würde, da S. L. gleichmeszige verschonung beschehen könthe, und da sich hoch ermelter Herzog etwan bestellen laszen würde, wie wir's darfür hilten das S. L. nit abschlagen werden, so hetten sich S. Cf. G. vor S. L. weniger zu befahren, als wan sie etwan einen anderen Potentaten zugethan weren.

Damit nuhn solichs ahn S. L. mit gutem füghen gesucht werden möge, so geben wir S. Cf. G. dhienstlichen zu bedencken und wollen derselben rath hierin gebetten

---

(1) *Wolten.* Selon *Strada* le Comte de Mansfeldt avoit offert de susciter par ce moyen des affaires à l'Electeur, afin de l'empêcher de songer trop aux Pays-Bas. « Pollicitus remoturum se Saxoniae » Ducem a facultate nocendi, nempe operâ filiòrum Joannis Fri-» derici, qui jam pridem Augusto infensi ob Septemviratum patri » ademptum, si ad bellum spe aliquâ sollicitarentur, haud dubie » illos in arma tracturos Saxoniam universam, Augustumque fac-» turum satis, si circa se faces extingueret. » I. 288.

haben, ob wir mit hochermelten Hern Herzogen deshalben allans[1] handlen, und diejenigen so I. L. bey sich haben und uff jüngst gehaltenen reichstag zu Augspürgh in der Kay. Ma.t acht und ungnade gefallen, nit mit begreiffen, oder aber mit dem Hern Herzogen und inen zugleich handlen, und inen solche mittel vorschlagen laszen wollen wie sie wieder auszgesönet und zu der Kay. Ma.t, gnade gelangen und kommen möchten. Welchs wir allain darumb vermelden, dieweill sich dieselben ehre zu S., des Hern Herzogen zu Weimars, L. hielten, und anders nichts vornhemen dan das sie S. L. in allen gehaimbten practiken und anschlägen mögliche hülff, rath und beistandt erzaigen, darausz dan grosze gefahr, sorge und weitterung zu beförchten stünde, die nit allein den loblichen Chur-und-Fürstlichen Häuszern zu Sachssen, sondern auch gantzer Deutscher Nation und sonderlich dieszen Niederländen in dieszen itzigen gefährlichen leuffden und zeitten, zu mercklichen nachthaill geraichten, und das hergegent durch solche begnadigung und aussönung, da sie erhalten werden möchte, nit allain solcher unruhe vorkhommen, sondern auch vieller andern Potentaten und unruhigen Hern gehaimbten practiciren, damit sie wieder Deutschlandt und das hailig Reich umbghen, begegnet und gesteurt werden könthe..... Antorff ahm zwantzigsten septembris Anno sechzig und sechs.

1566. Septembre.

[1] Allianz.

1566. Septembre. Il y a aux Archives encore un exemplaire de cette Instruction, mais daté du 16 sept. le même jour où le Mémoire pour le Comte fut signé (voyez p. 293). Cet exemplaire diffère du premier en ce qui est relatif à l'affaire extrêmement délicate du Duc de Saxe Weimar et de G. de Grumbach. Nous croyons qu'il sera intéressant de comparer ces passages. — Les menées de Grumbach étoient de grande conséquence pour l'Allemagne et se rattachoient à un projet contre la Souveraineté quelquefois oppressive des Princes; on desiroit les soumettre à l'autorité monarchique de l'Empereur. *M. Pfister* remarque avec raison: « Diese Auftritte bewiesen dasz der alte Fehde» geist noch nicht völlig erlöschen seye, und dasz die Ritterschaft » auch ihre Beschwerden gegen die Fürsten hatte. » *Herz. Christoph*, 465. On trouve à ce sujet un passage fort remarquable dans les lettres de *Languet*. Il écrit en mars 1570 à l'Electeur de Saxe. « Scio renovari conspirationem quae ante obsidionem Gotta» nam instituta erat a quibusdam ex nobilitate adversus Principes. » Conspirantium institutum est (ut ipsi dicunt) redigere Imperium » Germanicum ad formam regni Gallici : hoc est, ut Principes in » nobilitatem nihil habeant imperii, sed solus Imperator utrisque » aequaliter imperet. » *Epist. secr.* I. 143.

..... Erstlich stellen wir in kheinen zweiffel Ire Churf. Gn. würden sich noch frischlich zu erinnern wiszen was wir derselben hiebevhor in schrifften und sonderlich uff letz gehaltenen Reichstag zuw Augspurgk, durch unsern Secretarien Lorichen, des misztrauen, verdachts und argwohns halben damit wir bey der Kön. Ma^t^ zuw Hispaniën und derselben vornhemen Rethen durch unser miszgünstig, im ungrunde und wieder unser schulden und verdhienen, angeben seint, haben dhienstlich und underthenigst zu erkhennen geben. Dieweil dan solcher unpillicher verdacht noch nit abnhemen will, sondern je lengder je hefftiger einreiszet, sich auch die religionssachen in dieszen Niederländen seidhero etwas weitter ausgebreittet und seltzamer veranlast haben, uns auch glaubwürdig anlanget das im hailigen Reich Deutscher Nation vilerley gehaimbten werbungen und practiken getrieben werden, die etwan dieszen Niederländen und uns fürnemblich zuwieder lauffen möchten, so hette unser nottürft erfürdert uns derselben etwas gewiszer zu erkundigen, und nach alderhandt eingenhommenen guten antzaignungen, so hetten wir befunden das der Elter Herzog, Hans Friederich zuw Sachsen, sampt seinen anhang, fast in die sieben thauszent pferde und darnebent eine gute antzall lansknecht, in seinen händen haben, darunder vill stadlicher vom adell und versuchter kriegsleuthe sein sollen; damit wir nuhn darnebent erfahren könthen ob sie etwan einem Potentaten mit bestallungen bewandt geweszen weren oder sich sunstet uff ir selbst hamb und wagung zusamen geschlägen hetten und etwas anzufangen willens weren, so hetten wir von weittem und unserm unvermeldet umbhören und ahn inen gesynnen laszen, da sie sich in einige bestallung einlaszen wolten, so könthe man inen zu einem guten Herren verhelffen: darauff uns alderhandt umbstende und bericht zurück einkhommen, ausz welchen wir sovil vermercket hetten, das sie noch zur zeitt keinem Potentaten verbunden weren, sondern weren also uff irem aignen rappen und unkosten zusammen gerathen und theten also eins neuen geschreys erwarten.

1566. Septembre.

Wir haben von... Hern Landtgraff Wilhelmen zuw Hesszen, auch andern, verstanden das zwischen S. Chf. G. und hochermeltem Herrn Herzogen zuw Sachsen und etlichen S. L. anhängigen und genoszen ein groszer miszverstandt

1566. in kurtzem endtstanden sey, welcher je lengder je hefftiger einreiszen und zu nichts anders als einem gefährlichen auszgang lencken soll . . . . .
Septembre.

Wir trugen die vorsorge sie wurden solche unruhe und practiken je lengder je mehr fürtreiben, und sich endlichen als die schwächisten etwan ahn einen groszen Potentaten (1) hängen und letzlich ir eusserste macht und vermügen versuchen, dahero dan nit allain S. Chf. G., sondern auch dem gantzen Reich und sonderlich dieszen Niederländen in dieszen gefährlichen schwebenden zeitten, ein mercklicher nachtheil ahnerwachsen könthe. Und her wiederumb eine bestendige ruhe, fried und ainigkeit, nicht allain S. Chf. G. und dieszen landen hiedurch gestifftet, sondern auch dem Türckhen und allen andern Potentaten so kegent das reich und diesze länden practiciren, ein mercklicher abbruch und verhinderung in allen anschlägen und vorhaben gebähren möchte. Geben zuw Antorf ahm 16ten Septembris A° 66.

LETTRE CCIX.

Le Comte Louis au Comte Jean de Nassau. Il lui demande conseil sur plusieurs points, entr'autres sur la désunion entre les Calvinistes et les Luthériens.

. . . . E. L. schreiben hab ich entpfangen und darneben Germers mündtliche werbung nach der leng

(1) *Potentaten.* Grumbach et les siens entamèrent aussi des négociations avec le Roi de France.

angehöret undt vernommen; thue mich der gehapten mühe undt grossen fleisses, so E. L. inn disser sachen angewendet haben, von wegen der gantzen geselschaft undt bundtsverwanten (1) gantz freundtlichen undt dienstlichen bedancken, mit fleissiger bitte E. L. wollen inn dissem gueten vorhaben also beharren undt derselben disser ländt arme bedrangten Cristen lassen bevolhen sein, welche vor das erst, durch schickung undt scheinbarlichen beystandt des Allmechtigen, soviell erlanget haben, das inen die predig Göttliches worts undt ware auszteilung der Sacramenten vergündt und, bisz zum beschlusz undt endtlichen abscheidt der gemeinen Stende disser Nidderländ, zuegelassen worden; doch das solches inn keinen kirchen, geweiten plats oder betzirgk einiger stadt geschee; damit der gemein mann, wie wol mit grosser müe und nach viel gepflägter underhandlung, entlich zuefrieden gewesen. Es sollen E. L. nummer glauben können, mit was eiffer menniglichen, auch von den fürnembsten, zue dem wortt Gottes geben[1], und stehet unsz anders nichts inn dem wege, dann das der *Calvinismus*, ausz mangell gueter lehrer, an so vielen örten einreisset, welches unserm gantzen handell nicht allein verhindert und bey vielen leuten verdechtig, auch wol gar zuewidder machet, sondern unsz, wie leider zue besorgen, eine grosse uneinigkeit im lande geberen wirt, dardurch der dritte hauffe, unsere widdersacher, zue irem vorteil leichtlich kommen mögen; wie dan E. L. von Grav Ludwigen von Wittgenstein ferners aller sachen bericht entpfangen werden. Stehet derhalben nuer uff dem, das wir

1566. Septembre.

(1) *Bundtsverwanten.* Voyez la remarque p. 174.

[1] *Peut-être le Comte a voulu écrire* geben *ou* sich geben.

1566. Septembre. durch rath guethertziger, gelerter, verstendiger leuth, einen gewissen weg, wie mann sich in diessen gefaerlichen leufften mit einander vertragen, bey einander wonen und sämptlichen unseren feind widderstehen möge, für die handt nemen, damit wir durch unsere dissentionen die schwache gewissen nicht abscheuig machen, viele ergeren undt unnseren feindt stercken; das wir auch hinwidderumb unnder dem schein der Concordien nicht etwan gegen unsér gewissen und etwas so Göttlichen wort undt bevelch zuewidder, eingehen und schliessen; dartzue uns E. L. mit auszbrengung gueter ratschlege undt sonsten behülfflich und fürderlich sein mag. Ist also meine gantz freundtliche bitt, E. L. wollen mit wolgemelten Graven von Wittgenstein hierauff discourrieren undt einen gueten vorschlag suechen helffen. Nach dem unsz auch die bilderstürmerey bey vielen ein grosz geschrey unndt bössen namen machet, so bitte ich E. L. die wollen unnsz andern bundtsverwanten in dissem bey menniglichen entschuldigen helffen, dann es inn der warheitt durch ein gemein, nichtig, gering undt blosz volck, sondern unserer anderer vorwissen, noch verwilligung, gescheen ist (1); wie E. L. besser von Grave Ludwigen, dann ich es schreiben mag, verstehen werden. Will mich alsoe hiermitt inn den anderen sachen uff S. L. getzogen haben.

Was die durch E. L. geworbene reuther belangen thuet, hab ich mich mit den herren undt insonderheit meinem herrn dem Printzen underredet, undt endtlich durch ihren rath undt guttdüncken dahin geschlossen das man mit den dreien rittmeistern, als nemlich Adam

---

(1) *Ist.* Voyez p. 219.

Weisen, Rosenbach und Meysenbuck uff ein jar gelt, 1566.
wie mann mit den andern obersten undt rittmeistern gethan, abhandlen sollen .... Bernikausen mögen E. L. 400 Cronen dienstgelts vorschlagen, so fern er sich uff vierhundert pferdt bestallen lassen wolte; da es zum handeln kommen solte, wolte ich inen zum obersten unterampt machen; denn ich mich bey niemandt lieber als den vieren geschwaddern werde finden lassen. Septembre.

..... Ich hoffe der Allmechtige werde alle sachen zum besten schicken, wiewol unsere widdersacher itzundt den kopf hoch uffheben, der gentzlichen hoffnung der König werde gegen den zuekünfftigen Mertz oder April mit einem grossen gewalt heraussser kommen, wie mann ausz Spaniën vor gewisse zeitung schreibt; dann wirt der beerendantz erst angehen muessen: derhalben die sachen Gott bevolhen und die augen weit auffthuen. Hiermit thue E. L. ich dem Almechtigen bevelhen, derselben zue dienen erkenne ich mich schuldig. E. L. wollen unser freundtlichen, lieben frawen Mutter meinen schuldigen gehorsam, willigen dienst vermelden, undt I. L. vor derselbe mütterliche, trewhertzige ermanung undt das zuegeschickte gebett (1) freundlichen danck sagen; E. L. Gemahel meinen dienst. *Datum* Antorff den 21 Septembris Anno 1566.

E. L.,

Gehorsamer und gantz dienstwilliger Brueder,

LUDWIG GRAV ZUE NASSAW.

Dem Wolgebornen Johan, Graven zu Nassaw etc.
zu eignen händen.

---

(1) *Gebett*. Voyez p. 260.

* LETTRE CCX.

Le Prince d'Orange à . . . Relative à la levée de piétons à Anvers.

1566. *** Le Prince fit lever 1600 hommes pour assurer le bon ordre
embre. dans la ville, ce qui ayant excité la défiance des réformés, il leur répondit que la chose ne se faisoit pas pour empêcher à qui que ce fût l'exercice de sa religion, mais pour maintenir la tranquillité en faveur de tous, et que ces troupes seroient composées exclusivement de bourgeois. « Datse allen souden wesen Poorters, die souden » moeten sweren niet te doen tegen de privilegien van de stadt. » *Bor*, I. 99.[b] On voit qu'il tenoit sa promesse scrupuleusement. A Anvers il y avoit toujours beaucoup d'effervescence parmi le peuple. Deux jours auparavant, à l'occasion d'un tumulte près du Cloître des Cordeliers, le Prince avoit du payer de sa personne. « De Prince heeft het rappalie bevolen datse soude vertrecken, » maer sy dit niet achtende, heeft den Prinse genomen eenen » spriet van de hellebardiers, slaende in den hoop heeft sommige » seer gequest. » *Antwerpsch Chronykje*, p. 96.

Monsieur, J'ay receu vostre lettre et comme recommandez le présent porteur pour luy accorder quelque place entre les piétons ycy levés, l'eusse faict très volontiers, si n'eust esté que les compagnies se faisoient dès bourgeois et natifs de ceste ville; pour ce vous renvoye le mesme, vous asseurant où par oultre voye vous pourray complaire et fayre quelque amyable service, que le feray d'aussy bon coeur, comme me recommande à vostre bonne grâce, priant le Tout-Puissant pour la prospérité et bonne vie d'icelle. D'Anvers ce xxj jour de septembre l'an Lxvj.

Vostre bien bon amy et confrère
à vous faire service,

GUILLAUME DE NASSAU.

LETTRE CCXI.

Le Comte Louis de Nassau au Prince d'Orange.
Relative aux prêches hors de Bruxelles.

*** Il s'agit de *Bruxelles ;* car, lors des troubles du mois d'août, la Gouvernante avoit requis le Comte de Mansfeldt « prendre cherge de la ville et en estre Capitaine. » *Procès d'Egm.* II. 478. Les protestations de ces *bons bourgeois* étoient conformes aux promesses déjà faites. « Monseigneur le Prince, Mons. d'Hoochstrate et moy (Comte de Hornes) nous allames accompagner M. le Comte de Mansfelt; . . . . qui fut occasion que fismes assembler tout le peuple et les membres de la ville . . . . . ; sur quoy nous respondirent unanimement qu'ils estiont délibérez vivre et mourir avecq nous, promectans toute obéissance au dict Comte, et ne souffrir nulles presches dans la ville, ni aulcun saccagement d'Eglises et Images. » *l. l.*

1566. Septem

Monsr. Ils sont venus asteure chez moy certains bon bourgois de ceste ville, aiants crédict entre ceulx qui se disent de la religion, lesquels m'ont dict et asseurés qu'il ne se ferast aulcune presche en ceste ville, desquoy ils en responderont, moienant qu'ils peuvent avoir asseurance de quelqu'ung de vous aultres Singneurs de point estre recerchés, ni fexés[1] quant ils iront ouir la prêche aultre part, pour le moins une lieu d'icy. Quant à prévoir à la canaille, lesquels tâchent de abbattre les immages, piller les églises et faires semblables insolences, ils promettent

[1] vexés.

1566. de emploier corps et biens pour l'empêcher en touts lieux
Septembre. où que les serast ordonnés par son Alt. et leur Capitaine, Monsr. le Conte de Mansfeldt. De cecy pourres asseurer son Alteze.

Vostre très humble frère,
Louis de Nassau.

LETTRE CCXII.

J. Bets au Comte Louis de Nassau.
Sur les affaires de Malines.

*** Ce J. Bets étoit un homme de confiance du Prince d'Orange. Dans une lettre du 21 mars au Comte Louis il écrit. Trouvant en « Anvers ung mien fidel et secret amy, luy ay demandé quel » moyen y auroit de recouvrer argent pour Son Excellence, lequel » m'a dict . . . . qu'il espéroit bien que l'on porroit lever es villes » à l'entour la summe de douze milles ₶ à raison du denier XII.... » Saluant à Anvers aulcuns de mes amis riches borgeois me semble » avoir trouvé en eulx fort bonne affection de faire service à Son » Excellence. » (M.S.)

Monsigneur, par la lettre de monsigneur de Hoechstrate entenderes l'intention de Monsr le président sur la remonstrance que par commandement de Madame il doit avoir faict, et comme je tiens le dit S^r président pour homme francq et qui ne vouldroit dire aultrement qu'il pensse, j'espère que demeurerons icye entièrement satisfaicts, car mes confrères usants de plus grande constance que je ne présumois, se sont trouvés aux prêches, desquelles l'assemblé d'hier a esté plus grande que onques auparavant. Mon dit Sr de Hoechstraten ne peult avoir responce touchant les prisoniers qui ont brisé les images (1), et est constrainct les détenir en prison contre la publication ichi faicte, qui cause aulx ignorants quelque sinistre présumption, mais j'espère que Dieu conduira le tout à sa gloire, sanctification de Son Nom et repos de ceste ville, pourveu que l'on absteinge[1] de tout ulterieur attenptaet, et que Dieu donne aux dites prisonniers la force et patience d'endurer le tort qui semble que l'on leur faict, les détenant contre la publication, pardon et remission, soubs considération desquels ils se sont trouvés en ceste ville. Sur ce, Monsigneur, vous remerciant des lettres et adresche, ensamble des biens et honeurs que j'ay de vous receu, prieray le Créateur vous maintenir en sa très saincte grâce. De Malines ce xxiij^{e} de septembre l'an 1566. 1566. Septembre.

De vostre S^{rie} très humble et très obéissant serviteur,

Jehan Bets.

A Monseigneur, Monsr le Conte
Louis de Nassaw, mon redoubté S.^{r}
En Anvers.

(1) *Images.* Le 2 octobre on en étoit encore au même point. Le Conseiller d'Assonville écrivoit au Comte de Hornes. « J'espère que » M. le Comte de Hoochstrate aura ce qu'il desire touchant ses » prisonniers. » *Procès d'Egm.* II. 451.

[1] s'abstienne.

LETTRE CCXIII.

Le Comte Louis au Comte Jean de Nassau. Sur une lettre de l'Evêque de Wurzbourg touchant des levées au nom du Prince d'Orange.

1566. Septembre. . . . E. L. kann ich freundlicher meynung nicht bergen wie als gestern, den zwey und zwantzigsten Septemb., ein schreiben von dem Bisschoff von Wirtzbürgk alhie ankommen, darin er vermeldet wie er in erfahrung kommen das in namen der Herzoginnen und meins gn. Hern des Printzen, diesen Niderländen zum besten, ettlich wartgelt droben im Deutschland auszgeben werde, und solle under andern auch Adam Weyse und Rosenbach (1) bestallung haben. Dieweil dan dieselben von wegen der überfallung und einnemung der stat Würtzbürg, da sie mit und bey gewesen sein, als echter und *proscripti* gehalten werden sollen, *ipso facto*, so neme in wunder das man sich mit inen dergestalt einlasse. Warnet sie derhalben das sie iren müssig gehen und keinswegs in die bestallung annemen. Dieweil ich aber wol weis das sie in der acht nicht sein, bedünkt mich E. L. könne nichts desto minder mit inen handlen, doch wo dieselb befunde das ettwas gefahr sein möchte, kann sie allwege hierin, irem guttdüncken nach, sich richten und mich verstendigen.

Weitter zweifflet mir nicht E. L. werden von Grave

---

(1) *Rosenbach.* Voyez. p. 309.

Ludwigen von Wittgenstein ein schreiben von mir entphangen, und aller sachen weittern mündlichen bericht gehört haben ..... Geben zu Antorff den 24 Septemb. Anno 1566. 1566. Septembre.

E. L.
Gehorsamer und gantz dienstwilliger Brueder,
Ludwig Grave zur Nassaw.

. Dem Wolgebornen Johan, Graven zu Nassaw etc. zu eignen händen. Dillenbergk.

* LETTRE CCXIV.

La Duchesse de Parme au Prince d'Orange. Elle se plaint de la conduite du Comte Louis et desire qu'il quitte le pays.

*** Le ton de cette lettre relativement au Comte Louis est assez conforme à celui de *Hopper*. « Les Confédéréz prenoient telle » hardiesse, que le Comte Louys osa et présuma envoyer un gen» tilhomme du Comte d'Egmont surnommé *Corlz* aux Gouver» neurs de Bruxelles et Comte de Mansfelt avecq certains messa» ges et mandemens rigoureux de sa part. » *Mém.* 111. Nous verrons plus tard la justification du Comte lui-même. Il s'agissoit de constater un point de fait; savoir s'il y avoit eu des prêches à Bruxelles avant l'accord avec les Confédérés.

Le Gentilhomme envoyé par le Comte étoit *Maximilien de Blois dit Cock de Neerynen*, chevalier de Malte, un des premiers signataires du Compromis: *Te Water*, II. 216.

Dans une lettre du 1 août, le Roi, apres avoir loué la conduite du Prince, lui écrivit. « Et afin que voyez comme je traite libre-

1566. Septembre. » ment avec vous, je ne laisseray de vous dire que l'on a par deçà » beaucoup parlé sur ce que vostre frère s'est trouvé en ces choses » qui se passent par delà, et pour ce que je ne puis délaisser de » m'en ressentir, je vous encharge que vous regardiez comment on » y pourra rémédier qu'il ne passe plus avant, et l'effectuez : et » s'il vous semble bon que l'esloigniez quelque temps de vous, que » le faciez. » *Le Petit*, 126.ª Ce désir n'a rien de fort étonnant ; les lettres que nous avons déjà communiquées font assez voir que le Comte Louis étoit extrêmement actif et jouissoit d'un très grand crédit parmi les Confédérés.

Mon bon cousin. L'extrémité des fâcheries en quoy je me retreuve journellement de plus en plus pour veoir que ce mal d'hérésie croist de toutes pars, mesmes la désobéyssance all'endroict de sa Ma[té] avec les esmotions populaires, non obstant l'appointement que j'avois faict avec ces gentilshommes Confédérés, par où j'espérois veoir quelque amendement aux affaires, me constrainct vous escripre ce mot, pour vous requérir d'une chose pour le service du Roy, Monseigneur. C'est en effect que comme vous scavez que par le dit accord les dits gentilshommes, et entre eulx le Conte Loys vostre frère, m'ont promis que es lieux où il n'y avoit de faict eu presches, ils feroient leur mieulx et tous bons offices que n'en fussent faictes aulcunes et où il y en avoit, que les armes fussent mis bas, par où nul n'estoit tenu de souffrir quelques nouvelles presches. Qui a donné occasion que le magistrat de ceste ville, mesmes les trois membres d'icelle, après estre deuement certiorés que l'on n'a souffert les presches en ceste ville, ny all'environ, ny le peuple d'icy y aller auparavant le dit accord, ont résolu et conclu unanimement de n'en point souffrir, pour les raisons qu'ils ont mis par escript et faict imprimer, que ne doubte vous aurez veu, et suyvant ce le magistrat d'icy ont plussieurs fois refusé à aulcuns sectaires de les laisser sortir aus dit presches. Et combien que iceulx sectaires se debvoient à tant contenter, sans troubler ultérieurement l'estat publicq, ou aller demeurer hors la dite ville, toutefois, au lieu de ce faire, se sont venus plaindre au dit Conte Louys vostre frère, lequel en leur faveur a envoyé ung nomé Cock, gentilhomme, au Comte d'Egmont vers ceulx de ceste ville icy, avec lettres de crédence, pour expostuler avec eulx de ce qu'ils ne souffroient les dit sectaires aller à la presche, disant estre contre l'accord et ce quils luy avoient consenty déclairer au peuple de ceste ville. A quoy il requiert que fut pourveu, aultrement qn'il luy fauldroit pourveoir, comme le tout, ensemble de la responce à luy donnée, est plus amplement contenu en ung escript cy joinct (1). Que sont en vérité choses asses à mon jugement mal séantes et par où le repos de ceste ville, qui veult demourer en son ancienne religion et à la dévotion de sa Mat., pourroit estre grandement troublée et non seullement ceste ville, mais aultres villes qui sont du mesme sentiment. Si seroit aussi puis naguères advenu à Jumont[1], pays de Haynauct, que aulcunz paysans seroient allé à plaincte à luy d'une chose appertenent à la cognoissance du Sr de Noircarmes, Grand-bailly du dit pays, dont le dit Conte auroit aussi escript au dit Grand-bailly et pour ce que je scay bien que toutes ces choses ne se font de vostre adveu et possible qu'il ne considère la conséquence, je vous prie, mon Cousin, de fort bonne affection, puisque l'appoin-

1566. Septembre.

(1) *Joinct.* Voyez p. 318.

[1] Jumet (?).

1566. Septembre. tement avec ces gentilshommes est faict, que vous veullez vous souvenir de ce que sa Mat^{é} vous ha puis naguères escript si affectueusement touchant l'allée de vostre dit frère pour quelque temps, jusques à ce que les affaires de ce pays soyent (si Dieu plaist) plus quiètes et paisibles, et luy en prier de ma part et de la vostre de ce faire. Non pas que je veulle mal juger de luy, mais puisque ces sectaires ont telle persuasion qu'ils prennent leur recours à luy contre les gouverneurs et magistrats, luy ne s'en doibt entremesler, mais les renvoyer à Sa Ma^{té} ou à moy, ausquels appertient d'oyr les plainctes des subjects de par deçà et leur faire droict et justice, et en ce faisant je scay que vous ferez chose aggréable à Sa Ma^{té} et mesmes que cecy ne viendra sinon que à la réputation et repos de vostre dit frère, comme par vostre prudence et bon jugement facillement le poves cognoistre. Vous priant ainsy le faire et sur ce avoir de vos nouvelles. A tant, mon bon Cousin, nostre S^{r} vous doint Sa S^{te} grâce. De Bruxelles, le 26 de septembre 1566.

Vostre bonne Cousine,
Margarita.

Van der Aa.

A mon bon cousin le Prince d'Oranges, Conte de Nassau, Chev. de l'Ordre, Conseillier d'Estat et Gouverneur du Conté de Bourg^{ne} et payz de Hollande, Zelande et Utrecht.

Le 25 de septembre 1566 devant disner, s'est trouvé sur la maison de la ville de Bruxelles, devant la chambre du magistrat, ung gentilhomme nommé *Cocq*, desirant parler au Bourgmestre et Magistrat, et luy estant faict ouverture et donné entrée et y trouvant Monsr. le Conte de Mansfeldt, luy présenta unes lettres missive du Comte Louys de Nassau et aultres au Magistrat, contenant que le dit gentilhomme portoit de luy quelque charge de bouche, que le dit Cocq dict estre en effect que le dit Conte trouvoit estrange qu'on empeschat au peuple de Bruxelles les presches et pour ce il se trouvoit intéressé en son honneur, à cause le 25 d'aougst il avoit dict au dit peuple, par charge du dit Sr Conte de Mansfeldt et aussi du Magistrat, qu'on les laisseroit aller au dit presches, sans empeschement, et que aussi la compaignie des gentilzhommes en général estoient intéressez, pour ce que le dit empeschement se faisoit contre le contenu de l'accord faict avec Son Alteze, disant, qu'il entendoit que les dits de Bruxelles par avant avoient eu les presches, et que le Sr de Hachecourt (1) les auroit trouvé, et mesmes que passé dix ans on avoit presché en la ville, et qu'il entendoit aussi que ce que par les trois membres estoit résolu, seroit faict sans que les nations auroient eu leur arrier conseil, et pour ce auroient esté précipités contre la manière accoustumée, et en fin que le dit Conte desiroit qu'on laississe au dit poeuple [1] avoir les dits presches et joyr de ce qu'il leur auroit dict et promis, ou que aultrement il luy fauldroit pourveoir. Surquoy après disner ayant le Magistrat parlé a Son Alteze, firent au dit gentilhomme, comparant par devant eulx au lieu que dessus, dire par

1566. Septembre.

(1) *Hachecourt.* Ph. de Montmorency, Seigneur de Hachicourt.

[1] peuple.

1566. le pensionnaire en substance, que le d^t Sieur Conte de
Septembre. Mansfeldt et Magistrat avoient dict au dit Conte Louys, seullement à l'occasion qu'il disoit que suyvant le dit accort ils pouvoient aller au dit presches, que, en cas que au dit peuple de Bruxelles fust permis par le dit accord d'aller à ces preschés, qu'ils y pouvoient aller et que les portes leur seroient ouvertes et non autrement, surquoy le dit Conte Louys demanda s'il le pouvoit dire au dit poeuple et respondit le Sr Conte de Mansfeldt qu'ouy, comme aussi firent aucuns du Magistrat y estans, [pūs] sur les restrictions susdits, et que ce que depuis en estoit advenu, le dit Conte le trouveroit par certaine déclaration imprimée, dont luy fut donné ung exemplaire, luy veullant en outre bien advertir que grandement il estoit abusé du faict des trois membres, d'aultant que les nations avoient eu leur arrière conseil, d'ung jour à l'aultre et plus solempnellement qu'il n'est de coustume, d'aultant que les Jurés des mestiers avoient esté chargés de convocquer à leur arrière conseil tous ceulx, qui y debvoient venir, sans délaisser personne soubs quelque prétext que ce fut de la religion ou aultre, et sur paine d'ung Carolus d'or pour chacune teste, qu'ils délaisseroient (1); le requérant, pour ce que le dit Conte Louys ne voulsisse prester oreille aux complainctes du dit peuple, ny s'en mesler, consideré qu'ils aient icy le Magis-

(1) *Délaisseroient.* L'organisation municipale devenoit de plus en plus aristocratique; cependant dans des affaires d'une très haute importance, on avoit encore coutume de prendre l'avis d'une grande partie des bourgeois. *Burgundus* écrit : « Fiduciam Gubernatrici adjecit Bruxellensium civium pro religione votum et » animus. Qui non satis habebant pomoeriis suis conciones exclu-

trat, ordonné de par S. M. pour à tout pourveoir et administrer justice, et si illecq ils trouvassent faulte, que semblablement la personne de Son Alteze estoit icy, à laquelle ils se pourroient addresser comme tenant le lieu de Sa Mat[é] et non ailleurs. Et comme le dit gentilhomme fit semblant de point sçavoir le contenu du dit papier imprimé, dict assez bellement au dit pensionnaire, que le dit Conte Louys demanda sçavoir s'ilz ne pouvoient avoir les prêches, et luy respondit le pensionnaire que non, et ainsi se départist.

1566. Septembre.

* LETTRE CCXV.

La Duchesse de Parme au Prince d'Orange. Elle lui donne avis de la venue prochaine de quelques troupes pour la garde de deux villes situées dans ses Gouvernemens.

*** « Te Woerden, daar vele Lutherschen woonden, hadt de » Wethouderschap de beelden uit de kerken doen haalen; . . . . . » Hertog Erik, Pandheer der stede, schoon zelf Luthersch, be- » diende zig sedert van de geringe beweging, die hier geweest was, » om krijgsbehoeften en soldaaten op 't slot te brengen. » *Wage-*

» dere: sed contrariorum studiorum cives, Vilvordiam ad divina » concedere solitos, tunc quoque praepediebant. Eam rem Ludo- » vicus graviter accepit. » p. 245. Le mot *solitos* paroît indiquer que le Comte, d'après l'aveu peut-être involontaire de cet historien, avoit raison. Du reste son récit en cet endroit semble un peu confus; et, comme il sacrifie assez souvent le fond à la forme, il n'a pas craint de transformer la correspondance sur cette affaire en une conversation entre la Duchesse et le Comte, dans laquelle celui-ci joue le rôle d'un homme excessivement emporté.

1566. Septembre. *naar*, VI, 187. Il paroit toutefois que le Duc Eric étoit retourné au Catholicisme.

Mon bon cousin. Le Duc Erich de Brunschwig, comme Seigneur de Woerden, m'a faict entendre le grand désordre auquel se sont mis le magistrat, peuple et curé illecq au faict de la religion, et craignant quelque tumulte et inconvénient, m'a faict requérir de pouvoir lever en Overyssel et Gueldres trois cens piétons pour la garde des villes et chasteau du dit Wörden; lesquels m'ayant semblé convenir que soyent bien gardées, signamment le chasteau pour l'inconvénient qui en pourroyt sourdre, et que deux cens piétons basteront[1] bien pour cest effect, je suis esté contente qu'i les feit lever, et vous en ay bien voulu advertir par ceste, comme de chose estant en vostre gouvernement, et affin aussi que sçeustes ce que passe à la vérité en cest endroict, si en entendisses aultre bruict.

D'avantaige ay je à la réquisition de ceulx de la ville de Goude et considéré que partie des chartres du Roy, Monseigneur, se y gardent en la tour illecque (1), leur accordé de prendre à leur soulde 300 hommes pour la garde et seureté de la dite ville; ce que pareillement vous ay bien voulu faire entendre. A tant, mon bon cousin, je prie le Créateur vous avoir en sa très sainte garde. De Bruxelles le 26me jour de septembre 1566.

Vostre bonne cousine,

Margarita.

Berty.

---

(1) *Illecque*. « De Chartres van Holland waren berustende op » 't slot ter Goude. » *Bor*, 388b.

[1] suffiront.

Il seroit assez curieux que précisément le même jour la Gouvernante eût décliné itérativement la demande des Etats de Hollande, qui la conjuroient par leurs Députés d'envoyer le Prince d'Orange vers eux : *Bor*, I. 104.[b] Il paroit toutefois que l'exactitude ordinaire de cet historien est ici en défaut, et que la Gouvernante avoit laissé le Prince maître de ses actions. « De President (Viglius) en de » Raeds-Heer Bruxelles verklaerde den 23 sept. aan de Gedepu- » teerden dat Hare Hoogheyt hadde iterativelyck geschreven aen » den Prince . . . ende de saecke en reyse van Hollandt aen hem » gerefereert. » Le 24 la Gouvernante, le 27 le Prince lui-même leur parla dans le même sens : *Resolutien der Staten v. Hollant*, 1566. p. 42., sqq. La proposition du Prince à S. A. de « com- » mectre en son lieu pour quelque temps en Hollande le Seigneur » de Bréderode, ce que S. A. ne voulut en aucune manière » (*Hopper*, *Mém.* III.), aura sans doute été antérieure à cette lettre. Il s'en sera abstenu après un tel indice que lui-même aussi devenoit de jour en jour plus suspect. 1566. Septembre.

N.° CCXV.

Instruction pour Mons.r de Varich se rendant de la part du Prince d'Orange vers le Comte d'Egmont.

*** Le Prince considéroit les résolutions relatives à son Gouvernement (voyez la lettre précédente) comme une insulte très grave, ainsi qu'on voit par l'écrit suivant, que nous croyons devoir rapporter à cette date. Il aura immédiatement chargé le Comte Louis d'envoyer *M. de Varick* vers le Comte d'Egmont, pour lui exposer l'état des affaires et la nécessité d'une entrevue.

Ce M.r de Varich étoit apparemment un frère du Gouverneur d'Orange. L'Instruction paroit écrite de la main du Comte Louis. Le Prince savoit comment il falloit s'adresser au Comte d'Egmont ; car il insiste sur les dangers aussi des *catholiques*, sur les prétentions de *ceulx du Conseil*, sur la servitude de *nos enfans* ; n'aborde qu'avec

1566. Septembre. une extrême réserve la question d'une résistance armée, et fait entrevoir la possibilité d'un prompt départ qui rendroit la position du Comte encore plus critique. Nous avons laissé les mots en marge precisément à la place où ils se trouvent sur l'original. Ce sont probablement des notes que le Comte Louis avoit prises après une conférence avec le Prince, et dont l'Instruction est le développement.

---

1. Il luy baiserast les mains de ma part.

2. Que Monsr. pense que luy aura receu ses dernières, par laquelle il pourrast avoir entendu ce que me 1. Nécessité de prendre prompt advis. semble qu'on pourroit faire pour éviter les inconvénients tant apparens, et que j'eusse bien desiré avoir quant et quant son advis là dessus ; et considérent que la nécessité s'augmente de plus en plus, par où la prompte résolution est fort requise, ay bien voulu envoier le présent, Monsr. de Varick, pour Raison, forces. luy déclairer le grand bruict qui courre des grandes Espaingne. préparations des forces que Sa Maté faict faire, tant en Alemaingne que dedans pais, dont pas seulement Servitude, ceulx de la religion ont soupson de estre contre eulx, mais aussi les Catoliques, craindants que Sa Maté les prétexte. vouldroit mestre en la servitude de longtanps prétendue; par où est à craindre que facilement il pourroit sourdre [1] ung tel désordre, que à très grande difficulté on pourroit assouppir. Et pour luy parler ouvertement, que Monsr. pense que Sa Maté et ceulx du Conseil seront bien aise que sur le prétext de la religion ils pourront parvenir à leur pretendu, de mestre le pais, nous aultres, et nous enfans en la plus misérable servitude qu'on n'auroit jamais veu, et come on ast tousjours craint cela plus que chose

[1] jaillir, sortir.

que soit, et Monsieur ne vouldroit aulcunement demeurer au pais, pour estre subject à une telle servitude, ni estre présent quant telle chose se devroit faire, seroit résolu se retirer du tout et en temps, néanmoins si Monsr. d'Egmont et mr l'Amiral ne trouvent pas bon, come Monsr. ne faict aulcune doubte, qu'on soit mis en telle subjection, se offre Monsr. de s'amploier, luy et les siens, en tout ce que serast par leur advis résolu pour l'éviter. A quoy il semble pourroit grandement servir l'adjoinction et déclaration des estats-généraulx, sur le mesme point. Toutesfois si la[1] devroit trainner long temps, fauldroit mieulx résouldre nous trois avecques nous amis, que nous laisser coupper l'erbe peu à peu desous les pieds et tant temporiser qu'il ny auroit enfin plus nul remède et que eulx feriont venir, ou par force, ou par menaces, les estats qui sont mis de leur main, à telle résolution come ils désirent. Que Monsr. prie que Monsr. d'Egmont luy voulusse mander là dessus son advis librement et en amis.

1566. Septembre.

Résolution de Monsr se retirer.

Rien sans leur advis.

Lequel s'il est tel employera son pouvoir et des siens.

A quoy les estats peuvent servir s'il est impossible qu'eulx troys.

Libre advis là dessus en amis.

L'assemblement des Seujeurs.

Que Monsr. luy envoye aussi une lettre que son Alt. luy ast envoié ce matin, par où il pourrast voire le bel [echaque] que Monsr. ast de se retirer de son gouvernement, puis que Madame, pour donner ordre en Hollande, donne la charge au Duc Erich et aultres, combien qu'il soit toutesfois raisonable, puisque Monsr. est Capitaine-général, que les gens se debvriont faire de par luy, come on faict aulx aultres gouvernemens, affin que avecques iceulx il pourroit donner tel ordre en tout ce quartier en

[1] *Peut-être le mot* chose *ou quelqu'autre a été omis.*

1566. Septembre. vers iceulx, qui ne se vouldriont ranger à la raison come il seroit trouvé convenable, et seroit non plus ne moins come si j'eusse la ville de Dunkercke par engagière de monsr. de Vendome et que Madame me commandast de mestre gens estrangiers dedans, sans l'auctorité et charge du Gouverneur. Que Monsr. d'Egmont pourrast voire aussi par là comme on tâche de fortifier Hollande peu à peu pour la diffidence qu'on ast de moy, et que, sus ombre des cinq cens, facilement en pourriont venir mille, lesquels luy laisse penser s'ils ne feront en [juer] tout ce que bon leur semble, et que moy, comme gouverneur, me deusse aller aveques ma maison en la miséricorde de ces gens là; pour quelle occasion Monsr. estoit résolu de remestre le gouvernement entre les mains de son Alt. et s'en descharger du tout, toutesfois qu'il nen ast riens voulu faire, sans avoir premièrement l'advis et conseil de Monsr. d'Egmont et Monsr. l'Admiral.

De faire les excuses que Monsr. ne vient pas en persone.

De s'accorder avecques Monsr. d'Egmont d'un lieu où qu'ils se pourriont entrevoire, s'il le treuve bon.

Sur le revers du papier il y a :

Les lettres de Madame à Monsr le Prince touchant M[r] le Comte Bollschwingen et ses lettres.
Siget und Jula.
Malbergen Newzeitung.
Geschwind advis darauf zu nemen.

Ces mots se rapportent probablement encore à des nouvelles que M. de Varich devoit communiquer au Comte. — Ziget, (*Siget*), forteresse importante en Hongrie, avoit été emportée par les Turcs le 7 septembre. Giula (*Jula*) est une forteresse entre Zatmar et Temeswar. Peut-être le Prince d'Orange venoit-il de recevoir une lettre de L. de Schwendi.

LETTRE CCXVI.

Le Comte Louis de Nassau aux Seigneurs d'Esquerdes, de Villers, d'Audrignies, et de Lumbres.

⁎ Les deux premiers Seigneurs avoient entrepris à Tournai, comme les deux autres à Valenciennes « de faire désarmer le peu- » ple et le réduire à l'obéissance du mandement dernier du Roi. » *Procès d'Egm.* II. 372. Apparemment le Comte envoyoit son secrétaire pour avoir leur avis relativement à son départ exigé par la Gouvernante. (voyez p. 315). 1566. Septembre.

Messieurs. J'ay despêché le présent porteur, secrétaire mien, vers vous, pour vous adviser d'aulcunes novelles et occourrences d'icy, ensemble d'aulcungs points qui nous touchent de près. Vous priant de luy vouloir adjouster foy come à moy mesmes, et me mander vostre bon advis: en quoy m'obligeres d'aultant plus vous demourer bien affectioné amis et serviteur selon l'envie que j'ay tousjours eu. Remettant donques le tout au dit porteur, ferai fin, et me recommandant à vostre bonne grâce, prierai le Créateur vous donner, Messieurs, en santé, bone vie et longue. D'Anvers ce 27 de septembre *Anno* 1566.

Vostre bien bon amy prest à mourrir
pour vostre service,

LOUIS DE NASSAU.

A Messieurs nous confrères, les S[rs]
d'Ekardes, Villers, Odringni et Lumbre,
à Tournay et Valencienes.

N.° CCXVI.

Note sur la situation d'Anvers.

1566. *.* Cette pièce se rapporte évidemment aux derniers mois de
embre. 1566, bien qu'il ne soit guères possible d'en indiquer précisément la date. Elle est d'un grand intérêt pour faire connoître la situation d'Anvers à cette époque.

Les Moyens de remédier à Anvers.

Premièrement, Requestes soit presentée au Roy de la part des Ecclésiastiques et Catholiques d'Anvers, d'avoir en leur soulde, pour leur assistence et sauvegarde, 800 hommes arquebusiers.

La responce [darege[1]] (1).

Les aultres demandront aussy le mesmes nombre pour leur asseurance.

Réplicque.

Il n'est pas de besoing par ce que on n'a rien attenté contre eux, mais bien eux contre les Catholicques en signe de quoy les Cloistrés et Eglises se tienent serrez et ne peuvent maintenir l'exercice de leur Religion que en craincte, mesmes les empeschent de sonner cloches en sorte quelconque.

Secondement, on pourra mestre gens en Anvers en la manière du Cheval de Troye par les navires et basteaulx,

(1) [*darege.*] Philippe II recevoit beaucoup de listes pareilles à celle qui est jointe à cette Note. « Es erregt in der That Bewunde- » rung, wie genau er bei dem Ausbruch der flandrischen Unru- » hen über alle die unterrichtet war, welche den neuen Meinun-

[1] du Roi (?).

desguissez en diverses sortes par chariots, par les Nyennartz, et aussy les loger par les maisons de Catholiques petit à petit, aussy des armes aux basteaulx, pourquoy faire seroit bon avoir inteligence avecq les deux Bourgmestres. 1566. Septembre.

Responce.

Sy cela estoit décelé, ce seroit pour tout saccager.

Tiercement, fauldroit tenir saisie la porte de St George, ou s'il est possible toutes, pour faire passer les gens.

Quartement, vittement que les nations Catholiques aillent au Magistrat, disant que ils ont jusques à présent expérimenté comment tous leurs moyens, desquels il ont usé pour la tranquillité de la républicque, n'ont de rien servy, par quoy demandent pour leur asseurance que le Magistrat face requeste à Son Al^{ze} que elle y envoye quelque trouppe de gens d'armes, ou que elle y viene avecq sa garde, ou aultrement que ilz protesteront devant le Magistrat que ilz demanderont à Son Al^{ze} ung aultre lieu où ils se puissent retirer pour servir à Dieu en paix et asseurance de leurs vye et biens, et se retireront tous dedens huict jours (1).

» gen irgend geneigt seyn mochten, wie er nicht allein ihre Zu-
» sammenkünfte, sondern das Alter, die Gestalt, die Natur, die
» Umgebung der Einzelnen genau kannte, wie er hierüber, statt
» von Margaretha unterrichtet zu werden, sie vielmehr zu unter-
» richten wuszte. » *Ranke, Fürst. u. V.* I. p. 120.

(1) *jours*. Le grand nombre des Protestans rendoit la position des Catholiques assez difficile, et dans quelques villes on commençoit à gêner l'exercice de leur culte. Viglius, bien qu'il s'exprime trop amèrement, avoit donc quelque raison de se plaindre. « Ne-

566. Sera bon pour remédier aux troubles d'Anvers avoir
nbre. les rolles de chacunne consistoires, tant de Calvinistes que de Martinistes, dedens lequels sont escrips les articles et capitulations et conventions avecque le Prince d'Orange, desoubs lesquels articles ils ont tous signés de leur propre main et signent journellement en une petite chambrettre à l'entrée de leurs Temple.

Les Anébaptistes preschent en la Camerstrate près du Schutters put, près la maison d'ung brasseur.

LES CATHOLICQUES D'ANVERS.

Premièrement le Magistrat.

Les gens Ecclésiastiques.

Monsr de Hochstraten, sa femme, et sa soeur.

Les deulx Burgumestres, assavoir : Monsr de Berchem (1) et Mr Jacob van der Heyden.

Le Marggrave Jan d'Immerselle.

Laman Govaert Sterck.

Monsr. Schonhove et son beau-fils.

» cessarium est ut Rex adventum suum maturet, cum boni diutius » consistere nequeant, et Calvinianorum hoc proprium sit studium, » ut libertatem, quam ipsi principio tantum praedicaverunt, om» nino tollant, nec Catholicos alteriusque dogmatis sectatores se» cum habitare patiantur, imo exilium caedemque quotidie eis » comminantur. » *Vigl. ad Hopper.* p. 383. Sans justifier les excès de personne, il est bon de remarquer que l'intolérance de la part des protestans fut souvent une défense nécessaire et légitime contre une Eglise qui leur érigeoit des bûchers : bien qu'ils n'aient pas toujours eu cette excuse et que leur conduite sous ce rapport, opposée aux sages avis du Prince d'Orange, ait été très nuisible aux progrès de la vérité. Mais il est souverainement injuste de mettre en parallèle, comme a fait *M. Meyer*, *Institutions Judiciaires*, I. 130, la condition légale des Catholiques dans les Provinces-Unies avec la persécution envers les Protestans par le fer et par le feu.

(1) *de Berchem.* Henri de Berchem.

1566. Septembre.

Lancelot van Usselle et son fils dubiu[1].
Schuerman.
Van der Merre.
Getthen.
Le frère du Bourgme Berchem.
Jan de Pape.
Les Greffiers sont doubteux.
Les Secrétaires sont tous bons, excepté ung qui est fils de Granpheus[2] (1), nommé Alexander.
Asselier.
Moye.
M. Jan van Halle.

LES CHIEFZ DES CONSISTOIRES.

Marcus Peres (2)
Cornelis van Bombergues.
Henderick van der Mere.
Charles van Bombergues.
Betz, (3) advocatz de Malines est pensionaire des geulz et a faict de mal beaucop.

LES PREDICANTES CALVINISTES.

Mr. Taphin[3] de Tournay, au temple rond.
M. Charles au Rond.
M. Isenbrandt en flaman, in de Mollens pau.
M. Piere, envoy par le Palatin (4).
M. George en la nouvelle ville au Marché de blé et fuent[4] en ce lieu la Cène.

---

(1) *Granpheus.* Corn. Graphaeus, auteur de plusieurs écrits. Son fils Alexandre est connu comme savant et comme secrétaire d'Anvers.

(2) *M. Peres.* Riche négociant, Espagnol. *Te Water*, II. 48.— Lors du retour du Prince à Anvers, l'Eglise réformée Flamande avoit choisi pour entrer en conférence avec lui « Marcus Perez, » Carel van Bombergen, Herman van der Meere en Cornelis van » Bombergen. » *Bor*, 98.*

(3) *Betz.* Voyez p. 312.

(4) *Palatin.* Le Conseiller Boonen écrit le 9 sept. de Maestricht à la Gouvernante: « Je suis adverti que hier au soir est » arrivé en ceste ville ung prescheur venu du pays du Palsgrave, » lequel se dict estre mandé pour aller prescher en Anvers. » *Gachard*, *Anal. Belg.* p. 191.

[1] dubieux (?). [2] Graphaeus. [3] Taffin. [4] font.

1566. Septembre. Petrus Bogainus Apostat Carmélite.

LES GUEUS QUI FAVORISENT AUX SECTAIRES DE LA VILLE D'ANVERS.

Le Prince d'Orange.
Lodowick son frère.
Bréderode.
Culemburg.
Le Conte van dem Bergh.
Le Conte Palatin.
Les Enfans de Wimbres.
L'Amirall.
Toison d'or, Hammes.
Le Seig[r] de Toulouze.
Les Cardos, De Lammol, Burguens, } frères.
Les deux barons de Flessy, Bourgoignons.
De Viliers.
D'Andelot.
De Bonneval.
Longastre.
Cite.
Backerselle.
Coqz, gentilzhomme d'Egmont, que sliefdal[1] sont gaigné à l'hérésie.

ET ENTRE LES MARTINISTES DU CONSISTOIRE.

Hendrick Banelen broucke.
Thomas van Ghiert.
Geret Cocq.
Gilis van der Bannere, vendeur de [raisuis][2], près la prison.

PREDICANS MARTINISTES. (1)

Hermannus Hamelmannus licentiatus, ist gelogirt in den Triser in die Corte Nyaestrate[3].
Joachimme ist gelogiert tot Jan de Mere, in 't hus vann S. Bernhart.
Illyricus in die Vengstrate[4] tot Gerart Cocq.
Cyriacus Spangenbergh tot Hieronimus Guems.
Ulspaigre[5] docteur sur Henry van Broucke.

(1) *Martinistes.* « Onder de Luthersche Predikers te Antwerpen waren Matthias Flacius Illyricus, Johan Spangenberg, Johan Felix of Saliger, en Herman Hamelman de voorbaerigste. » » *G. Brandt, Hist. d. Ref.* I. 430.

[1] tes Leefdael: *voyez* p. 34 (?) [2] raisins. [3] Nyenstrate. (?) [4] Vekenstrate. [5] Ulsperger.

1566. Septembre.

LES NOMS DES CALVINISTES.

Jan Ambroise de Sardes, le premier et gaige.

Marcus Perez, Spaignol, juif de race.

Fernando de Benny, Spaignol, Juif de race.

Cornelus van Bomberge, filz Daniel.

Jan Caulier de Cambray, [herto] des deux Seig^{r} de Thoulouze.

Denis le M^{e} à Lange sur le Marché.

Adam et Jacques le Maistre, frères, tous deux de Tournay, marchans de lanir[1].

Gilles Hofman et Henry Hofman, frères, et les serviteurs de leur boutiques.

Piere Perdins compaignon et Gilis Hofman, et les servit^{rs} Guillaume Luse et l'autre Joannes.

Henrick van der Mere, fils de celluy qui a donné 200 L. de groz pour faire la maison des Orphelins du Consistorie.

Guillaume Rubic de Armantiere.

Guillaume et Jan van Santfort, qui se tiennent tousjours du Consistorie.

Jan van Hoch.

Jan de beaux lieu[2], espieciers sur le marché près de la Chandelle.

Sebastian van Utrecht.

Van der Not, quy prétendoit de estre Marggrave.

EN LA RUE DE TOURNAY.

Arnolt Pels, marchant de rubans, avecq tous ses enfans qui sont 15 ou 16, desquels enfans unne fille at espousé Anthoine Lempereur, demourant alors chef de la sédition de Lyre, que avoyt entreprins mestre 200 chevaulx de guerre en Lyre de la part des commissaires Calvinistes comme on dict.

Somma toute la rue de Tournay est infectée, excepté seullement François van Brusingen, le beau-

[1] lanières *(chiffons, lambeaux)*. [2] Beaulieu.

1566. Novembre.

filz de Pierre Franck et deux ou trois aultres.

Jan de Campe et ses enfans et son beau-fils.

Hans Smits belontiers et Sattuver, mauvais garçon, frère de Me Piere van Ihele, lequel at espousé une femme de Tournay, marchant de camelot.

Pasquier Fleurquin, changeur d'argent.

Charle de l'Escluse et son frère et tous ses gens.

Facteur de Jan de Has à Lille.

Henrick van Once, beaupère,

Hector de Lhove, beau-fils, et tous ses enfans.

Hector le Moine.

Lucas et Jan Halie, tous deux frères, des Tournay, furent principaulx saccageurs des Eglises et vindrent jusques à Malines de vilage en vilage.

Jacques Gillon d'Armantier, quy à esté prisonnier à Bruxelle.

Jacques Hofnagle.

Becanus Medicin (1), cousin des Bombergs, et est du consistoire et prie[1] de tous, ayant espousé la fille de Jacques des Cordes, lequel à demouré à Termonde où il à faict beaucoup de mal, comme a faict Anthoine Lempereur à Lyre.

Christofle Palatin[2], imprimeur.

On doubte aussy de Sylvius, imprimeur du Roy.

Jacques Pelts sur le Marché des chevaulx et son beaupère, je pense que il sont Martinistes.

Bommier de Bruxelle.

La Maison de Hubert de Liot.

Partie de la Maison de Formentraux les Castellans.

Les Couvers.

Les Dupont.

Les Delvos.

Les du Boguel.

Les Desburquois.

---

(1) *Médicin.* Né 1518 à Hilvarenbeek, mort 1572 à Maestricht; très versé dans l'étude des langues.

[1] pire. (?) [2] Plantin.

Les enfans de François Fasse.
Les de Lobles.
Les Malapas de Valanciene.
Nicolas Guilliers Ketele, Anthoine frère, Jan Lernan, son comp[e], tous deux de Bruges.
Arian Taques beau-fils de Jan Lernont[1] de Bruges.
Rubert van Asten.
Piere Arnout, son beau-filx, riches.
Jan Damman.
Piere Moscheron enterré à la Huguenotte. Taffin fit le sermon, tous les enfans sont Calvinistes.
Jan du Bois, viel homme, et son beau-filx, nomé Gile, qui fut clercq du mestre des postes.
Thomas Lermite, eschevin de Huckny, ayant office en la maison de la ville, se maria à la Calviniste publicquement depuis ung mois.
M. Jan Rubens eschevin de leur tamps. 1566. Septembre.
Les enfans de Pruns, fort riches(1) sur la Lombarde Veste, mais on ne sçait desquelz ilz sont, de Galvin ou Martin.
La plupart des François.
La plupart des Anglois.
Loys de Bois.
La plu grande partie des citoyens des mestiers, qui ont esté cause que de la première fois Madame ne peult[2] mestre des Gens dedans la ville.
Gillis Sunsaart, Juiflier.
Jan Sellas en la Suriestrate[3].
Jan van Becke, près de la Coperstrate.
Adrian de la Barre, compaignon de Jean de beau lieu, près les frères mineurs.
Jan Pelicourne.
Adrian, Jan, et François Marot, trois frères, l'ung est monnoyeur.

---

(1) *riches*. C'est une qualité intéressante sur une liste de proscription. Il en aura été maintes fois comme au temps de Tacite; *opes pro crimine*.

[1] Lernan (?). [2] pût. [3] Zuerstraet.

1566. Le cousin de Jan van der
mbre. Heyden, près la maison de Jaspar Doux.

Gérart Bol, cousin de Frats.

Piere van der Gunst, homme fort riche et misérable, sa richesse de 50^{m} ducats.

Augustin de Movelle, Génevois.

Homberbie, marchant de drap de soye en la Malereystrate.

Piere de Fneilles et sa Comp^{e} in die Cammerstrate, riche.

Le cousin de Pauls van Duffelt, près du M^{e} des postes.

Egidio et Justo Piscatori et ses frères de Andenarde[1].

Jan Daniel Gaste[2] par le cousin de Jan du Fours.

Jan dos Cordes op den Ufer.

Jan Bacquetier. Idem.

Jan de Got, Alexander de Grot.

Piere Hausman.

Jan Cachopen et Jacques Brandel, près de la bourche des Anglois[3].

Jacques Fasse.

Jan Buret.

François Bisschop.

Daniel van Gelle.

Anthoine de Inprun.

Charles de la Rue.

Quintin de Boire.

Jan Montroy.

Thomas van Ninoug.

Piere Dabelan.

Quintin Courier.

Bastian van Duffelt.

Anthoine et Jan Mourmans.

Jan le Gran.

LES MARTINISTES.

Le Prince, sa femme et Lodowick son frère.

Monsr de Stralle[4].

Monsr de Rouconcx[5].

Plusieurs de la loy.

Toute les Greffiers gaster[6] quand aux clercqs, desquels les principaulx sont Lambertus et Piere Barckere[7].

Le pensionnaire Weselbecke[8].

[1] Audenarde. [2] gâté *(corrompu, infecté d'hérésie)*. [3] bourse *(Engelshuis)*. [4] van Stralen. [5] Rocock (?). [6] gâtés. [7] Bachere (?). [8] Wesembeeck.

L'autre est doubteulx.
Les secrétaires Grapheus.
Hipolite Greffier.

LES CONSISTOIRES DES MARTINISTES.

Henrick van den Broucke.
Thomas van Ghiert.
Gheret Cocq, Colonnois, vendeur de roisin, près la prison.
Charle Cocquel et son beau-filz, et nommés Maternus Schoof, et tous ses beaulx-fils et enfans.
Hans Ort.
Jacob Welfart et ses enfans, sont grandement suspect.
De Bes sur le cuinentière[1].
Jacques Peltz, son beau-fils.
Jan de la Faille et ses enfans.
Tous les Allemans en grand nombre.
Tous les Oesterlincx[2], desquels plusieurs sont Calvinistes.
La tierce partie de la ville son[3] et Martinistes et Confessionistes.
Bonaventure Bodeguer[4].
Les deulx Stullincx.
Jan van Achelen.
Sebalt van Bondelier et son beau filz, frère du pensionnaire, susnommés[5] Gilles.
Martin van Brulle.
Adrian Tacq.
Niclas van der Hon et son beau-fils.
Jan Tacq.
Jan van Bree.
Le marchant de drap de soye, sur le coing de la rue des Cordeliers en bas de la vielle bourse.
Jan de Braine, sucrier.
Ung sucrier près la Maison de la Ville, portant longue barbe est du consistorie et quasi tous les sucriers.
François van Alst, près du marché au laict.
Jacques de Cavecante.
Jaspar cropassayeur[6] des monnoyes.
M. Seger médecin et son beau-filz.
Christoffel Prun, receveur de la fortification de la ville d'Anvers.

1566. Septembre.

[1] cimetière (?). [2] Oosterlingen *(ceux qui appartenoient à la Hanse)*. [3] sont. [4] Bodecher. [5] surnommé. [6] Crop, essayeur (?).

1566. Septembre.

Ginert Belar.

De Belar, maître d'escolle, quy futdocte en hébrieu [1].

Jan van den Hoogen, sucrier.

Daniel de Lomel et son frère, especier.

N.° CCXVI.[a]

Consultation pour le Prince d'Orange sur la question s'il doit embrasser ouvertement la Confession d'Augsbourg.

*** Beaucoup de protestans, tant en Allemagne que dans les Pays-Bas, trouvoient depuis longtemps que le Prince, dont les opinions n'étoient guères douteuses, devoit confesser franchement la vérité Evangélique. Il ne pouvoit encore se décider à un acte aussi important. Cette consultation avoit probablement été demandée par lui, ou bien par son frère le Comte Louis : elle étoit composée ou du moins envoyée par le Landgrave Guillaume de Hesse : voyez ci-après la réponse du Prince, à la date du 5 nov.

Sovil des Printzen vonn Uranien Person belangt, ob dem zu rathen das er sich zur Augspürgischen Confession, die ehr vor recht und der Götlichen schrifft gemesz erkenth, erclere oder nicht, solchs lest sich woll *pro* et *contra* disputiren.

Erclert er sich dartzu, so wirt er nicht allein vor sein Person von seinem Hern dem Könige *pro haeretico* und also vor einen sollichen gehalten, der dardurch seine dignitet, auch leib und gut verwirckt hab, sondern man wirt ihme auch zumessen, das ehr ein anstiffter und verursacher sey des gantzen tumults, uffstandts und Rebellion (wie sie es nennen) in den Nidderländen; also wirt er

[1] Hébreu.

sich selbst durch die erclerung der Augspürgischen Confession, vermutlich umb sein ampt und gubernament, das er vom Könige hatt, pringen, dartzu sein leib und leben in höchste gefahr stellen, auch das zeitliche guth was ehr dessen underm Könige hatt, ihme selbst und seinen kindern zu nachteil und schaden uff die wage legen. 1566. Septembre.

Es möchte auch solche erclerung zur Augspürgischen Confession vor ein absonderung von den Calvinisten gedeutet und uffgenommen, und dardurch die Calvinisten in sovil grossere gefahr und verfolgung gesteckt werden.

Item, wan er dissimulirte und also bey seinem standt, ampt und Guvernament wie biszher pliebe, kont er nicht allein denen die in sein Gubernament gehörten, sondern auch den Evangelischen ins Gemein, allerhandt vorschub heimlichen thun, ihre sachen underbauwen undt zum besten wenden, und villeicht dardurch den lauff des *Euangelii* mehr fördern, als durch das öffentliche bekantnüsz.

Herjegen aber ist zu bedencken das in Gottes Wort, allenthalben das eusserliche bekantnüsz mit dem mundt erfördertt und herwidder das dissimuliren und hincken zu beiden seidten, auch das wedder kalt noch warm sein, so ernsthafftig bedrawet wirt. Es sagt der Her *Christus*: wer mich bekenth vor den menschen, den wil ich widder bekennen. Wer mich verleugnet, den wil ich widder verleugnen. *Item*, wer sich mein und meines Worts schemet, des wirt sich des Menschen Sohn widder schemen. *Item*, wer seine Eltern und Kinder lieber hatt als mich, der ist meiner nichtt werth. *Item*, wer nicht mit mir ist, der ist widder mich. *Item*, der Knecht der seines Herren willen weisz, undt thut ihn nicht, wirt hart geschlagen werden. *Item*, *ore fit confessio ad*

1566. Septembre. *salutem.* *Item*, weil du law, weder kalt noch warm bist, wil ich dich auszpeien. *Item*, in Göttlichen sachen lest sichs nichtt zweien Herren dienen. Es will entweder Gott dem Hern oder dem Baal gevolgt sein. Wie dan dergleichen sprüch und exempel ausz der Schrifft viel angezogen werden könten.

Dieweil nun der Her Printz die Göttliche warheit einmall in seinem hertzen durch Gottes gnaden erkenth hatt, unnd dan Gott mehr als dem menschen zu gehorsamen, auch einem jeden menschen an seiner seelen heil mehr und höher als an der gantzen welt schätz gelegen ist, so wissen wir dem Printzen zu einicher weithern dissimulation nichtt zu rathen; dan obwoll uff dem öffentlichen bekanthnüsz nicht geringe eusserliche gefahr leibs und guts sein möchtt, so stehet doch uff dem dissimuliren und hincken zu beiden seidten viel ein andere und grössere gefahr, nemlich, verlust der seelen, so mit verlust alles zeitlichen gar nicht zu vergleichen ist.

Und darumb achten wir, es könne der Printz mit guttem, unbeschwertem gewissen, keinen umbgangk haben sich hinfüro gentzlichen der papistischen Mesz und dergleichen abgöttischen grewel vor sein person zu eussern und sich herjegen zur reinen predige Göttlichs Worts und dem rechten prauch der Sacramenten zu halten.

Das er aber ehir und zuvor sich jegen seinen Hern, dem Königh zu Hispanien, zur Augspürgischen Confession in schrifften erclere und umb verstattung derselben bitten solten, solchs achten wir noch zur zeit nicht nötigh sein, dan ohne das der Printz vor sich selbst und unerfordert seinen glauben gerath[1] seinem hern dem Könige

[1] gerade.

zu offenbaren nicht schuldigh, sondern das mit guttem gewissen woll underlassen kan, bissolang er darumb gefragt wird; also auch, da er schon die erclerung und das ansuchen beim Könige thette und der Königh ihme die Augspürgische Confession nicht gestatten wurde, so wehre er doch (dessen unerachtet) gleich sehr *jure divino* schuldigh sich der papistischen Abgötterey zu eussern und zur erkanten warheit zu halten; dan was den glauben und gewissen jegen Gott belangt, ist er Gott mehr als seinem zeitlichen Hern zu gehorsamen schuldigh. 1566. Septembre.

Darneben aber hatt der Printz seiner person in acht zu nehmen und so wol nicht zu vertrawen, kan auch mitler zeit sich mit einem feinen, ausführlichen bericht, den ehr uff den fall er von seinem Hern dem Könige, der Religion halben, zur rede gesetzt wurde, oder sonsten da es von nöthen zu gebrauchen hatt, mit rath seiner Hern und Freunde, gefast machen, und darinnen antzeigen wie und wasserley gestalt er zu erkantnüsz der abgötterey und misprouch in der papistischen Religion kommen, das er auch daher nicht ausz mutwillen, sondern ausz dem bevelch Gottes *quod Deo magis quam hominibus obedire oporteat*, durch sein gewissen gemussigt worden wehr sich der papistischen religion zu entschlagen, mit bith sich darbey zu lassen und erpieten zu allem schuldigem gehorsamb.

Dem allem nach schliessen wir entlichen dahin das, gleich wie ein jeder Christ, also auch der Printz, schuldigh sey sich aller abgötterey widder das gewissen zu eussern und also *re ipsa* mit dem werck und der thadt zur warheit zu ercleren; und ob woll daruff des zeitlichen halber allerhandt gefahr stehet, so will es doch dem lieben Gott zu bevelhen, seiner Götlichen Almechtigkei-

1566. heimzustellen und dahin zu dencken sein, das ein uff-
Septembre. richtig gewissen jegen Gott, aller zeitlichen wolfarth vortzusetzen ist, das auch ein jeder der sein hausz, hoff, eltern, weib und kinder umbs Reichs Gottes willen verlest, ein viel mehrers darjegen auch in diesser welt entpfangen werde und in der zukünfftigen das ewige Leben.

Es wirt auch sonder zweiffel dem Printzen, nicht allein von den Stenden der Augspürgischen Confession, sondern von seinem Hern dem Könige selbst und dem papistischen hauffen vor rümblicher nachgesagt und zugemessen werden, das er sich in Religionssachen frey, uffrichtig und also mit dem eusserlichen werck und der thadt beweisse wie sein innerlich hertz ist, als das er dissimulir, uff beiden achsseln träge und weder fisch noch fleisch sei, und sonderlich weil ehrs selbst darvor helt, er steck der Religion halber beim Könige eben so tieff in verdacht, als wan er sich erclert hette; den daher wirt ehr in einen wegh wie in den anderen, ehr dissimulir oder erclere sich, schlechter gnadt von seinem Hern zu gewarten haben.

Könte auch kommen das ehr mit seinen uffrichtigen ercleren, andern *proceribus* und Stenden derselbigen Landtarth ein exempel und ursach geb dergleichen zu thun, wan ehr aber dissimuliren und heuchlen wolt und ihnen darüber hir zeitlichen was unglücks betreffen solt, so würden beide diesser und jhener Religionsverwandten sagen: es geschee ihme eben recht, warumb er mit öffentlicher betzeugung sich nicht gehalten, so ehr in seinem hertzen fur recht geglaubt und geachtet, dan in dem das ehr mit solchem dissimuliren und heuchlen der zeitlichen gefahr zu entfliehen understehen wollen, hette er den Götlichen zorn über sich geheuffet und wehre dar durch in alles zeitlich unglück umb sovil mehr und pillicher gefallen. 1566.

Welchs alles E. F. G. (1) wir vor unser einfeltig bedencken, wie wir's bey unsz verstehen, in dieser wichtigen sachen nicht verhalten sollen, stellen's gleichwol zu E. F. G., als des hoch und mehr verstendigern und in diesser sachen geübten und erfarnen Fürsten, weittherm ermessen. Septembre.

LETTRE CCXVII.

Le Comte d'Egmont au Prince d'Orange. Il promet de venir à Dendermonde.

*** Le Comte d'Egmont ne s'étoit pas pressé de satisfaire au désir du Prince (voyez p. 326). « Il est vrai, » dit-il, « que me trouvis à Tenremonde à l'instance du Prince d'Orainges et du Comte de Hornes: » auxquels, s'il me souvient bien, la première fois qu'ils m'en requierent, m'en excusit disant valoir mieux de remettre jusques à » ce qu'ils vinssent en Court. Toutefois, comme lors le Prince pour » quelque doubte qu'il avoit, ne voulust venir au dit Bruxelles, les » allay trouver au dict Tenremonde, et avec le sceu de Son Alteze. » *Procès d'Egm.* I. 73. Il paroit cependant que le Conseiller d'Assonville n'étoit pas instruit de la chose; puisque le 3 octobre il croyoit devoir écrire au Comte de Hornes: « Monseigneur d'Egmont n'a esté à la résolution prinse ce jourd'hui, parce qu'il s'en » estoit parti pour retourner en Flandres. » *l. l.* 451.

« L'occasion principale de nostre entrevue estoit pour adviser » sur une lettre que M. de Montigny avoit escrite au Comte de » Hornes son frère. » *l. l.* 73. Voyez cependant p. 323, sqq. « Le Prince venant d'Anvers avoit emmené avecq luy son frère le Comte » Lodowic et M. de Hoogstraten, sans toutefois mon sceu qu'il » les deusse emmener; que n'y fusse venu, pour le dire des gens, » et le peu d'envie que j'avois de ne venir en grandes compagnies... » Fust leu la copie d'une lettre qui se disoit estre de nostre Ambassadeur en France, Don Francisco de Alava, à S. M. . . . ; sur

(1) *E. F. G.* Ceci s'adresse apparemment au Landgrave.

1566. » laquelle se fit beaucoup de discours . . . . Il me semble que lors
Octobre. » (mais je ne veux l'assurer) le Comte Lodowick deust dire que si » les Espaignols voulussent ainsi tyrannizer et maltraicter ceux de » ce Pays, qu'il y auroit bien moyen d'y obvier et les empescher d'y » venir. Mais cela fut rejecté . . . . Sur quoy se rompit le dit pro- « pos et allismes disner. » *l. l.* 74.

Le récit du Comte paroit entièrement conforme à la vérité. Le Prince aura voulu savoir au juste quelles étoient ses dispositions, et si, en réveillant sa jalousie contre les Espagnols, on pouvoit compter sur sa cöopération à une résistance les armes à la main; il en fit donc insinuer la possibilité par son frère Louis, mais cette idée n'ayant trouvé nul accès auprès du Comte, bien plus disposé à faire un mouvement rétrograde qu'à marcher en avant, le Prince aura paru se ranger à son avis.

Burgundus, p. 285, se trompe en disant qu'outre le Prince et les Comtes d'Egmont, de Hornes et de Hoogstraten, les principaux Confédérés assistèrent à cette réunion. Du reste on croiroit qu'il y a assisté lui-même; tellement il est instruit des particularités de la conversation. Mais nous nous permettrons de révoquer en doute les beaux discours que surtout lui et *Bentivoglio* ont mis à cette occasion dans la bouche d'Egmont. Le Prince se sera gardé de manifester son mécontentement, et la lettre que le Comte lui écrivit le 15 octobre (voyez ci-après) montre assez que l'entrevue de Dendermonde ne causa pas de rupture entre eux. Donc le Prince pouvoit dire dans sa Défense. « Aussi ne se trouvera qu'ayons à Denremonde ou allieurs traité d'empêcher la venue de S. M. avec » forces ou autrement. » *Le Petit*, p. 186.[b]

Monsieur. Suivant vostre lettre que m'a fet donner mousieur de Villers, je me trouveray jeudy à Teremonde vers les dix heures du matin, et seray fort aise de vous veoir, car sertes le tans le requiert bien. Au reste j'ay veu Madame se matin, laquelle m'at dit qu'elle ne doute point que sa Majesté n'acorderat l'assemblement des estas-généraulx et qu'elle en pourat avoir responce

pour sette semaine, mes sy elle le pense ou non n'en 1566.
scais riens (1). Je luy feray se soir raport de ce que j'ay Octobre.
besoingné en Flandres, comme vous poures entendre quant je vous verray. Je suis fort mary de ce que monsieur de Bréderodes et de Culenbourgh ont fait ce que l'on dit (2) : Dieu veuile pourveoir à tout comme il convient à son service, et sur ce veus vous beser les mains. De Bruxelles, ce premier d'octobre.

Vostre serviteur et bon amy,

LAMORAL D'EGMONT.

Je vous prie avoir demain de vos nouvelles. Monsieur de Mansfeldt vous bese les mains.

A Monsieur Monsieur le
Prince d'Oranges.

* LETTRE CCXVIII.

Le Comte Jean au Comte Louis de Nassau. Il conseille aux Confédérés de ne pas publier une justification relative au bris des images; mais de se déclarer contre le Calvinisme et d'éviter une rupture avec le Roi.

Mein freundtlich dienst sambt allem gutem zuvor. wolgeporner, freundtlicher, lieber bruder. Nachdeme

---

(1) *riens.* La Gouvernante avoit dès longtemps insisté auprès du Roi sur cette convocation. Elle pouvoit la desirer sous plusieurs rapports. « A metu (Calvinianorum) quidam per Statuum conventum » liberari Catholicos posse credunt. » *Vigl. ad Hopper.* p. 383.

(2) *dit.* Les Comtes de Bréderode et de Culembourg avoient fait enlever les images dans leurs villes. A Vianen ceci avoit eu lieu le 25 sept. et le même jour Bréderode avoit commencé à lever des soldats. *Te Water*, IV. 325.

1566. Octobre. E. L. mir verschiener tage ein concept oder *scriptum* zu ersehenn undt volgents in truckh auszgehenn und publicieren zu lassen, zugeschickt, als hab ich solches, nebenn etlichen unsern dienern, mit allem vleys durchsehen, berathschlagt und erwogen. Wiewol wir nhun dasselbige nach gelegenhait der sachen dermassen gestalt befunden, das wir wenig darinn zu änderen gewust, so hielten wir es doch ausz allerhanndt vorgefallenenn bedencken, sonderlich aber der uhrsachen halben, das meniglich wol bewust das der tumult und uffrhur, so sich in stürmung der Bilder und spolirung der Kirchen zu Antorff und anderstwohe zugetragen, nicht ausz bevelh oder mit vorwissen und genemehaltung der Bundtsgenossen, sondern allein durch etliche muthwillige und auffrürische leuth sich zugetragenn, vor das best und rhatsambst das solch *scriptum* eingestellt und zu trucken gentzlich underlassen würde; dann wir bey uns nit wenig besorgen, wann man sich in diessem fall, da doch E. L. und die anderen Bundtsgenossen vorhin gnugsamb enthschuldigt, deszhalbenn auch (sonderlich in diessen Kreysz) kein clage yemals vorgefallen, zue entschuldigenn understehenn solte, das vieleicht solches mher zu allerhandt newen verdacht und argwohn, dann zu gesuchtem glimpff und der sachen zum besten geraichenn, auch dasjenige so bis anhero undisputirlich gewesen, in disputation, zweyvel und nachdenckhenn möchte getzogen werdenn.

Dergegenn aber wolttenn wir in E. L. und der anderun Bundtsgenossenn rhatsamb bedenckhenn gestalt habenn: dieweil nicht ohne das das gemein geschrey hienn und wider dermassenn auszgeschollen, als ob der mhe rertheyl, nicht allain desz gemainen volcks, sondern auch der Bundtsgenossen selbst, der Zwinglischenn und Calvinischen lähr anhengig, dieselbige öffentlich zu lähren, zu predigen und zu verthaidingen understehenn, auch sonst under dem namen undt bundtnüs der Geusen viel falscher und dem religionsfrieden widerwertige secten und lähren eingefhürt, gestattet und gepflanzet werden solten; ob nicht zu ableynung solches gemeinen geschreys und vast beschwerlicher ufflage, auch mherers glimpffs halbenn, sonderlich aber grossernn besorgten unrath so hieraus enthstehenn möchte, zu fürkommen, dienlich und rhatsamb sein solte das E. L. und andere, so der Augspürgischen Confession zugethan und an denn obgedachtenn und andernn verfürischen secten kein gefallens tragen, ire *Confessionem* und bekantnüs mit angehengter refutation und protestation desz hien und wider auszgebreyten geschreys, durch ein *publicum scriptum* öffentlich ann tag gegeben hetten, welchs wir bey uns soviel esto[1] mher voir rhatsamb und hochnötig erachtenn, dieweil wir in glaubwürdige erfharung kommen, das die Geusen (wie sie genantt werden) ins gemain hien und wider bey vielem hohenn potentaten und stenden des Reichs, sonderlich aber bey diessem Niderlendischenn und Westphälischen Kreys, des *Zwinglianismi* und anderer verbottener secten halbenn, so sie under sich habenn und treibenn sollenn, dermassenn angegeben und verhast, das zu besorgenn, ja gewiszlich am tage, ob sie wol mit viel tausent pferden so mann hien und wider in wartt-und dienstgelt uffgenommen oder noch uffnemen möcht, gefast zesein[2] vermainen

1566.
Octobre.

[1] desto. [2] zu sein.

1566. wurden, dasz sie doch im fall der noth und uffmanung
Octobre. kaum denn geringsten theyl würden bekommenn mögen; dan ich E. L. vertreuwlich nicht wil verhalten das ich vonn unserm diener D. Meysznern, so vor wenig tagenn von einem gehaltenen kreystag widerkommen, soviel verstanden habe, das mann dem Geusen inn diessem Kreysz (denen sie doch meines erachtens nothwendig antreffen mueszen) denn ahn- und durchzug mit irem beworbenen kriegsvolck, von deszwegen das sie dem König verbottene und den religionsfrieden wiederwärtige lähren in seinen länden eintzeführen understehenn sollenn, nicht würde gestattenn; derhalben dann unsers erachtens (yedoch alles uff E. L. und der andernn hernn verbesserung) in allerwege guth sein solt die obgedachte bekanttnüs und protestation, grossere ungelegenhait dardurch zu vorkommen, unverzüglich auszgehenn zu lassen.

Es lest sich diesse gantze handlung, als in sich selbst hochwichtig und schwer, bey vielenn gutthertzigenn, verstendigen, hohes-, mittelnn- undt nidern stanndtspersonen, so E. L. und uns allem guts gönnen, dermassen ansehen, das sie der sachen zum bestenn viel lieber rhaten und sehen woltenn das diesse gebrechenn in der gute durch tegliche laidliche mittel, vergliechenn und hingelegt möchtenn werdenn, dann das mann sie mit gewaltt und gewherter handt understehenn solt zu verfechtenn undt auszufhüren; ausz nachvolgende uhrsachen:

Dann erstlich wirdt bey ihnenn nicht untzeitlich erwogenn das vast schwer, ja menschlich davon zu reden, schier unmüglich fallen will sich einem so gewaltigen Potentaten in die lengde zu widersetzen und die sach mit der scherff zu begertem fruchtbarlichen ende zu brin-

gen, inn betrachtung das baider theyl vermögen und 1566.
stercke da sie gegen einander gehaltenn, vast ungleich, Octobre.
uff jhener seytten mechtig, diesseits aber gantzs schwach und crafftlosz befunden werdenn.

Zum andern, das zu besorgen man werde es mit dem König nicht alleyn, sondern mit vielenn hohenn Potentaten, bey welchen der *Zwinglianismus* sehr verhast, ja mit der kayserlichenn Matt. selbst zu thun haben. Wie ich dan in glaubwürdige erfharung kommen das ire Matt. sich gegenn dem König ausztrücklich soll haben vernemen lassenn, obwoll ire Kay. Mat. mit vielenn hochwichtigenn geschefften wider dem Erbfeindt, denn Türckhenn, yetziger zeitt beladen, so sollt doch irer Mat. solches alles so hoch nit angelegen sein, im fall diesse uffrhur und einreyssende verbottene secten in denn Niederländen nicht abgestelt solten werden, das ire Matt. das landt zu Ungarn aigener person nicht verlassenn, und dem König ausz Hispaniën, solche gewalttsame und uffruerische newerungen in seinem ländenn abtzeschaffen, zuziehenn und zu hülff kommen woltten (1).

---

(1) *woltten.* Les intentions de l'Empereur envers les Pays-Bas étoient meilleures que le Comte Jean ne supposoit. « Le Roy s'advisa d'escrire une lettre à l'Empereur touchant les affaires des » Pays d'embas, et aussy de son intention: à laquelle S. M. Impériale, non obstant les grandes occupations qu'icelle avoit à » cause de la forte guerre que le Turcq luy faisoit en Hongrie, » respondit au mois de septembre fort particulièrement, offrant » toute amitié et assistence, et telle qu'à un bon frère appartenoit, disant toutesfois, avecq beaucoup de difficultez, estant » spécialement chose de la religion Catholicque tant odieuse à » beaucoup de Princes Allemans, alliez et parens d'aulcuns vassaulx du Roy . . . et pourtant s'il fust possible de traicter la dict

1566. Octobre. Zum drittenn, fellt nicht wenig bedencklich vor, das mann uff diesser seitenn (wie man berichtet wirdt) in vorfallenden tractationen, rhatschlegenn, verordnungen, anstellungen und andern handlungen, eben so wenig als auch in Religions-sachen, under sich selbst nit ainig, sondern in vielerley wege zweyspaltig und zertrennet ist, wie mann dann gemeinlich erfhertt das, wo viele heupter seindt, auch viel underschiedliche *opiniones* und mainungen plegen vorzufallenn. Was guts und bestenndigs aber hieraus möge ervolgen, werden E. L., als der verstendige, bey sich selbst vernünfftiglich ermessen kundenn.

Zum vierten, wirdt nicht voir das geringste, sondernn schier vor das beschwerlichste erachtet, das mann uff diesser seitenn mit nottürfftigen vorrath ahm gelde, wie solches in diessen und dergleichen hochwichtigen sachenn sonderlich vonnöthen were, nicht gefasset, auch wo und von weme mann es yederzeitt in vorfallenden noten haben und entphangen soll, gantz ungewisz, dergestalt das man, auch einer geringen summen gelts halbenn, vast viel schreiben und deliberieren musz ehe und zuvor man wissenn mag, vonn weme, wo, und wie mann

---

» affaire par voye gracieuse et non de rigueur, qu'il luy sembloit » le plus convenable et moins périlleux, et que pour mieux l'en» cheminer et mectre en oeuvre, S. M. I. seroit contente d'estre » médiatrice d'entre S. M. R. et ses vassaulx. » *Hopper*, *Mém.* 109. L'Empereur écrivit aussi à la Duchesse de Parme, et lui envoya des lettres pour le Prince d'Orange et les Comtes d'Egmont, de Hornes et de Mansfeldt, « se reférant toutesfois à la discrétion de » Son Alteze de les delibvrer ou non. » *l. l.* Elles ne furent point délivrées.

sie bekommen möge; da man hergegen in gewisser erfharung hat, dasbey dem gegentheyl ein überflus an geltt vorhanden und diszfals nichts gesparet wirdt, derowegen sie auch die beste und ausserleseneste kriegsleuth albereyt in grosser antzaal beworbenn und ohne zweyffel noch teglich mher bekhommen werdenn. 1566. Octobre.

Zum fünfften, wirdt erwogenn: demnach die Teutsche Fürster zum mehrertheyl deme *Calvinismo* sonderlich feindt und zuwider, auch derohalben diesser gantzen sachen gehessig seindt, man werde sich uff iren beystandt oder hülff im fall der noth wenig zu verlassen haben, wie mann dann diszfals auch von denen, zu welchen man sich sonderlicher gnaden yederzeit versehen gehabt, gnugsame exempel, da es vonnöthen were, antzuziehen wuste.

Zum sechsten, das man viel geühbter, erfharner und ausserlösener kriegsleuth, so man in warttgeldt gehabt, nhunmehr ausz der handt gelassen, welche man hernachmals, wann es ans treffenn gehenn solte, nicht wieder bekommen, sonder ander unerfharn und ungeübt kriegszvolckh und hudellmanns gesinde ann die statt must annehmen, dessen sich meniglich, nebenn deme da es der sachenn nicht wenig zu unstatten gereichen thut, soviel desto mher verwundert, dieweyll mann uff diesser seyten das warttgeltt auszgegeben, und sie nhunmehr, nachdeme sie durch die unsern gerüst, dem gegentheyl, der sie auch albereyt in grosser antzaal in warttgelt uffgenommen, lest zukommen.

Zum siebenden, ist sonderlich auch wol zu bedenckenn, wirdt auch bey uns nicht vor die geringste motiven erachtet, das mann in gewisse erfharung kommen, ob wol dye Bundtsgenossenn mit eyner stattlichenn antzaal

1566. Octobre. kriegsvolck versehenn, das mann ihnen doch den ahn- und durchzug in diessen Niderlendischen Westphälischen Kreys (ausz uhrsachen so hieobenn vermeldet) keins wegs wirdt gestatten, wie sich dann auch nit wenig zu besorgen, dieweil die vornembste Stende, so wol von Weltlichen, als auch von Geistlichen, dem *Calvinismo*, und also derhalbenn diesser gantzenn sachen gehessig und feindt, das solches in anderen angrentzendenn Kreyszen auch geschehen werde, da hergehen Hertzog Erichen und anderen des Gegenthails bestelttenn Rittmeistern, neben der Kay. Matt. schrifftlicher bewilligung und offener patenten, der ahnn-und durchzug in diessen Kreys albereyth zugelassen und gestattet, auch nicht zu zweyffeln stehet, dieweil der mehrertheyl der reichsstende, sonderlich vonn Gaistlichen, dem König in diesser sachen gantz günstig und gewogenn (wie man dann dessen gewisse erfharung hat), es solle irer Mat. oberstenn und Ritmeistern der ahn- und durchzugh in andernn Kreyszen, gleicher gestalt auch zugelassenn, gewilligt und gestattet werdenn.

Nebenn deme und zum achten, wirdt auch hiebey erwogen, das gleichwol im religionsfrieden, *Anno* 55 zu Augspürg uffgericht, nicht alleyn die Zwinglischen, Calvinische und dergleiche lähren auszdrücklich verbotten und von Religionsfrieden auszgeschlossenn, sondernn das auch vermöge desselbigen kein standt des Raichs, so der altenn .Papistischen Religion vonn alters zugethann gewesen, schuldig ist seinen underthanen, so der Augspürgischen Confession anhengig, under sich zu wohnen, viel weniger öffentlich zu lähren und zu predigen, zuge-

statten (1); mit diessem anhang, wo ainiges Papistischen 1566.
Churfürstenn, Fürstenn oder Standts underthanen, der Octobre.
Augspürgischen Confeszion anhengig, das als dann denselbenn mit iren weyb und kindernn ahn andere orth zu ziehen, auch ire haab und gueter zu verkauffen, ohne meniglichs verhinderung, zugelassen und gestattet sein soll. Wann nhun dieszes under denenn Stenden, so im reich gesessen, statuirt und geordnet und keiner schuldig ist die Augspürgische Confession, viel weniger öffentliche predigten in seinen Fürstenthumben, Graveschafften und Gebiethen zu gestatten, wirdt nicht unzeitlich in bedenckhen und zweyffell gezogen ob dann der König, so under dem reich nit gesessen, schuldig sey öffentliche predigten in seinen länden zu gedulden, und sonderlich im fall da nicht verneynt kann werdenn, das gleichwol der mehrertheyl der underthanen dem *Calvinismo*, *Zwinglianismo*, und andern verbottenen und dem Religionsfrieden widerwertigen secten und lähren zugethann und anhengig.

Ausz welchen oberzeltenn und anderenn mher erheb-

(1) *zugestatten*. « In Imperio Germanico, ubi plenissima libertas conceditur, nullis subditis permittitur contra Dominorum » Principumque suorum voluntatem, Religionem amplecti, sed » aut se eorum ordinationibus submittere, aut Provinciâ excedere » coguntur. » *Viglius ad Hopper.* p. 383. La paix de religion, comme elle étoit introduite en Allemagne, eut laissé les Pays-Bas soumis au bon plaisir de Philippe. La Duchesse de Parme écrivoit le 10 nov. à l'Evêque de Liège : « Vous avez ce point dadvantaige » de vostre costé que de vous povoir ayder de la *religion-frid* que » ne debvez négliger. » *Gachard, Anal. Belg.* p. 202. En effet, l'Evêque avoit le droit d'expulser les protestans. Les Princes pouvoient choisir entre le Catholicisme et la Réforme, les sujets entre la soumission ou l'exil.

1566. lichen bedencken und uhrsachen man letzlich dahin
Octobre. schliessenn wolle, da mann die vorstehende gebrechenn uff laidliche, tregliche wege handlen, und die sach dahin bringen kundte das die Spanische Inquisition und Tyrannische, unchristliche verfolgung gentzlich und zu ewigen zeitten abgeschafft, auch sonsten meniglich Evangelische Buecher zu lesen und ohne gefhaar von Christlicher Religion und Gottes wortt zu redenn gestattet und frey gelassen wurde, das man vor ein erst mit demselben zufrieden, Gott dem Almechtigen darfhür dancken und diese sach (ob mann schon noch zur zeitt die öffentliche predigten Gottes wortts nicht erhalten kundte) harter nicht spannen, noch treiben soltte, der tröstlicher hoffnung und zuversicht, der Almechtige Gott würde sein göttliche gnade mit der zeitt, zu erweyterung seines namens und worts, ferner verleyhen und mittheylenn. —

Es woltte aber meines erachtens in allewege vonnöthen sein, da E. L. Ir diesses bedenckenn oberzeltter massen gefallen liessen, das wir beyde uffs aller baldest so immer möglich *(cum periculum sit in mora,)* an gelegener mhalstatt zusamen kommen, und von diesser sachen, wie dieselbige durch gedachte wege durch getreuwe und vleyszige underhandlung ettlicher fürnemer Fürsten ins werck gerichtet und zu fruchtbarlicher endtschafft gebracht, auch mitlerweyl fernere beschwerliche kriegszhandlung eingestelt möcht werdenn, uns notürfftiglich underredet, berathschlagt, und fürters zum Hertzogen vonn Gülich, welcher meynes verhoffens hierin viel guts wirdt auszrichten mögen (1), begebenn hettenn.

(1) *mögen.* Le Duc de Clèves *desiroit* le progrès de la cause protestante: voyez p. 74.

Da nhun E. L. gelegenhait uff obgesatztenn fall sein köndte, gegenn den [1] tag des schirstkünfftigen monats Novembris, enthweder zu Bueren, Santen, oder Grave einzukommen, wolte ich meiner sachen gelegenhait auch dahin richten, das ich (geliebt's Gott) uff erstermeltte zeitt gewiszlich by E. L. erscheinen und mich mit derselben allenthalbenn nottürfftiglich underreden möchte. 1566. Octobre.

Wölches alles E. L. ich vertreuwelicher, brüderlicher meinung in eyl nicht habe sollen verhaltenn, freundlich pittende E. L. wollen mich ires gemüts und sonderlich was die angeregte zeitt und mhalstadt unserer zusamenkunfft belangen thut, unverzüglich, so tag, so nacht, verstendigenn und hierin keinen mangell erscheinen lassenn; und thue, hirmitt E. L, deren ich zu brüderlichen angenemen diensten yederzait genaigt, deme Almechtigenn bevelhenn. *Datum* Dillenberg am [1] Octobris Anno 1566.

Bedenck und Concept
D. Meixners (1).

L'entrevue des frères eut lieu à Vianen, à la mi-novembre. Dans le Journal déjà plusieurs fois cité, nous lisons. « Den 14en » November was Graeff Loedewyck te Vianen met ettelyke Edel- » luyden. Den 15en quam te Vianen Graef Jan van Nassouwen, » mynheere den Princhen broeder metten Grave van Solms. Den » 16en quam myn heer den Prinche te Vianen met veel Edelluy- » den. Den 17en reisden myn heere de Prinche, Graef Jan en » den Grave van Solms nae Utrecht. » *Te Water*, IV. 326.

---

(1) *Meixners.* Le Docteur Meixner fut employé par le Comte et plus tard aussi par le Prince dans beaucoup d'affaires difficiles et délicates.

[1] *Le chiffre n'est pas ajouté.*

LETTRE CCXIX.

Louis, Comte de Wittgenstein, au Comte Jean de Nassau. Sur les résultats de sa mission en Hesse.

1566. Octobre. *„* La réponse du Landgrave Philippe prouve que, malgré son âge et ses infirmités, il étoit encore parfaitement en état d'apprécier la position des affaires et de donner de sages avis.

Wolgeborner F., lieber h. gevatter. E. L. sol ich nicht verhalten, nachdem ich den 29ten spädt alhie ankommen und durch Simon Bingen bey Landg. Wilhelm mich angeben lassen, haben mich ire gn. volgenden morgen zu sich erfördert und mijne werbung allein angehöret. Nachmals die *Instructiones* zu sehen begerett, wie gescheēn, doch als bald nach verlesung mir widder zugesteltt, darneben sich vernehmen lassen dasz ire gn. dem h. Princen mitt sonderer begirde gerne in dieser sachen wolten beyrehtig und behülfflich sein. Es sehen aber ire g. diesen handel vor hochwichtig und beschwerlich dermassen an, dasz sie vor sich selbs nicht wol darin zu rathen wist, wehren auch mitt wenig dero sach erfanen und verstendig reht itzo gefast, habens gleichwol in bedencken gezogen, auch vor rahtsam angesehen ire g. h. Vatter gleichfals diese handlung anzuzeigen und derselbe bedenckens zu vernehmen; dieweil aber dieselbig itzo mitt schwacheitt dermassenn behafft, dasz sie ungern persönlich audientz geben, hab ich uff guttdüncken Landg. Wilh. meine werbung schriftlich gestellt, dieselbig durch den Cantzeler Scheffern und Simon Bingen, welche von dem alten h. sonderlich darzu verordnet, irer G. zugestellt;

dieselbig haben mir volgents auch irer g. resolution geben, lautt beygelegte zettels, darausz E. L. selbs desz Landgr. meynung sehen werden, welche meins bedüncokens dahin stehtt, dasz ire g. uff den Churf. zu Saxen und andere hern sehen wolten; was sie dazu thuen gemeint, haben sich demnach also vernehmen lassen, als die sich diesen handel lassen angelegen sein. 1566. Octobre.

Bin derwegen in willens, mitt Gottes hülff, mich förter zum Churf. Saxen zu begeben, wiewol Landgr. Wilhelm besorgett der Churf. werde sich die handlung mitt Weimmahr nicht gefallen lassen, sieht auch selbs nicht vor rahtsam an eyn solchen Fürsten mitt so viel leute zu bestellen, den man sonst wol gutte leutt und eyntzele rittmeister bekomen möge, dero man besser mechtig, dazu sich ire gn. selbs in bewerbung brauchen zu lassen erbotten (1).

Ire Gn. haben mich ernstlich gefragt ob Adam Weise seine vorgeben nach dem Prince werbe oder nicht, den so es damit eyn andere gestalt hätte, müsten Ire G. anders dazu thuen; hab ich gesagt, dasz ich's gentzlich davor haltt es geschee dem Princen zu gutten (2), damitt ire G. zufrieden gewesen.

Nachdem der durchleuchtig hochgeborner Fürst und herr, herr Philips der Elter, Landgrave zu Hessen, G. zu Catzenelnbogen, die schriftlich werbung selbs durchausz gelesen, haben ire f. g. diese mündliche anttwortt durch den Cantzler Scheffern und Simon Bingen geben lassen.

---

(1) *Erbotten.* Ceci est fort curieux, surtout comparé aux conseils un peu timides que le Landgrave Guillaume donna plus tard.

(2) *Gutten.* Voyez p. 308.

1566. Octobre. S. F. G. hab das anbringen gelesen, nun befinde S. F. G. das der handel so gros, wichtig und schwer sey, das S. F. G. nicht wisz was sie thuen oder rathen sol, zudem das S. F. G. nicht wisz was der Printz zu den Staten und bundgenossen vor eyn vertrauwen hab; ob sie halten werden oder nicht, und sonderlich wen's in der noht und über zwerch geht, da man gemeinlich andere sin zu krigen plegt.

Den Printz sey ohne zweivel wol uffzusehn, und dasz er nicht zu wol vertrauw, dan zu besorgen der König möcht geschwind jegen ime handeln, weil er vors heubt anzusehen.

Das S. F. G. sold rathen wie er sich in die sachen sol schicken, wis S. F. G. nicht, den sich ir F. G. bisher gehabter schwachheit halb, und weil S. F. G. ohn das die gelegenheit der land nicht weisz, darin nicht resolviren könne; aber die noth werde ine selbst lerne was er thun sol.

Da auch Saxen Chu. und Wirtenberg wolt etwas bey ime thun, es sey mit schreyben oder sonst, so wold S. F. G. sich auch unverweislich erzeigen.

So viel H. Johans Friederich zu Saxen belangt, hab S. F. G. sorg es möchte den Churf. hartt offendiren (1), aber doch die noht pringe vil zu weg dasz sonst underlassen pliebe.

Dasz die universitet Wittenberg vermocht werde des *Calvinismi* und desselbe streits halber, an etzliche *Theo-*

---

(1) *offendiren.* Peut-être le but principal du Duc étoit de recouvrer l'Electorat, dont son père avoit été dépouillé par Maurice, frère de l'Electeur Auguste.

logos in den Niederländen zu schreiben und die *ad Concordiam* zu vermahnen, lasz S. F. G. wol gefallen; darneben wehre vonnöte dasz die hern selbst *autoritatem* interponirten und die *Theologos* zur eynigkeitt vermochten. 1566. Octobre.

Als auch G. L.[1] begertt ime eyne vertraute person zu Churf. zu Saxen mitzugeben, habs seine F. G. jtzo nicht an leute, zudem es auch S. G. vor unnötig acht.

Signat. Cassel, 2 Octob. Anno 66.

E. L. Dienstwilliger,
LUDWIG GR. ZU WITGENSTEIN

A Monsieur Monsr. le Conte Jan
de Nassaw, mon bon cousin et compère,
ad manus proprias.

LETTRE CCXX.

Le Baron de Montigny au Prince d'Orange. Il déplore les désordres commis dans les Pays-Bas, et annonce la venue du Roi.

⁂ Cette lettre, bien que les expressions soient très respectueuses, est du reste assez semblable à celle que M. de Montigny avoit écrite peu auparavant au Comte de Hornes; laquelle, selon le Comte d'Egmont, « contenoit le grand malcontentement que Sa » Maj. avoit de tant de malheureux et exécrables actes que s'estoient » faicts par deçà: comme aussy les presches tant pernicieuses quy » s'y faisoient, nous requérant et persuadant fort de nous employer » et nos amys à faire cesser toutes presches et redresser touttes » choses en son premier état; avecq un nombre d'autres persuasions » à ces fins. » *Procès d'Egm.* I. 73. La position de M. M. de Montigny et de Bergen étoit extrêmement pénible. Ils étoient venus

[1] Graf Ludwig.

1566. Octobre. pour défendre les intérêts des Pays-Bas, et journellement on recevoit des nouvelles qui en irritant le Roi rendoient leur tâche encore plus difficile N'ayant pu suivre la marche des événemens, ils ne s'expliquoient pas cette infinité d'excès et de désordres, que les Seigneurs auroient aisément, croyoient-ils, pu prévenir ou tout au moins réprimer. Ils en étoient d'autant plus douloureusement affectés que, délibérant toujours en Espagne sur les trois points qu'en avril on avoit mis en avant (pas d'Inquisition, modération des Placards, pardon général), il s'étoient flatté d'atteindre bientôt le but de leur mission. « Bergensis et Monteniacus (dicebant), si Comitia Ge» neralia non placeant, aliam rationem posse iniri .... Addentes » porro, re bene agitata, invenire se super articulo Inquisitionis » plene per Regem esse satisfactum: nec aliud restare quominus » Domini officium faciant, quam ut moderatio Placitorum accele» retur. » *Ep. Hopperi ad Vigl.* 100. Cependant le Comte de Hornes répondoit à son frère: « Pour fasché que estes là, estes plus à » vostre aise que ici, veu l'estat des affaires et le peu de remède que » l'on y donne: car tout s'en va ruinant. » *Procès d'Egm.* II. 496.

Monsr. Pour avoir le Roy tardé aucuns jours à despêcher courier par-delà, l'ayant remis de jour à aultre passé 15 jours, je ne vous ay peu respondre plus tost au deux lettres qu'il vous a pleu m'escripre du 20 et 25 d'aoust, lesquelles j'ay receues en ce lieu le 8 7bre passé, vous baisant bien humblement d'icelles les mains et de la bone souvenance que vous avez de vos servit[rs]. A ce qui me samble par vostre d[te] lettre, vous avez receu quelque satisfaction et contentement par la lettre que Sa Ma[té] vous ast rescript, de quoy certes, Monsr, seroye fort ayse et tiendroye la payne de mon voyage pour fort bien enplyée, sy en quelque endroict par icelluy puissiez demeurer plus content, signament à l'endroict de Sa Ma[té], auquel j'ay dict ce que par celle du dit 20 me comandiez, de la bonne volunté que avez de vous enployer en tout ce qui despendra son service ; Sa Ma[té] me dict qu'il avoiet ceste mesme opinion de vous, oussy elle estoit conforme à l'amour et volunté qu'i vous ast tousjours porté, et me commanda de vous respondre ce que dessus de sa part, oussy vous faire entendre le service agréable que luy feres de vous enployer en tout ce que trouvereis convenir pour son service en ses affaires qui passent présentement par-delà. Vous asseurant, Monsr, à mon jugement ne luy en scauriez faire pour l'heure qui luy contenta plus, que tenir la main et d'empêcher ses pilleries et sacagemens d'esglises et cloistres et les presches oussy, [avant [1]] que faire ce peult, car certes les choses, que par-delà se sont passées en cest endroict, sont esté inupportables [2], ne faisant doubte que vous aultres S[rs] n'ayez [sentu [3]] extrêmement de souffrir tels actes, presque en voz présences. Je vous puis asseurer, Monsieur, que Sa Mat. l'ast fort resentu les susd[t] sacagemens d'esglises et cloistres, mesme la peu de résistence ou contradiction qui s'en est faict par tout, veu le peu de gens, et que ce n'estiont que ung tas de blistres qui comettiont ses insolences et malheurtés [4] (1). Le samblable ast oussy resen-

1566.
Octobre.

---

(1) *Malheurtés*. Ce manque de résistance avoit surtout causé de la surprise et de l'indignation. « En tous ces maulx, troubles, » feux et pilleries du Pays, n'y eust quasi un seul, qui meit la main » aux armes pour faire résistance. » *Hopper, Mém.* 105. Il y a des momens de crise où *un tas de belytres* cause une crainte panique, il est vrai, mais générale et qui produit les plus tristes résultats. Nous n'aimons pas les rapprochemens historiques, vu que bien souvent ils faussent l'histoire : toutefois il nous semble que les événemens révolutionnaires de nos jours, présentant le même phénomène, en facilitent l'explication. « Ceux qui sont absens en par-

[1] autant (?). [2] insupportables. [3] ressenti (?). [4] malheurs.

1566. tu Sa Ma[té] des presches, et le peu de démonstration que
Octobre. l'on ast faict de s'y opposer, ce que Sa Ma[té] vouldroit ancoire que l'on fisse aut moins à ses grassateurs et pilleurs d'esglise, et par force, puis qu'i semble que [l'avez] bien pardelà, et samble à mons[r] le Marquis et moy qu'il a raison et que tant de S[rs] et personages principaux que estes par-delà, ne debvez souffrir semblables actes, mesmes voyant astheure q'y avez argent et des gens, et certes, Mons., n'eussions jamais espéré que semblables choses fussiont advenues et moins nous estant icy envoyés par vous aultres, que poyes considérer combien parce l'on nous voire occasion de nous trouver bien empechés et avecq [très] grande raison.

Sa Ma[té] respond à Madame par ce courrier sur ses dernières, du 13 du passé, oussy luy mande son intention sur l'assamblée des estatz-généraux et comme verreis[1] le tout, me remettray [aust[2]] despêche sans en faire [redite], seullement vous dires[3] ce mot que tenons le trouvereis asses maigre et avecq raison (1), mais

» lent fort à leur aise; mais il y a bien à dire se trouvant sur ce » lieu. » *Procès d'Egm. l. l.* — Les excès dans les Pays-Bas sembloient à Montigny d'autant plus insupportables qu'il étoit zélé Catholique. Quelques mois plus tard il écrit à son frère le Comte de Hornes. « J'ai reçu un grand contentement de l'asseurance que » me donnez que nuls ne basteront de vous faire changer d'opinion, » en chose qui touche le fait de la Religion ancienne, qui est certes conforme à ce que j'en ay tousjours fermement pensé et cru, » ors que le diable est subtil et ses ministres. » *Willems, Mengelingen van vaderlandschen inhoud*, n.° 5. p. 333.

(1) *Raison.* Il s'agit de la lettre *publicque* de S. M. à la Gouvernante, du 3 octobre. « Sur ce que vous me representez derechief

[1] verrez. [2] à cette (?). [3] dirai.

par là poyes juger les passions et affections des ministres. Sy esse que pour cela vous prions ne vous y arrester beaucoup car n'en donnons la coulpe à Sa Ma^té, et vous supplions de rechief vous enployer de toutes voz forces à donner contentement en ce que dessus à Sa Ma^té et le servir en tout ce qui se offrira plus que jamais ; car sommes traictans certains moyens, le Sr Marquis et moy, au desseu d'aultres, dont dens 15 ou 20 jours vous adviserons, que espérons vous donneront quelque contentemens, sy pouvons [acceter] et sortir aveçq nostre dessein ; mais penses, Monsr, que ne povons négocier du tout comme desirerions pour les bones nouvelles que nous mandes journellement de delà. Sa Ma^té ast eu quelques accès de fiebvre tierce (1) dont n'est ancoere du tout quicte ; sy esse qu'i se porte asses bien, Dieu

1566. Octobre.

» sur le faict de l'assemblée des Estats, .. le tout considéré, non » trouvé qu'il y ait cause pourquoi je deusse changer ma précédente résolution .... estant comme évident le hazard de tomber » par là en liberté de Religion et confusion de la République .... » Mais je tiens que le seul et vray remède ... eust été et seroit » d'obvier et résister à telles et semblables voyes de fait : comme » je me confie que ce sera ; mesmes estans là tant de Personnages » principaux et aultres tant affectionnez au service de Dieu et mien, » et de la République. » *Procès d'Egm.* II. 457.

(1) *Tierce.* « Environ ce temps tomba le Roi malade d'une fiebvre » que diminua aveçq ces nouvelles que vindrent quasi en la mesme » conjuncture et luy desplurent fort. » *Hopper, Mém.* p. 105. Il faut sans doute lire « que *ne* diminua. » D'après *Hopperus* lui-même « Rex, leviter prius aegrotans, accepto priore nuncio, in tertianam febrem mox incidit : eâ liberatus, allato secundo nuncio, » recidivam passus est. *Ep. ad Vigl.* 103.

1566. mercy, et se parte demain du bosque de Segovia vers
Octobre. Madrit, où estant arrivé, je croy, déclairera de brief son partement pour Italye et delà en Flandres. Il a desjà despeché courrier vers Italie pour faire venir toutes ses galères de Naples et Cecille[1] incontinent à Rosas et en la coste de Barselonne, et qui menessiont toute l'infanterie Espagnolle [dast] susdit Naples et Cecille avecq eux et qu'i les laissent en chemin à Gênes pour attendre Sa Ma[té] en Lombardie pardesà. Sa Ma[té] ast faict faire en diligence 30 enseigne d'Espagnols de 250 hommes pour[2] enseigne, affin de les passer avecque eux, et se servir des vieux souldars qu'i trouvera là: l'armée que Sa M. appreste pour nous visiter avecq, l'on tient pour certain [ceinde] dix mille Espagnols, huict mille vieux souldars d'Italie, et deux mille des besoignes qu'i mayne[3] avecq eucx, six mille Italiens et 24000 Allemans, et deux mille chevaulx légers, mille hommes d'armes et cinq mille noirs harnois Almans; et, quant aux escus, vous puis asseurer que de long temps Prince Crestien ne s'en est trouvé mieux pourveu, ors que se fust pour ungne plus grande entreprise (1). Vous poyes considérer par vos prudences, sy ceste trouppe vient ungne fois à nostre pays, ce qui se passera et ce qui en despend, qui nous gardera en dire davantage; seulement nous samble s'il y eust moyen pardelà entre

---

(1) *Entreprise.* « Philippus Gubernatricem admonuit de adventu » suo . . . . Is vero nuncius, quia occultis etiam litteris Bergensis » Montiniique legatorum scribebatur ab Hispania, credi coeptus » est. » *Strada*, I. 275. Le Marquis de Bergen n'écrivit pas alors, et le mot *occultis* est superflu: M. de Montigny n'auroit pas craint de montrer cette lettre au Roi.

[1] Sicile. [2] par. [3] mènent.

vous aultres, de remédier les affaires et[1] oster les presches avant la venue de Sa Ma[té], seroit chose fort [acertée] et éviter beaucoup d'inconvéniens. Je croy, Monsr., que avez receu ungne lettre que avons escript a M[r] d'Egmont et à vous et à Monsr. l'admiral du bosque[2], du 29 d'aust passé, et veues aulcunes aultres; depuis n'avons eu de vos nouvelles. Monsr. le Marquis ast esté sy malade d'ungne fiebvre continue, l'aureis entendu par lettres miennes du 20 du passé, que ay escript à Monsr. d'Egmont, et certes tant que les médecins avîont perdu l'espoir et ne luy doniont 2 jours de vye (1), mais Dieu mercy, ce porte à présent asses bien et le tenons hors de dangier entièrement, dont j'ay le contentement que poyes considérer, et que m'asseure que tous vous aultres ses amys auront oussy, car croy certaynement que son mal ne procédoiet que de passion et regret des affaires de nostre pays. Je luy ay tousjours tenu compagnye en ce lieu et voyant qu'il est hors de dangier et pour ne faire faulte aux affaires de nostre pays, nous avons advisé par ensemble, que je iray demain avecq Sa Ma[té] vers Madrit où j'espère que Monsr. le Marquis pourra suivre dans cinq ou six jours. — Monsr. je feray la fin de ceste prolixe lettre en vous priant me commander s'il se offre en quoy vous faire service et croire que m'y enploray oussy voluntairement que servit[r] nul que ayes. En cest endroict vous baiseray humblement les mains, priant au Créateur

1566. Octobre.

---

(1) *Vie.* « Marchio Bergensis gravissime aegrotavit; adeo ut » Medici omnes, quos habet doctissimos Regios, desperarent. » *Hopp. ad Vigl.* 104.

[1] et—presches. *Addition interlinéaire.* [2] Bois de Ségovie.

1566. Octobre. sous donner longue et bonne vye. De Segovia ce 4 octobre 1566.

Monsieur le Marquis m'a chergé vous baiser les mains de sa part et vous supplye tenir ceste pour siene, que pour son indisposition ne vous ast peu escripre, oussy vous remercye et à mons[r] le Conte Lodewich du bon conseil que avez donné à Madame sa femme pour sa ville de Berghes, se offrant vous servir en aultre endroict que luy commandereis.

Vostre plus que bien humble serviteur,
F. de Montmorency.

Monsieur Monsieur le Prince d'Oranges, Conte de Nassau.

---

* LETTRE CCXXI.

Le Landgrave Guillaume de Hesse au Prince d'Orange. Sur les levées au nom du Roi d'Espagne.

*** Il se peut que les nouvelles du Landgrave etoient, sous quelques rapports, un peu prématurées; du moins la Gouvernante avoit tardé à exécuter les ordres du Roi. Mais quoiqu'il en soit, peu de jours après elle écrivit aux Princes d'Allemagne à ce sujet (voyez la lettre 225). Le Duc Philippe étoit frère du Duc Eric. « Rex » sorori praecipit tria millia equitum, peditum vero decem millia » scribenda curet in Germania: eosque duorum mensium stipen- » diis solutis, paratos habeat, si accersendi sint in Belgium. Ex his equitibus mille Erico Duci Brunsvicensi legendos regendos-

» que tradat, quingentos Philippo ejus fratri, ducentos quinquaginta » Joanni Barniso, reliquos Joanni Valharti. Pedites in vexilla » tria atque triginta distribuat, quorum decem Comiti Joanni » Nassavio Orangii Principis fratri, totidem Comiti Othoni Eber» stenio, octo Tribuno Grembembergensi: quae supersunt quin» que Centurioni Valdersongio committat. » *Strada*, I. 272.

1566. Octobre.

..... Wasz unsz itzo vor gewisze kuntschafften einkhommen, die newe bewerbungen, so nicht allein Hertzogh Erich zu Braunschweigh, sondern auch Hertzogh Ernst und Hertzogh Philips zu Braunschweigh, auch andere stadtliche Obersten in namen und vonn wegen des Königs vonn Hispanien vorhaben, darvon überschicken wir E. L. hierneben glaubwirdige copey, mit freundtlicher bitt, was E. L. vonn dem allen bewust und ob sie vermeinen das die sachen zu friedt oder kriegh sich anlegen werden, auch ob der Königh noch dieszer wintter eigener person werde herauszer ziehen unnsz freundtlich und vertreulich hinwider zu berichtenn, und wünschenn vonn hertzen das der Almechtige Gott sein heiligs seligmachendes Wortt ohne blutvergieszenn gnediglichen wolle auszpreitten und erhalten, und seint E. L. freundtlichen zu dienen geneigt. *Datum* Caszell am 4ten Octobris Anno domini 1566.

Wilhelm L. z. Hessen.

Dem .... Printzen
zu Uranien.

[1]LETTRE CCXXII.

Les Seigneurs d'Audrignies et de Lumbres au Comte Louis de Nassau. Ses devoirs envers la Confédération ne lui permettent pas d'obéir à la Gouvernante en quittant les Pays-Bas.

1566. Octobre. **Monsieur. Encorre que nous n'ayons pas receu la lettres qu'il vous a pleu nous escripre, si ne leisserons nous pourtant de respondre au contenu d'icelle (l'ayant entendu à nostre très grand regret de monsr. l'admiral), conformément à l'obligation qu'avons, non seullement en général, mais encorre en nostre particulier debvoir et suyvant l'affection que desirons les choses prendent autre fin que les comenchemens ne samblent prétendre; et premièrement, quant à ce qui touche l'intérest de la généralité pour le respect de la sommation à vous faicte de vostre partement, de par son Alteze au nom de Sa Ma^té, de ces pays, nous ne le povons aucunement permettre, en vertu du compromis, par lequel nous promettons nous entretenir tous la main, jusques à faire nostre cause particulière commune, toutes les fois que besoing en sera, comme estant encorre en vigueur et de pareille authorité qu'il estoit à son commenchement, n'estans les pointz y contenuz, effectuéz selon les [pares[2]] de l'apoinctement, rendu le 25e du mois d'aoust dernier, come en [voions] présentement, tant icy qu'ailleurs l'expérience. Parquoy il nous samble que ceste semonce[3] redonde et est préjudiciable à la généralité de nous tous et ne doutans point que chacun ne resentira ceste agrave,**

[1] *Ecrite par le Seigneur d'Audrignies.* [2] paroles (?). [3] sommation.

comme l'exigence du cas le mérite, nous en remetrons l'effect du surplus aux premières occasions. Toutesfois en nostre particulier, Monsieur, nous vous donnons la foy de gentilzhommes et d'affectionnés serviteurs que nous vous sommes, que quant chacun négligeroit son debvoir en ceste endroict, que nous emploirons corps et biens pour ceste juste cause et toutes autres qu'il plaira vous servir de nostre petitte puissance, jusques à morir à vos pieds, comme pour le mérite d'un Seigneur de qui nous confessons tenir l'entière part de nostre salut. Sans plus, dirons, Monsieur, soubs correction, que n'estant vous (comme dit est) personne privée en ceste délibération, ains commune et dépendante du consentement de la généralité, ne vous devez résouldre à aucune délibération du departement des pays de dechà, obstant le commandement contraire pour les raisons que dessus, sans l'adveu et consentement de nos confédérés pour n'avoir faict chose préjudiciable au service de Sa Ma[té] et tranquilité de ces pays et par tant l'ordonnance faicte telle qu'elle non recevable. Finant ceste, suplions, Monsieur, recevoir ceste nostre advertence et offres d'aussi bonne part comme nous recommandons de bòn coeur et humblement à vostre bonne grâce, prians le Créateur vous maintenir en la sienne saincte. De Vallencienes, ce 5e jour d'octobre 1566. 1566. Octobre.

L'entièrement vos affectionnés serviteurs,
CHARLES LE REVEL. GUISLAIN DE FYENNES.

Monsieur, Monsieur le
Conte de Nassau. Pour Anvers.

LETTRE CCXXIII.

Le Comte H. de Bréderode au Comte Louis de Nassau.

1566. Monsr. mon frère. J'ey preyé Monsr. de [Sneu[1]] et
Octobre. Monsr. de Hovege[2] vous aller trouver de la part de toute la noblesse du costé de deslà et pareyllement de la myenne, pour vous déclerer de ce que leur avons pryé fayre de nostre part, vous pryant byen fort leur ayder en telle foy come il mérytent, estant jantylhommes aveque lesquels je desyre vyvre et mourir, vous pryant les dépêcher au plus tost que il vous serat possyble, pour leur avoyr promys que il ne la feryont là pas longue pour leurs affaires partycullyres où il ont de besoyn d'antandre. Me remectant de recheff à ce que il vous dyront, ne vous feroy ceste plus longue . . . . . . De Vyane, ce 5me jour d'octobre 1566.

Vostre frère à vous fayre servyce,
H. de Brederode.

A Monsr Monsieur le Conte
Louys de Nassaw, mon bon frère.

† LETTRE CCXXIV.

Le Comte Louis de Nassau à Madame la Duchesse de Parme. Justification de sa conduite.

*** Ceci est une minute avec des corrections autographes.

Madame!

J'ai veu la lettre qu'il a pleu à vostre Alteze escripre,

[1] Sonoy (?). [2] Hofwegen (?).

datée du 26 jour de septembre, à Monsieur le Prince (1).... 1566. Octobre.
Affin doncques que Vostre Altesse puisse estre informé de la vérité comme tout est passé, je luy ay bien voulu envoyer ung petit récite, qui va icy joinct, par où Vostre Al^ze^ pourra veoir que n'ay riens faict, ny traicté avecques ceulx de la ville de Bruxelles, que ce ne soit esté par exprès commandement des Seigneurs et réquisition du Magistrat de la dite ville, car serois bien mary et[1] ne me doibt Vostre Alt. estimer si outrecuidé, d'avoir entreprins le moindre point ou le vouloir faire cy-après sur les vassaulx de sa Ma^té^ de mon authorité, espérant que Vostre Alt. en recevera telle satisfaction, qu'elle laissera tomber l'impression, qu'elle peult avoir conceue par les faulx rapports d'aucuns esprits malings, mes malveullans, et ne trouvera estrange que moy, estant gentilhomme, prens regard à ce que touche mon honneur.

Quand à ceulx de Jumont, desquels Vostre Alt. faict mention en sa dite lettre, me semble à[2] correction très humble, ne pouvoir avoir commis aucune faulte, leur ayant déclairé l'accord faict à Bruxelles, puisqu'ils s'estoient addressé envers moy, et qu'estois enchargé par les Seigneurs, aussi bien que les aultres gentilshomes confédérés, de faire tout bon office par toute provinces généralement, sans excepter nulle, affin que les armes soyent mis bas et le dit accord entretenu; les ayant renvoyé vers leur Gouverneur, comme il appert par la lettre que j'ay escript à Monsr. de Noircarmes, et me semble qu'on me faict grand tort de me vouloir incoulper avoir sur-

---

(1) Ici suit le contenu de la lettre 214.

[1] et — outrecuidé. *Ceci est ajouté de la main du Comte.*

[2] à — humble. *Ajouté.*

1566. Octobre. prins sur l'authorité du dit Gouvernement, n'ayant faict sinon effectuer la charge susdit en tous endroits, comme fais encores journellement tant que m'est possible, selon le serment de fidélité que j'ay faict entre les mains des dits Srs et confirmé par ma signature. Toutesfois si Vostre Alteze ne se[1] treuve pas servie[2] que je m'en mesle plus, me pourra faire décharger par les dit Seigneurs (auquel icelle avoit commander de traicter avecque nous aultres) de mon serment, par où seray délivré d'un grand fardeau que[3] j'avois entreprins sur mon honneur pour le seul service de sa Maté, comme le temps le démontrerat; come aussi à rendre obéissance à ce qu'il a pleu à V. A. me faire commander de me retirer hors du pais, pour à quoy satisfaire, suis, quant à ma personne, plus que prest, come en tout aultre chose que par Vostre Alt. me serast ordonnée, suppliant très humblement que le bon plaisir d'icelle soit de me faire escrire ce que Vostre Alt. veulx et commande que soit faict. Mais n'estant pas à moy mesmes, ains obligé par serment à la noblesse confédérée, ne puis riens faire sans leur advis et commandement, auxquels Vostre Alt. en pourra faire escripre et leur commander ce qu'elle desire estre faict. Ce que j'ay bien voulu donner pour responce à Vostre Alt., tant pour ma décharge, que pour asseurer icelle que ne desire chose au monde plus que de faire très humble service à Sa Maté et à Vostre Alt., pour satisfaction duquel j'ay tâché toute ma vie avec toutes mes actions, dont les

[1] *Ajouté.* [2] *Au lieu de* bon.

[3] que — commande que soit faict. *Ajouté.* — *Il y avoit auparavant:* Et auray tant meilleur moyen d'entendre à mes affaires particulières. Touchant mon allée hors de ce pays, suis de ma personne, Madame, plus que prest à obéir à ce que plaira à Sa Maté et à vostre Alteze me commander.

Seigneurs en pourront rendre tesmoignage, et suis bien mary qu'en faisant mon mieulx, selon mon petit pouvoir, que cela doibt estre encoires sinistrement interpreté, ce que ne m'empeschera toutesfois de continuer au bon vouloir que j'ay, comme ne fais doubte que avec le temps la vérité en sera cognue, et prie Dieu, lequel je prens pour tesmoing de ma sincérité, qu'il n'y aye homme de par-deçà, qui desire moins le repos de ce pais, que moy. Que sera l'endroict de ceste, par où je baise très humblement les mains de Vostre Alt., priant le Créateur donner à Icelle très heureuse et longue vie. D'Anvers, le[1] jour d'octobre 1566.

1566. Octobre.

Voici maintenant le récit envoyé par le Comte, et écrit de sa main.

Pendant que les députés de la Noblesse attendoyent dernièrement à Bruxelles l'Apostille, qu'il plairoit à V. A. donner sur la requeste présentée par les gentilshommes confédérés, fust dict par les Seigneurs, lesquels avoyent charge de traicter avec nous, à aulcuns de nous aultres, que V. A. avoyt receu certains advertissemens qu'on vouloit venir prescher dedans la ville, mesmement aussi sur les [hailles[2]] et incontinent après abattre les images aux temples, comme on avoit faict en plusieurs aultres lieux, voire toucher à la personne de V. A. et d'aulcuns Seigneurs et gens du conseil de sa Mau, estant pour alors les[3] elles, de quoy nous estants bien estonnés, respondismes aux Seigneurs, que ne pourrions jamais croire que telles malheureuses machinations fussent entrés aux ceurs des habitans de la ville de Bruxelles ou aultres, singulièrement veu que V. A. tenant le lieu de Sa Mate,

[1] *Le chiffre est omis.* [2] halles. [3] *Il paroit que deux ou trois mots sont omis.*

1566. estoit empêchée avecq ceulx de son conseil, pour donner
Octobre. ordre et mettre remède aux affaires du pais, offrans d'emploier nos propres vies pour obvier et empêcher telles méchancetés et insolences, et que ne restoit, sinon que les dits Seig^rs nous déclarassent par quelle voye nous pourrions faire quelque bon service, que de nostre part nous estions plus que prests à l'exécuter. Sur quoy nous fust proposé entre aultres moyens qu'il seroit bon de sonder de ceulx qu'on tenoit affectionnés à la religion (qu'on dict) nouvelle, s'il y auroit quelque apparence de ce que dessus, et leur remonstrer le tort qu'ils auroyent de faire telles entreprinses, et principalement en ce temps là, où qu'on tâchoit à remédier à touts troubles et mettre tout à repos, et qu'on ne les souffriroit aulcunement, mesmes que nous aultres employerions corps et biens contre eulx. Laquelle remonstrance leur ayant esté faicte le mieulx que nous fust possible, ils déclarèrent que jamais leur intention ne fust telle et qu'ils ne cognoissoient entre eulx gens si méchans et malheureux, et nous firent promesse de surplus de ne point faire prescher en la dite ville et de se contenir en toute obéissance et modestie, et là où il y auroit quelqu'ung ou plusieurs lesquels se voulussent avancer de prescher ou abbattre les immages dedans la dite ville, qu'ils s'employeroient touts et ayderoient à l'empêcher, par telle voye comme leur seroit ordonné par V. A. ou leur magistrat, à telle condition qu'ils puissent avoir quelque exercice de leur religion hors de la ville pour satisfaire à leur conscience, n'ayans jamais tâché à aultre chose qu'à cette fin. Ce que fust par nous aultrés rapporté aux dits Seigneurs (1), lesquels nous respondirent que nous

(1) *Seigneurs*. Voyez la lettre 211.

leur pourrions promettre et asseurer sur leur parole d'aller librement aux lieux là où qu'on auroit presché par cy devant, suyvant l'accord qui depuis a esté donné, moyennant certaines conditions et remonstrances touchant le lieu, de point approcher une grande lieue près de la dite ville, pour certains bons respects, ores qu'ils le puissiont avoir faict plus près : ce que fust faict conforme au dict des Seign[rs]. Sur quoy ils nous respondirent qu'ils avoyent esté aultre fois dedans une prairie près de Villevorde, qui leur seroyt trop loing, mais qu'ils avoyent des aultres places tout près où on avoit presché par cy-devant, mesmes passé quelques années. Toutesfois après longues remonstrances et prières ils nous promirent de demeurer, pour respect de Vostre Alt., devers le quartier de Villevorde, si avant qu'il pleust au Magistrat leur désigner ung lieu près du premier sas[1] de la nouvelle rivière, affin qu'ils se puissent servir de barcques couvertes quand il feroit mauvais temps : et ainsi leur fust dict par nous qu'ils pourroyent hardiment aller à la place où ils s'avoient par avant assemblés, comme il nous avoyent donné à cognoistre, et qu'on ne leur feroit aulcung empêchement, ny obstacle, bien entendant qu'eulx se conduisassent modestement, sans aulcun acte scandaleux ou séditieux et selon qu'il appartient.

1566.
Octobre.

Et ainsi que de là à deux jours ils pensoient aller ouir la presche au lieu cy-dessus mentionné, ils trouvèrent les portes serrées, et là leur fust dict par les Seigneurs, le Comte de Mansfeldt et le Comte de Hornes, qu'ils eussiont pacience pour ce jour là pour certains respects, et qu'on donneroit ordre qu'ils pourroient aller les aultres jours

[1] écluse *(sluis)*.

1566. Octobre. franchement, selon ce qu'on avoyt accordé aux aultres habitans du pais. Ce jour là mesme je fus mandé par Monsr. le Comte de Mansfeldt sur la maison de la ville, où me fust proposé, comme ung bruit courroit que je debvois avoir donné à entendre au peuple qu'ilz pourroient prescher dedans la ville ou pour le moins tout contre les murailles de la dite ville, et que pour cela ils abattoient desjà les arbres pour préparer une place; mesmement que je leur avoit donné une lettre de ce, signée de ma main et qu'ils fussiont bien esté content de demeurer encores sans presche, si quelques ungs ne les eussiont instigué. Sur quoy je respondis à Monsr. le Comte de Mansfeldt, en présence de Messieurs de la loy, que quiconque semoit tel bruit de moy, il me faisoit grand tort, disant que touts ceulx qui le vouldroyent dire ou maintenir, auroyent faulsement menty, priant qu'on me voulusse confronter le personnaige, et que je n'avois rien dict, ny traicté avec ceulx qui prétendoient ouir la presche, que ce n'eust esté par charge et commandement d'aulcungs Seign[rs] Chevaliers de l'ordre. Et ainsi se passèrent plusieurs aultres propos que V. A. peut avoir entendu du dit Seigneur Comte de Mansfeldt et de ceulx de la dite loy. Enfin on fist entrer quelques ungs des bourgeois, entre lesquels il y avoit de ceulx avecques qui j'avoie traicté et parlé par le commandement des dits Seigneurs, qui tesmoignèrent, comme ils pourront faire encores présentement, que je ne leur avoie tenu aultre propos que ce que dessus lors fust declaré aus bourgeois par Monsr. le Comte de Mansfeldt et ceulx de la dite loy, tant par le pensionnaire, que par aulcungs en particulier, qu'on n'avoit pas serré la porte ce jour là pour les empêcher d'aller aux presches, ains pour la multitude des estrangiers qui estoient devant la dite porte, lesquels en ouvrant la porte aus bourgeois, se fussent aisément fourrez dedans, et qu'on donneroit doresnavant tel ordre que ne leur seroit faict aulcun empêchement, désirant qu'ils voulussent avoir pacience jusques à lendemain à six heures, où qu'on feroit une publication de ce que leur avoit esté dict là de bouche de la part des Seigneurs de la ville, ensuyvant ce que moy aussi leur avois promis et asseuré; et furent requis les dits bourgeois de vouloir faire tout bon office envers la commune, qui estoit assemblée au marché en grand nombre, affin qu'ils se voulussent retirer ung chascun en son quartier. Lors me fust proposé de vouloir aussi aller avecq les présents bourgeois sur le marché, et dire à ceste comune ce que dessus. A quoy je fis difficulté, leur alléguant que je ne désirois nullement me mesler de leurs affaires, voyant que desjà on interprétoit si faulsement ce qu'avois traité avec aulcungs particuliers, ce que me pourroit seulement advenir en mon absence, ayant à partir ce soir là. Toutesfois n'estimant estre convenable de refuser résoluement ce dont ils me requéroyent si instamment, m'en allay vers les dits bourgeois au marché pour les renvoyer contents; comme fis en présence de quinze ou vingt gentilshommes, de la meilleure forme que m'estoit possible, selon qu'ilz en pourront rendre bon tesmoignage. 1566. Octobre.

Or estant depuis changé ce que leur fust accordé, se sont trouves aulcungs des susdits bourgeois envers moy, se complaignans qu'on ne les vouloit laisser jouir du bénéfice accordé aux aultres villes de ce Pais-Bas, et par moy à eux promis, tant par charge des Seigneurs, Chevaliers

1566. de l'ordre, que de ceux de la loy de Bruxelles et ce par
Octobre. commun accord des trois membres de la dite ville, et que pour cela ils s'adressoient à moy, comme à celuy qui leur avoyt tant des fois confirmé les dites promesses et asseurances, espérans que je ne les auroye pas voulu abuser des parolles, et que je voulusse avoir regard à ma promesse. Sur quoy leur refrechis le propos et promesse que je leur avoie tousjours tenu, disant que je ne pensoie que ceulx de la dite ville de Bruxelles, ny personne des aultres, voulussent contrevenir à leur accord: et affin que je puisse scavoir les occasions qui avoient meu ceulx de la ville à changer l'accort faict par Son Alt. et par eulx desjà publié, que je dépêcheroie ung gentilhomme vers Monsr. le Comte de Mansfeld et ceulx de la ville, pour entendre les raisons, affin que tant mieulx je puisse satisfaire à mon honeur (ce que aussi j'ay faict, envoyant le Sr Cocq le 20e de septembre, lequel n'avoit aultre charge), les disant en oultre que j'avois entendu que ceulx de la ville prennent leur fondement sur la place, alléguans qu'ils avoient trouvé par information qu'on n'y avoit jamais presché, au contraire de ce qu'ils m'avoient donné à entendre. A quoy ne scaurois que respondre, m'ayant jamais meslé, ny veu leur presches, et que, si ainsi estoit, il leur fauldroit faire preuve suffisante, remettant au reste la dispute du lieu à eulx; mais quant à ce que de sortir hors de la ville pour ouir les presches aux lieus où de faict elles ont este faictes et se font, que ny les trois membres de la ville, ny aultres les pourront empêcher, ny défendre d'y aller, sans contrevenir directement à l'accord. Nous ayant esté declaré au surplus à Bruxelles des dits Seigneurs que ceulx là qui de-

meurions aux villes et lieux, là où que les presches n'a- 1566.
voient pas esté faictes avant la publication du dit accort, Octobre.
se debvriont contenter d'aller aux lieus où qu'il estoit permis, sans en faire faire de nouvelles, et qu'en cela on ne leur feroit aulcune recherche, molestation ou empêchement; ce que nous aultres députés avons donné à entendre et asseuré aulx aultres lieux où les mesmes difficultés et disputes se sont présentées.

† LETTRE CCXXV.

La Duchesse de Parme au Duc Christophe de Wurtemberg. Après une exposition succincte de l'état critique des Pays-Bas, elle le prie de favoriser les levées du Roi et d'empêcher celles des Confédérés.

⁂ Le Roi avoit envoyé à la Duchesse des lettres pour les Princes Allemands. « Ne quis Germanorum Principum eum copiarum » apparatum secus interpretaretur, ad illos quoque consilii sui ra- » tionem scribit, missis Gubernatrici litteris. » *Strada* I. 272. Des instances pacifiques de l'Empereur Maximilien avoient porté la Duchesse à ne pas les expédier, avant d'avoir consulté le Roi. Celui-ci lui écrivit le 27 nov. « pour vous advertir de la réception de » vos lettres du 16 octobre, touchant les lettres que l'Empereur » vous avoit rescript ..... Quant à ce que vous dictes n'avoir » envoié celles que j'avois escriptes aux Princes de l'Empire,... » puisque vous avez tant attendu, vous les pourrez encore détenir » tant que je vous en envoie d'aultres. » *Procès d'Egm.* II. 518. Apparemment, en écrivant elle-même, la Gouvernante vouloit laisser au Roi la faculté de la désavouer.

Hochgeborner Fürst, freundlicher lieber Oheim. E. L. kondten wir ausz besondern vertrawen freundtlich nitt

1566. verhallten (wie wir dan nit zweiffeln, dieselbe E. L.
Octobre. werde solches vor diesser zeitt selbst auch vernohmmen haben) welch massen verweilter zeitt in diesen, der Kön. M. zu Hispanien etc., unsers gnedigen lieben hernn, Nidererbländen unserer verwaltung durch böser, verfürischen, unruhischen und friedhessigen, mistrewischen leuthen, heimlich und verfürisch einbilden, ein erdicht geschrey und auszgeben under dem gemainen, unwissenden mann, irer Ma[t] zu höchsten nachteyl und vercleinerung derselbenn königlicher reputation und nicht ohne höchste beschwerung unsers gemüts, erschollen und auszgebreytet worden, als ob höchstermelte Kün. M[t] zu Hispanien sich understanden und dahin enthschlossen weren, ein vermainte Inquisition in diessen irer Ma[t] Erbländen einzudringen, also das durch solchen unbillichen verdacht, auch ungeachtet das irer M[tt] will und meinung nie gewest in diessem fall einige beschwerliche newerung, sonder allein eben gleichmessige ordnung, wie dieselbig ettwo bey weilandt Keiser Carln, hochseliger gedechtnüs, zeitten, alhie in diessen länden angerichtt und in übung geweest, auch ires theils bey ytztregierendenn verfürischen secten, zu werck zu ziehen, und neben deme ausz angeborner senfftmütigkeitt ire getrewe undersaszen inn Christlichen friedlichen gehorsamb gnediglich zu erhalten; wie dan Ire Ma[t], umb derselben gemeinen wolfarth willenn, noch heutigs tags alles so leidentlich und Irer Kön. Ma[t] reputation unverletzlich nachzusetzen, nit ungeneigt, sich nicht desto weniger allerhandt unruhe und muthwillen under dem gemeinen mann erregt, und darzu auch das ervolgt das sich etzliche zusamen versprochene adelspersonen diesser besorgten newe-

rung der Inquisition vermeintlich angetragen, yedoch nach 1566.
irem derwegen ahn uns gethanes suplicieren und gepflegten Octobre.
underhandlungen, haben wir mit vorgehendem der hern vom Orden des gulden vellies [1] und andere uns zugeordneten hoffrhäten rhatt und gutt bedüncken, durch unsere gethane gnedige und trewehertzige befürderung bey irer Kön. M[t], selbst soviel erhalten, das dieselbe ire M[t] als ein milter, friedt- und- ehrliebhabender König, zu mherern ir, der confoederirten, bemuehen und auszleschung deszfals gefasten misztrawens, der hoffnung auch darmit dem gemeinen mann die eingebildete, yedoch unnothwendige förcht der Inquisition und scherffe der mandaten abzunehmen, die angezogene Inquisition gantz gnedigist abzustellen, mit dem ferneren erbiethen das ire M[t] vonwegen der mandatten, so etwan hiebevor diesser sachen halben auszgangen, zu ehister irer gelegenheit alle gebuer und billigkeit fürnemen und handlen laszen wolten, dergestalt das ermelte confoederirte, in erwegung aller umbstende, mit solcher irer Ma[t] gnedigen erclerung, wie billich, nicht allein gentzlich zufrieden, sondern haben auch nachvolgents mit uns sondere vergleichung getroffen, vermöge derselben sie sich uns, ahnstatt irer Kön. M[t], beypflichtet habenn den ungehorsamen hochmuth und vorgenommene unrechtmessige vergewaltigung eusserst ires vermögens mit straffen, und das ungewönlich zusamen lauffen und predigen, vorkommen zu helffen; also das wir uns, nach solcher mit den Confoederirten gemachten verainigung, bei den underthanen ferners ungehorsambs und ergerlicher uffwiglung und empörung, nitt versehenn habenn.

[1] Vliesz.

1566. Octobre. Dasz alles aber unangesehen, hatt sich über unser zuversicht und vorgewendte getrewe sorgfeltigkeit und vielfältige, so ernstliche als gutliche, erinnerungen und vermanung, leider begeben, das sich ein gute antzaal derselben ungehorsamen underthanen, ohne alle billiche, rechtmessige uhrsachen, mit vergessung irere ehr und pflicht, auch ungeachtet irer Ma^{t} gethanen erclerung, wie oben gemeltt, nit allein under dem schein desz gefasten misztrawens besorgter Inquisition, sonder auch sonst anderer ertzeigungen und vermutungen nach, umb ires aigenen gesuchs und vorteyls willen, mit sambt andern ires gleichen friedhessigen, bösen leuthen, so sie von allerhandt auszlendischen nationen zu diessen irer ergerlichen straafmessigenn wesen ahn sich gehengt, freventlich understanden aigenes gewalts und frevels ungewönliche newe lehren, so meistetheils uff beide verfürische und vorlengst durch gemeine Reichstende verworffene und hoch verbottene calvinische und widertäufferische secten (1), die under andern auch die von Gott vorgesetzte ordentliche obrigkeit nicht dulden künden, gegrundtvestet, eintzefhüren, öffentlich zu predigen, und also under solchen gesuchten deckmanttel, ihnen selbst zu höchster vercleinerung ires natürlichen Landsfürsten und Obrigkeit, bey welchem sie doch bisz anhero anderst nicht weder alle gnedige und königliche sanfftmütigkeit befunden, ires gevallens und willens, newe ordnungen und satzungen, die mit iren ergerlichen lebenn und gesuchten libertet mher weder mit guter policey und schuldigen gehorsamb übereynstimmen, anzustellen.

(1) *Secten.* Elle évite de blesser les Luthériens. Les Princes Catholiques auront reçu des lettres bien différentes.

Zudeme so seindt diesse widerwertige, misztrawige 1566. leuth, an solchen iren vorgenommenen beschwerlichen Octobre. empörungen und biszhero geübten, nochmals nitt allein nit ersettigt gewesen, sondern haben auch zu mherer ertzeigung ires lesterlichen, hochsträfflichen gemüts, die Kirchen, Clöster und Gottesheuser, gewaltiglich angrieffen, die Bilder und andere kirchengetzier zerschlagen, zerrissen, geplündert und entlich alle ding dermassen verwüstet, das unsers wissens an andern örtten, da sich schon etthwann vor jaren auch verenderung in der religion zugetragen, dergleichen frevel und muthwillen nie gehört, noch gebraucht ist worden, und richten noch heuttigs tags ahnn ir boszhafftig thun und laszen dahin, wie sie sich selbsten in diessen iren eigenwilligen fürnehmen, standthafftiglich erhaltens, von schuldiger gehorsamb absondern und gentzlich nach irem freyen willen leben möchten, alles zu höchster irer Ma[t] gepürenden authoritet, hocheit und reputation und derselben Niderländen und anderer getrewer underthanen daselbst unwiderbringlichen, verderblichen nachteyl und schaden.

Welche vorertzelte ergerliche und unbefügte sachen des gemeinen mans, E. L. ausz angebornem rechtfertigen gemüth und sonst ein jede Obrigkeit, sondernn auch umb des bösen exempels und nachteylichen eingangs willen, so bey andern genachbarten Stenden und Obrigkeiten underthanen (da es anderst ungestrafft hingehen soll) bey ytztregirender geschwinder weltt leichtlich enthstehen, und gleichfalls allerhandt gefhaar und unrath, nicht weniger als ytzundt in diessen länden, erweckhen möchte, unsers verhoffens, billich zum höchsten miszfallen lassen werden.

1566. Octobre. Dieweil nhun diesser laidiger handel also beschaffen, und wir dann ausz vielen glaubwürdigen antzeigungen, ja auch ausz deme das sich die widerwertigen, frembder auszlendischer hülff rhümen und getrösten, noch zur zeitt anderst nicht abnehmen noch vermercken können weder das diesse unruwige leuth, in angefangenem irem halszstarrigen bösen fürsatz, öffentlichem ungehorsamb wider ire natürliche Oberkheit, zu zerstörung allgemeiner rhue und wolfarth zu verharren bedacht, da doch (wie E. L. uns endtlichen darumben glauben und vertrawen mögen) irer Ma[t] gedaucken, will und meinung nicht ist, diesser antthroender gefhar, auszerhalb höchst getrungener noth, mit gewalt zu begegnen; so ist dannoch zu handthabung irer Ma[t] authoritet und notlıwendigen versicherung derselbigen gehorsamen underthänen, mit vorgehender Röm. Kay. Ma[t], unsers allergnedigster herren, erlaubnüs, enthschlossen und haben uns ausztrücklich bevelch geben das wir, ahn statt und in namen irer Kön. Ma[t] und zu derselben behuff, ein stattliche antzaal Teutsch kriegsvolcks, beide zu rosz und fuesz, durch irer Ma[t] bestellte dienstverwandten, Teutsche obristen und pensionarien, auff ein zeit lang in ein bestimbt warthgeltt pringen und besprechen lassen solten, wie wir dan zu schuldigen volnziehung solches bevelchs albereyts im werck stehen uns einer antzaal kriegsvolcks zu rosz hien und wider, durch mittel des warttgelts, und dan des fuszvolcks in andere gebürliche wege, zu versichern, damit ire Ma[t] sich desselben Kriegsvolcks künfftiglich uff dem fall da bey den friedhessigen leuthen, schuldigen gehorsamb entstehen, und das sie, wie zu besorgen, mit irem sträfflichen fürnehmen, wie gedacht, muthwilliglich fort-

ten wollen, zu gebürlicher abwendung und auszleschung 1566.
diesses sorglichen feuers, nothwendiglich behelffen und Octobre.
gepprauchen mögen.

Wiewoll wir nhun in keinen zweiffel stellen mher höchstermelte Kön. Ma^t zu Hispanien die werden deme sondern freundlichen vertrawen nach, so sie zu E. L. tragen, zu erster irer gelegenheit nicht underlassen, auch für sich selbst derselben E. L. gestaltt und gelegenheitt dieses beschwerlichen handels, und wes ire Ma^t derwegen, wie obgedacht, nothwendiglich entschlossen, vertrewlich zuzuschreiben; so haben wir doch in betrachtung irer Ma^t fernen abwesens und das mitlerweyl und ehr irer Ma^t bericht vieleicht ervolgt, unruwige leuth, die ohne das zerrüttung und unordnung lieben, nicht mangeln werden diesse sach nach irer gewönlichen falschen arth, zum ergsten ausz zu legen, obliegenden ampts und guvernaments wie billich, nicht underlassen sollen E. L. auch für uns selbst deren ding freundtlich zu verstendigen.

Und ist dem allem nach an statt und von wegen wolermelter Kön. Ma^t, unser freundlich gesinnen und begeren an E. L., die wollen zu handthabung ordentlicher obrigkeit und stillung diesser gefhärlicher empörung, von guter freuntschafft und nachbarschafft, deszgleichen auch von deszwegen, das dannoch ire Ma^t, sambt derselben Niderburgundischen Erbländen, vermöge uffgerichter Erbvertrege mit dem hailigen Reich, allgemeinen desselbigen landtfrieden mit einerleibt, und ohne rhum zu melden nitt das geringste mittgliedt des hailigen Reichs, und in erkantnüs desselbigen nit alleyn diesse landt ir gebürnüs, lauth gemelter vertrege, sondern auch ire Ma^t

1566. Octobre. von irem Hispanischen einkommen ausz aigenem willen ein stattliche summa geltts, zu ytzwehrender expedition wider gemeiner Christenheit erbfeindt, den Türckhen, contribuirt haben, offtgedachten diesser länden aigenwilligen, ungehorsamen und gemeines friedlichen wesens widerwertigen underthanen und allen iren anhang, beystandt und helffernn, vor sich selbst, noch durch ire amptsleuthe, diener und verwandten, weder öffentlich, noch heimlich, in ainigerley wege, rhat, fürschub, noch befürderung ertzaigen, sondern so viel müglich an irem vorhaben verhindern und abwenden, da entgegen aber zu gebürlicher straff diesses hoch nachteyligen übels, irer M[t] bestelten obristen, rittmeistern, haupt-und bevelchsleuthen über reutter und knecht ire ytzige werbung in das warttgelt, und volgents, uff ire Ma[t] oder unser ferner erfördern, ihnen auch friedlichen und unverhindertten uffhalt, pasz und durchzug in und ausz E. L. fürstenthumben, länden und gepiethen, gegen fürzeigung irer Ma[t] selbst verfertigten reutter-bestallungen und der Kay. Ma[t] patenten, unweigerlich gestatten, und dan solchen irer Ma[t] kriegsvolck mit proviandt gegen gebürlicher bezalung, und sonst in andern nottürfften, alle mögliche hülff, förderung und vorschub erzeigen, und solches bey den irigen zu geschehen ernstlich verschaffen. Da entgegen und uff das solches kriegsvolcks, so zu rosz und zu fuesz, soviel müglich ohne E. L. und der andern reichsstende und derselben underthanen beschwerden, gefhar und schaden füglich zusammen gebracht, und volgents zu erheischender nottürfft in diesze lände gefhürt werden möge, so haben wir bey ermelten irer Mayestätt obersten und bevelhabern zu rosz uud fusz, mit ernst verschafft und diesse versehung gethan, das sie sich in iren kriegswerbungen, deszgleichen mit den munsterpletzen, zu-und abzügen, in alle wege des heiligen römischen Reichs uffgerichten landtfrieden und desselben executions-ordnungen und satzungen, gemeesz verhalten sollen, wie sich dann solches ohne das zu underhaltung guter bestendiger nachbarschafft, aigenet und gepürt. 1566. Octobre.

Und dieweil an boszhafftiger leuth erdichtem auszgeben sonder zweivell biszanhero nit gemangelt, noch auch itzundt gebrochen, die vorerzeltt ir. Ma[t] wolbefügtes fürhaben, mit unwarheitt, derselben zu höchsten unglimpff bedeutten und auslegen werden, so ist gleichfals unser freundlich bitten an E. L. die wolten der warheitt zu steuer und auszleschung vergiffter zungen untüchtig auszgeben, ir Kön Ma[t] in diessem fall nicht allein bey E. L. selbst, sonder auch bey Churfürsten, Fürsten und Stenden des heyligen Reichs, da es die nottürft erfördert und E. L. für rattsam ansehen würdett, freundtlich für enttschuldigtt halten, und sich in dem aller freundtlichen guttwilligkeitt dermassen erzeigen wollen, als ihr Ma[t], auch wir, dessen und sunst alles gutter freundtschaftt ein anzweiffenlich vertrauwen zu E. L. tragen: dan E. L. sollen und mögen uns endtlich glauben und hiemitt versichert sein, das ihr Ma[t] durch solch ir gezwungen fürhabende kriegswerbung, einichen des heyligen Reichs standt mit dem wenigsten zu beleidigen oder zu beschweren, noch einiche rachsall und unschuldig blutt vergissen (wie dan ir Ma[t] friedtliebende gemütt und sanfftmüttigkeitt, deren sie sich gegen irem underthanen und menniglich biszanhero die zeitt irer regierung,

1566. löblich gepraucht, sonder zweivell bey meniglich gnug-
Octobre. samb erkentt), sonder fürnemlich das suchen und begern, damitt die Ehr des Almechtigen, neben wiederbringung der underthanen gebürlichen erkenntnüsz, und volge schuldigen gehorsambs, gute pollicey und einigkeitt, gefürdert und erhalten werde; in solchen fall dan einer jeden ordentlichen Obrigkeitt, als E. L. selbst irem hohen verstandtt nach zuermessen, die gepürliche straff des ungehorsams von rechtswegen zugelassen und erlaubt ist, wofern anderst gute policey, inmassen dan bey jetziger böszhafftigen weltt mehr den gröszlich vonnötten, standhafftiglichen underhalten werden soltt. . . . .

Geben zu Brüssel in Brabandt am zehenden tag des monats Octobris Anno 66.

MARGRETHA.

Il y a aux Archives la copie d'une lettre entièrement pareille et de la même date, adressée au Landgrave Philippe. La réponse de ces deux Princes fut peu favorable. « Hassiae Regulus et Dux Wir» tembergensis excusatâ Religione, quâ Belgis eamdem profitenti» bus nocere impediebantur, Gubernatricem hortati sunt ut, de» positis armis, ab Augustanâ Confessione, atque a conscientiae » libertate remedium unice quaereret. » *Strada*, I. 275.

LETTRE CCXXVI.

Le Comte Louis au Comte Jean de Nassau. Relative aux levées pour les Confédérés.

. . . . . E. L. schreiben hab ich entpfangen und darusz die beschwerungen, so E. L. inn dem vorgeschlagenen jargelt undt newer bestallung befinden, etlicher massen vernommen: und were mir hertzlichen leidt das wir die guete leuth so E. L. an der handt haben, ausz der handt lassen solten, dann ich mich bey keinem hauffen lieber als eben bey inen, wie E. L. ich am mhermal zue entbotten, wolte finden lassen. Nachdem aber disz jargelt meher irer persohn gewisz zue sein, dan anders etwas angehet, so versehe ich mich E. L. werden die sachen dahin zue richten wissen, damit sie es nicht auszschlägen, sondern disses, gleich andere unnsere bestalte obersten undt rittmeister, annemen; dann sie ire leuth, sonderlich inn winterszeiten, ohne sonderen kosten ahn der handt zue halten wissen; undt obschon Hertzog Ehrich itzundt uff ein dausent oder zwölffhundert pferdt gelt spielet, so müssen wir unsz das alsbaldt also nicht lassen angehen, dann es merertheils geschicht unsz andern inn die sprunge zu bringen und unsz unser gelt zu verspielen machen, damit wir, wan es ahn den bindtriemen gehen solte, so viel da blösser stunden. Sie, die rittmeister, mögen sich aber darauff woll verlassen das wir bey gueten zeiten inn der wehr sein werden, und sie allzeitt vor anderen, im fall mann gelt auszgeben mueste, versehen; dann zwischen E. L. undt mir gesagt, so wissen wir wol undt vor gewisz das weder Herzog Erich noch andere nicht auff den beinen sein, noch jemandt auffmanen werden bisz das der König bey disser lände frontier, als in Lottringen oder Burgund, komme, darzu wir noch einen monat oder fünff zeit haben. Mit Jan von Bernikause wollen E. L. doch das beste thuen damit wir inen inn unser bestallung haben möchten, dann er recht-

1566.
Octobre.

1566. schaffen ist; wirdt etwan die wege wol zue finden wissen
Octobre. wie er gleichwol in des Keisers dienst pleiben möchte. So viel die burgschafft anlanget gegen dem Kreisz-obersten mögen E. L. nur frey die versicherung thuen undt unsz andern eine form einer gegenverschreiung zuesenden, soll solche derselben gefallen nach alsbaldt verrichtet werden. Hiermit dem Almechtigen bevolhen. *Datum* Antorff den 13ten Octobris Anno 1566.

E. L. gehorsamer dienstwilliger bruder,
LUDWIG GRAV ZUE NASSAW.

Dem Wolgebornen Johann, Graven zu Nassau etc., meinem freundlichen lieben Bruder. In händen.
Dillenbergh.

---

* LETTRE CCXXVII.

Le Landgrave Guillaume de Hesse au Comte Louis de Nassau. Les Calvinistes devroient embrasser la Confession d'Augsbourg.

⁂ Le Landgrave et son illustre père estimoient les différences entre les Calvinistes et les Luthériens à leur juste valeur; cependant, à cause des préjugés de plusieurs Princes Allemands, ils croyoient utile et même absolument nécessaire que les réformés des Pays-Bas acceptassent la Confession d'Augsbourg: mais la plupart de ceux-ci jugeoient cette acceptation contraire à leur devoir envers Dieu (voyez la lettre 191), et, dans un siècle de foi et de renoncement, on ne capitule point avec ce qu'on croit être la vérité. Déplorons ces dissidences, mais respectons en le motif. Le Prince d'Orange et le Comte Louis de Nassau se donnèrent des peines infinies pour opérer un rapprochement. Un écrit fut publié à Vianen dans lequel on tâchoit de montrer la concordance de la Confession d'Augsbourg avec celle des réformés. « Ne vero sectarum varietate distrahe- » rentur haeretici, egit per literas cum Antverpianis Ludovicus, eos » adhortans ut depositis parumper, dum res firmarentur, privatis de » religione sententiis, in Augustanam Confessionem concederent » omnes : sic enim et Imperii Septemviros qui eam profiteantur, ip- » sorum causam impense acturos apud Caesarem, et Germanos milites » non facile in Belgas ejusdem religionis socios arma sumpturos. » *Strada*, I. 183. La proposition de se réunir à ceux de la Confession d'Augsbourg fut faite, au nom des principaux Confédérés, entr'autres par le Comte Louis, aux réformés d'Anvers, Amsterdam, Valenciennes, et Tournai; mais *Strada* se trompe lorsqu'il ajoute que le but fut atteint : « Idque effectum est. » Il se peut que l'on ait joint, comme il le raconte, une confession redigée en conformité de celle d'Augsbourg, à une requête à l'Empereur mais en général les tentatives de conciliation échouèrent. *Bor*, I. 124. 1566. Octobre.

.... Wolgeborner, lieber Vetter undt besonder. Uns zweiffelt nichtt Ir werdett die copey des schreibens, so Hertzog Ernst an unsz gethann undt der antwortt so wir S. L. darauff gebenn, bey unserm freundtlichen liebenn Vetter und Schwager dem Printzenn, deszenn wir sie zugeschicktt, gelesenn habenn. Nun hatt uns darauff Hertzog Ernst itzo widder geschriebenn, wir habenn auch S. L. wiederumb geantwordt, wie Ir aus inliegender copey zu sehenn und daraus zu vernhemenn, das die *adversarii* den verfluchtten zanck, so under unsernn *Theologis de modo praesentiae* endtstandenn, inenn gar nütz machenn, und's dahin brachtt habenn das die einfältigen überredt

1566. Octobre. wordenn, als ob die Lutterischenn undt Calvinischenn weitter von einander werenn als Himmel undt Erden, undt alsz ob die Calvinischenn aller derenn schwermereien, so Widderteuffer und andere verfluchtte secten auszpeienn, mit theilhafftig wherenn. Dem nun zuvorkommenn, undt damitt das zartte itztt new uffwachsende *Euangelium* inn den ländenn nicht so leichttlichenn möcht gedempfft werdenn, were sehr guett das die praedicanten dero örtter ermhanett wurdenn vonn den subtilen *disputationibus* abzustehen undt durch solch gezenck die Christliche Kirche nitt zu trennen; das sie auch sämbttlich sich zue der Augspürgischenn Confeszion erclertt undt derselben gemesz, beid inn Lher undt Ceremonien, sich verhielttenn; deszenn auch ein öffentliche Confeszion lieszen ausgehen, so trugenn wir keinen zweiffell es wurde der vorstehendenn verfolgung, durch die Gnade Gottes des Almechtigenn, viell nachbleibenn, sich auch die Kön. Wür. zue Hispanien desto ehir bewegen laszen die religionn der örtter zu tollerieren; zu dem wurdenn auch die Churfürsten der Augspürgischenn Confeszionn sich derselben Kirchenn undt Gemeinden beidt mitt vorschrifft, vorbitt und anderm guetten befürderungenn, als ires Glaubensgenossen, desto williger annhemenn; es wurden auch viel ehrlichen leutt der Teutschenn Nation, so sich sonst jegen die Landt werden bestellen laszen, ursach nemen daheim zu bleibenn und irer mitt oberzugk zu verschonen, und zweiffelt unsz nichtt, wo solche undt dergleichen motiven denn Predicantten der örtter werden nottürfftiglich vorgehalttenn, wofernn inenn anderst die Ehere Gottesz undt nicht ir eigene Eher, desgleichenn Friedtt undt Einigkeitt der Christlichenn Kirchenn zu befördernn, gemeindt undt ernst ist, sie werden sich willig darzu in betrachtung vorstehender gefharr fueren undt bewegenn laszenn.... *Datum* Cassel am 13ten Octobris Anno 1566. 1566. Octobre.

WILHELM L. z. HESSEN.

Dem Wolgebornen unserm lieben Vettern und besondern Ludwigen, Graven zu Nassauw etc.

N° CCXXVII°.

Réponse d'Auguste, Electeur de Saxe, aux points sur lesquels le Prince d'Orange l'avoit consulté par l'entremise du Comte Louis de Wittgenstein (Desz Churfürsten zu Sachszen und Burgraffen zuw Magdenburgh antwortt auff die werbung so, vonn wegenn des herren Printzen zu Uranien, Graff Ludewig vonn Wittichenstain, an seine Churfürstliche Gnade gebrachtt).

⁂ Cette pièce n'est pas écrite en forme de lettre. Apparemment c'est un Mémoire remis au Comte de Wittgenstein.

.... Soviell dann die hauptwerbung und erzehlung der geferlichenn gelegenheitt und unruhe, darinn die Nidderlände durch veränderung der religion gerathen seindt, habenn seine Churf. G. dasselbe unnd sonderlich das dem herrenn Princenn die vornembste ursache solchs

1566. unrichtigenn zustandts zugemessen werden wolle (1), Octobre. gantz ungernne vernommen, und woltten seine Churf. G. nicht liebers vonn Gott wünschenn oder sehenn, dann das die reine unverfelschte lehre des heiligenn *Euangelii*, ohne solche weitterung und auffstandt desz gemeinen manns, Christlicher und ordentlicher weise durch die Obrigkeit gefürdertt, gepflanzt und vortgesetzt, und alle

(1) *wolle.* « Se disoit en substance (dans une lettre écrite au » Prince d'Oranges par un du Conseil du Roi) que la commune » opinion estoit qu'ayans le Prince et le Comte d'Egmont, ou l'un » d'eulx, monstré visage, les choses ne fussent jamais venuez à » telz termes. » *Hopper, Mém.* 110. — Depuis les désordres d'août on disoit en Espagne « qu'il se voyoit clairement qu'il y » avoit quatre sortes de gens dépendans en forme de chaine les uns » des aultres, desquelz les moindres estoient la canaille et aultres » gens viles, qui ont bruslé les Eglises, rompu les Images; les » aultres par dessus iceulx sont les Hérétiques et Sectaires, qui se » trouvent avoir loué les dicts gens; les troisziemes plus grands » sont les Confédérez qui (selon qu'il est notoir) ont prins en leur » protection les Héréticques et aussy donné la charge susdicte à la » dicte canaille; et les quattriesmes et les plus principaulx sur » tous, sont ceulx de première ligne et alliance, desquelz il est » tout clair que les Confédérez sont alliez, parens, serviteurs et » conformes en opinion et voix. » *l. l.* 105. Cette classification, d'après laquelle le Prince et les autres Seigneurs étoient censés les plus criminels de tous, devoit avoir pour beaucoup de Catholiques une apparence de vérité: et certes nous serons les premiers à reconnoître que, par exemple, dans la révolution Françoise les prédicateurs de principes dont le jacobinisme fut le résultat nécessaire et le simple développement, ont été aussi coupables et même plus coupables que les jacobins. Mais tout dépend de la nature des doctrines, et certes la vérité Evangélique, ne contient pas les germes de la rebellion. Au contraire, sans interdire la défense

beschwerliche und thedtliche handlungen gentzlich vermieden und abgewendet würdenn; wie dann auch seine Churf. G. sonderlich gerne verstanden dasz der herr Printz ebenn der meinung sey, und derselbenn mitt bestandte nicht zugemessenn werdenn könne das sie denn underthanenn inn Niederlandt zu unruhe oder ungehorsam wieder die Kön. Würde zue Hispanien die wenigste ursache gegebenn. 1566. Octobre.

Das sich aber seine F. G. befahrenn, weill nebenn der lehre des *Euangelii* und angefangenem abfall vom Pabstthumb, allerlei andere sectenn mitt einreissen, es möchte die Kön. Würde vonn den feindenn Götlichs worts, unter dem schein die secten auszzurottenn und die ungehorsamenn zu straffen, dahin bewogen werden das ire Kön. Würde die Niederlände mitt gewaldt überzügenn und die wahre Christliche Religion und dero anhengere zum eussersten verfolgttenn, und seine F. G. derwegenn vor gutt ansiehett, auch freundtlich bittenn und erinnern thutt, dasz der Churfürsten zue Sachssenn sich nebenn anderen Chur-und Fürstenn, so der Augspürgischen Confession verwandt, der armen bedrängten Christen und glaubensgenossenn so weit annehmen wolten, dasz sie eine algemeine ansehenliche vorschrifft oder schickung an die Kön.

---

d'un droit légitime, elle commande obéissance et respect envers le Souverain, confiance en Dieu, et le recours non pas à des violences, mais à l'efficace de Sa Parole et de Son Esprit. Le Prince d'Orange étoit tout aussi peu responsable des mouvemens irréfléchis et déréglés du peuple ou des Confédérés, que Luther ne l'étoit des excès des fanatiques *(Schwärmgeister)*, contre lesquels il fit en 1522 ses huit célèbres prédications.

1566. Würde zu Hispanien thun und die armen leutte bei irer
Octobre. Kön. Würde vorbitten, und dieselbe Christlich erinnernn wolltten dasz sie sich zu vergissung irer eigenenn underthanenn bluts und verderbung lande und leutte, nicht reitzen noch verleittenn lassenn woltte. Feldt wohl seiner Churf. G. nicht wenig bedencklich für, sich frembdenn unnd solchenn sachenn, dero eigentlicher grundt, wie es allenthalbenn darumb geschaffenn und was darunter gesucht, seine Churf. G. nicht wissenn, anhengigh zu machenn, bevorab weill die vorenderung der religion den wenigern theill auff die Augspürgische Confession gerichttet und allerlei ergerliche und verdamliche sectenn mitt eingefürett werdenn. Dieweill aber seine Churf. G. darneben vermerckenn das es dem mehrern theil der Stende und underthanenn im Nidderlandt darumb zu thun ist, das sie nach der reinen lehr des *Euangelii* trachtenn und sich sonst zu allem underthennigsten gehorsam kegen der Kön Wur. zu Hispanien erbitenn, auch begirigh sein, mitt rath und hülffe der Augspürgischen Confession verwanthenn Chur- und Fürstenn, dieselbe Confession anzunehmen; Als seindt seine Churf. G. desz freundtlichen erbittens, wofernne der Landgraff zue Hessenn, Hertzog Christoff zue Württenberg und andere Chur-und Fürstenn vor gutt ansehenn und schliessenn wurdenn das die Kön. Würde mitt einer ausfürlichenn schrift oder schickung zu ersuchenn sein solte, so wollenn es seine Churf. G. ires theils darann nichtt mangeln lassenn, sondern was zu befürderung Gottes ehre und auszbreittung seins allein seligmachenden wortts dienstlich, gerrne vortsetzenn helffen, der hoffnung, solchs soll bei der Kön. Würde nicht ohne

fruchtt abgehenn. Seine Churf. G. seindt auch unbeschwerett die Kay. May. hiruntter zu ersuchenn und vleisz anzuwendenn das ire Kay. May. zu ruhe undt friedenn rathenn und solche vorstehende gefhar allergnedigst abwenden helffen; den Stenden und underthanen aber der Nidderlände ist anders nicht zu rathenn, dann dasz sie die Kön. Würde mitt underthenigstenn flehenn und bittenn, ohne auffruhr und andere ungebürliche mittel, umb nachlassung der reinen lehr des *Euangelii* ersuchenn, und ire Kön. Würde sonsten schuldigenn gehorsam leisten, sich auch ercleren dasz sie sich aller sectenn eussernn und entschlagen und die Augspürgische Confession annehmen und sich derselben aller dinge gemesz verhaltten wollenn. 1566. Octobre.

Was aber dem herren Printzen zu rathenn, da die Kön. Würde solcher der Chur-und Fürsten vorbitt kein stadt gebenn, sondernn stracks mitt der gewaldt unnd überzuge vortfahrenn wollte, und wie weit sich die Niederlandt, der religion halben, mitt der kegenwehr einlassenn und ohne verletzung irer previlegiën und freiheittenn, auch aiden und pflichttenn, solchen überzugh begegenn möchttenn, dessen würdtt sich seine F. G, ausz Gottes wortt zu berichttenn und zu erinnern haben. Der Churfürst zue Sachssenn stellet aber inn keinen zweiffel, da die Könn. Würde sich über zuvorsichtt unterstehenn soltte, die lehre des *Euangelii* mitt gewaltt auszzurottenn und das Pabstumb widerumb einzusetzenn, Gott der Almechtige werde die armenn bedrängtten Christenn alsdann nichtt verlassenn, wie man vortschinner zeitt an Franckreich erfarenn, und etwan dem herren Printzen und anderen mittel und wege weissen und

1566. schaffenn dasz sie trost und schütz erlangen, darumb
Octobre. dann der ewig Gott vonn hertzen zu bitten und ihme die sache zu bevehlenn ist.

Darnebenn aber will die notturfft erförderenn das gleichwol der herr Printz nebenn den anderen Ordensherrenn und seiner F. G. glaubensvorwanthenn, der sachenn Christlich und vorsichtiglich wahrnehmenn; was dann der Churf. zu Sachsenn, samptt andern Chur- und Fürsten der Augsbürgischen Confession, zue abwendung seiner F. G. gefahr, fernner rathen und helffenn können, wollenn sich seine Churf. G. ires theils darmitt so hoch und weith, als sein Churf. G. sich hinwieder inn fall der noth zu seiner F. G. und denn beschwerttenn ländenn zu vorsehenn, freundtlich und guttwillig findenn lassenn.

Beschliszlich Hertzog Johann Friderichs und seiner Oberstenn und Ritmeister bestallung belangende, vormerckenn seine Churf. G. inn dem des herrn Printzen freundtlich gemüth; es tragen aber seine Churf. G. die vorsorge, weill sich Hertzog Johann Friederich kegenn der Kay. May. biszero dermassenn ungehorsamblich erzeigtt und seine F. G. bestaltte vornehmbsten Oberstenn und Rittmeister inn der Kay. May. und desz heiligen Reichs achtt sein, es würde dem herrenn Printzen und den Nidderländenn bei der Kay. May. und denn Stendenn des Reichs nichtt geringenn unglimpff gebehrenn, da sie dieselbenn an sich ziehen unnd dero hülff gebrauchenn solttenn; hierumb solchs seiner F. G. wohl zu bedenckenn: dann soviel seine Churf. G. belangtt, fürchttenn sich seine Churf. G. weder vor Hertzog Johann Friederich, noch denn echtternn. Woltte aber der herr

Printz mitt Hertzog Johann Wilhelmen (1) zu Sachsen derwegenn handlung pflegenn lassenn, weill seine F. G. auch viel gutter leut an sich habenn und den echttern nicht verwandt, sondernn zum höchstenn zuwieder sein, oder aber durch förderung desz Landgraffen Sr L. Krigsleutte und Rittmeister bestellenn, solchs stehett seiner F. G. unnd den Stenden inn Nidderlandt auch zu bedencken. *Dat.* Stolpen, denn vierzehendenn tag des Monats Octobris [der wenigern zahl], im sechs und sechtzigsten Jhare.

1566. Octobre.

LETTRE CCXXVIII.

Le Comte d'Egmont au Prince d'Orange. Il se plaint d'avoir perdu tout crédit auprès de la Gouvernante.

*** Le Prince avoit quitté Anvers le 12 octobre pour se rendre en Hollande. « Nous espérons, » écrivoit déjà le 3 octobre le Conseiller d'Assonville au Comte de Hornes, « que une journée » du Prince en Hollande donnera ordre à beaucoup de maulx ap» parans, signamment à Utrecht et Amsterdam. » *Procès d'Egm.* II. 451. Le Gouvernement d'Anvers durant son absence fut confié au Comte de Hoochstraten.

La lettre que vous scavez est celle de Francisco d'Alava, Ambassadeur du Roy en France, à la Duchesse. Il lui écrivoit que le Prince et les Comtes d'Egmont et de Hornes seroient en temps et

---

(1) *Johann Wilhelmen.* Frère de Jean-Fréderic, mais qui n'approuvoit nullement sa manière d'agir et, peu de mois après, se réunit à l'Electeur contre le Duc, Grumbach, et leurs adhérens. *V. Raumer, Gesch. Eur.* III. 324.

1566. lieu chastiez, jusques auquel temps on leur devoit tenir bonne
Octobre. mine. A Dendermonde M. d'Egmont s'étoit engagé « à communicquer ces lettres à Son Alteze et luy demander rondement ce qui en estoit. » *Le Petit*, 186[b].

De part et d'autre on montroit de la défiance et l'on se faisoit des reproches. « Quod vos remedium interea nos petere jubetis ab his ad quos ea res pertinet et in quibus maxime fides esse deberet, id exiguum nobis praebet solatium, cum, si quid ab illis sperandum fuisset, in has angustias res adductae non fuissent. » *Viglius ad Hopp.* 383.

Monsieur. J'ay veu par vostre lettre du 13e que vous aves resceu celles que vous avois envoié, desirant bien de sçavoir quelles sont les pratiques nouvelles d'Alava, car sy vous ne m'en mandes, je vous asseure que n'en sçauray guerres d'ichy; car Madame trette avecq moy comme avec homme de quy elle at mauvaise opinion, et n'ay failly de luy monstrer l'extret de la translation de la lettre que vous sçaves; de quoy certes elle s'et trouvé empêchée: siesse qu'elle jure que s'et la plus grande vilagnerie du monde, et que, pour plus montrer qué s'et une bourde, elle dit qu'elle le ferat ariere coucher en Espaingnol par le frère d'Armenteros, affin que l'on voie plus à plain le tort que l'on luy fet et que s'et ung vray pasquil fameulx et qui doit ettre forgé pardechà, et beaucoup de chozes semblables. Je ne luy ay respondu aultre, sinon que le dy escript ne m'en fesoit tant croire comme d'aultres chozes, mes que de chela il failloit avoir pasience et que nos services ne méritoient telle récompense; et tout sesy s'et passé en plain conseil, car je ne parle point à part, car il semble que je suis tout nouveau venu en ce monde, et je fuse desgà party d'ichy, ne fût que j'atens

Monsieur l'Amiral, quy doiet ettre ichy demain (1) et 1566.
oussy les députés de Flandres, quy vienent remontrer Octobre.
bien vivement le piteulx estat en quoy le pais se treuve, et vienent sergés[1] de tretté[2] avec les aultres estas, en cas ilz en trevent ichy; mes, à ce que je vois, ils n'y at ichy encores nulz desputés, quy et[3] une grande faulte. Madame parle d'envoier ung gentilhomme par la poste vers le Roy, pour le fere résoudre sur les Estats-Généraulx. Ne sçay encoires quy se serat, en fin s'et une femme nourie en Rome, il n'y at que ajouter foy. Le Conte de Mansfeldt la gouverne (2). Dieu veule que tout voie[4] bien, mes les apparenses en sont petites; mes fesant comme nous avons toujours fet, il fault espérer que Dieu nous aiderat contre toutes mauvaises intensions que l'on at pour nous nuire. Je suis mervileusement mary d'avoir entendu que Monsieur le Duc de Clèves soiet sy malade comme l'on m'at dit, quy sont bien mauvaises nouvelles. Je prie[5] luy ettre en aide et sur ce m'en vais vous beser les mains, priant le Créateur vous donner ce que plus desires. De Bruxelles, ce 15 d'octobre.

Vostre serviteur et bon amy,
Lamoral d'Egmont.

Je ne faudray vous avertir ce que se passerat avec ses députés de Flandres.

A Monsieur Monsieur
le Prince d'Orenge.

(1) *demain.* En effet le Comte de Hornes arriva le 16 octobre à Bruxelles. *Procès d'Egm.* II. 487.

(2) *gouverne.* « Petrus Ernestus Mansfeldensis omnium pri-

[1] chargés. [2] traiter. [3] est. [4] aille. [5] *Apparemment le mot de* Dieu *est omis.*

LETTRE CCXXIX.

Le Comte Louis au Comte Jean de Nassau. Sur le Calvinisme, les levées au nom des Confedérés, les services rendus par le Comte Jean à la bonne cause, etc.

1566. Octobre. 5. (1) Da E. L. einigen geschickten mann vom adell, so unsz in dissen kriegshendlen und rathschlegen dienlich sein möcht, vorschlagen könten, wurde mann mitt im zue handlen nicht ungewogen sein; ich weisz keinen der mich dienlicher zue allen hendeln düncken könnte dan Grav Ludwig von Wittgenstein, wann er dartzue zue bewegen were.

6. Desgleichen were uns ein *Teologus*, so dermassen geschaffen wie E. L. einen entwerffen, hoch notwendig und nützlich, könte mann einen finden, doch das er dessen inn der erst hier zue land nicht bekant were, sondern fuer eine weltliche person gehalten wurde, damit mann inen mit den herren zue conversieren vors erst brengen möchte.

7. Die bücher, lauth des zettels, lasz ich mir alle als nötig undt guet gefallen, es ist aber mitt den *translatoribus* so geferlich, das ich nicht wol weisz wie [wir] damit handlen möchte, dann wir nicht viel geschikter leuth unnder den Confessionisten haben, undt lauffen

---

» mus in Belgio defecit a sociis, et religionem solenniter abnega- » vit, et *sejunxit Egmondanum ab Orangio.* » *Languet*, *Ep. secr.* I. 97. En tout cas ceci doit avoir eu lieu postérieurement à cette lettre.

(1) 5. Les quatre premiers articles ont maintenant fort peu d'intérêt.

unsz die Calvinisten mit der viele irer bücher und geschicklichkeit der leuth gantz und zuemal das vorteil ab (1); Gott muesz helffen. Die von Köllen haben ettliche *exemplaria* in niederlendischer sprach von der Augspürgischen Confession und haus postill *Lutheri* arrestiert, können sie nicht ausz der wolff hende brengen. Konten E. L. einigen rath finden dieselbe zu kauffen oder zu bekommen, wurde derselben wol ein drinckpfennig verehret werden. . . . 1566. Octobre.

9. Die werbungen seindt, wie mir E. L. schreiben; wir sein aber dessen wol versichert das kein meittgelt[1] auszgeben, noch imandts auffgefordertt wirdt, bisz so lang das der König herausser kompt; welches nicht heimlich, noch uff einen stutz gescheen mag; das aber der König so hefftig gelt auszgibt, geschicht allein darumb, das er gern wolte das wir dissen winter unnser gelt verspielten, wie E. L. ich am letzten geschrieben (2), darinnen wier unsz wol fuersehen muessen; will derhalben mitt den Rittmeistern dahinn gehandlet sein, das sie so viel gueter leudt als inen immer müglich, mit gueten worten an der handt halten, mögen dessen gewis sein das sie mitt wart-und ahnrittgelt im fall der nott, bey zeiten undt gnugsam sollen versehen werden; darumb muesz mann sich nicht allzeit uff der Rittmeister klagen undt schreiben von allerley werbung undt anderen beschwerun-

(1) *ab.* Les Calvinistes étoient extrêmement nombreux, les communications avec la France très faciles, et les qualités nationales des François, sanctifiées par la foi, contribuoient, comme on peut le remarquer ici, puissamment au succès de leur prédication.

(2) *geschrieben.* Voyez p. 389.

[1] Miethgeld.

1566. Octobre. gen richten; dann es mehrerteils umb das wartgelt, darbey sie grossen gewinn und forteil haben, zue thuen ist. Wir haben auch von allen örten dermassen so gewisse und guette kundtschafft, das unser gegentheil unnsz, wil's Gott, nicht übereilen soll, doch müssen unsere Rittmeister alzeit gueten muet haben und hien und widder von vielem gelt so vorhanden undt anderen streichen grosz geschrei machen, doch dermassen das es inen und unsz nicht zue verkleinerung gerathe.

10. Es düncket mich das E. L. aller irer handlungen, so sie disser sachen halber eingangen, gnügsame entschuldigung haben; auch das sie keine gefhar uff disser seiten zue besorgen, nach dem sie nichts verrichtet dan was derselben auszdrücklichen zugeschrieben und an sie begert worden. Sie werden auch niemandt einig gelt geben dörffen, nachdem derhalben gnügsame versehung gescheen wirt, und draussen sich nichts geferlichs oder unversehens erheben wirt. E. L. werden des gewissen von dissem ort jederzeit verstendiget werden, wasz aber E. L. mit den Rittmeistern und andern Kriegsleuthen abhandlen und bevelhen, wirt und soll vor krefftig gehalten werden, dessen E. L. inn kürtzen gueten schein haben sollen. Ich weisz nicht wie die gantze bündtnüsz disser Nidderlände es die zeit ires lebens umb E. L. verdienen mögen, das sie sich so gantz guetwillig und fleissig, auch zue höchster irer ungelegenheit in disser sachen erzeigen; versehe mich es werde gegen E. L., beneben dem das sie ein Cristlich, Göttlich guet werck thuen, mit aller danckbarkeit erkennet

werden; bitt derhalben E. L. wollen also, wie ich 1566.
dann gar keinen zweivell stelle, fortfaren. Ich Octobre.
schreib Molsberg E. L. wollen es im weiters zue verwarten händen zueschicken lassen. Es ist ein rechtschaffener, uffrichtiger gesell, bey dem drunck lesset er aber den gaul underweilen zue weit laufen, muesz mann sich derhalben mit geheimbten sachen wol fuersehen, aber doch sonsten guete correspondentz mit im halten.

Wo das mit Weimar nicht vor sich gehen solte, so weisz ich nicht ob unratsam were das mann mit Lantgrave Wilhelmen uff eine antzal gueter leut undt vor seiner F. G. persohn zue handlen unnderstandenn hette. E. L. wollen im nach dencken unndt es mit grav Ludwig zue seiner ankunfft discouerieren, dan der Lantgrav warlich rechtschaffen ist (1) Es beut sich ein anderer Fürst mit vier dausent pferden unnd viertzig fendlein knechten ahn, den E. L. wol kennen, darff inen aber nicht nennen (2).... Das Georg von Holle von unnsert wegen handlet, begert er so viel muglich heimlich gehalten zu werden ... *Datum* Gorckum, den 16 Octobris 66.

E. L. gehorsamer, dienstwilliger Bruder,
Ludwig Grav zue Nassaw.

A Monsr. Monsr. le
Conte Jehan de Nassau.

---

(1) *ist.* Voyez. p. 357.
(2) *nennen.* Suivent quelques indices, auxquels l'épouse du Comte Jean pourroit reconnoitre le personnage: entr'autres que son frère et l'épouse de celui-ci avoient été à Dillenbourg.

LETTRE CCXXX.

Le Comte H. de Bréderode au Comte Louis de Nassau. Sur les affaires de la Frise et d'Amsterdam, et la venue du Roi.

1566. Octobre. *** Le 18 octobre le Comte Louis avoit été à Vianen avec le Prince d'Orange, tous deux se rendant à Utrecht. *Te Water*, IV. 325.

En Frise il y avoit beaucoup de désordre. « Leovardiae imagines » ejecerunt, altariaque everterunt in tribus parochialibus ecclesiis, » et novos admisere concionatores, tresque earum Pastores . . . . » ad sectas palam desciverunt . . ., idque factum Magistratus » pertinaciter defendit, ut reprehensione Arembergensis Praefecti » contempta, rem ad arma venturam verear . . . . Ult. Oct. » *Vigl. ad Hopp.* 384.

Le Prince avoit de nouveau à lutter contre beaucoup de difficultés. A Utrecht il permit aux réformés d'aller aux prêches hors de la ville; mais ce ne fut pas sans éprouver une vive contradiction de la part des Etats et de la régence municipale. *Bor*, 294.[a], 301, 305.[b] « Trajectenses fortiter Brederodio Principique Orangiae » restiterunt. » *Vigl. ad Hopp.* p. 508.

Monsr. mon frère. J'antanps par vostre lettre que ne vyendres ancor sy tost icy, jusque à avoyr aultres nouvelles de monsr. d'Ostrate, pour lors dépêcher le jantylhomme fryson, ce que je luy ey redyct, lequell atanderat icy vostre venue, mais il vous supplie d'estre dépêché le plus tost que il vous serat possyble, pour évyter aus inconvényens quy pouryont survenyr là an Fryse, à cause de sa longue demeure, car il ne sevent sur quoy s'arester. Je suys byen ayse que aves mandé ceus d'Amsterdam auprès de vous pour gangner tamps, avant que Monsr. le Prynce ce trouve là. Je ne doubte que il ne ce lesseront réduyre à toute reson; touchant à moy, sy quelque

vylle ce trouve icy auprès de moy, je ne fauldrey à randre 1566.
tous devoyr de fayre le mesme, meys je pansse que non, Octobre.
pour ce que j'antanps que il ont desjà dépêché tous leurs députés vers monsr. le Prynce an dellybératyon l'aborder tous par anssamble, sans que je sache leurs intentyons, mes je la pansse byen à peu près, comme pouves pareyllement byen pansser. Je ne doubte que n'an feres byen, car ce sont jans de byen. Il ne recherchent les choses sy profondes comme aultres. Je suys fort ayse de la venue du Roy, puis que il fault que il soyt. J'espère que ce bon Dyeu ordonnerat des affayres, comme il trouverat convenable pour la gloyre de Son nom et de ce n'an fault doubter. Espérant vous revoyr byen tost, ne ferey ceste plus longue . . . . . . De Vyanen, ce 22me jour d'octobre 1566.

Ung mestre Vallantyn ast esté ce matyn vers moy et m'a dyct que l'on le veult banyr d'Utrecht et fayre mons et merveylle pour avoyr cryé: Vyve les Geus! Je vous prye redressé sella, ou il an pouroyt résouldre aultres inconvényens. Il s'an fusse byen panssé le fayre de la sorte, mes puis que il n'est fayct, il le fault passer. Les bylles je les ferey atacher.

Vostre dedyé frère à vous faire service,
H. de Brederode.

A Monsieur mon frère, Monsieur
le Conte Louys de Nassaw.

LETTRE CCXXXI.

Le Comte Louis de Wittgenstein au Prince d'Orange. Communication du résultat de son entrevue avec le Landgrave Guillaume de Hesse. (Landgrave Wilhelms zu Hessen rahtsame bedenck, so ire F. G. mir befolen mynem gnedig H. Printzen zu Uranien anzubringenn.)

*** Le Comte de Wittgenstein étoit éminemment digne de la confiance du Prince; d'après le témoignage d'un fort bon juge, de *Languet*. — « Vir eximius. » *Ep. ad Ph. Sydnaeum*, p. 171. « Vir praestantissimus. » *l. l.* p. 176.

Nachdem ire G. beide, des Churf. zu Saxen und auch ires h. Vatters Landgraven etc. gegebene antwortt nicht anders als freuntlich und wolmeinende gegen E. G. vermercken, achten ire G. zu mehrem gelimpff nich undienlich dasz sich E. G. vors erst gegen beide Chur-und Fürsten mit eynem sondern potten freundtlich bedanckt, mitt angehengter pitt dasz insonderheitt Saxen (1) diese sachen bey der Key. Ma., desgleichen Hessenn bey andern Chur-und Fürsten zum treuwlichste woltte befördern. Und sein ire G. gutter hoffnung, die Key. Ma. werden sich vonwegen itz vorstehender gefahr in Ungern, desz-

(1) *Saxen.* L'Empereur étoit bien disposé par lui-même; en outre l'Electeur de Saxe faisoit valoir son influence en faveur des Pays-Bas. « S'allégua par aulcuns que les raisons contenues » es lettres de l'Empereur, estoient fort conformes à celles » des Seigneurs, ce que par adventure estoit chose practicquée » par eulx par le moyen du Ducq de Saxe, Oncle de la Femme » du Prince d'Oranges, et très familier de S. M. Imp. » *Hopper, Mém.* 113.

do williger und emsiger dessen undernehmen, damitt sie 1566.
gegen den Türck auch sovil mehr beistandt erlangen Octobre.
mögen.

Zum andern hielten ire G. zu beförderung der sachen dienlich, dasz E. G. selbst eyne ausführliche schrifftliche form begreiffen lassen, was gestaltt die intercession bey der Kön. Ma. zu thuen, auch was massen und wie weitt E. G. und dero mittverwandten leiden mögen dieselbig etwa on weitern verdacht hierin zu meldenn und anzuzeigen. Item obs rahtsamer diese intercession schriftlich oder durch schickung, oder uff beide wege zu thuen, und im fahl der schickung, ob auch die gesandten ohne gefahr inn Hispanien kommen und versichertt sein möchten.

Solchs hetten E. G. Landg. Wilhelm vertrauwlich zuzuschicken, dan ire G. erpietig dasselbige alszdan an andere Chur-und F. (doch alsz ausz sich selbs) zu gelangen, auch um schleunige verfertigung vleissige anregung zu thuen. Dan dieweil der Kö. albereidt in werbung, die Regentin in ausgangenen schriften an die Fürsten (wie E. G. ohn zweivel bericht) solches gewaltsamen vorhabens sich gnügsam erklerett (1), so achten's ire G. und andere mehr vor nötig diese intercession ufs baltest gehn zu lassen; dan zu besorgen, da sich die sachen zu weitt verlauffen und der Kön. schon gefast, dasz alsdan die underhandelung wenig nütz schaffen würde.

Zum dritten, hielten ire G. auch vor rahtsam das von wegen E. G. und anderer, so dieser sachen mitt verwandtt und zugethan, etwa eyn ansehnlicher Herr oder

---

(1) *erklerett.* Voyez la lettre 225.

1566. je sonst eyn vertrawte bequeme person, zu aller förder-
Octobre. lichsten abgefertigett, und die übrigen Chur-und Fürsten gleichfals um rahd und beistand ersucht, als nemlich: Pfaltz Churf., so diesem werck insonderheitt wol geneigtt (1). Item Zweibrück, im fahl er widder anheimsch sein würde, wie man sich in kürtzen versieht; desgleichen Würtemberg und den Marckgrave Carl von Baden (2), welcher sich mitt Franckreich gleichfals eyngelassen.

Letzlich achten ire G. disz dem gantzen handell zum höchsten vortreglich und vor allen ding hochnötig sein, dieweil die Chur-und F. um hülff und beistand ersucht

---

(1) *geneigt*. L'Electeur Palatin avoit répondu avec beaucoup de force aux insinuations de la Duchesse de Parme. « Omnium » confidentissime longissimeque scripsit Palatinus Comes, Fridericus Tertius, qui se novi tutorem Evangelii per Germaniam venditabat. Non enim solum Belgarum causam apud Gubernatricem » egit, atque eorundem innocentiam commendavit; sed execratus » Romanum Pontificem, cultum Sacrarum Imaginum, Inquisitorum tyrannidem, ad extremum confecit obligari se religione » quominus fratribus suis Confessionem Augustanam purumque » Dei verbum pure sectantibus adversaretur. » *Strada*, I. 275. Il est possible qu'en écrivant à la Gouvernante, il ait spécialement fait mention de la Confession d'Augsbourg; mais son zèle pour les Chrétiens des Pays-Bas recevoit un nouveau degré d'énergie par son attachement à la doctrine de Calvin.

(2) *Baden*. Le Margrave Charles de Bade, protestant zélé. « Pfalzgraf Wolfgang und Marggraf Carl von Baden waren auch » in der Religionssache so ganz einig mit Christoph, dasz sie in » den Fällen, wo die andern gleichgültig oder gar abgeneigt » waren, gleichsam als engerer Ausschusz des protestantischen » Fürstenrathes betrachtet werden konntenn, da ohnehin die Religionsbündnisse erlagen. » *Pfister*, *Herzog Christoph*, II. 36.

und sich der Nidderlände *propter communem causam religionis* anzunehmen gepetten, dasz auch die Stende, so irer hülff begirig, sich *in religione* ausdrücklich und dermassen erklerten, damitt die Chur-und F. wissen mögen, wesz sie sich diszfals endlich zu inen zu versehen, den es ire F. G. nicht wenig bedencklich uff eyn ungewisz sich frembder, bevorab solcher schweren weittleufftigen hendel, mitt anhengig zu machen, und wurde auch alsdan ohne zweivel die gemeine hülff deszdo ansehnlicher und williger ervolgen. Wie den gleichfals mein g. Herr Landg. Wilhelm sich gegen E. G. und den Nidderländenn (bevorab da ire G. versichertt dasz alleinn die Ehre Gottes, und nicht ander zeittlicher vortheill damitt gesucht) gantz guttwillig und hoch erpotten haben, welches aufz derselben befehl E. G. ich nicht verhaltten sollen. *Signat.* Cassel, den 24ten Octob. Anno 66. 1566. Octobre.

E. F. G., allezeitt dienstwilliger,

Ludwig von Seyn Graff zu Witgenstein.

LETTRE CCXXXII.

Le Comte H. de Bréderode au Comte Louis de Nassau. Sur la défense faite à ceux de Rotterdam d'aller aux prêches.

*** A mesure que la Gouvernante reprenoit courage, elle tâchoit de revenir sur des concessions faites au moment du danger: on commençoit donc à opposer des difficultés aux prêches, le plus sou-

1566. Octobre. vent sous prétexte que dans tel ou tel endroit ils n'avoient pas eu lieu avant l'accord. Les protestans adressoient des plaintes aux Confédérés ; mais déjà leur intercession devenoit assez inutile. C'est ainsi que *Hopper* se plaint que « les Seigneurs de Bréderode et Cuy-» lenburg escripvirent diverses lettres rigoureuses et plaines de me-» naces à la ville de Nymegen et Gueldre. » *Mémor.* p. 111. Ce reproche n'est toutefois pas exempt d'injustice et d'exagération. On avoit eu recours aux Confédérés, comme à des intermédiaires entre le Gouvernement et les réformés; ils avoient donc une double tâche à remplir, et devoient aussi bien défendre les droits de ceux-ci, que leur rappeler les devoirs d'obéissance et de sujétion. Et tout semble indiquer que les principaux Confédérés s'efforçoient de bonne foi de conserver ou de rétablir la tranquillité. Du reste, se sentant suspects et menacés, ils se préparoient à tout événement: le Comte de Bréderode surtout, qui depuis la mi-septembre avoit commencé à fortifier Vianen et à lever des soldats. *Te Water*, IV. 325.

Monsr. mon frère, ceus de Rotterdam ce sont icy trouvés devers moy et m'ont donné à congnestre que l'on leur fayct fors fâcheryes et troubles à leurs presches, les menassant ung baylly du lieu las allantour les [suhuyes], et comme il me dysent, le pyet et l'ocasyon que il prent, est pour ce que il n'y ont presché avant l'acort fayct; eus respondent là dessus que de tous tanps il ont presché dans leurs vylles asses ouvertement, mesmes que dès du commassement il ont [atantus[1]] cent foys prescher hors de la dycte vylle, aultanps des aultres, mes que leur ast esté requys du Magistrat de ne le voulloyr fayre, leurs otroyant[2] les presches à l'acoustumée et leur promectant que s'yl y avoyct presches an lyeu de Hollande otroyés, que eus seryont des premyers. Sur quoy il ce sont aresté et puis avoyr antandu l'acort, qui il n'estoyt

[1] entendu (?). [2] octroyant.

lycyte, ny parmys à aulqun prescher dans les vylles, ce sont retyré dehors là où à l'eure on les veult anpêcher; ce que il trouvent estrange, pour estre estés obéyssans, que icelle redonderoyt à leur extrême préjudyce, me pryant vous fayre ceste et mesmes vous anvoyer ce jantylhomme Monsr. de Sneu, pour vous porter la parolle de leur part: ce que ne leur ey peu reffuser, vous asseurant que les aultres ce conduyront à la reson et voys tout achevé, hors que Amsterdam, desquels je ne puis fayre aulqunne doubte. Je vouldroye les pouvoyr aborder an partycullyer, je n'an doubteroys ryens, et le plus tost seroyt le mylleur pour beaucoup d'ocasyons que il n'an mutynent d'aultres. . . . . De Vyanen, ce 25me jour d'octobre 1566.

1566. Octobre.

Vostre dedyé frère à jamés vous fayre servyce,
H. de Brederode.

An oultre le dyct Syngneur de Sneu vous dyrast les pleyntes que nous avons de la Haye, vous pryant y donner ordre affyn que chesqun aye à ce contanter et que l'on ne donne à perssonne ocasyon d'estre rhétyff à ungne telle oportunyté, puisque tout est an bon terme.

A Monsieur mon frère, le
Conte Louys de Nassaw.

LETTRE CCXXXIII.

Le Comte H. de Bréderode au Comte Louis de Nassau. Sur les dispositions de ceux de Hollande à obéir au Prince, et sur un avantage remporté en Hongrie par les Turcs.

1566. Octobre. *** M. de Bréderode avoit beaucoup d'influence en Hollande; les réformés, qui n'osoient entièrement se confier au Prince d'Orange, considéroient le Comte comme leur protecteur. Plusieurs villes envoyèrent à Vianen des députés pour lui offrir de contribuer aux fortifications. *Te Water*, IV 325. Le 26 octobre on avoit commencé à élever le rempart du sud-ouest. *l. l.*

Le Turc causoit de grandes alarmes. « Hic (Lutetiae) audimus » esse ingentem apparatum Turcarum in Hungaria. Utinam superbus ille Tyrannus suas vires in Orientem potius converteret. Quando ejus potentiam considero, et cum nostrorum Principum potentia eam confero, ego pene de rebus nostris despero ... oct. Cal. » Sept. »*Languet, Ep. secr.* I. 15. Au sujet de ces craintes *M. Ranke* fait de très justes remarques. « Betrachtete man .... wie sich weder im Osten von dem allerdings schwächern Reiche der Perser, » noch auch im Westen von der Christenheit, die um die Wahrheit » ihres Glaubens zerfallen war, ein dauernder Widerstand erwarten » liesz; so konntem selbst verständige Männer fürchten, der Lauf » dieser Siege werde die Türken zu einer universalen Monarchie » führen. — Indem man so dachte, ... so ereigneten sich bei » den Türken selbst Veränderungen die den Zustand ihres Staates » wesentlich umwandelten. Das Reich bedürfte kriegerischer » Oberhäupter; sie fingen an ihm zu fehlen; es bedürfte der ungeirrten Disciplin seiner militairischen Einrichtungen, seiner » Sklavenerziehung; diese verfiel: es bedürfte fortgehender Eroberungen; sie begonnen zu mangeln. » *Fürsten und Völker*, I. 32. A quoi il faut ajouter que les dissensions religieuses n'etoient pas destinées à affoiblir la Chrétienté, parcequ'elles avoient leur source dans un renouvellement de la foi.

Monsr. mon frère. Je ne veus lesser vous avertyr que j'ey tant fayct, que jé [rey eu[1]] icy ceus d'Amsterdam, lesquels j'ey contantés et feront tout ce que il plerat à Monsr. le Prynce et s'offreront d'eus mesmes, comme il m'ont promys, moyenant l'asseurance de Monsr. le Prynce, de laquelle je leurs ey asseuré; ceus de Delffe pareyllement, ceus de la Brylle aussy, quy avyont pareyllement églyse. Je n'ey ancor parllé à seus de Leyden, mays je respons pour eus que il feront le mesmes des aultres. Aus aultres vylles, quy ont eu les presches hors des vylles, ce contantent pareyllement tous, moyenant l'asseurance sanblablement de mon dyct Syngneur Prynce, avecq ce que je les trouve tous fort voulluntayre à mestre corps et byen an ce que l'on les vouldrat amployer, et certes je n'an fys onques doubte d'aultant que il sont, car je les ey tousyour trouvés fort affectyonnés et résollus, desorte que je voys, aveque l'ayde de Dyeu, tout ce porter byen. J'ey repceu certeynne nouvelle de Coullongne, mesmes ung de mes jans venant de la Court de Monsr. le Duq de Clèves, lequell Syngneur Duq ne ce portoyt ancor guères byen, mays il avoyct repceu certaynes nouvelles d'ungne rancontre que des nostres avyont eu an Hongrye contre le Turcq, où que les nostres avyont repceu ungne extremme domage, mes il avyont tenu le campe, mes plus mors des nostres que des leurs, et beaucoup d'aparence an aultre mon frère y est demeuré (1) avecq toute sa compagnie, hors ung seull 1566. Octobre.

(1) *demeuré.* « Haurincourtius Brederodii frater apud Viennam » Austriae exstinctus est, qui magnum sui desiderium creditoribus » reliquit. « *Vigl. ad Hopp.* p. 391.

[1] reçu (?).

1566. quy an est eschapé d'ycelle, lesquell estoyt d'auprès de
Octobre. Coullongne et est de retour, lesquell l'a pareyllement certyfyé et est ung jantyllomme. Sy aynsy est, Dyeu veuylle avoyr son âme, puisque il est mort au lyst d'onneur. Le premyer est mort povre soldat an Ittallye, l'aultre à la bataylle de Saynct-Quintyn, et cesluy sy contre le Turq, et moy j'espère de mouryr ung vostre povre soldat, vray geus, à vos pyes, ne doubtant nullement que devant venyr an ceste extrémyté, je n'an fusse passer la peur à quelque ungs ou voyre le pas. . . . . . .
De Vyanen, ce 27me jour d'octobre 1566.

Vostre du tout dedyé frère à vous faire servyce à james,
H. DE BREDERODE.

Mes humbles recommandatyon à la bonne grâce de M^{r} le Prynce et que luy demeure esclave.

A Monsr. mon frère, Monsr.
le Conte Louys de Nassaw.

Le 27 octobre on remit au Comte de Hoogstraten à Anvers une requête que les réformés adressoient au Roi, et dans laquelle ils offroient une somme de trois millions de florins, pourvu qu'on leur accordât le libre exercice de la religion. « Creditum est artificium fuisse nonnullorum, ut minore suspicione huc atque illuc » corrogandae pecuniae causa commearent, fallerentque interea » simul Hispanum eâ summa facile alliciendum, simul conjuratorum multos libentius pro libertate religionis impetranda quam » pro bello gerendo aera soluturos : nisi forte ingens illa pecunia » plane in speciem ad ostentandas partium vires offerebatur. » *Strada*, I. 286. On ne sauroit disconvenir que cette offre, cette tentative, pour ainsi dire, d'acheter la conscience du Roi, n'eût quelque chose de très singulier; le ton de l'Adresse est quelquefois assez inconvenant; et il n'est pas impossible qu'en effet il y ait eu une arrière-pensée dans cette démarche. Sans doute plusieurs signataires le supposoient, le desiroient. « Si S. M. ne voulloit consentir à liberté » de conscience, ils employeroyent l'argent pour en lever gens de » guerre contre icelle. » *Sententien v. Alva*, p. 89, 94. Quelques uns des principaux Confédérés avoient signé pour des sommes considérables; le Comte de Bréderode pour 10000 écus; le Comte Louis de Nassau pour 10000 florins de Braband. *Te Water*, IV. 134. La Gouvernante envoya la requête au Roi, qui n'y fit aucune réponse; et elle se plaignit amèrement qu'on avoit osé « faire col- » lectes, cueiller aydes sur le peuple de S. M. jusques aux aucu- » nes millions, comme l'on se vante. » *l. l.* 270.

1566. Octobre.

LETTRE CCXXXIV.

Le Comte Louis de Wittgenstein au Prince d'Orange. Sur sa réception auprès de l'Electeur de Saxe.

Hochgeborner genediger Fürst und Her ....Als ich ausz E. G. befelch mich zum Churf. v. Saxen verfügett, hab ich ire Churf. Gn. erstlich den 10ten dieses in eynem Wendisch stedlin, so an der Schlesing[1] gelegen, Senffteberg genant, antroffen, und mich alsbald durch Hans Jenitz, *Secretarium*, bey ire Churf. Gn. angeben lassen. Dieweil aber i. G. albereitt im werck volgenden tags zu verrücken, hab ich derselbigen bisz zum Stolpen, so nacht dem Land zu Behem[2] gelegen, volgen müssen.

Daselbst habe ire Churf. Gn. meine werbung in bey-

[1] ohnweit Schlesien. [2] Böhmen.

1566. sein allein D. Craco (1) angehörett, aber alsbald, sich fer-
Octobre. ner daruff zu bedencken, dieselbig in schrifften begerett. Wiewol ich nuhe i. Churf. Gn. angezeigt, wasz gestalt mir von E. G. ufferlegt diese sachen in geheim zu halten und bevorab vor abschrifftenn zu hüten, so seind doch i. G. uff dem beharret, mit erpieten solchs bey sich allein im vertrawen zu behalten.

Nachdem aber der zweite Artikel in der Instruction Hertzog Hans Friderich zu Saxen belangen, durch Landgraf Wilhelm geëndertt (wie E. G. ausz beygelegtem zettel zu sehenn), und sich gefallen lassen dem Churf. in gleicher gestalt auch vorzutragen, als hab ich die instruction hinderhalten und eynen auszugk (doch derselben fast gemesz bisz uff den zweiten artickell) gemacht und dem Churf. also zugesteltt. Hieruff haben i. Churf. G. mich volgenden tags, nemlich den 14ten dieses, widderum zu sich erfordern und durch gedachten D. Craco mündlich beantworten, gleichwol, uff myn begeren, dasselbig auch alsbald schriftlich zukommen lassen, welchs an E. G. förters zu bringen ich also mitt dancksagung angenohmen. Dieweill den E. G. aus dem des Churf. geneigte wolmeinung gnuegsam vernehmen mögen, und ich itzo meiner höchsten nottürft wegen auch eynmal nach hausz reiten müssen, hab ich zu mehrer beförderung dieselbige schriftliche antwortt, so hie neben verwartt, E. G. hiemitt zuschicken wollen, gantz dienstlich bittend E. G. wollen solchs nicht in unguttem vermercken.

Als ich nuhe oberzeltter massen vom Churf. abgeferti-

(1) *Craco*. Conseiller de l'Electeur de Saxe, qui jouissoit de beaucoup de crédit, mais qui plus tard tomba en disgrâce pour avoir favorisé l'introduction des croyances calvinistes.

gett, hab ich mich gegen D. Craco *ad partem* vernehmen lassen, das E. G. myns verhoffens des Churf. antwortt zu sonderm danck und wolgefallen, vornemlich den ersten punct belanget, vernehmen werden. So viel aber Hertzog H. Friderich betreffen, hab ich inen vor mich erinnertt, ob nicht in dem etwas ferner zu handeln und zu erhalten sein möchte; den so vil ich vermercken können, E. G. etwa mehr darum zu thuen innerlichen unfriedde zu vorkommen, und dem kegentheil seine practiken damit abzuschneiden, als vonwegen derselbigen leutte, deren sie villeicht bey andern, vornemlich durch i. Churf. G. selbst beförderung, gleich so wol und etwa besser bekommen möchten. 1566. Octobre.

Daruff vielgedachter D. Craco geantwortt dasz gleichwol hiebevor Frauckreich oder andere in gleichen fällen niehemals so vil erhalten als sich ire Churf. G. diszmal gegen E. G. erbotten, aber die handlung mit H. Hans Friedrich belangend, hab i. Churf. G. alle umstende selbs gnuegsam bewogen. Dieweil aber der H. von Saxen, samtt seinem anhang, den echtern, sich vielfeltig nicht allein kegen i. Churf. G. gantz beschwerlicher weise eyngelassen, sondern auch der Key. Ma[t] und gantzem Reich ungehorsamlich widdersetzt, wie er den solchs weitter ausgeführett, so trage er die vorsorge dasz uff diszmal mehr nicht zu erhalten; den es könten auch i. Churf. G. darzu nicht rahten dasz derselbigen feinde solten gesterckt werden; jedoch hatt gedachter doctor letzlich dahin vernehen[1] lassen, im fahl der Landgrave neben E. G. derwegen ferner beym Churfürsten anhaltten würden, dasz verhoffentlich i. Churf. G. sich etwas näher zur vergleichung würden bewegen lassen, darzu er den selbs mögliches

[1] vernehmen (?).

1566. vleis gern helffen und rahten wolte, wiewol ich auch
Octobre. von Landgr. Wilhelm im vertrawen vernohmen dasz der Chur-und Fürsten-Rethe, Pfaltz, Gülich und Hessen, in kurtzem sollen zusammen kommen, von mittel und wege handeln wie die vergleichung zwischen Saxenn zu treffen, darzu der Almechtige sein segen gebe, den es nach itziger vielfeltiger beschwerlicher gelegenheit des Türcken und sonsten, gantz hochlich zu wünschen.

Nachdem ich den uff diszmahl ferner nicht können erhalten, auch Landgr. Wilhelms meynung dahin gericht dasz man sich mitt Saxen-Weimar nicht zu weitt soltt eynlassen, damitt hiedurch der Churf. (an dem mehr gelegen) nicht von E. G. alieniret, als hab ich die handelung mitt H. Hans Friderich, lautt habender Instruction, uff diszmal beruhen lassen, mynen weg in der widderkehr uff Cassel genohmen, und Landgr. W. aller verlauffener handelungen beym Churf. nach der lengde bericht; doran i. G. eyn gutt gefallens und gnuegen gehabtt, darneben etzliche i. G. gutte bedenken ferner angezeigt, mitt bevelch dieselbig, neben gantz freund-und guttwilligen erpieten, E. G. zue vermelden, wie ich den E. G. dieselbig schriftlich verzeichnett hiebey überschick, und auch im gantzen handel nicht anders spüren kan, als das sie E. G. *et causam religionis* mitt allen trewen meynen und gantz wol geneigt sein.

Ich bin wol in vorhabens gewesen mitt Christoff von der Molsperg nachmals dahin zu handelen, dasz er die sachen bey Weimar uffhalten wolte bisz zu E. G. ferner erklerung; dieweil aber Landgr. Wilhelm die person (wie ich Gr. Ludwigen jüngst ursachen geschrieben) sonderlich in verdacht und derwegen solchs widderrathen, hab ichs gleich also bleiben lassen. 1566. Octobre.

Ist nuhemehr an dem dasz E. G. aus beider Chur-und-Fürsten, Saxen und Hessen, gegebener andwortt, in Landgr. Wilhelmen rahtsams bedencken(1), sich selbs nach gelegenheitt resolviren wasz sie weitter hiezu thuen und vernehmen wollen, und dieweil disz werck schon so weitt im schwange, wirdt von verstendigen vor rahtsam angesehen dasz mitt allem ernst gedriben, dieweil es warm ist, darzu der Almechtige gütige Gott E. G. Seine gnade verleihen woltte. . . . . *Datum* Witgenstein den 28ten October.

E. F. G. dienstwilliger,

LUDWIG VON SEYN GRAFF ZU WITGENSTEIN.

A Monseigneur,
Monsr le Prince d'Orange.
ad manus proprias.

LETTRE CCXXXV.

Bernard, Seigneur de Mérode, au Comte de Hoogstraten. Sur les préparatifs contre les Confédérés, et sur les dispositions du Comte d'Egmont.

*** Le Roi faisoit de très grands préparatifs, aussi en Allemagne, où tous ceux à qui il avoit donné charge de lever des troupes, s'y montrèrent bien disposés, excepté le Comte Jean de Nassau, auquel le Roi, assez artificieusement peut-être, avoit fait proposer de lui amener 3000 piétons. *Strada*, 272, 275.

Les Princes Catholiques répondirent aux lettres de la Gouvernante, comme on pouvoit s'y attendre. « A Trevirensi et Mogun-

(1) *r. bedencken.* Voyez la lettre 231.

1566. Novembre. » tino Septemviris responsum est magnopere sibi probari consi-
» lium Regis adversus rebelles et Religionis Catholicae perturba-
» tores . . . . Permissuros se sua per oppida jurisdictionesque libe-
» rum iter iis militibus, qui ob eam causam, assentiente Caesare,
» contraherentur. Similia his reliqui per Germaniam Catholici
» Antistites respondere. Addiditque Bavariae Dux hujusmodi tur-
» bis, ceu pesti civitates exedenti, occurrendum esse omnium
» armis. » *l. l.* 274.

Le Seigneur de Mérode avoit parfaitement jugé le Comte d'Egmont. Bien qu'on lui fit beaucoup de *fâcheries*, bien qu'il en fut *fort piqué*, bien qu'il s'en plaignit au Comte de Mansfeldt (*Strada*, p. 278), au Prince d'Orange (voyez la lettre 128), au Roi (*Procès d'Egm.* II. 491.), il devoit persister dans sa dangereuse irrésolution.

Monsieur, venant à Tournay, Monsieur l'Admiraell estoit parti vers Bruselles où le suis venu trouver, et comment luy fis part[1] de ce billet que vostre S^rie^ schayt, il trouvat plusieurs articles fort bon et honest, coment de la request (1) qu'on devoit présenter au Roy avecques le continue d'icelle, combien qu'il pensoit asseurément que sa Majesté ne l'accepteroit. Touchant les levées que plusieurs Singeurs[2] font de la part du Roy, il en estoit fort bien averti et assure que Sa Majesté viendrat avecques main fort si lui est aucunement possible. J'ay veu lettres que le Duc Ernst (2) de Brunswyck faict 1000 chevaus et son frère 500; vostre S^rie^ cognoit plusieurs Sin-

(1) *request*. Voyez p. 416.
(2) *Ernst*. Voyez p. 367.

[1] *part—d'icelle. Dans une lettre au Comte Louis de Nassau* (voyez p. 425) le *Seigneur de Mérode écrit:* le rapport de ce que V. S. m'avoit commandé lui dire : il trouvat pour le premier la request que ceulx de la religion voliont présenter, fort bonne. [2] Seigneurs.

geurs et Rittmeister qui ont charge se tenir prest avecques certain nombre de gens à pied et à chevall. Madame at escript à Monsieur l'archevesque de Coloinge pour avoir ouverture par son pays et assistance de vivres, aussi qu'il veult acorder aux pensionaires du Roy faire gens en son pays: je pense bien qu'elle en ferat autant aux aultres Evesques, coment Maiance, Trives, Liège etc.[1] Elle at aussi faict venir quatre enseinge de soldaes du pays de Lutzenburch à Villevort. Aucuns Singeurs[2] ont tâché à faire quelque ligues avecques certaines villes en Artois, Flandres, Heinau, coment Aras, Betunne, Aeer[3], Bruges, Lisle; mais il ne l'ont volu accorder sains avoir avis de Monsieur d'Egmont. Monsieur le Duc d'Arschot c'est[4] vanté devant Madame qu'il a 500 gentilhommes à son commendement, lesquelles portent quelque ordre[5] avecques unne effigie de nostre damme de Haux[6] (1). Nous somes aussi averti que le bon Ambassadeur de l'Empereur ne cesse de faire touttes bonnes offices pour nous rendre bien odieux vers sa Ma$_{té}$, et lui faire entendre beaucoup des mensoinge et calumnies des

1566. Novembre.

---

(1) *Haux*. Le Duc d'Aerschot avoit créé une espèce d'ordre en opposition à la médaille des Gueux. « Hallis inclytum est Caelitum » Reginae simulacrum . . . Areschoti Dux ejus Divae imaginem » filium Jesum complexu foventis exprimendam argenteis aliquot » numismatis curavit: atque illa, ut se recenti Gheusiorum fac- » tioni opponeret, ipse quique cum eo erant Nobiles complures, » in galeri spiram eleganter inseruere, ceu symbolum . . . Catho- » licae nobilitatis. » *Strada*, I. 227.

[1] *Au Comte L. il ajoute:* Des mill autres traverses que Madame et les siens nous machinent tous les jours, sont sains nombre. [2] *A. S. — Au C. L.* il. [3] Aire. [4] *c'est — Mad. — Au C. L.* at dit au plain conseill. [5] *o. — Au C. L.* unne ordre. d'argent. [6] Hal.

1566. Novembre. gentilhommes confédérés; plusieurs autres traverses et démêlées ce font contre la noblesse, qui est directement contre l'accord faict, parquoy, Monsieur, voyant cela, fors serat que chascung renart garde sa queue et [provoie[1]] en taimps et heure pour la bien garder. L'on at bien maell sceu communicquer avecques Monsieur d'Egmont pour ceste fois, pour ce qu'il at esté fort enpesché par la fortune de son fis aisné, lequelle pense avoir perdu l'oeill, en se jouant avecques ung arc contre son paige, et le mesme jour unne partie de son château à Gaesbeeck bruslé par fortunne, mais il est asses fort piqué de toutes ces traverses et entreprinse que l'on faict sains cesse par son Alt. et les siens contre vous Singeurs fidèles et les gentilhommes Confédérés, combien que je croi fermement (non obstant touttes les fascheries que l'on lui faict) qu'il ne se résoudrat sinon au grand besoigne[2] et à l'estrémité. Madame at envoié ung secrétair(1) à Tournay pour là gouverner durant l'absence de Monsieur de Montingi, par où l'on voit la confidensce qu'elle at de Monsieur l'Admiraell[3]. Monsieur le Conte de Nassou m'at commandé d'envoyer les lettres que lui escript à vostre S^rie^ pour lui faire tenir. . . . De Raemsdonck, le premier jour de novembre l'an 1566.

Entièrement prest à obéyr et faire services,

Bernart de Merode.

A Monsieur, Monsieur le Conte de Hoechstraten, Chevallyr de l'ordre. Anvers.

---

(1) *Secrétaire.* M. de la Torre. *Procès d'Egm.* II. 489.

[1] pourvoie *ou* prévoye. [2] besoin. [3] *Au C. L.* et des gentilhomes qui l'accompagniont au dit Tournay et Valencien.

En effet à cette lettre étoit jointe une autre écrite le 29 oct. de Malines, pour le Comte Louis *en ces mains propre*, contenant à peu près les mêmes nouvelles, mais en outre les passages suivans. 1566. Novembre.

. . . . Touschant la request aux Singeurs de la part de ceux des villes, il ne trouve nulle moien d'induir les magistraes à ce faire, mais il at practicqué par tierce mains avecques les doyens et officirs du comun, que ceux là traicteront et procureront de la part des borgois envers les magistrat pour les induyr et contraint à ce faire. Touschant la request que les estas devriont doner au Roy, pour luy pryer de non point venir avecques forces pardeçà (1), il trouvat cela assé difficil, voiant que plusieurs villes et tous magistraes sont contre nostre opinion et fort corrumpu, toutfois il feroit son debvoir et en communicqueriont par ensemble avecques M[r] d'Egmont . . . L'on m'at dit que le Duc de Clèves at accordé passaige (2) par son pays, ce que n'eusse point pensé. L'on présume que Mr. le Comte de Mansfelt doit aussi avoir charge de 1000 chevaus. Vous sçaves des plusieurs autres Singeurs qui font gens . . . Nous sommes aussi averti que l'Ambassadeur de l'Empereur ne cesse de faire touttes bonnes offices pour nous rendre fort odieux vers S. M. . . . . . qui causserat que perderons possible beaucoup de crédit en Allemainge, parquoi (à correction) si V. S. le trouvoit bon que l'on envoiat quelque gentilhomme ou deux au despens d'ung chascun, pour donner à entendre à S. M. de bouche le tout comment nostre affaire c'est passé par ici, avecques l'intention qu'avons à lui obéyr et faire

(1) *deçà*. Voyez p. 429.

(2) *passaige*. Aux soldats levés pour le Roi d'Espagne.

1566. Novembre. services et nous conduyr selon son bon avis et commandement, il me semble que cest Ambasade de bouche nous deveroit profiter beaucoup et justifiroit nostre besoinger. — Le Singeur de Rasingien ou quelcqung de sa part ont ravis aucuns enfans à Lisle hors des mains de leur père et mère, lesques enfans estiont baptisé à l'église réformée et les ont fait rebatizé à l'église papaelle, qui at presque caussé ung tintamaer à la dit ville. Le Singeur de Backersel at tellement besoingé à Gand avecques ceux de la religion, qu'il y at environ 1000 ou 1500 personnes quil ont signé et promis obéissances et fidélité, moienant la presche libre hors la ville. Il at aussi troussé ung ministre, avecques certains borgois de Alois en Flandres, pour ce qu'il ont faict la presche aux lieu non accoustumé, et plusieurs sont d'opinion le fair pendre pour ce quil sont contrevenu à l'accord faict, ne considérant que Son Alt. l'at premièrement rompu . . . . Mr. de Berleymont at ces jours passé requis à son porteur d'enseigne de ce retirer de sa compaingie d'ordonanse, pour ce qu'il estoit du Compromis et qu'il avoit persuadé à aucuns homes d'armes de c'y joincdre, mais quant il at volu avoir par escript les raisons pourquoi il ce retireroit, afin de ce consellier à ces amis et autres gens de guerre, pour entendre si les raisons estiont suffisantes et que telle retraict touschoit grandement à son honneur et aux gentilhommes confédérés, lors Mr. de Barlaymont lui dit qu'il n'entendoit nullement le casser, mais lui faire plaisir doresnavant coment il avoit comenscé, et plusieurs autres courtoisies, moienant qu'il vossit persévérer au service du Roy. Madame a faict presenté à Boisott de le continuer en son services, s'il voloit quitter le serement qu'il at aux confédérés, ce qu'il n'at encor accepté, mais demande à ung chascun avis. Je crains que ce soit chose procurée d'aucuns des siens. Mr le Conte de Mansfelt pensse fermement q'ung chascung ce peult retirer du Compromis, voiant que le Roi nous décharge de l'Inquisition et placars, mais je pensse qu'il le dit pour ceux qui ont escript ceste lettre tant courtoise du pays de Lutzenburch à V. S. (1) Le bon gentilhome, l'escouttet de Malins, avecques autres vilains, ont aussi comencé une ligue, ce cognoissant l'ung l'autre par unne [patentre] rouge, laquelle ils portent au coell.... De Malins, le 29 d'octobre l'an 1566 . . . 1566. Novembre.

Le tout prest à obéyr et vous faire services,
Bernart de Merode.

Le Landgrave Guillaume de Hesse écrit le 2 Nov. au Comte Jean de Nassau. « Soviel dan Herzog Erichen und die andere bestelte » Fürsten von Braunschweig belangendt, is nicht ohn das dieselbe sich » hefftig bewerbenn, aber doch haben wir das wissens das Herzog » Ernst zu Braunschweig bis noch vom Könnig zu Hispaniën kein » warthgeldt empfangen, dan wasz er dessenn auszgeben, von dem » seinen erlegt hatt . . . . Wir haben gehört es sollen sich » die Hern im regement wiederumb zur Guvernantin[1] und derselben versprochen haben die predigten hinfuro abzuschaffen ..... » Wasz euch darvon bewust begehren wir unsz zu verstendigen. »

LETTRE CCXXXVI.

Le Comte H. de Bréderode au Comte Louis de Nassau.

*** Le 1 Nov. le Prince d'Orange et le Comte Louis étoient venus à Vianen, d'où ils s'étoient rendus le lendemain avec M. de Bréderode à Schoonhoven, où les Etats de Hollande étoient as-

(1) *V. S.* Voyez la lettre 163.

[1] *Apparemment un mot a été omis.*

1566. semblés. Le 3 nov. ils retournèrent à Vianen, d'où le Prince et
Novembre. son frère repartirent, à ce qu'il paroit, pour Utrecht. *Te Water*, IV. 326.

Monsr. mon frère, j'ey ce devant le dysner repceu lettres de seus de la rellygyon à la Haye, me pryant eus tous d'avoyr ung de leurs bourgoys de la dycte Haye pour recomandé, lesquell est destenus prysonyer, il y ast desgà quelque tanps avant la venu de Mosr. le Prynce à Utrecht, et dysent que l'ocasyon de sa pryson est seullement pour avoyr vandu quelque lyvres deffendus par le plaquas. Je vous prye vous an voulloyr anquére[1] et sy aulqunement le pouves asyster, le voulloyr fayre, pour leur donner tant plus grandes occasyons de se submectre an ce que l'on leur vouldrat comander, comme je ne doubte que il ne feront tous générallement, comme j'en ey desgà antandu nouvelles après vostre département. Je vous prye randre à ce porteur la lettre que je vous donney hyer, venant de Hongrye, car il la doyct reporter à celluy quy me l'ast anvoyé. Vous pardonnerés à mon moves escrypt; j'ey sy froyt au meyns que à peyne puye[2] tenyr la plume, estant au retour de l'ouvrage auquell on ast donné ce matyn ungne brave meyn (1), come j'espère que ferons cest après le dysner avecq l'eyde de Dieu . . . . De Vyane, ce 4me jour de novembre 1566.

Vostre à jamès frère antyèrement à vous fayre servyce,

H. DE BREDERODE.

A Monsieur mon frère,
Monsieur le Comte Louys
de Nassaw.

---

(1) *Meyn*. « Den 4den Nov. werd begonst het bolwerck aan het » Noord-oest eynt van Vianen. » *Te Water*, *l. l.*

[1] enquérir. [2] puis-je.

N° CCXXXVI^a.

Mémoire sur l'état critique des Pays-Bas et les moyens d'y porter remède.

*** C'est ici l'écrit dont parle *Hopper*: « Le Prince feit un grand » discours sur tout l'estat du Pays, monstrant en quelz périlz les » choses alloient au regard des Princes voisins, ou du moins des » feux et pilleries et apparente destruction de tout, encor que » S. M. après travaulx, périlz et coustz previenne[1] à son intention, » et que partant seroit le meilleur conseil d'éviter tout cela par le » moyen de la liberté de la religion, ou de permission de la Confession Augustane, ou du moins laissant chascun vivre librement » en sa maison, à condition qu'il ne se face aulcun scandal publicq: disant d'avantage, qu'estans par ce moyen les choses apaisées et tranquilles, sa M. pourra procurer qu'avecq le temps » icelles soient réformées et mises en son ordre et estat ancien. » *Mémor.* III. 1566. Novembre.

Il y a quatre exemplaires de ce Discours aux Archives. Deux ne diffèrent presque pas; c'est d'après eux que nous donnons le texte. Les deux autres, que nous désignerons par les lettres C et D, sont des brouillons; sur l'un est écrit: *Advis de Monseigneur le Prince envoyé aux Estats quand S. A. estoit à Utrecht.* Cette inscription, de la même main que la minute elle-même, ne laisse aucun doute sur la destination de cet écrit. Le Prince désiroit exciter les Etats à faire des instances auprès du Roi afin d'obtenir une tolérance réclamée impérieusement par la position du pays. *Bor*, qui en donne une traduction à peu près conforme au M.S. C, aura trouvé ce document dans les Archives des Etats d'Utrecht, où il avoit un libre accès. Reste à savoir si le même écrit a été envoyé par le Prince aux autres Etats; peut-être exclusivement à ceux de son Gouvernement: en tout cas son intention paroit avoir été de provoquer une démarche générale (voyez p. 425). Il se pourroit bien que ce document remarquable eut été rédigé par le Com-

[1] parvienne.

1566. Novembre. te Louis de Nassau; même il semble que les minutes sont écrites par lui. Toutefois, d'après l'instruction susdite, confirmée par le témoignage de *Hopper* et de *Bor*, le Mémoire fut envoyé comme *Avis du Prince*. — Nous avons ajouté les variantes, qui ne sont pas sans intérêt.

———

Ayant par plusieurs fois considéré de par moy l'estat de ce pays, ne puis délaisser à le déplorer pour les[1] grandes et évidentes apparences qui se monstrent[2], tendans tous à la ruine perpétuelle d'icelluy, et tout cecy à cause de la grande diversité des opinions, qu'il y a tant au faict de la religion, que au[3] politicque, et de l'autre cousté pour le peu de gens qu'il[4] y a qui font démonstration de prendre les affaires générallles à coeur pour y trouver quelque bon remède, et tel comme il convient pour le temps présent, le délaissant les ungs pour ne se guères[5] soucier des affaires, les autres à cause qu'ils cherchent plus leur particulier que le bien commun de la patrie, et les derniers[6] pour estre trop timides, n'osans[7] dire ouvertement leur opinion pour la creinte qu'ils ont de perdre la bonne grâce du maistre. Et oires que j'ay différé[8] jusques à maintenant de mectre mon advis en avant, pour n'estre point tenu trop présumptueulx, que en ung affaire de telle importance je vouldrois estre plus saige et prétendre[9] plus avant que mon aage et expérience (1) ne comporte; néantmoings, voiant les affai-

(1) *expérience*. Le Prince d'Orange, qui avoit alors 33 ans, qui avoit été Général en chef à 22, depuis bien des années un

[1] *p. l.* — C. à cause des. [2] C. démonstrent. [3] C. au gouvernement. [4] *qu'il* — *pr.* — C. de quelque condition qu'ils soyent, qui prennent. [5] C. point. [6] C. autres. [7] *n'os.* — *maistre*. — C. et craignans de perdre la bonne grâce du maistre, en disant leurs opinions franchement. [8] *j'ai d.* — C. je n'ay osé. [9] C. présumer.

res aux extrêmes perplexités, ayme mieulx estre tenu pour tel, que non pas d'acquérir la tache de ces trois points susdit; ne mectant ces moyens que à correction de ceulx qui en auront meilleur jugement[1], ausquels plaira les amender. Considérant principalement estre le debvoir d'ung chacun, soit vieux ou jeusne, d'ayder et assister en une nécessité si grande, la patrie de tout son pouvoir, n'ay voulu[2] ny pour bon, ny pour mauvais gré passer par silence, chose que me semble convenir en saine conscience pour le service et réputation du maître et le bien du pays; puis aussi que l'obligation d'ung vray serviteur le comande en tout temps[3], oires que pour le commencement ne soit prins de bonne part.

1566. Novembre.

Ainsi[4], pour commencer, me semble qu'il fault premièrement avoir ung certain but, à quoy l'on veulle tendre, affin que ayant fiché ce but (lequel doibt estre juste et équitable) on se mecte[5] hors du dangier de pouvoir errer, n'estant chose[6] plus juste au monde et équitable que de procurer[7] l'honneur de Dieu, le bien et prospérité de la patrie, le service et obéyssance du maître et le respect du peuple, à l'endroict de la justice et du magistrat. Pourtant ay bien voulu mectre ce petit discours en avant, priant ung chacun se vouloir asseurer que ne le dis pour aultre chose que pour les rai-

---

des principaux personnages du Conseil d'Etat, et Gouverneur de plusieurs Provinces, le Prince d'Orange craint de *prétendre plus avant que son âge et expérience ne comporte*. Quel exemple, quelle leçon!

[1] C. j. que moy. [2] *n'ay v.* — C. Et que par là l'on cognoistroit aussi que je vouldrois. [3] *en t. t.* — C. de dire overtement en tout temps, sans dissimulation quelconque, au maistre, ce que trouvons estre à son service. [4] C. Et. [5] *s. m.* C. soit. [6] C. au monde. [7] C. chercher.

1566. Novembre. sons susdit et pour la grande affection que je porte à ce pays, méritant plus que nul autre toute louange pour les fidèles, longues et loyaulx services par luy faictes à ses Princes et Seigneurs naturels.

Et ne fault doncques trouver estrange, ny pour cela prendre les armes, que plusieurs inhabitans du pays de par-deçà sont venus à[1] tomber à autre opinion et se déclairer ouvertement, voire contre la volonté de tous magistrats, puisque ce n'est chose nouvelle, ains que les histoires nous monstrent que depuis le commencement du monde télles et semblables diversités ont regné dessoubs plusieurs[2] monarches et principal soubs les Princes qui possèdent tant des royaulmes et divers pays et estats comme faict Sa Ma^{té}, comme aussi nous rendent les exemples modernes[3] bon tesmoignaige, et aultant moins[4] en ce pays icy, lequel est tellement enclavé aux aultres qui ont désjà changé de religion, que, oires que tous inhabitans ne eussiont cognaissance d'autre pour l'heure de maintenant, que de l'anchienne catholicque, il ne pourroit guerre durer sans aucun changement, puisqu'on peult nullement défendre la hantise et fréquentation des estrangiers, laquelle est tant nécessaire, si on veult que le pays soit florissant et maintenu en son entier; mesmement aussy[5] qu'on a souffert tout le temps des guerres dernières, tant au camp, que aux garnisons, les prédications en publicque, dont l'on peult facilement penser quel pied qu'il a donné aux subjects de par-deçà, et d'avoir[6] veu qu'on les a autrefois permis au respect de la nécessité, considérant quant et quant le peu de

[1] *à — op.* — C. à changer de religion. [2] C. touts. [3] C. de notre temps. [4] C. plus. [5] *m. a.* — C. et de tant plus. [6] *d'av. — qu'on.* — C. discourrans qu'on ne doibt pas prendre si hault chose qu'on.

devoir que les gens d'église et autres ayans charge des âmes, ont faict jusques à maintenant et font encores journellement, y accédans plusieurs autres occasions, trop longues à réciter icy. 1566. Novembre.

Mais debvons plustost penser, que avons fort bien mérités le chastoi[1] présent, et rendre grâces à Dieu qu'il nous a admonesté jusques à maintenant avecques telle doulceur; nous menaçant ung plus grand coup cy-après si[2] ne rendons paine, puisqu'il nous donne le temps et les moiens de secourir ce povre pays, avecques telles remèdes qu'on pourroit trouver estre tant pour la conscience, que pour le debvoir et maintienement de la policie exécutables, sans le traîner plus longuement; regardans en arrière de nous et nous mirant aux calamités des voisins et tous aultres[3] qui ont eu changement de religion, comme[4] qu'ils ont souffert la plus grande désolation[5] au commencement et qu'ils ont tousjours remédié aux misères par contraincte et sur la fin, quand les choses estoient à l'extrémité et à l'abandon, après que la grande plage[6] estoit desjà passée, et penser qu'il nous fauldroit nécessairement venir en ces mesmes termes, en cas que n'y pourvoions de bon heure, et serons alors peult estre forcés pour[7] les grandes misères et calamités, et contraincts permestre chose avecq très grand intérest et préjudice des pays et diminution de l'authorité et réputation du maître.

Puis doncques qu'il est plus que notoire et que ung chacun auquel Dieu a donné l'entendement, cognoit que trop qu'il fault accourrir au remède[8], que nous et les

[1] *L. c.* C. la croix. [2] *si — paine.* — C. là où que touts nos voysins vers tout le pays de la Chrestienté, qui ont eu changement de religion, ont tousjours eu la plus grande furie et plage au commencement, et prendre couraige. [3] D. a. païs. [4] D. comment. [5] D. d. et désordre. [6] plaie *(plaga)*. [7] D. par. [8] *r.* — D. r. semble.

1566. Novembre. Estats[1] debvroient tant particulièrement que en général commencer mectre main à l'oeuvre et tâcher en premier lieu de suplier sa Ma^té^ vouloir par[2] provision continuer ce que son Al^ze^ a permise, voyant qu'il a tant prouffité à[3] poser les armes au commun peuple et faire cesser aucunement les troubles, lesquelles fussiont désjà du tout assopies, s'il ne fust par la doubte qui est que sa Ma^té^ vouldra révocquer le tout, et que l'on est après de le point plus longuement souffrir, et[4] cela pour les grandes apparences des levées de gens de guerre, tant à cheval que à pied, qu'on faict icy et allieurs; car de vouloir maintenant mectre quelque aultre moyen en avant là où que les affections sont encores tellement eschauffés et altérés et qu'il fauldroit exécuter avecques force, ce que pourroit causer une[5] nouvelle et plus grande altération, ne treuve que[6] pourrions tirer aucun prouffit, ains que debvrions plustost trouver moyen de maintenir le pays en repos et tranquillité, tant et si longuement que le bon plaisir de sa Ma^té^ fust de se trouver en ce pays et donner ordre au principal, affin que n'estant troublé, ny empesché d'aucunes émotions, ny aussy de la doubte[7] d'icelles, on puisse tant plus librement vacquer de traicter matières si haultes et de telle importance de la manière qu'il appartient.

Et pour éviter le dangier, pensant donner ordre et re-

[1] *Ici il y a dans le manuscrit D la note marginale suivante.* Pour les Siegneurs, debvrions instiger les Estats et les déclarer ouvertement estre nostre opinion que eulx commençassent à mestre main à l'oeuvre, tant en général qu'en particulier, et que d'ung commun accord tâchasmes touts par ensemble de supplier sa Maté. [2] *par — trouver moyen de.* C. accorder quelque chose, fust ce l'entretenement ou bien ung aultre moyennant qu'il ne causast novelle altération et qu'il puisse servir en premier lieu pour. [3] D. à faire p. [4] *et — esch. et alt. et.* — D. oir de vouloir mestre quelques autres moiens en avant. [5] *une — gr.* D. quelque. [6] D. qu'en. [7] C. crainte.

medier d'ung coustel, perdrions plus de l'aultre et ainsy nous consumerions de peu à peu qu'il n'y auroit après nul moyen de secours, ny de remède; car il fauldroit à mon advis plus que an et jour devant qu'on aura décidée la cause principale et prins une resolution arrestée, si l'on ne veult négotier avecq le soing requis.

1566. Novembre.

Pour venir doncques au principal, ne trouve la situation de ce pays estre telle, ny le temps présent le vouloir permectre, que nous puissions faire ung monde à part, ains qu'il nous fauldra vivre avecq les vivans, et ce pays plus que nul aultre en toute la Chrestienté, nous accommodant[1] nos voisins aultant que faire se pourra.

Et comme il nous est plus duisable d'estre joincts avecques l'Empire, que non pas avecques aucun aultre pays, mesmemement estant le Roy comprins aux sessions et contributions du dit Empire, me semble que nous nous debvrions tenir conformes aux institutions d'icelluy, aultant que faire se pourroit avecq saine conscience et réputation de sa Ma^{té} (oires que sa Ma^{té} n'a que faire d'user de loy ou advis d'aultruy, sinon de faire des ordonnances en son pays telles comme bon luy semblera), ce[2] que ne seroit aucunement diminué l'authorité du maitre, ains[3] servirait grandement à l'augmentation d'icelle et bien de notre pays, si sa Ma^{té} Impériale fut[4] servy de y intercéder et que par son intercession on pourroit venir à ung perdon général de toutes choses passées, oultre ce[5] que sa Ma^{té} Imp^{le}, comme celluy qui a bonne cognoissance des humeurs de tous les Princes et estats de l'Empire, pourroit mectre tels moyens en avant, qui

[1] D. a. avec. [2] *ce — ains.* — C. si semble il toutesfois que. [3] D. a. qu'il.
[4] *fut — interc.* — C. et D. se voulsust entreposer. [5] C. et D. mesmement.

1566. Novembre. pour l'advenir pourroient servir à une entière pacification, point seullement de ce pays, ains de tout l'Empire; de quoy pourrions recevoir ung prouffit inestimable; car, si les moyens peuvent aucunement estre dressées avecq leur advis, ne fais doubte qu'on pourroit aysément entrer avecque toute l'Empire en une confédération et ligue perpétuelle contre tous ceulx qui vouldriont envahir ce pays, et cela à cause qu'il les importe pour les grands prouffits qu'ils tirent de la fréquentation et hantise de ce pays, estant en[1] repos[1], et pour estre hors de la doubte et diffidence des practiques de ces grandes levées.

[2] De l'autre coustel semble qu'il y a aucuns moyens par lesquels on pourrast remectre les affaires au repos et pacification générale, desquels en mectray quelques ungs en avant, et pourrast on choisir le plus propre et celluy qu'on estimera pouvoir servir de remède.

1. Et avons en premier lieu le moyen des forces pour empescher les presches et l'exercice de la religion.
2. De bannier tous ceulx qui sentent mal de nostre religion en confisquant leurs biens.
3. De permectre liberté de conscience, et que ceux qui se vouldriont contenter de cela, se pourriont retirer en dedans certaines termes, leur laissant suyvre l'usufruict de leurs biens.
4. De permectre aucun exercice de religion, et ordonner en chacune province certains lieux pour cela.
5. De laisser au chois de chacune ville, Seigneur ou gen-

[1] D à [2] *Au lieu de cet alinéa*, D. pour mettre doncques les choses entierrement aulx termes qu'il convient, fauldra chercher quelques moyens, comme il semble qu'il y a plusieurs, desquels il fauldra choisir le plus propre et celuy qui semblera estre exécutable.

tilhomme, ayant haulte justice d'avoir, exercice de religion ou point. 1566. Novembre.

6. De permectre seullement la Confession d'Augspurg, défendant toutes aultres religions, sinon laissant la Catholicque en son entier, sans troubler ceulx qui vouldroient estre d'icelle.

7. De permectre, oultre l'anchienne et Catholicque, les deux, c'est à dire, la Confession et celle de Calvin, comme on a faict jusques à maintenant, tant et si longuement que le différent soit vuydé entre eulx.

Et quand au premier point, touchant les forces, ne trouve qu'on en puisse tirer aucun prouffit, tant pour le peu de durée que tel gouvernement a, que pour les grands dangiers et inconvéniens qui en peuvent soudre, car on ne peult user de la voye de forces, qu'on ne se serve des soldats et gens estrangiers, lesquels ne portent aucune affection au pays, ains viennent tant seullement pour les grandes soldées et prouffits particuliers, et tireront grandes sommes des déniers hors, foulderont le pouvre homme, molesteront aussi tost les bons et innocens que les coulpables, sans respect quelconque; seront cause que les marchans, tant estrangier que ceulx du pays, se retireront quand et leur richesses, comme on a bien veu qu'ils ont aultrefois voulu faire pour moindres occasions, comme pour l'erection de l'inquisition, des nouveaux évêchées[1] et semblables nouvellités; empêcheront qu'on ne pourra si bien résister au Turcq qui[2] a desjà prins ung si grand piet sur les frontières, pour la grande, défidence que les voisins, Princes et estats de l'Empire, pourroient concevoir, et ne gaignerast on aultre chose que de faire

[1] D. Evesques. [2] *qui—p. concevoir.*—D. et mouveront grandes deffidences des voisins.

1566. Novembre. cesser quelque temps ces presches publicques, mais quand aux conventicules, ne pourra guère servir, puisqu'on a veu le peu qu'on a prouffité pardeçà[1] par l'extrême force et rigoureuse exécution; enfin ne serviront d'aultre chose, que[2] d'appaiser et contenter l'ire du Roy et pour satisfaire aux appétits et envies d'aucuns particuliers, lesquels, estant mari du bien et prospérité du pays, ne tâchent que de se venger et d'avoir charge pour faire leur main aux despens d'aultruy, ne se soucyans que le pays soyt ruyné à jamais, et qu'ils seront cause de la crierie et lamentation de tant de mille de violement des femmes et des filles et de la pouvreté de ceulx qui resteront, lesquels sans faulte demanderont vengeance à Dieu.

Quand au deuxiesme, oires qu'il semble raisonable, pour estre le subject obligé de porter paciement toutes les ordonnances et commandemens du maître, si est ce toutefois que l'on peult facilement considérer qu'il fâcheroit merveilleusement plusieurs de abandonner tout leur bien, et aymeront mieulx de souffrir la mort que de laisser[3] leur religion et patrie, desorte que retomberions au mesme inconvénient que dessus, qu'il fauldra prendre les armes. Oultre ce que serons par là quicte d'une grande multitude des inhabitans et voire des principaulx, desquels dépend la manifacture, sans laquelle le pays viendroit à néant, pour estre le marché de toute la Chrestienté, lequel ne se pouroit maintenir, si ce n'est par la multitude du peuple, aultrement la place du marché demeurerast bien, mais personne n'y viendra, de façon que le

[1] *p. — par l'.* — D. beaucoup des années en ça avecques ceste. [2] *que — roi.* — C. dan den König seinen mutt zue (appaiser) kuelen. *Le mot* appaiser *est écrit au dessus de* kuelen. [3] *d. l.* C. d'abandonner.

peuple qui restera ne se pourra maintenir, n'estant au pays tel croissant pour le nourrir. 1566. Novem

Le troisième seroit encores plus raisonable; mais se sera le vray moyen, voyant que les choses sont venus desjà si avant (1) entre les inhabitans du pays de toute sorte de gens, de nourrir pardeçà toutes les sectes et hérésies du monde, mectre la reste en ung atheïsme, qui ne peult causer que désobeissance sans aucun respect, puisqu'on[1] scait que ceulx qui sentent mal de la religion catholicque ne vouldriont jamais avoir affaire en nos églises, et moureront tous ces gens comme bestes brutes; ainsi tomberons, au lieu d'avoir mis le remède, au plus grand mal (2).

Quand à permectre quelque exercice de la religion, scait fort bien que Sa Maté n'y viendra jamais volontiers, et qu'elle aymera mieulx perdre une grande partie de ces pays, que de faire chose que pourroit tendre au préjudice de la religion anchienne, mesmement que au-

---

(1) *si avant.* En effet les choses avoient marché; car en mai c'étoit là tout ce qu'on osoit demander: « Dat een iegelyc sal » moegen leven, naer 't getuigen van synder conscientie, binnen » synen huyse. » *Te Water*, IV. 133.

(2) *mal.* C'est ainsi qu'en France, en 1562, on répondoit, d'après les avis du Chancelier de l'Hôpital, aux fougueux Catholiques: « Die Aufgabe sey gewesen aus mehren Uebeln das klein- » ste zu wählen; und weil nun die Ausrottung der Huguenotten » ungerecht, ja unmöglich erscheine, und eine völlige verweige- » rung alles Gottesdienstes zum Atheismus führe, so müsse man, » bis zu völliger Aussöhnung, zwey Kirchen nebeneinander dul- » den. » *V. Raumer, Gesch. Eur.* II. 220.

[1] *puisqu'on — gr. mal.* C. car repousserons le venin et le chancre dedans le corps.

1566. Novembre. cuns grands potentats seront de la mesme opinion, et tout son Conseil, tant d'Espaigne, que de pardeçà, ne seront jamais de cest advis, les ungs pour leur particulier, les aultres pour point cognoistre les humeurs des inhabitans de pardeçà, ny la situation du pays: mais voyant le pouvre pays tant malade et prest pour se perdre, me semble qu il fault regarder en arrière de soy et veoir de quelle recepte que nos voisins, estant attaincts du mesme mal, en ont usé; car encores qu'il ont essayé tous les moyens du monde pour éviter quelque exercice d'aultre religion, ont esté contraints à la fin avecques force, puisqu'il n'y avoit remède de chasser ces opinions hors des entendemens de ces gens, de permectre quelque chose, et le tout pour éviter plus grand mal, voire l'entière ruine de tous les gouverneurs et policies, et considérer principalement quels voisins que nous avons, et que Sa Ma^té^, estant Prince tant puissant, ne peult jamais estre asseurée d'une paix certaine avecques eulx, et[1] que advenant une guerre, nos ennemis se pourriont servir des bannis, lesquels ayans cognoissance des secrets du pays, les pourront rendre grand service et cela avecques tant plus grande affection, pour l'espoir qu'ils auriont de retourner à leur bien; d'aultre part, que serions bien mal asseurés de ceulx qui demeureront dans le pays avecques contrainte, sachans la grande peste que c'est quand il y a un traistre dans une ville ou camp et les dangiers qu'on passe pour le mal qu'il peult faire. Je laisse doncques penser en quel hazard qu'on seroit, venant une guerre, de plusieurs inconvéniens, car aurions l'ennemys devant, derrière, voire parmy nous, et ast on

1 C. e. à craindre.

de tous temps expérimenté, que chose contrainte cercha tousjours temps et lieu pour s'en desvelopper et principalement au faict de conscience. 1566. Novembre.

A raison de quoy et pour éviter tous ces maulx et inconvéniens, ne scaurois estre d'aultre opinion, sinon de mectre en avant à Sa Ma^té dès maintenant, de vouloir adviser sur le 4e et 5e [1] article et prendre ung de ceulx là, avecque telle limitation que[2] Sa Ma^té pourroyt faire adjoindre; car y ayant pensé, discourru au long le tout et pesé l'ung et l'aultre, ne scaurois en vérité trouver aultre moyen que ung des dit[3] poincts pour faire une fois fin de tous ces misères et remectre les choses à quelque repos, s'approchant le plus près que[4] faire se pourroit, à l'Empire, bien entendu qu'on ne toucheroit nullement aux biens, personnes ou églises Catholicques, sinon les laisser en leur entier, sans y faire aucun changement, et semble qu'on gaignera beaucoup plus par ces moyens, que non pas par les forces ou rigeur, oires[5] qu'on pourroit alléguer, que personne[6] ne scauroit mectre à Sa Ma^té tels moyens en avant sans blesser sa[7] conscience, ny Sa Ma^té moings les souffrir[8] sans faire directement contre la siene; si fault il toutesfois penser qu'il ne comple[9] aucunement de laisser perdre et ruyner ung tel pays, et que ce seroit la plus grande charge de conscience du monde (1), tant pour Sa Ma^té, dessoubs l'obéissance de qui Dieu l'a constitué, que

(1) Ici le MS. C. commence à beaucoup différer: voyez ci-après.

[1] C. 4. 5. 6. 7. [2] *que—l'autre.*—C. qu'on trouveroit requise; car pour faire une chose stable et de durée. [3] *dit—repos.* —C. quatre derniers points. [4] *que—à.*— qu'on pourroit aulx façons de vivre de l'. [5] C. Il est vray. [6] C. los estats. [7] C. leur. [8] C. accorder. [9] convient.

1566. Novembre. pour ceulx qui sont obligés de remonstrer à Sa Ma[té] ce que convient pour la conservation d'icelluy pays, d'en avoir aultre soing et le laisser au péril de se perdre; car c'est chose asseurée que, si le pays est une fois perdu, que la religion anchienne sera en grand hazard, sans espoir aussi de la recouvrir si tost, et sera[1], à mon jugement, moindre charge de conscience d'accorder quelque exercice de religion limité, comme dict est, que non pas de venir à ces extrémités et remèdes mal asseurées et par là estre cause d'une si grande effusion de sang, tant d'ung cousté que de l'autre, et de plusieurs aultres maulx innumérables.

Et ne debvroit on faire grande difficulté, à mon advis, en ce temps tourbulent, de souffrir aucunément quelque exercise d'aultre religion que la nostre, moyennant qu'il peult servir de remède, puisqu'il est certain que nulle secte, ny opinion sinistre peult estre de durée, ayant mesmement l'exemple de la secte d'Arius et aultres erreurs devant les yeulx: lesquelles, oires qu'elles estiont condamnés et rejectées pous méchantes, si ne furent elles pas toutes fois contraintes par force, pour éviter plus grand inconvénient; ains pour n'estre de Dieu, après avoir bien durées, ont esté supprimées à la fin et abolies par la diligence, soing, debvoir et bonne doctrine des gens scavans et experts aux escriptures sainctes, sans aultre force et avecques très grande corrobération de la vraye religion chrestienne.

Voyant doncques que une grande partie de nostre peuple si est adonné à autres opinions, que sa Ma[té] n'entend vouloir endurer pardeçà, et qu'ils les prennent telle-

[1] D. seroit.

ment au ceur, qu'ils iront plustost au bout du monde, voire hazarderont leur propre vie, que de se laisser contraindre à faire chose qu'ils estimeront estre contraire à leur dit opinions, fauldroit mieulx d'user plustost des mesmes remèdes, comme on a faict en ce temps là, et mectre tel ordre, affin qu'on puisse remectre les desvoyés avec le temps en[1] droict chemin, comme ne faict doubte que aysément se pourra faire, moyennant que ceulx qui en ont la charge, veullent rendre tel debvoir comme ils sont obligés, et acquerra Sa Ma^té par là une louange et réputation non pareille et accroistra la bonne renommée qu'elle a eu toute sa vie d'estre Prince béning, gaignera le ceur de ses subjects, meotra ses estats à repos, et sera sans faulte plus respectée et obéye qu'elle ne fust oncques, et là où Sa Ma^té en vouldroit user aultrement, serons nous aultres (pour l'avoir ouvertement remonstré, tout ainsi que le trouvons en saine conscience, et faict nostre debvoir) déchargés devant Dieu et devant le monde[2].

1566. Novembre.

Ce qui suit est la double continuation (voyez la remarque p. 441.) du Manuscrit C. — La première se trouve en marge.

Car, estant le pays perdu, la religion seroit bien perdue et sans espoir de le jamais recouvrir, et que seroit moindre charge de conscience d'accorder quelque exercice de la religion limité, et que Sa Ma^té serast cause de plus grands perdition des âmes, tant d'ung cousté que d'aultre, en usant des forces, que non pas en permettant quelque chose, comme dict est, et ne peult faillir que les sectes et sinistres opinions se perdéront d'eulx mesmes, com-

[1] D. au [2] D. *m.* le remettant à Luy d'en ordonner selon sa volounté divine.

1566. Novembre. me on a veu du temps des Arius, qui a duré et autres plusieurs, lequelles estant par la diligence et debvoir et bone doctrine des gens d'église et scavans descouvertes et congnues et par ces moiens remis au droit chemin. Parquoy fauldra plustost user des mesmes voies, et gaignerast Sa Ma^té une réputation perpétuelle devant touts autres Potentats, d'avoyr remédié touts ces maulx par douceur et avoir par là effectué plus que les autres n'ont sceu faire avecques leurs forces, qui servirast pour augmenter la bonne renommée que Sa Ma^té ast eu de longtemps d'estre Prince béning.

Mais puisque nostre religion est tant ancienne et de si longtemps approuvée et observée, ne fault estre mari d'estre assalli d'aultres opinions, ains estre bien aise de avoir acquis l'opportunité de pouvoir monstrer devant tout le monde la nostre estre la mieulx fondée, et que pourrions confondre les adversaires avecques toute doulceur, sans vouloir défendre notre querele à coups de points[1] et avecques armes, comme font les Turcqs Ethniques[2] et touts ceulx qui se sentent en leur cause mal fondée. De admirer aussi l'exemple de l'Empereur Constantin, appellé le Grand, desoubs lequel se leva la secte Ariane, laquelle s'advenca de telle façon qu'il y eust des Monarches, Princes, Evesques et aultres gens principaulx, et dura trois cens ans; toutesfois, pour n'estre de Dieu, cessa d'elle mesme sans aulcunes forces. Ainsi voiant que nostre peuple ast conceu des divers opinions en la teste, lesquels ne se peuvent arracher, sinon par milieures et à longuesse de temps, pourrions user des mesmes remè-

[1] poings. [2] payens (ἔθνος).

des, et aiant remis nostre peuple à repos et après estre asseuré d'une obéissence quant au faict pollitique, les laissants avecques leurs opinions et aulcung exercice limité, on les pourroit rammener au droit chemin avecques le debvoir, soing et diligance que ceulx qui ont charge des âmes et qui ont la doctrine et exemples des escritures sainctes: car, si (1) leur opinions sont mauvaises et faulses, se fonderont comme la naige au soleil, avecques leur très grande honte et ingnominie et contre l'honneur et corroboration de la nostre. 1566. Novembre.

Voici encore quelques pages écrites par le Comte Louis ; sans date et sous le titre suivant : « Mémoire d'aulcungs articles qui semblent » avoir esté occasion de la diffidence et soupson que Son Alt. peult » avoir conçue de ses subjects de pardeçà. Et les subjects à l'encontre » de sa Ma[té].—*Item* les raisons du désordre de ce temps à présent en » ses pais.—Tiercement et pour le dernier le remède pour redresser » les deux poincts icy devant. » C'est le commencement d'un Discours du même genre que celui que nous venons de donner.

Premièrement il est notoire quelle grande affection et amour les princes naturels de ces pays ont tousjours portés à leurs subjects et vassaulx, et avecques quels beaulx et grands privilèges et honneste liberté ils ont doué les dicts pais, qui n'ast pas seulement esté occasion de augmenter les pais en toute grandeur et opulence, mais rendre les subjects esclaves d'une affection, amour et fidélité vers leur Princes, dont est procédé, oires que lesdits Princes n'estiont de tout à équaler aulx forces de leurs voisins et grans ennemis qu'ils ont eu, qu'ils ont toutesfois maintenus contre touts et défendus leurs subjects de

(1) *si.* Conjonction *conditionelle*, employée aussi par le sage Gamaliel : *Actes d. Ap.* ch. 6. v. 38.

1566. Novembre. toutes invasions, sens que leurs ennemis ont jamais sceu avoir grand avantage sur eulx et le tout pour le seul amour et fidélité de leurs subjects.

Et pour ne faire longue recite du passé, l'on peult facilement voire quel devoir qu'ilz ont faicts à l'Empereur Charles de très haulte mémoire aulx dernières guerres de pardeçà, tant que par le mesme jugement de sa ditte Ma^{té} et la Reine (1) fust estimé une chose mal possible que ses estatz d'icy se pourriont plus maintenir contre les forces d'ung Roy de France, tant pour la grande perte qu'ils firent au commencement des navires surprinses, que de la grande inondation de l'eaux, aussi pour les grandes domages soufferts d'ung[1] cousté tant des enemis come pour le passage, foules et mangeries de nous genz de guerre, mesmes et aussi pour la perte de tant de pioniers et chevaulx de l'artillerie et munition.

En oultre pour les grandes et excessives aides lesquelz ils avoint librement accordés à sa dite Ma^{té}, semblablement tant des prets et obligations particulières.

Que fust cause que jugent sa ditte Ma^{té} n'estre possible de se pouvoyr plus longement maintenir, et qu'ilz avoint plus faict que ne poioint[2] porter, se délibéra de s'en aller en Espaigne et laisser icy le Roy son filz, leur recommendant son filz et les requirent de vouloir ensuivre la mesme affection à l'androit de luy, et les remerciant avecques larmes de tant de devoirs qu'ilz avoint usé envers luy. Enchergant réciproquement à son fils de les aimer et entièrement se confier en eulx, les gouvernant en toute doulceur. Ainsi que tels bons et lojaulx vassaulx méritoint.

(1) *Reine*. Marie, Reine de Hongrie.

[1] du (?). [2] pouvoient.

Ce que Sa Ma[té] promict et ne suivast seulement le commandement et admonition de son père, ains efforça, comme Prince doulce et de son naturel béning (1), de les gouverner et maintenir avecques une confidence tant amiable, de sorte qu'il fist incontinent ung Conseil d'estat desoubs l'obéissance de Monsr le Duc de Savoy, là où il ordonna la plus grande part des Gouverneurs et chevalliers de son ordre, ce qui anima tellement touts les subjects de pardeçà, que proposant Sa Ma[té] la nécessité en laquelle il se trouvoit, les requirant de luy vouloir assister de mesme affection comme ils avoint faicts aux predécesseurs, et voiants aveques quel amours et sollicitude que Sa Ma[té], sens espargner sa propre persone, embrassoit les affaires pour défendre les pais des invasions des ennemis, et la fiance qu'il avoit aulx singneurs et estats, remettant entre leurs mains d'aviser les moiens tels comme ils trouveroint estre requist; les donna ung tel courage, qu'ils s'efforciont de faire une chose tant difficile et quasi impossible legiere et bien possible, et par commung assamblée des estats accordarent telle somme dont Sa Ma[té] eust tant de victoires et une réputation à jamais. En quoy les singeurs et gentishomes firent tel devoir tant de leur bien que de leur corps, come il est notoire. 1566. Novembre.

Et ne monstra pas seulement sa ditte Ma[té] ceste [con-

(1) *béning*. Le chapitre de la Toison d'or (et dans des réunions pareilles on avoit coutume de dire très librement aux Princes leurs vérités) « trouva que Philippe II réunissait plusieurs bonnes quali- » tés, et nommément qu'il était clément, affable, magnanime, hum- » ble, libéral, et grand justicier. » *Histoire de l'ordre de la Toison d'Or par M. de Reiffenberg (Journ. d. Savans*, 1834, p. 592.) Voyez aussi ci-dessus, p. 443, l. 12. p. 444, l. 11; et p. 448, l. 10, 13.

1566. Novembre. stinuigté[1]] bénévolence à ses subjects, mais aussi à touts estrangiers dont il poioit bien vanter que c'estoit le Prince le plus voulu, craingt et redoubté. Que fust aussi cause que Sa Ma^{té} parvient tant plus facilement à une pais tant favorable, scachants les ennemis que se conduisant Sa Ma^{té} en ceste confidence envers ses subjects et en la grande doulceur et familiarité avecques les estrangiers, ils le teniont pour invincible.

Mais si on l'oseroit dire que Dieu, envieulx de tant de bien que ces pais aviont d'avoir recouvert ung tel Prince, ou pour nous chastier de nous grands péchés, resuscita quelques envieulx de nostre félicité et de l'amour et affection que Sa Ma$_{té}$ nous portoit, mesmes par le debvoir de ses subjects de pardeçà il avoit recouvert une renommée immortelle, non seulement en ces pais, mais par tout le monde; lesquels commençarent luy imprimer que le bon ordre qu'il avoit donné au gouvernement des affaires de pardeçà, estoit entièrement contre son auctorité. En oultre luy metantz plusieurs inventions en avant pour recouvrir deniers, jamais veu ne usité pardeçà.

Item, voiants que le pais estant si denué et dépourveu, tant de l'argent que des moiens, luy persuadoint qu'il les pourroit mettre en tel règle comme il luy plairoit. Et qu'il falloit mieulx n'avoir aulcung pais que d'en posséder aveques si grandes libertés, à cause qu'il se falloit rapporter tousjours à la discrétion de ses estats, en temps de nécessité.

Item, de mettre estrangiers aulx fortresses et cela pour tant mieulx tenir en subjection ceulx qui vouldriont contredire à l'ordre de leurs envieulx.

[1] continuisté (?) *pour* continuité, *comme* mauvaistié *pour* méchanceté *(S. M. m. p. 1. durant tout cet espace de temps).*

Aussi qu'il n'estoit pas séant à ung tel Prince d'avoir ung tel Conseil de tant de Gouverneurs et chevalliers de l'ordre, ains qu'il luy appartenoit de commender absolutement sans avoir Conseil [farnie] en ne prenant advis sinon de ceulx qui lui plairoint. 1566. Novembre.

De là luy firent entièrement desgouster l'assemblée des estats-généraulx, allégants que c'estoit de le mettre en tutelle et luy oster touts moiens de pouvoir commander pardeçà.

Semblablement de mestre discorde et envie entre les Singeurs, en faisant bone chière à aulcungs, pour, intromestre ceste envie et par cela oster toute unanimité et accord; et en cas que Sa Ma[té] ne fisse cela, qu'elle poioit bien faire son conte qu'elle ne jouiroit pas longuement de ses pais.

Ce que venant en congnoissance des subjects, par ce que plusieurs ministres teniont ouvertement tels et semblables propos, pensants desjà avoir mis toutes les choses en ces termes ci-dessus, pour avoir faict venir une Princesse parente de Sa Ma[té], qu'ils scaviont qu'elle seroit respectée, comme la raison le veult, et que sur son auctorité les envieulx estants unis, ceulx qui estiont mis au principal gouvernement, eussiont peu introduire les choses selon le desseing qu'ils aviont imprimés à Sa Ma[té]. Et sur ceste vaine espérance firent partir le Roy sens donner nul ordre que ce fust, qui eusse toutesfois esté fort nécessaire et bien requis, scachant que par longues guerres il ne amènent quant et eulx sinon grand dessordre en toutes républicques, soint sie bien ordonnés qu'ils pourriont. Mesmement demeurants les gens de guerre sens estre paiés, les villes mal basties et munies, nul argent et moins de crédict, touts estats et villes chargéz et du tout en arrière, et beaucop des gens mal contentz de

1566. Novembre. leur bien gasté, perdu, et entièrement ruiné tant des amis que des enemis; avecque le temps promettants de bien faire exécuter leurs mis en avant. Ainsi pour le premier firent tant que Sa Ma^{té} se resolvast de laisser icy les Espangnols sur prétext de soulager le pais de l'entretenement des guarnisons ordinaires, ce qui causa incontinent une grande soupson au pais, comme si Sa Ma^{té} n'avoit aulcune fiance à ses subjects, d'aultre part qu'ils craindiont qu'ils pourroint estre traictés en la subjection d'Italie, ou tomber en aultre servitude, comme eulx mesmes le disiont bien ouvertement, par où les estats, craindantz ces inconvéniens, furent esmeus de faire requeste à Sa Ma^{té} pour en estre quicts, ce que les envieulx prindront incontinent à leur avantage, mettant en la teste de Sa Ma^{té} qu'icelle s'apperçoit asteure par expérience ce que eulx aviont préveus et discourru à icelle par ci devant, que les estats contrediriont à tout propos au desir et volunté de Sa Ma^{té}. Et que pourtant il fauldroit chercher tous moiens pour les brider sens leur laisser tant de liberté, et sur toutes choses rompre ceste généralité.

Et come ilz veioint que cela ne se poioit practiquer avecques le consentement des estats, donnirent. . [1]

† LETTRE CCXXXVII.

Le Prince d'Orange au Landgrave Guillaume de Hesse. Ses intentions relativement au Duc de Saxe-Weimar; motifs qui l'empêchent de se déclarer pour la Confession d'Augsbourg; dangers des Pays-Bas.

. . . . Erstlich sovil unsern vorschlag mit den Herzogen

[1] *L'écrit (ou peut-être la copie autographe) en est resté là. On lit encore en marge* : aveugler les Singneurs, les mettre mal aveques le peuple.

zu Sachsen-Weimar belangt, so versehen wir uns es werde Graff Ludwig zuw Wittgenstain E. L. anders nit bericht haben dan das solichs vor allen dingen mit rath und vorwiszen des hernn Churfürsten beschehen und zu seiner Gn. gefallen und guttdüncken stehen solte, ob solichs fürters bei dem Herzogen zuw Weimar gesucht werden oder hinderpleiben solte. Dan dieweill wir in erfahrung kommen weren, wie uns dan auch E. L. zugeschriben, das die misverstände zwüschent[1] baiden Chur- und fürstliche heuszern zu Sachssen je lengder je unfreundlicher wurden, so haben wir die vorsorg getragen es möchten etwan frembde Potentaten die Herzogen zuw Weimar und iren anhang in dieszer unruhiger zeitt ahn sich ziehen und sie also in solcher unfreundschafft und wiederwillen lengder erhalten und stercken. Damit nuhn solchem vorkhommen, auch die irrungen wieder in einen guten verstandt und betrawen gebracht würden, so haben wir baiden Heuszern zuw eheren und gutem ausz friedliebenden getrewen gemuet, uff solche wege und mittel gedacht und dieselbigen vorgeschlagen, wie sie, unsers einfalten, nach gelegenheit dieszer zeitt etlicher maszen verglichen und künfftig wiederumb beszer befreundet und verainigett werden möchten. Doch ist unser gemuet und maynung nicht geweszen das solichs, sonder E. L. und Ires herrn Vattern und fürnemblich des herrn Churfürsten rath und vorwiszen, gewerben werden oder beschehen solte. So hatt uns auch under andern hierzue bewegt, das, durch solche reconciliation und versönung, ander frembden Potentaten und unruhiger leuthe gehaimbe practiken und anschläge, die sie dem

1566. Novembre.

[1] zwischen.

1566. hailigen Reich, auch diszen länden, der gemeinen Christ-
Novembre. lichen Relligion halben, zuwieder treiben, gehindert und denselben gewehret werden möchte. Das also uff alle wege von uns nichts anders als bestendige freundschafft und allenthalben ruhe und frieden bedacht und gesucht ist worden. Da nuhn E. L. diesze sachen anders hetten eingenhommen und vermeinten der herr Churfürst wurde sie etwan auch also verstanden haben, nemblichen das wir, hinder seiner Gn. vorwiszen, mit derselben wiederthail etwas hetten handlen laszen wollen, so bitten wir freundlich, da E. L. solichs vorkhommen würde, das E. L. der sachen zu gutem ire Gn. dahien berichten helffen wollen, wie wir E. L. itzo vermeldet haben, dan wir wolten uns ungern mit seiner Gn. wiederthaill, ohn derselben rath und bewilligung, in einige handlung einlaszen, nachdemmahl wir uns schuldig erkhennen und anders nichts begeren, dan seiner Gn. alle dhienst und wolgefälligen willen zu erzaigen, auch seine Gn. ungern ursach geben wolten, das sie solche vermutungen von uns gewinnen solten. . . .

Was uns dan E. L. der Predikanten halben vorgeschlagen, das befinden wir woll und treulich gerathen, und wolten das wir's dahien befürdern und brengen könthen. Es beruffen sich aber die Predicanten uff die erste Augspürgische Confeszion, die weilendt Kaiser Karolus dem fünfften von den Chur-und Fürsten zuw Augspürgh *in originali* ist überandwortt werden, und berühmen sich das sie dieselbig lauter und rein dociren und bekhennen (1) und wollen dabey und denn Propheti-

---

(1) *bekhennen*. C'est ainsi que l'Electeur Palatin approuvoit

schen und Apostolischen schrifften, auch dem *Symbolo* 1566.
Athanasii und was ferner inn denn ersten vieren *Conciliis* Novembre.
nach eynander bestettigt werden ist, stehen und pleiben und mit kheiner weittern Apologien oder erklerungen zuthun haben. Sie wollen auch keine Ceremonien, noch den nahmen der Augspürgischen Confeszion gebrauchen, auch die *Apologiam* so der Augspürgischen Confeszion angehefftet, nit ahnemen, noch sich nach derselben richten. Das wir besorgen, dieweill wir uns hiebevhor hiemit mehrmals bemühet haben und nichts erhalten können, sie werden nachmals von solicher opinion schwerlich zu bringen sein. Und ist laider zu erbarmen dasz diesze hehrliche und schöne länden umb solicher ursachen willent so jämmerlich überzogen und verderbet werden sollen, da sie doch sunst der Kön. Mat., als irem angebornen herrn, alle gehorsame treuw, volge, und dhienst zu erzaigen geneigt seint. Und solten diesze länden, solcher ursachen willent so erbarmlichen verheheret, auch in schwerer dhienstbarkeit gestecket, und dem Babstumb uffs new underwürffig gemacht werden, so haben E. L. vernünfftig abzunehmen zuw was abbruch solichs dem gantzen heiligen Reich Teutscher Nation und allen umliegenden Reichen und länden gereichen, auch was der Augspürgischen Confeszion verwanten Chur-, Fürsten und Stenden vor ein nachtheil und verkleinerung hiedurch endstehen wurde. Derwegen deucht uns, uff E. L. verbeszerung, hoch vonnöthen und gerathen sein dasz sich E. L. und ander Chur-und fürsten diszer sachen und länden bei zeitten undernhemmen und solchen hoch be-

aussi la Confession d'Augsbourg, en désapprouvant les modifications et les interprétations subséquentes.

1566. schwerlichen krieg und bluettbatt, endtweder durch eine
Novembre. gemeine vergleichung solcher opinionen oder in ander wegen und mittellen, vorkhommen und solichs jämerlichs verheheren und bluettvergieszen verhüten und abwenden hülffen. Daran wurden E. L. vors erst ein Cristlichs seliges werck verrichten, darnach auch der gantzen Cristenheit und sonderlich uns und dieszen länden eine solche gnade und freundschafft erzaigen, die wir die tag unsers lebens umb E. L. nit wiederumb verdhienen könthen. — Darumb bitten wir freundtlich E. L. wollen ir diesze hochwichtige sache mit höchstem vleysz angelegen sein laszen, und derselben also nachdencken wie E. L. ahm besten befinden, das die Ehr Gottes und gemeine rhue, friede und ainigkeit gestifftet und erhalten werden möge.

Wir bedancken uns auch kegent E. L. ires getrewen raths gantz freundlich, das sie vor guet angesehen und uns geschrieben haben das wir uns der religion halben erkleren und uns zur Augspürgischen Confeszion öffentlich bekhennen solten; Und weren solichs zu thun und E. L. in dem zu volgen wollgeneigtt, dan wir deszelbig bey uns ohne das verlengst[1] bedacht: so liegt uns aber itziger zeitt im wege das wir im hailigen Reich und sunstet allenthalben ausgetragen und beschuldigt werden, das wir der Calvinischen lehr verwand seien, und haben zuw dieszer mutation und Kirchen-stürmerey haimlichen rath und that gelanget.

Ob wir uns nuhn gleich zur Augspürgischen Confeszion erklärten, so würde uns doch nit glaubt werden, sondern müsten gleichwoll den Calvinischen nahmen

[1] vorlängst.

behalten, und würde uns sovil desto steiffer zugelegt 1566.
werden das wir aller diszes handels ein ursacher und Novembre.
stiffter geweszen weren, und stünde also zu besorgen das uns und diszen länden durch solche unser erklerung, vil mehr unraths und gefhar, als hails und gutts endstehen möchte.

Und mögen uns E. L. woll vertrawen, das wir der Calvinischen lehre nit zugethan, noch anhengig seint; das wir aber auch des underschiedts halben, der zwischent der Augspürgischen Confession und *Calvini* lehr ist, gern sehen solten das sie und diesze landen derhalben überzogen und in ein solichs gefärlichs bluetbad geführet werden solten, das bedünckt uns auch weder recht, noch Cristlich sein (1). Derwegent wolten wir gern das dieszem underschiedt durcb guter herrn und fridsamer leuthe underhandlung geholffen und alle krig und bluetvergieszen verhütet werden möchten.

Fürs ander, so hetten wir auch zu besorgen das sich khein herr mehr in diszen länden, der religion halben, erkleren, sondern hinderm strauch möchten pleiben halten; solt nuhn das beschehen, so wurden wir allain stehen und uff baiden, der Römischen und Calvinischen seiten, in misztrauen gerathen. Und ob uns gleich solichs woll zu bedencken stehet, so solt uns doch disze vermutungen von unser erklerung nit abhalten, wann wir nit

---

(1) *solten.* Le Prince expose sans doute ici ses véritables sentimens. Il étoit attaché aux principes Chrétiens, à la Foi Evangélique, et ne croyoit pas que les divergences d'opinion relativement à la St[e] Cène (voyez Tome I. p. 216.) fussent un motif valable pour oublier la charité qu'on doit aux frères en Christ.

1566. vill mehr besorgten das, nach unser beschehener erkle-
Novembre. rung, die Calvinisten ander auszlendischer herrn hülff und beistandt suchen und dieselbigen ahn sich hencken[1], auch vor sich selbst uff ungebürliche mittell gedencken wurden, wie sie ire relligion mit gewaldt erhalten oder sunst ein ander lermen anrichten möchten, dardurch der Kön. May. pilliche ursache gegeben wurde diesze länden und also die gemeine relligion mit gewalt zu überziehen und zu dempfen, dabey dan wir, als der alzeit bey der Augspürgischen Confeszion gehalten, weniger nit als die anderen, doch unschuldiger weisze, zu leiden haben wurden. Sunst, wann es hierumb nit also, wie obbemelt, gelegen were, so wolten wir nichts liebers begeren als E. L. gutem und treuwen rath zu volgen, unangesehen was uns wieder die wahrheit nachgesagt werden möcht.

Ferner können wir E. L. auch freundtlichen nit verhalten das uns unsers gubernements verwandten und underthan mit hochem vleysz ersucht und gebetten haben das wir uns zu inen begeben und inen zu itzigen zeitten und nöthen unsern rath und hülff mitthailen wolten; welchs wir inen also uff ir vilfältiges ansuchen und bitten gewilligt haben. Seint also anhero gerücket, und befinden anders nit dan das alle verordenung ausz der spaltigen relligion, so zwüschent den Römischen und Calvinischen schwebt, endstanden ist; doch erkhennen sie sich schuldig und seint gantz willig der Kön. Mat. alle gehorsambe, volge, und dhienst, wie das getreuwen vasallen und underthanen zu thun gebürt, gehorsamblichen zu leisten, ausgenhommen das inen allein die Relligion und predigten frey und sicher zugelaszen werden;

[1] hängen (?).

das uns treulich laidt were das den guten und gehorsamen leuthen, wieder ir verdhienen, einig gewalt wiederfahren solte. 1566. Novembre.

Dieweill wir dan in unsern gubernementen solchen gehorsamb befinden, wie sich dan derselb auch durch alle disze länden erzaigt, und wir über das vernhemen das sich etliche Deutsche Fürsten mit der Kön. Mat. eingelaszen haben und, underm schein einer rebellion und mancherley secten, sich wieder disze ländén gebrauchen laszen wollen, so bedünckt uns das vor uns das best und ratsambste sein solte wan wir die sachen in unsern gubernementen verrichtet und allen frieden und ruhe gestelt haben, das wir uns dieszer hendell allerdings endschlagen und uns derselben mehr nit ahnnehmen, sondern uns von hoif in unser hausz begeben und unsern privat sachen obwarten und disze dinge vor segell und windt lauffiren und treiben laszen wo sie der Almechtig hien [fugell[1]] wirdet. Dan wir ungern sehen, noch dabey sein wolten, dasz disze gehorsame und herliche länden, wieder ire schuldt und verdhienst, überzogen und so jämmerlichen verderbet werden solten (1).

(1) *solten.* En général il est à remarquer que le Prince met très rarement la nécessité de mesures violentes en avant : apparemment il préféroit recevoir des avis de ce genre. Toutefois il est probable qu'il songeoit de nouveau sérieusement à quitter le pays; car la tournure des affaires et la manière d'agir de plusieurs grands personnages étoient, aussi bien que les nouvelles d'Espagne, assez propres à lui donner la conviction que pour le moment il y avoit beaucoup à craindre, et presque rien à espèrer.—Les levées de boucliers qui bientôt après eurent lieu dans plusieurs Provinces, ne lui plûrent nullement. *Le Petit*, 186ª.

[1] fügen. (?)

1566. Novembre. Derhalben bitten wir E. L. gantz freundlichs vlysz sy woll uns hierin iren getreuen rath mitzutheilen, auch ires freundlichen geliebten herrn Vatters und andererirer herrn und guter freunde rath und guttdüncken hierüber zu vernhemen und uns deszen fürters zu verstendigen unbeschwert sein: ob wir uns also verhalten und uns in unser privat hoffhaltung begeben und diesze ding fahren laszen sollen oder nit. Das wollen wir umb E. L., zu denen wir in dieszen zeitten und unsern nöthen unsere fürnembste zuflucht nehmen, die tag unsers lebens hinwieder zu verdhienen uns bevleiszigen. *Datum* Utrecht ahm 5ten Novembris A^no^ 66.

WILHELM PRINTZ ZU URANIEN.

Wir bitten auch freundlich E. L. wolle uns bey irem Hern Vatter freundlichen entschuldigen das wir S. L. dismals nit insonderheit geschriben, dan dieweill es itzundt so gantz gefehrlich ist brieffe hinausz zu brengen, so haben wirs gleich bey E. L. brieff bleiben laszen. Es wollen auch E. L. ire brieff mit guten und gewiszen leuthen uns hienwieder zukhommen laszen, damit die nit zwischen wegen pleiben.

Es soll auch der Bisschoff zu Cammerich (1), wie wir bericht seint, neulicher tage eine löbliche that begangen haben: ein bürger zu Cammerich, der Augspürgischen Confeszion verwandt, ist zu ime kommen und umb erlaubnis, damit er sich anders wohin, seiner gelegenheit nach, mit seinen *mobilibus* begeben möchte, angesucht

(1) *Cammerich.* L'archevêque de Cambrai n'étoit guères enclin à la douceur. *Tom.* I. p. 118. Le 27 nov. le Roi d'Espagne lui écrivit: « Je vous recommande la continuation du bon debvoir que vous » avez tousjours fait jusqu'à cette heure. » *Procès d'Egm.* II. 511.

haben; und als diesze ansuchung vor mittag beschehen, so soll inen der Bisschoff uff den nachmittag seine andtwortt zu empfangen wiederumb beschaiden haben. Als nuhn der gute bürger zu angesetzter zeit wiederkommen, so hatt im der Bisschoff durch einen hencker, so er, der Bisschoff, mittler zeitt zu sich beruffen, endthauben laszen. *Datum ut in litteris.* 1566. Novembre.

Ahn herrn Wilhelmen,
Landtgrafen zuw Hessen.

[1] † LETTRE CCXXXVIII.

Le Landgrave Guillaume de Hesse au Prince d'Orange. Nécessité d'embrasser ouvertement la Confession d'Augsbourg; démarches auprès de l'Electeur de Saxe et du Duc de Wurtemberg, etc.

Gott geb glück und haill alltzeit, hochgeborner Fürst, freundlich, lieber Vetter, Schwager und Bruder. Es ist der von Wittichstein alhie bey uns geweszen und sein anbringen by uns gethan; nuhn weis Gott das wir nichts liebers wolten als das wir E. L. in den hoch beschwerlichen sachen einen guten nützlichen rath geben könthen, dardurch E. L. geholffen, auch die Ehr Gottes und die erweitterung des hailigen *Euangelii* vornemblichen möchte gefürdert werden. Es ist aber bey uns disz auch so schwer und so gros, auch so weittleuffig anzusehen, das wir E. L. hiemitt gewiszes nichts rathen können anders, als unser herr Vatter E. L. gerathen (1), nemblich: die noth werde den weg weiszen, und das E. L. in alle we-

(1) *gerathen.* Voyez p. 358.

[1] *Cette lettre étoit en chiffres.*

1566. ge ire person wol vorsehe und nicht zu weitt vertrauw.
Novembre. Für das ander, das E. L. und Ire mittverwandten der lehr *Christi*, des höchsten Herren, volgen, so vermuten und besorgen wir bei uns das E. L. bei dem Khönig zu Hispanien nuhnmher eben weitt angetragen und in verdacht bracht seien; darumb schier so gutt sein solte E. L. und die andern Ire mitverwandte herrn hetten lengder nit diszimulirt, sondern sich öffentlich zu dem hailigen *Euangelio* und Augspürgischen Confeszion erklert: also werde ohngezweifftelt Gott der Herr, der öffentlich bekhandt will sein und der alle disze dinge regiert und schafft nach Seinen göttlichen willen, zu allem übrigen desto mehr glücks und seghen verleihen.

Es werden auch vil schwachgläubigen, so itzo über dem Nicodemiren nicht wenig geergert, desto gehertzter werden und mit desto gröszern eiffer die religion ahnnhemen und handthaben. *Item*, es würden die Chur-und Fürsten der Augspürgischen Confeszion desto williger und bereitter sein alle begerte gute befürderung, es sy mit vorschrifften oder sonst zu erzaigen. Vors andern were hoch vonnöthen das die Leherer und prediger, so itzo des *Calvinismi* halben so hart wieder eynander lauffen, reconcilijrt oder zum wenigsten dahien berührt wurden, das man in betrachtung der itzigen sorglichen gelegenheitt und zeitten, sich des schelten underhielte, damit di zarten Cristen dero örter nit zerrüttet, sondern vil mehr drauff verdacht weren, wie durch einigkeit die fürnembste hauptpfünten des Cristlichen glaubes von tag zu tag erbauet werden möchten; wie E. L. solchs weitter vernünfftiglichen zu erachten, welchs villeicht diszer zeitt füglicher nicht beschehen könthe, dan das inen, durch E. L. und andere Irer mitverwandten herren und Stende, die sich zu dem hailigen *Euangelio* öffentlich bekhennen würden, authoritet, *silentium de modo praesentiae in Coena Christi* gebietten lieszen (1) und dahien geweist wurden das sie von solche hochwichtigen articullen nicht redden oder leheren auch kheinen der phrasen *ad modos* alleguiren, dan die in der Hailigen Schrifft verleibt und gebraucht werden, welchs der höchste [veidt] ist des Cristlichen glaubens zu erförschen, so wollen wir nit zweiffeln das woll *modi* zu treffen weren, das man von den unzeittigen und subtillen disputiren ablaszen und zum *concordiam* dencken möchte.

1566. Novembre.

Was dan zeittlichen rath betrifft, da können wir noch zur zeitt und bisz das wir alle umbstende und gelegenheit beszer bericht, wenig in rathen. Es ist je wahr das sich die underthanen nitt sollen ufflehenen, sondern in allen dingen, doch die nit jegent Gott seint, wie sollichs *Paullus* selbst leheret, gehorsamb leisten. Welcher gestalt und maszen aber die lände privilegirt, auch iren herren verbunden seien, und wie weitt sich ir gehorsamb, vermüge gedachter privilegien, erstrecken, zu dem ob sie schuldig sein sich und die iren umb der erkhanten göttlichen warheit willen von frembden Nationen so jämmerlich brennen und brathen zu laszen, das werden E. L. und Ire mitverwandten ahm besten wiszen, desgleichen wer und welcher maszen und mit was vermügen Ir einander

(1) *lieszen.* Le Landgrave en revient à son moyen favori; voyez *Tom.* I. 222. Malheureusement c'est un remède qui n'attaque pas la source du mal. D'ailleurs on ne sauroit en faire usage au fort de la dispute; c'est-à-dire, lorsqu'il viendroit le plus à propos.

1566. zugethan und gewilt unpillicher gewalt zu propulsiren (1).
Novembre. Was der von Wittgenstein beim Churf., der gesuchten vorbith halben, erlangen wirdt, gibtt die zeitt. Wir haben nit underlaszen, dieweill unser her Vatter sich, neben Sachsen, auch uf Wirtenberg referirt, welchs wir verträulich gemeltet haben wollen, an unsern Schweher den Herzogh zu Wirtenbergh, E. L. begeren nach, gelangen zu laszen, versehen uns auch S. L. werden sich, darin alle gebühr laszen vernhemen und ahn gute befürderung seins theils nichts laszen mangellen.

Was der vorschlag betrifft, wie der Churf. und der Herzog Hans Friederich zu Sachsen möchten in eins beszern verstand bracht werden, tragen wir warlich die vorsorg es sey die verbitterung so grosz, das schwerlich werde ein mittel getroffen und sie gründlich werden verglichen werden, dan der Churfürst bezüchtigt den Grumbach und seine adherenten eines thails hartt, das sie ine mit allerley böszen tücken nach leib und leben getracht haben und trachten.

Was nuhn solchs bey dem Churfürsten vor guten willen kegent sie und alle diejenigen so mit inen handlen, gebehren kan, haben E. L. woll zu erachten und sich zu bedencken obs E. L. und Iren mitverwandten nützlich oder gutt sy den Churf. zu erzürnen und wider S. L. willen sich mit inen einzulaszen, dan welcher maszen auch dieselbigen leuthe bey vielen andern vornhemen Stenden des Reichs verhast, tragen E. L. gleichfals gutt wiszens.

(1) *propulsiren.* En effet l'Evangile non seulement ordonne d'obéir plus à Dieu qu'aux hommes; mais aussi, en prescrivant l'obéissance au Souverain, il ne défend pas d'examiner de quelle espèce de Souveraineté il s'agit.

Necessitas tamen non patitur legem; darumb hatt auch unser herr Vatter vor gut angesehen E. L. vorschlag dem Churfürsten zum wenigsten anzuzeigen, damit man möcht vernhemen wo i. L. solchs wid[errathen], was ehr dan vor trost geben würde. 1566. Novembre.

Wen's zu jengenwehr[1] gerathen solt, halten wir vor gewisz es solten noch woll leuthe zu bekommen sein die den Niderlendischen herrn und stetten, sonderlich denen von Antorff, dhienten: dan es haben albereit etliche, als Johan von Ratzenbergk (1) by uns gesucht, inen der örtern zu dhienst zu promoviren, welcher dan warlich sehr ein ansenlicher und versuchter man ist, und der woll ein thausent pferde oder zwey, wo er zu zeitten avisirt, könth auffbringen. Es möcht sich auch seiner khein Kheiser nicht schemen inen vor einen feldtmarschalck zu gebrauchen.

Was da belangt den ingelegten zettel (2), seint wir bedacht E. L. gutachten ahn unsern freundtlichen lieben Schwer und Vettern, den Herzogen zu Wirtembergh, als ahn einen der es in glaubens sachen treulich und woll meinet, auch ahn Pfaltz zugelangen laszen; ungezweifelt was die

(1) *J. v. Ratzenbergk.* Un de ceux qui accompagnèrent le Landgrave Philippe durant sa captivité; et quand celui-ci forma le projet de s'évader, ce fut aussi à v. Ratzenberg qu'on en confia l'exécution. *V. Rommel, Philip d. Grosm.* II. p. 544, 546. Plus tard il fut chargé de lever des troupes pour le Prince de Condé. *l. l.* 588. « Pfalzgraf Wolfgang begehrte vom Landgrafen . . . den Rittmeister J. v. Ratzenberg um den Hugonotten zuzuziehn. » *l. l.* 590.

(2) *Zettel.* Ce billet étoit apparemment relatif aux différences entre les Luthériens et les Calvinistes.

[1] Gegenwehr.

1566. guttes befürdern können, das werden sie nit unterlaszen.
Novembre. So wolten wir auch gerne alsbaldt mit unsern gnedigen freundtlichen gelibten herrn Vatter hievon reden und handlen. Es ist aber s. Gn. dieszer zeitt nit woll auff, sonder leibs halben unvermöglich, das wir s. G. weder mit diszer, noch andern sachen itzo gern bemühen, aber zu ehister gelegenheitt wollen uns gleichwoll bey s. G. gedencken, und was wir darneben gutes thun und befürdern können, das soll ahn uns nit erwinden; und dieweill disz ein sach und werck Gottes ist, so wollen wir hoffen seine götliche Almechtigkeit werde die mittel schicken die zu allen friedlichen weszen gemeiner erbarkheit und zucht, und sonderlich zu erbreitterung seines göttlichen worts dhienen und gereichen werden.

Wir haben E. L. hiebevhor zugeschrieben das nit allain in dieszen länden, sondern auch ahn andern nachgelegenen örtern von E. L. und andern Niederländischen herren und stetten, so der reformierten kirchen zugethan, Wartgelt, nemblich uff iedes pferdt fünff gulden, ausgeben werde. Ob nuhn solichs mitt E. L. vorwiszen geschehe, das möchten wir gerne wissen; dan da solche werbungen E. L. oder auch den andern armen Cristen der Niederländen könthen zu gutem kommen, wolten wir nit allain durch die finger sehen, sondern auch zimbliche befürderung darzu thun. Wo aber E. L. dieszer ding khein wiszenschafft hetten, oder vermeinten das solche bewerbungen den reformirten kirchen-verwandten zuwieder geraichen solten, were hoch vonnöthen das man gute achtung darauff hette, damit nicht etwas anders under solchem practicirt und man in gutem glauben betrogen wurde, wie etwan dergleichen mehr beschehen.

LETTRE CCXXXIX.

Le Landgrave Guillaume de Hesse au Comte Jean de Nassau. Il désapprouve certaine justification des Confédérés comme trop peu explicite et prématurée.

Unsern günstigen grusz zuvor, wolgeborner, lieber Vetter und besonder. Wir habenn euer schreiben, de dato Dillenbergh den 4ten *hujus*, beneben dem *Scripto* der Nidderburgündischen Bundtsverwanten Ritterschaft, entpfangen und inhaldts verlesen. Nachdem Ir nun solches *Scripti* halber ob dasselbig inn öffenenn trück zu geben, unserer rathlich bedencken bittet, darauff mögen wir euch günstiger gueter wolmeinung nicht perghen das wir solchs noch zur zeith unnd nach itziger gelegenhait vor guett und nützlich nicht erachten; dann, ohne dass der *stilus* desselbigenn *Scripti* nicht so gahr guet und verstendtlich, so ist es auch ann ime selbst, nach grösse und wichtigkait des handels, etzwasz *jejunum*, und werden die ding aller, so die Gubernantin von ermeltenn Bundsverwantenn in irem schreibenn an die vornembsten Chur-und Fürsten teutscher nation fast uff einerlei form auszzubreiten understehett (vonn welchem schreibenn wir euch beyverwarte abschrifft zufertigen), dermasszen hirdurch nicht abgelehnet, wie esz wol die nottürfft *in eventum* da dieser handell zu weitterungen (als wir doch nicht hoffen) gelangen solte, erfördernn würde. 1566. Novembre.

Zudem das auch in demselben *Scripto*, der Religion halben, von inenn, den Bundtsverwanten, keine richtige

1566. Novembre. ercleruug geschicht, die denjenigenn, so der Augspürgischen Confession sein, gnüg thun möchte.

Weil ihr dan darbeneben sonder zweiffell vonn Grave Ludwigenn zu Witgensteinn, des Churfürstenn zu Sachsszen und unsers hern Vatters erpieten in dieser sachenn verständen habenn werdet, auch noch fernner unsers freundtlichen lieben vettern und schwehern, des Herzogen zu Würtembergh, gemueth, dartzu wasz der Churfürst ann die Kay. Mat. der Niederlendischenn bewerbung halber geschriebenn, ausz der copien hierneben und dan der Copien die wir euch gestern, doch alles vertreuwlichen, zugesendet, vermercken, und ausz dem allen soviell spueren und abnhemen könnet, dasz es mit dem kriegswesenn, der Guvernantin und ires anhangs meinung nach, vieleicht so leichtlich nicht möcht nahergehen, so hielten wir es daerfuer, es soldt noch zur zeit mit publicirung ermeltes *Scripti* inzuhaltenn sein, dan es möcht viel verbitterung erregen, auch andern hieaussen *materiam cavillandi* geben.

Wan man aber sehe das mit dem kriegswesen je vortgefahren werdenn und die sachen beiderseits zum ernst gerathenn wolten (welchs doch Gott der Almechtig gnediglich abwende), alsdann und uff solchenn fahl, liessenn wir uns nicht misfallen, sondern achtten solchs eine hohe nottürfft, das die Bundsverwantenn ein fein ausfuerlich *Scriptum* zu öffendtlicher darthuung irer unschuldt, in trück verfertigen, auch sich darinnen zur Augspürgischen Confession ruendt ercleren, mit angehefter verwarnung und bith, dieweil sie keiner rebellion noch anderer unthadt schuldig, sondernn allein bey der reinen lehr göthliches worts zu pleiben und in glaubens sachen ein gueth gewissen zu haben begertenn, dasz sich derwegen ein jeder Christ wieder sie zu dienenn oder geprauchenn zu lasszenn wol bedencken und sich zu vergiessung ires, alsz der mitglieder *Cristi*, unschuldigen bluets nicht vergreiffen wolte, wie solchs die feder weithleufftiger geben kan .... *Datum* Cassell, am 9ten Novembris. 1566. Novembre.

WILHELM L. Z. HESSEN.

Dem Wolgebornen unserm lieben Vettern und besondernn Johann, Gravenn zu Nassau Catzenelnpogen, Vianden und Dietz.

Le Comte de Berghes écrivit le 9 nov. en hâte de Bergue au Comte Louis de Nassau. « J'ay receu vostre lettre et le tout entendu, » sur quoy il me semble qu'il seroict bon que Monsr de Bréderode » et Monsr de Culembour s'i trouvassent aussy et qu'ilz n'y faillassent » point pour résoudre le tout. » Peut-être ce billet étoit-il relatif à une assemblée de quelques principaux Confédérés qu'on croit avoir été tenue vers ce temps à Amsterdam. « De voornaemsten onder » de verbonden Edelen, en zoo veelen met haest konden verzameld » worden, zyn samengekomen te Amsterdam, in Wyn- of Slacht- » maand, buiten weten van Oranje, gelyk hy aan de Landvoog- » desse schreef, of met oogluikinge van denzelven, als die zich » toen omstreeks Amsterdam ophield. » *Te Water*, II. 29.

† N° CCXXXIX*.

Mémoire relatif à la conduite que pourroient tenir le Prince d'Orange et les Comtes d'Egmont et de Hornes. (Ce qui a esté cause que ces Seigneurs n'ont plus volu obéyr à Son Alt^e pour povoir par là conserver le pays. (Veu le temps présent l'on at envoyé cest escript à Messieurs le Prince d'Oranges, les Contes d'Egmont et de Horn, pour y avoir le regard que bon leur semblera.))

1566. Novembre. *** Le Comte de Hornes étoit retourné à Weert. Il écrivit le 20 novembre à son frère M. de Montigny. « Ayant rendu raison » de tout mon besoigné de Tournay, j'ay requis en estre des» chergé et avoir congé de me retirer en ma maison, où suis re» tourné le 4 de ce mois, espérant ne en partir si tost. » *Procès d'Egm.* II. 496. Il n'est guères probable que dans cette disposition d'esprit il ait approuvé le projet de déclaration suivant. Sur le dos on lit: *Envoyé par Mons. de Horn.*

Estans dernièrement en ces troubles à Bruxelles, voyant toutes choses en confusion et en cas l'on ne y remédiat promptement, estiont apparens de tumber toutes les affaires en une totale désolation, pour la désobeyssance grande du peuple, laquelle estoit sortie hors de toutes limites de raison, ayans saccagé tous les temples, soubs umbre qu'ilz estoient (comme ilz disiont) avouez de la noblesse et d'aulcuns Seigneurs, combien qu'il fut assez cognu le contraire, furent d'advis les dit S^rs appoincter ceste noblesse, leur donnant les lettres d'asseurance, espérant, avecque leur ayde et permectant au peuple l'exercice des presches, povoir le tout réduire à obéyssance, jusques à ce que les estats-générauls fussent assemblez. 1566. Novembre.

Et partirent incontinent le Prince d'Orenges vers Anvers, le Conte d'Egmont vers Flandres, le Conte de Horn vers Tournay, où ils firent si bon debvoir, que accordant l'exercice des presches avecque quelques capitulations pour les catholicques, remirent le tout en bon train, et sembloit par là povoir éviter tous inconvéniens, lesquels avions esté si apparens et trop plus grands que ceulx de France, moyennant que l'ordre par eulx mis eust esté entretenu, ce qui advint tout au contraire.

Car estans ces S^rs^ absens de Son Alt^ze^ et empêchés à remédier à ces troubles, aulcuns de leur malvueillans estans près sa dite Alt^ze^, commencharent à blasmer leurs actions, du commenchement à part et secrètement, et après en publicq et par lettres; ce qu'ils firent aussi faire à Son Alt^ze^, comme l'on peult veoir par ce qui est passé à Bruxelles touchant les presches, et ce qu'elle a escript à ceulx de Haynault et Arthois, blasmant partout ce que ces S^rs^ faisiont pour la pacification; aussi les gens qu'elle a faict lever en Haynault et pour sa garde à Bruxelles, lesquels publioient que de brief ils chastieroient ceulx de la nouvelle religion, par où nous estions apparens tumber en une totale ruyne. Car ayans sur notre asseurance réduict le peuple à obéyssance, Son Alt^ze^ se armant, estoit déliberé, ayant ses forces, contrevenir à tout ce qu'avions traicté, par où venions en mespris du peuple, comme l'ayant trompé et abusé par faulses persuasions, joinct que estions tant descriez vers Sa Ma^té^, comme estans autheurs de tous ces troubles, à cause d'avoir par tant de diverses fois représenté l'estat des affai-

1566. res, mesmes y avoir esté en personne Monsieur d'Eg-
Novembre. mont en Espaigne, lequel avoit tant bien et prudentement négocié, que l'on espéroit ung redressement à tous les affaires (1), à quoy Son Alt^{ze} démonstroit estre fort enclin, mais l'on a cognu que ce estiont toutes dissimulations et qu'elle a tousjours adjousté foy à ceulx qui désiriont plus leur profict particulier et la bonne grâce du maître que la conservation du pays, comme l'on peult assez appercevoir par leur actions.

Et considérans, si passissions cecy, le dangier où mectrions nos personnes, biens et conséquamment notre honeur et réputation, ayant clairement cognu que sommes réputés pour personnes séditieuses et perturbateurs du repos publicq, veu ce que son Alt^{ze} a faict tant en Hollande, Arthois et Tournay, dont estant de besoing l'on pourra faire apparoir;

Avons nous trois S^{rs} déliberé à nous déclairer serviteur très humbles à Sa Ma^{té} et protecteurs de la Noblesse et de la Patrie, ensamble de tout le peuple, vueillans maintenir ce que a esté accordé à Bruxelles et depuis capitulé avecqz les villes où avons traictié, affin de le faire entretenir, sans souffrir y estre contrevenu par voye directe ou indirecte, estant cecy le seul moyen de povoir maintenir le pays à repos.

Déclairans en oultre tous ceulx qui nous y vouldront donner empêchement, ennemys du Roy, ensamble

(1) *affaires.* L'écrivain désiroit plaire au Comte d'Egmont; de là ce passage un peu inexact. L'espoir général avoit reposé plutôt sur les espérances et assurances du Comte que sur ses prudentes négociations.

perturbateurs et séditieux, vueillans la ruyne, désolation, et perte du pays, et ne povons d'icy en avant avoir nulle confiance en Son Alt^{ze}, veu qu'avons assez descouvert et cognu par expérience qu'elle ne porte aulcun zèle, ny affection à ces pays, ains tend seullement à ce qui comple pour ses affaires et la grandeur de sa maison; car l'on at assez cognu par expérience ce qui s'est passé en Parme, et scait on bien qu'elle n'aspire que de ravoir le chasteau de Plaisance, lequel Sa Ma^{té} ne luy a oncques volu rendre, ores qu'il aye marié son fils. Par où l'on cognoit assez la peu de confiance qu'il a d'elle, ny de sa Maison, et l'on nous peult bien estimer malheureulx, que ne luy vueillant confier une seulle place, luy a mis entre mains tous les estats de par-deçà, lesquels elle seroit contente ruyner, pour parvenir à ravoir ce seul chasteau. 1566. Novembre.

En oultre l'on sçait par trop l'ennemitié que le Pape et Cardinaulx porteront à ces pays voyant le désordre advenu, joinct qu'il est assez apparent qu'ilz ne vouldront doresnavant recognoistre le Pape, ny Cardinaulx pour leurs chiefz, et ne pourront tirer les deniers qu'ils souloient[1] et crainderont que le mesme leur adviegne en Espaigne, par où ils auriont entièrement perdu toute leur authorité, scassant[2] comme ils sont peu respectés en Allemaigne, France et Angleterre; qui les causerat de irriter Sa Ma^{té} par tous moyens contre ces pays, luy offrans toute ayde, tant d'argent que des gens, et useront de tous moyens, quelz qu'ilz soient, pour parvenir à chastier ces pays, comme ung affaire dont dependt toute leur grandeur, car ne faisans ce que dessus et estans à ce aydés de son Alt^{ze}, du Cardinal de Granvelle, lequel a si bonne cor-

[1] avoient coutume *(soleo)*. [2] sachant.

1566. Novembre. respondance, estant au reste personnaige tant expérimenté aux affaires d'estat, pensent, perdant ceste occasion, ne la povoir jamais recouvrer.

Parquoy nous fault mectre notre fiance en Dieu, lequel est scrutateur des coeurs, et protestons que ne emprendrons[1] ceste protection par nulle ambition ou affection particulière, ains tant seullement pour le service de Dieu, la conservation de nostre pays, et désirons à jamais demeurer très humbles serviteurs de Sa Ma^té et de ses successeurs, et mectre corps et biens tousjours pour son service, moyennant qu'il nous veulle réputer pour ses naturelz vassaulx, se confiant de nous, et ne permectant que soyons tyrannisez, ny reduictz en servitude; car aymons trop mieulx mourir pour la deffence et liberté de nostre patrie, que de vivre avecqs toutes les richesses et mercedes que l'on nous pourroit faire soubs une telle tyrannie, que sont aulcuns aultres royaulmes et pays de Sa Ma^té; nous contentans d'une vye médiocre et tranquille, sans nous soucyer des honneurs mondains, espérans avecq le temps que tout le monde cognoistrat nos actions n'avoir oncques tendus à nulle ambition, combien que nos malvueillans nous en accusent, procurans par là nous rendre odieux à tous Princes et Potentatz de la Chrestienneté.

LETTRE CCXL.

B. Vogelsanck au Comte Louis de Nassau. Sur ses efforts pour opérer à Breda une réunion entre les Calvinistes et ceux de la Confession d'Augsbourg.

*** Le 14 novembre le Comte étoit à Vianen, où arrivèrent

[1] entreprendrons.

le jour suivant le Comte Jean de Nassau avec le Comte de Solms, et le surlendemain le Prince d'Orange. *Te Water*, IV. 326. 1566. Novembre.

Dans la collection des sentences du Duc d'Albe, il est fait mention de Jehan Vogelsanck « ung des principaulx faulteurs des » Sectaires et Prédicans, » et de Dierick Vogelsanck « ung des » Chiefz de ceulx de la nouvelle Religion. » *Sent. v. Alva*, p. 93. En 1572 certain Voghelsangh s'empara de Buren au nom du Prince. *Van Meteren*, p. 66, *verso*.

On envoyoit d'Allemagne des prédicans Luthériens, afin de convaincre les Calvinistes d'erreur; ce qui, au milieu d'une crise, où un examen à tête reposée n'étoit guères possible, devoit échauffer les disputes, bien loin de calmer les esprits. « Nobilis» simi quique novarum Religionum Antistites magno atque ingenti » cum fastu rem agere: accersiti e Germania Confessionis Augus» tanae Apostoli, Mattheus Flaccus[1] Illiricus, Spangebergius, alii» que nonnulli, novam et ipsi Ecclesiam ordiri, plena omnia » novis novae Religionis sermonibus atque libris, Religionis suae » formulam singuli describere, gravissimis sese odiis Lutherani » et Calvinistae Antverpiae proscindere. » *V. d. Haer, de init. tumult.* p. 257. Certes il y avoit pour les Catholiques de quoi se réjouir; mais il n'est pas nécessaire d'attribuer la chose, comme quelques uns le firent, aux sourdes menées de Viglius.

Monseigneur! Depuis mon arrivement en ceste ville me suys employé à rendre mon extrême debvoir, pour trouver moyen par lequel il m'eust esté possible conjoindre en dévises[2] et communications amiables ceulx de la religion et doctrine dernièrement par provision permise, et de la Confession Augustane. Ayant premièrement appellez devers moy celluy des prescheurs sustenant la dite religion, affin d'avoir meillieure entrée et voye pour parvenir à vostre intention; auquel après l'avoir exposé et la trouvant bonne, j'ay, avecque son advis, convocqué au logis de Monsr d'Allgonda[3] les plus notables de

[1] Matthias Flacius. [2] propos familiers (*colloquium*). [3] d'Aldegonde.

1566. leur confrèrie, qu'ilz appellent *oudelingen* [1], où m'ayans en-
Novembre. tendu et après avoir sur ce deliberez, ilz s'y sont consentiz tant qu'en eulx estoit, recognoissans le grant bénéfice et grâce par son Excell^ce et vostre S^rie à eulx octroyéz; néantmoins, combien que la plus saine partie y estoit présente, prioient le vouloir différer et dilayer ung jour ou deux, pour entretemps pouvoir parler à lors [2] absens et d'ung commun accord résouldre. Ce pendant j'ay aussy appellé l'autre partie et remonstré à icelle ma charge, [que dissoit] que vostre S^ri eulx avoit dict qu'ilz se dresseroient [3] à moy sur le faict de la requeste, et le remectoient pareillement jusques qu'ilz auroient par enssamble communicqué, mouvans difficultés toutesfois pour la diversité de leur doctrine, contens du lieu où ilz avoient commenchié à prescher, parquoy leur sembloit que mal se pourroit faire, considéré meismes que les dits de la religion permise les avoient (comme ilz disoient) injuriez en leurs presches, dont m'ayant informé n'ay trouvé de vray qu'ainsy soit, ains qu'il a esté semé par gens querelleux sans bon et naturel sens, plus à leur affections donnez qu'à raison. Je laisse que eulx meismes seroient plus répréhensibles calumpnians et mordans les aultres, non sy occultement qu'il n'est fort bien à noter. Dimenche dernier vindrent devers moy le prescheur de la dite religion avecque maître Cornille Ept et quelcuns aultres, m'exposans de la part de leurs confrères estre bien contens d'accorder aux aultres jour à la sepmaine, pour pouvoir venir prescher et exercer leur religion en la grange au Santberch érigée, moyenant qu'ilz ne soient par ceulx de la Confession empêché en l'exercice de leur religion

[1] ouderlingen. [2] ceux qui étoient alors. [3] adresseroient.

ainsy qu'elle est à présent en train, se offrans en oultre tousjours conformer et régler selon que par son Excell[ce] et vostre S[rie] pour la tranquillité, bonne paix et concorde des bourgois cy-après sera ordonné et trouvé convenir. — Mais l'ayant ainsy d'ung costé mis sur bon pied, et espérant qu'il auroit eu bon progrès, ung mal y est entrevenu, asscavoir, que devant-hier XIIIme en la presche des confessaires, où s'exposoit la première épistre de St. Pole[1] *ad Galatas*, s'est trouvé ung de la dite religion permise, nommé Jehan Gillain, natif de Middelbourg, [jentis]homme fort doct et scavant en Grecq, Lattin et Hébreu, de bonne fame et renommée envers tous, lequel la presche finie, ayant ouy (comme il dict) prescher, contre la vérité, que tous prescheurs estoient faulx docteurs, [scavant] que oultre la vocation du commun, ilz n'estoient envoyez par le magistrat ou supériorité, et que pour ce ilz ne sont point instiguez par l'esprit de Dieu comme ilz se vantent, mais par l'esprit du dyable, ainsy que l'on peult veoir par tous lieux, villes et pays à ces nouveaulx prescheurs, qui ne font qu'emouvoir commotions et tumultes entre le peuple, est venu saluer le prescheur, nommé Borckmy, dissant: « Monsr, j'ay ouy qu'avez presché » que ce sont tous faulx docteurs quy preschent devant es- » tre appellez par le magistrat ; je vous requieres et prie le » me vouloir enseiguer par la parolle de Dieu. » Surquoy il respondit : « Il fault obéir son supérieur. » — « Sela scay-je » bien, » dict l'autre, « mais démonstrez moy par la saincte » escripture que ce sont faulx docteurs quy ne sont en- » voyez par le Magistrat ou supériorité. » Respondit le prescheur : « Il est escript : *Obedite prepositis vestris*. » Et ayans 1566. Novembre.

[1] Paul.

1566. Novembre. conséquement sur ce propos, y vint et acourroit ung nommé Adrien de Backer, confessaire, quy interompoit le dit propos, cryant à haulte voix (de bon zèle comme est à présumer) non scaichant quelle chose se y faisoit : « Nous ne venons point en vos presches, vous venez icy » mutiner et mouvoir le peuple. » Ad quoy [1] dict le dit Gillain: « Je ne viens point pour mutiner, ains pour amiablement » communicquer par ensamble, venez vous nous ouyre en » nozpresches, nous ne l'estimerons point pour mutinerie. » Aveq ces parolles le peuple accumuloit et commenchoit à cryer de battre, pourquoy le dit Gillain se retiroit secrètement entre le peuple et nul mal est enssuivi. Ceste tragédie passée pour me de mieulx informer et advertir vostre S[ie] de la vérité, me suis le lendemain, quy fut hier, trouvé devers Monsr de Drunes, escoutette, et avons appellé le dit Borckmy, prescheur, luy demandant bonnement comment la chose estoit advenue et passée, quy nous dict n'avoir (à son sceu) proféré, ny preschié quelques parolles injurieuses non décentes, aultres qu'il ne debvoit selon la pure et sincère parolle de Dieu, et qu'il estoit mary que ce spectacle estoit advenue, et àyans pareillement ouy le prescheur de la Religion permise avecque le dit Ept, asistez de quelcuns leurs confrères, quy démonstroient estre fort dolens et tristes, en tant que le dit Gillain s'estoit sy temérairement advancé de reprendre le prescheur en l'assemblé du peuple et que ce n'estoient lieu oportun, désirans enthièrement eulx reconcilier avecque le dit prescheur Borckmy et tous de la confrèrie ; avons aus deux parties admonesté d'exhorter et prescher le commun pour le contenir en toute concorde, union et paix et de précaver,

[1] A quoi.

en tant qu'en eulx est, que nulle dissension sourde[1] entre les bourgois, le tout conforme les ordonances de son Excell^ce^ à [la bretecque[2]] de la ville publiées, affin que ne soit besoing d'y pourveoir par aultre remède et de procéder contre les contrevenans; ce qu'ilz ont promis de faire. J'eusse bien voulu et ay rendu ad ce toute ma possibilité, que les deux prescheurs fussent une fois venuez en communication et dévises, car ilz me semblent personnages bonnaires[3] et doulx, et m'auroit donné grant et indubitable espoir de mesner l'intention de vostre S^rie^ à bon effect et qu'avecque le temps successivement eussiont usé unes et mesmes cérémonies. Ceulx de la Religion permise par provision ne désirent aultre chose et se présentent tousjours voluntaires, mais ceulx de la Confession n'oyent goute, quoyque je leur ay sceu dire. J'ay prié à Monsr l'escoutette d'aussy vouloir tenter et essayer s'il ne les pourra induire pour eulx assembler en sa maison et venir par ainssy en amiables dévises; il luy semble faisable et excogitera ma dict moyen, dont si quelque chose bonne succède durant vostre absence, ne failleray d'advertir vostre S^rie^. De balancer et peser le dit petit trouble me semble (à correction) qu'il en vault la paine . . . . . . De Breda, le xvme jour de novembre 1566.

1566. Novembre.

De vostre Seig^rie^
le très humble et très obéissant serviteur,
BAPTISTAUS VOGELSANCK.

A Monseigneur, Monseigneur
le Conte Ludovicq de Nassau etc.

[1] survienne. [2] bretèche, *forteresse*, *château* (?). [3] débonnaires.

† LETTRE CCXLI.

Le Prince d'Orange au Landgrave Guillaume de Hesse. Il désire que les Etats du Cercle de Westphalie s'opposent au passage des troupes levées pour le Roi d'Espagne.

1566. Novembre. *** Le 17 novembre le Prince étoit parti de Vianen pour Utrecht avec le Comte Jean de Nassau et le Comte de Solms.

.......Wir können E. L. freundtlichen nit verhalten welcher maszen des Niderlendischen Westphalischen kreisz Stende und glider, uff dem vier und zwantzigsten tag dieszes Monats Novembers, zue Cöllen beynander kommen und under andern sachen auch beradtschlagen werden ob sie des Kön. Mat. zue Hispanien Kriegsvolck in iren kraysz freien pasz und musterplatz nach dieszen landen zu ziehen, gestatten und vergönnen wollen. Weill nuhn uns und dieszen länden ahn solcher bewilligung trefflich hoch und viell gelegen ist, dieweill des orts der furnembste reiszige zeugh in diesze landen gefürt werden könthe, so bezorgen wir pillich, da irer Kön. Mat. der gedachte pasz also leichtlich eingeraumet und zugeschriben wurde, das sie sich sovil desto eher zu irem vorhabenden kriegszweszen bewegen laszen und disze lände überziehen solte. Damit nuhn solichs bey zeitten verkhommen und begegnet werden mochte, so ist ahn E. L. unser gants dienstliche bith, die wollen uns und diszen landen zu eheren und gutem sich sovil bemühen und bey gedachten Kraisz Stenden zu obberürter zeitt und malstadt mit guten mittel befoirdern helffen, das sie, die

Kraisz Stende, die obberürte bewilligung deș pasz und musterns, in ansehung aller gefährlichen weitterung die nit allain dieszen, sondern auch andern und irem selbst landen und Leuthen darausz endstehen möchten, in bedencken ziehen und dieselbige nit so leichtlich einwilligen, sondern vil mehr die Kön. Mat. inn dem zu versehen denn bitten wolten. Drauf den wol ervolgen mochte, das die Kön. Mat. ir gemuede und gedancken von dem kriegszweszen desto mehr abwenden und sich zum frieden begeben würde... *Datum* Utrecht, ahm 18ten Novembris A° 66.

1566. Novembre.

WILHELM PRINTZ ZUW URANIEN.

Ahn hern Wilhelmen,
Landtgraf zue Hessen.

LETTRE CCXLII.

Le Comte de Berghe au Comte Louis de Nassau.

Mons. mon frère. Comme dernièrement je vous avoy escript de me trouver à Culembour [ainsy], au moyen de la venue de Monsr. le Conte de Nuenar icy, lequelle pensoit trouver Monsr. le Conte Jan de Nassau et le Conte de Witkestent (1) icy, m'est aussy survenues plussieures affaires: pour ces occasions et autres, n'ay sceu m'acquitter de m'en venir vers vous suivant ma lettre, vous prie pourtant me tenir pour escusé pour ceste fois et au sur-

(1) *Witkestent.* Le Comte de Wittgenstein vint le 23 nov. à Vianen avec le Comte Louis. *Te Water*, IV. 326.

1566. plus me vouloir escripre de vous nouvelles. . . .
Novembre. Escript de Berghe, le 21 novembre 1566.

L'entièrement vostre bon frère à vous faire service,
GUILLAUME DE BERGHE.

A Monsr. Monsr. le Conte de
Nassau, mon bien bon frère.

Le 24 nov. le Landgrave Guillaume écrit au Prince d'Orange: « Wir überschicken euch Zeitungen den toitlichen abgang des » Türckischen Keisers betreffende . . ., seindt auch der hoffnung » es solle solcher abgang zu trost der Christenheit gereichen. » (*MS.) Cette espérance ne fut pas vaine. Soliman II, le Magnifique, mort le 4 sept., avoit été l'effroi de la Chrétienté durant 46 années; ce fut lui qui prit Rhodes sur les Chevaliers de St. Jean, qui gagna, en 1526, la fameuse bataille de Mohacz, et ne quitta Vienne qu'après lui avoir donné vingt assauts. Son fils au contraire, qui régna jusqu'en 1574, fut un personnage peu redouté. « Selim, der » das Serai dem Lager vorzog, der seine Tage in sinnlichen Genüs» sen, in Trunkenheit und Trägheit dahinlebte, . . . ist es, von » dem die Reihe jener unthätigen Sultane angeht, in deren miszlicher Natur ein Hauptgrund des Verfalls osmanischer Dinge » ist. » *Ranke*, *F. und V.* I, 38.

---

* LETTRE CCXLIII.

Le Landgrave Guillaume de Hesse au Comte Louis de Nassau. Il désire que les Réformés des Pays-Bas embrassent la Confession d'Augsbourg.

Unsern günstigen gruesz zuvor. Wolgeborner, lieber Vetter und besonder. Wir haben Eur schreyben, underm dato *Utrecht* den letzten Octobris, zu sambt der überschickten Copey einer supplication (1) so die Niederlände ihrem Khunig vorbracht, empfangen verlesen; und befinden darausz das wahrlich dieselb ausfuerlich, wol, und dermassen gestelt ist dasz nichts daran zu verbessern; haben auch die, Eweren begeren nach, transferiert und an ortte und ende geschickt, daselbst sie verhoffentlich frucht wircken soll. 1566. Novembre.

Wasz aber Eweren vorschlag betrifft, wasz an Pfaltzgrave Churfürsten und den Admiral (2), vergleichung halber der Religion vom Nachtmahl, zugelangen sein solt, dünckt unsz solchs werde der Augspürgischen Confession zugethanen Chur-und Fürsten schwerlich eingehen; sondern viell mehr den Nidderländen, als die dasz feur am herttisten brendt, gebüren wollen sich nach derer opinion, uff die sie sich berueffen und von denen sy trosst und vorbitt suchen, zu richten; dann wir wahrlich sorge haben, wo es zum kriege solte gerathen, so wurden sich die Niederlände, der Calvinischen opinion zugethanen, hilff oder auch authoritet bey irem herrn, dem Khünige zu Hispanien, etzwasz zu erlangen, wenig zugetröszten haben. Welchsz wir euch jetzmals hinwieder nicht haben verhalten wollen, mitt günstigem begeren wasz sich jederzeit in den Niderländen wirdt zutragen, uns deszen theilhafftig zu machen, und seint euch günstigen guten willen zu beweysen geneicht. *Datum* Cassell, am 25ten Novemb.

WILHELM L. z. HESSEN.

---

(1) *supplication.* Peut-être s'agit-il de la requête avec l'offre de trois millions: voyez p. 416.

(2) *admiral.* L'Amiral de Coligny.

1566. Wir schreiben auch hierneben ann Eurn herrn Bruder,
Novembre. den Printzen, diesser sachen halben weittleufftiger (1), zweiffeln nicht S. L. werden euch dasselbig auch verleszen lassen.

Wir seindt auch nicht ungeneigt diese sachen, wie Ir begert, in vertrauwen ann den Churfürsten Pfaltzgraven gelangenn zu lasszen und seine L. hirzu zum trewlichstenn zu ermahnen, in ansehung vorstehender gefahr deren länden und sonderlichen da es *ad arma* gerathen solte.

WILHELM L. z. HESSEN.

. . . . Unserm lieben Vettern und besondern Ludwigenn, Graven zu Nassau . . . .
zu seinen henden.

† LETTRE CCXLIV.

Le Princé d'Orange à Auguste Electeur de Saxe. Le peuple des Pays-Bas n'est nullement séditieux; nécessité d'une intercession des Princes Allemands auprès du Roi.

. . . . Gnediger Herr. . . . Demnach wir dan in solchen unsern dienstlichen vorbringen und bitten, ohne rumb zu melden, anders nichts als erweitterung Göttliches worts, auch verhuettung aller gefaher und unschuldiges bluedtvergiessen, zu erhaltung gemeines bestendigen friedens, ruhe und ainigheit, gesucht, wie E. G. ohne zweifell ausz Grafenn Ludwigs zu Wittigenstains relation genediglichen werden verstanden haben, so seindt wir auch der tröstlichen hofnung der Almechtige, güttige Gott werde Sein werck und sachenn mit under-

(1) *weittleufftiger.* Voyez la lettre 246.

bauen und E. G. und andere friedtliebende Chur-und Fürstenn erweckenn das sie sich dieser algemeinen beträngten gelegenheit mitt abnnhemen und dieselbigen bey dero Röm. Kay. und König. Matt. zu Hispanien, unsern aller genedigster herren, uff die wege und mittell genediglichenn befürdern helffen, das die er Gottes erbreittert und die gehorsame underthane dieser länden, der relligion halben, unverfolget pleiben und alles bluedtvergiessen und innerlichs kriegswesen möge vorkommen und vermieden werdenn. Wie wir uns dann zu E. G., als zu deren wir nach Gott unser vörnembst zuflucht nehmen, sonderlich getrösten und gar nit zweifelnn, wan E. G. unnd ander Chur- und Fürstenn sich dieser sachen solcher massen underfangen, der Almechtig werde Seinen segen auch darzu verlehnen das E. G. bey beyden dero Röm. Kay. unnd König. Matt. viell guettes ausrichten, und nitt allain verursachen das im hailigen Reich Deutscher Nation, sondern auch inn diesen Länden, alle guette politische ordnung, Ruhe und Frieden erhaltenn und einen ewigen, löblichenn nahmen und ruhm erlangen wurden. 1566. Novembre.

Dan ob woll etzlicher underthan inn diesen länden gewesen seindt, die sich an den Kirchen und Clöstern mitt hailigen- und bilderstürmen groblich versehen und im selben zu viell gethan haben, so seindt es doch nuhr geringschetzige und schlechte leuthe gewesen, die solches ausz aigner bewegung (1) und ungedult der langen zeitt geüb-

(1) *bewegung.* Souvent on a prétendu que les excès des iconoclastes devoient être attribués aux instigations astucieuses des catholiques, sûrs de pouvoir réagir d'autant plus sevèrement contre la réforme. Cette accusation n'a pas le moindre fondement. Sans doute, si la chose avoit eu lieu, le Prince n'eût pas manqué d'en tirer parti.

1566. ten unmenschlichen verfolgung, begangen haben, daran
Novembre. gleichwoll die gantzen landt durchaus einen sondern unwillen geschöpft und übell damitt zufrieden gewesen, das auch derselben theter über zweihundert [L] hien und wieder albereits erschlagen und gerichtet seindt wordenn. Dan was diese lände anlangt, so befinden wir derselben underthanen allenthalben also beschaffen, das sie anders nichts als der Kön. Mat., irer angebornen Obrigkeit, alle schuldige und mögliche dienst gern leisten wollen und gehorsamb sein und pleiben, wan inen allain die Relligion frey gelassen und mit der königlichen resolution nitt zulang verzogen würde; sonst wehr zu besorgen das, des lengdern vorzugs halbenn, ein neuer unwill enstehen möchte; inn gleichen wer zu befahren, da die Kön. Mat. nicht baldt hier zu thuen und durch leidliche und guette mittell und wege, der relligion halben, guette ordnung anstellen würde, das allerhandt weitterung und unruhe underm gemeinen mahn leichtlich gebehren könte, und das umb soviell desto mehr, dieweill itzundt durch alle disse ländt ein geschrey erschollen ist, das die Kön. Mat. mit aller gewald herausser kommen und alle Relligionen die mit der Römischen nit übereinkommen, ausrotten und vordilgen[1] wolle. Darausz dan die hantierung und gewerb, in welcher dieser lände wolfart gelegen ist und der gemeine mahn davon mehrteils seine nährung hatt, dermassen still stehett und ersessen ist, das, auch gemeiner nottürft und hungers halben, nichts guetts zu verhoffen ist (1): darumb bitten wir dienstlich E. G. wol-

(1) *ist.* Le passage suivant d'une lettre de *Languet* écrite en Novembre peut donner une idée de l'état déplorable où les Pays-Bas

[1] vertilgen.

len Ir dieser landen gelegenhait soviel desto mehr angelegen sein lassen, und sie in vorstehenden iren höchsten nöthen um etlichen der slechten leuth ungepürlicher handelung, nitt entgelten lassen, sonder sie in genedigenn bevehl haben und hierüber unserm und keinem andernn anbringen glauben geben. An solchenn erzaigen E. G. uns und diesen länden ein sonder gnad und gunst, und werden uns und diese lände Ir dermassen verbinden, das wir unns schuldig und pflichtig erkennen müssen solcher erzaigte gnadt und wollthatt immer und alweg zu verdienen. 1566. Novembre.

Soviell dan unsren vorschlag mitt den Hertzogen zu Sachsen-Weimar belangett, so mögen E. G. uns in genedigen vertrauen glauben, das wir damit anders nicht gesucht noch gemeinet haben, dan was nach gelegenhait dieser zeit, un-

---

se trouvoient déjà réduits. « Ipsae solae belli suspiciones Inferiorem Germaniam evertunt, eo quod commercia impediant. Pulcherrimae enim illae urbes et populosissimae constant ex mercatoribus et opificibus, et plerique mercatores negotiantur pecunia foenori accepta, quod solet ibi esse gravissimum. Jam vero, cum ibi cessent commercia et mercatores non utantur operâ opificum, qui fere omnes in diem vivunt, miseri homines non habent unde se et suam familiam sustentent, mercatores autem foenore exhauriuntur. Itaque infinita illorum hominum multitudo coacta egestate jam patriam relinquit, et fere plures quam Gallos hic (Lutetiae) per plateas discursantes videmus: quamvis audiam adhuc plures conspici Rothomagi et in reliquis urbibus maritimis Normanniae, ac etiam Londini in Anglia. Quid autem fiet si ad arma deveniatur, et Hispani pro arbitrio leges praescribant? Ego doleo vicem illius cultissimae gentis, et quae reliquas omnes nobis notas industria superare videtur. » *Epp. ad Camerarium*, p. 58, sq.

1566. sten einfaltigen bedencken nach, zu mehrderm vertrauen
Novembre. und bestendigern frieden in Deutzschen und diesen länden hette gereichen mögen, und sonderlich damit etzlicher unruhiger leuthe gefärlich prackticiren, welchs sie dem hailigen Reich und diesen länden, auch gemeiner Relligion zuwieder treiben, dardurch möchte gehindert und verhuettet werden. Dan uns ist glaubhaftig angelanget, das man mit hochermelten Hertzogen hatt handeln wollen seine Liebe in einer vornehmen Potentaten bestallung zu bringen; derhalben, da es E. G. etwan anders ingenohmen hetten (welches wir doch nichtt verhoffenn), so bitten wir dienstlich E. G. die wolle es anders nicht dan obberürter massen und in allen gnaden und guette vermerckenn, dan sonder E. G. rath und vorwissenn wir ungern etwas thuen oder vornehmen wolten. Darumb haben wir's auch gantz dienstlicher wollmaynung ahn E. G., als derselben getreuer dhïener, zuvorderst gelangen lassen und derselben bevehll und guttdüncken dienstlich daruf erwarten wollen. . . . . . *Datum* Utrecht, ahm 26ten Novembris A° 66.

Wilhelm Printz zu Uranien.

An hern Churfürst zu
Sachsen, Herzog August.

(Abgangen mit einem fusgehenden der stad Utrecht geschwornen Sylber boden, Johan Willemse von Luick genant, ahm 27ten Novembris Anno 66.)

Le Prince ne se promettoit rien de bon de la venue du Roi: tout annonçoit un redoublement de sévérité. « Faxit Deus ut Regis » adventus sit faustus et salutaris, non solum ipsius ditionibus, sed

» etiam toti orbi Christiano; sed cum sit addictissimus Inquisitioni 1566.
» Hispanicae, Pontifici Romano, et Cardinali Granvellano, vix Novembre.
» aliquid moderati ab eo sperare audeo, quamvis alias naturâ pla-
» cidissimus esse videatur. » *Languet, Epp. ad Camerar.* p. 59. Remarquons cette appréciation du caractère de Philippe par un homme bien informé, et nullement disposé à exagérer ses vertus. Longtemps après le celèbre *de la Noue* dans un de ses *Discours politiques*, qu'il n'avoit pas écrits pour être publiés, fait aussi mention de « S. M. Catholique, qui est douée (ce dit-on) de grande » débonnaireté et en fait journellement des preuves en plusieurs. » p. 566. edit. aº 1596 in 12º. Voyez ci-dessus p. 447 et *Tom.* I. p. 291.

† LETTRE CCXLV.

Le Prince d'Orange au Landgrave Philippe de Hesse. Il le prie de persévérer dans ses bonnes dispositions envers les Pays-Bas.

. . . . . Das sich E. L. uf unsers besonder lieben Vettern und freundts, Graff Ludwigs zu Wittigenstain, nechts beschehen dienstlichs ersuchen und angeherne, so günstig und freundtlich verhalten und erzaiget haben, dessen thuen wir uns kegent E. L. zum aller dhienstlichsten und vleissigten bedancken, und da wir's umb dieselbig E. L. mit unserm guet und bluet verdhienen können, so sollen sie uns die tage unsers lebens alzeit hienwieder willig finden. Und demnach wir anders nichts als erweitterung Göttlichs worts und gemeine ruhe und frieden suchen, wie E. L. ohne zweifell von wollermelten Graff Ludwigen werden verstanden haben, so bitten wir gantz freundtlichs vleysz E. L. wollen dieser sachen zum besten eingedencken und sie zum ehisten bey der

1566. Kay. M^t, auch andern Chur- und Fürsten, und sonst uf alle
Novembre. gute mittel und wege erfürdern helffen, wie wir dan nit zweifeln E. L. das gerne thun werden und wir uns zu derselben sonderlich getrösten; damit dan E. L. nit allain einen ewigen nahmen erlangen, sondern auch diese lände dermassen an sich verbinden werden, das sie sich werden schuldig und pflichtig erkennen solche gnade und gunst umb E. L. alzeit hienwieder zu verdhienen. Dan obwoll etzliche underthan in diesen länden gewesen seindt die sich an den Kirchen und Clöstern vergessen und in dem über die gebühr geschritten haben, so seindt es doch nuhr geringe und schlechte leuth gewesen, die es darumb vornemblich gethan, das sie vermeinet, dieweil die Inquisition abgeschaft, das sie nuhn ferner der altenn und scharpfen verfolgung auch befreiet wehrn. Welchs dan die vornembsten gutten leuthe dieser lände gantz ungern gesehen, und sich darumb höchlich bekümmert haben; dan soviel wir befinden, so sehen wir das diese lände irer angebornen Obrigkeit, der Kön. M^t zu Hispanien, alle schuldige und müglıche dienst zu erzeigen willig seindt, allein wan inen die Relligion frey gelassen werden möchte. Darumb bitten wir freundtlich E. L. die wollen uns hierüber glauben und keinem andern kegenbericht beyfall geben, auch diesse lände solcher geringer und schlechter leuthe handlung willen, nit verlassen, sondern sie, in diesen iren höchsten nöthen und anligen, in gnedigen und günstigen angedechtnüs halten . . . . . . Utrecht, ahm 26ten Novembris A° 66.

WILHELM PRINTZ ZU URANIEN.

Ahn hern Philipzen den Eltern,
Landgraf zu Hesszen.

† LETTRE CCXLVI.

Le Landgrave Guillaume de Hesse au Prince d'Orange. Sur la nécessité de se rallier à la Confession d'Augsbourg pour obtenir l'intercession des Princes Allemands. Réponse à la lettre 237.

1566. Novembre

*** Il paroît que le Prince d'Orange crut devoir donner de la publicité à la plus grande partie de cette lettre. On en trouve une traduction chez *Bor*, I. 119, où cet historien écrit: « Also eenige » der voornaemste hoofden van die van de Gereformeerde Religie » seer ernstig aen sommige Ryx-Vorsten aenhielden datsy souden » willen by den Coningh van Spanien voor hen-luyden bidden en » intercederen, so heeft eenen Heerlyken en Vorstelyken persoon » op hen-luyden versoek aen hem gedaen daerop geantwoort in » navolgende manieren. »

. . . . E. L. schreiben, underm *dato* Utrecht denn 5ten Novembris nechstverschienen, habenn wir wolverwarth entphangen, verlesen und seines inhaldts nottürfftiglichen verstanden.

Wiewoll wir nun die darinn verleibte püncten, E. L. begehren nach, an etzliche unnsere vertrauwte hern und freunde gelangen zu lasszen und darauff derselbigenn bedencken zu vernehmen, wol geneigt gewesen, so haben wir doch bey unsz vor's beste erachtet darmit so lang inzuhaltenn, bisz wir vonn den Churfürstenn zu Sachsszenn gleichfals erclerung erlangten wasz seine L. entlichenn, und nebenn unnsern schwehernn, dem Herzogen zu Würtembergh, unserm hernn Vatter und andern der Augspürgischen Confession verwanten Chur- und Fürsten, der gesuechtenn vorbith halber, bey dem

1566. König zu Hispanien zu thunn bedacht wehr, darnach wir
Novembre. unsz fernner in diesen wichtigen sachenn zu richten; dann wir inn der vorsorge gestandenn, wann der Churfürst vernehmen wurde dasz nicht allain die Niederländer sich zur Augspürgischenn Confession zu ercleren verwiddertenn, sondern auch E. L. sich vom Guvernament und hoff abzuthun und Iren privatsachen obzuwartenn nicht unbedacht, dasz S. L. der Churfürst und andere, daher so vil mehr ursach schöpffenn möchtenn das werck der vorbith uff sich selbst erkuelenn und ersitzen zu lasszen.

Nachdem unnsz nun itzo, alsz wir in solchen gedanckenn gestandenn sein, des Churfürsten anthwortt und erclerung, der vorbith halber, zukommen, darvonn wir E. L. beiliegende abschrifft vertreuwlich zufertigen, so werdenn ebenn darmit dieselbigenn unsere gedanckenn und gehapte vorsorge soviel desto mehr gesterckt.

Dann ob wol der Churfürst die vorbith durch schickung oder schrifftenn mit und neben andern zu thunn sich erbeuth, so restringirett doch s. L. solchs dermassen, dasz solche vorbith alleinn uff die Augspürgische Confession und deroselbenn wahren verstande gerichtet seinn und damit der *Calvinismus* gahr nicht approbirt werdenn solte. (1) Daher wir nun soviel mehr besorgenn, wo fernne die Chur- und Fürstenn der Augspürgischenn Confession dessen berichtet, dasz die predicanten inn den Niederländenn den nahmen der Augspürgischen Confession (wie E. L. schreiben) nicht gebrauchen woltenn, dasz sie sich entwedder der vorbith nicht baldt vereinigen oder doch dieselbige mit solchenn ernst, wie esz der sachen nottürfft erfördert, nicht thun würdenn.

(1) Jci la traduction de *Bor* commence.

Also stehen wir bey unnsz selbst in zweiffell, und wissenn nicht wie dieser beschwerlichen widderwertigkait mit fuegen zu helffen unnd die vorbith mit nutz und frucht ins werck zu richten, auch das vorstehende unglück abzuwendenn sein möcht, andersz alsz dasz die leuthe sich zum wenigsten zur Augspürgischen Confession berieffenn; dann dardurch wurdenn die Chur- und Fürsten derselbenn Confession verursacht sich solcher leuth, alsz irer glaubens genossenn, mitt soviel mehrern ernst, durch intercession und vorbith bey irem hernn, dem König zu Hispanien, auch underbawung bey der Röm. Kay. Mat. und sonst, anzunehmenn; es wurde auch die vorbith nicht allein ansehenlicher und vertreglicher sein, sondernn auch der kriegsleuth desto weniger undernn Teutschenn sich jegenn die guete leuth gebrauchenn laszenn; also könth dardurch das vorstehende unheil und bluetbath, menschlicher achtung nach, mit Gottes hilff verhuetet, dasz Reich *Christi* immertzu erweitert und die zahl der gleubigenn gemehret werden. Da aber hergegenn und ohne dies mittell die sachen mehr gefahr uff sich habenn möchten; dan E. L. wissenn wie verhast der *Calvinismus* bey der Kay. Mat. selbst, auch gemeinlich bey den Churfürstenn, Fürsten und Stendenn der Augspürgischen Confession sey; dasz auch ausz demselbigen einichen artikul die wiedersacher ursach nehmenn die reine lehr des Göthlichenn worts dermassen zu vervolgen, dasz nun umb desselbigenn einichen artickulen willenn, die Niederlände nicht alleinn inn solche mergliche gefahr gesetzt, sondern auch das ganze werck der wahren Christlichenn religion dardurch zerrüttet, der lauff des heiligenn *Euangelii* gesper-

1566.
Novembre.

1566. Novembre. ret und soviel unzelbare sehlen zum theil durch vervolgung vonn der warheit abgeschreckt, zum theil gantz und gahr an gehör des Göthlichenn worts verhindert werdenn solten. Solchs achtenn wir denjenigen die esz verursachen, mehr vor .einn unbedachtsame halstarrigkait, dan vor einn christlichenn eiffer. Es haben sich under denn Aposteln selbst im anfang *de observatione legis disputationes* zugetragen, und wiewoll *Paulus* allenthalben gelehret dasz *observatio legis* zur seligkait nicht nötig wehr, so hat ehr sich doch uff erinnerung *Jacobi* und anderer Aposteln, zu denenn ehr gein Jerusalem kommen, im tempell doselbst anderst gebähret., alleinn dardurch ergernüsz und verwirrung under denn glaubigenn Jueden des orts zu verhueten; also auch hat derselbig *Sanct Paulus*, widder seine selbst lehr, denn *Timotheum* beschneidenn lasszen, *item* zu seiner selbst errettung, alsz ehr zu Jerusalem gefangenn wahr, sich öffentlich vor einenn Pharisaeer bekanth, von deszwegenn das er, gleich denn Phariseern, die ufferstehung der thotenn glaubte, wiewol ehr sonstet mit den Phariseern durchausz nicht einigh wahr.

Weill nun dem also, und die Christliche liebe erfordert das die lehrer allesz *ad aedificationem* und zu erweiterung der kirchenn *Christi* richtenn, und dan diesen werck, menschlicher achtung nach und wie wir'sz bey unsz ermessenn, nicht wol bequemlicher zu helffenn sein wil, alsz das man sich uff die Augspürgische Confession berueffe, so lieszenn wir unsz bedünckenn dasz solchs nicht allain mit guetem gewissenn vonn den predigern in den Niederländenn wol beschehenn könte, sondernn das sie auch solchs vonn Christlicher lieb wegenn, in betrachtung der vorstehenden gefahr und gelegenheit, zu thun schuldig wehrenn. 1566. Novembre.

Unnd hielten's dennoch darfuer es soldt dem werck sehr nützlich und vertreglich seinn, wan in nahmenn der Niederländischenn Kirchen ein geschickte supplication an die Churfürsten, Fürstenn und Stende der Augspürgischen Confession gesteldt wurde, darinnen sie den standt der Religion in iren Kirchen kürtzlich anzeigtenn, auch copien der Supplication so sie letztlichenn iren hernn dem Könnig zugeschickt, übergebenn und darauff umb intercession und vorbith bey irem hern, dem Könnige bethenn, dasz inenn der prauch der Religion nach inhaldt der Augspürgischen Confession, gestattet werden möcht, und im fall es nicht zu erhaltenn, das sie sich *simpliciter* und ins gemeinn uff die Augspürgische Confession berueffen, sondernn sie je des streitigenn artickulsz vom hailigen Nachtmall gedencken wolten; so möchte solchs mit einem solchen temperament, wie wir's bey unsz bedenckenn, gescheenn, dasz sie anzeigen, ob sie etwo vonn ire miszgünstigen beschreiet wehren dasz sie einer uncristlichen meinung im artikul des Nachtmalsz seinn solten, so geschehe inenn doch darmit unrecht, dan sie ebenn der unnd keiner andern meinung wehren, wie die Chur-und Fürsten der Augspürgischen Confession sich selbst inn der zu Naumburg inn *Anno* 61 gestelter praefation disfals erclert hettenn. Von welchem Artickull wir E. L. ingelegtenn extract zufertigen, und dieweil der Churfürst Pfaltzgrave selbst diesenn Artikul derselbigen praefation mit bewilligt und sich nachmals darauff beruefft, so hieltenn wir esz [dennest] darvor,

1566. Novembre. es solten sich die Niederländische Kirchenn dessenn soviel weniger zu verweigernn habenn.

Da nun E. L. oder Ir Bruder, Graff Ludwig, der vornembstenn predicanten etzliche (1) so dasz ansehenn, dasz gehör und die volge beim volck habenn, diese ding zu gemueth und hertzenn fuerenn und ein solches bey inenn, in betrachtung der itzigenn gelegenheit und der sachenn umbstende, erhaltenn köntenn, und dasz die unzeitige und beschwerliche *questio quo modo* diszmalsz beiseits gesetzt würde, dardurch liessenn wir unnsz bedüncken solte den sachen mit Gottes gnediger verleihung zimblich zu helffen, der lauff des heiligenn *Euangelii* der örtter inn gueten wesenn zu behalten und die vorstehende gefährlicheiten abzuwendenn, auch die gesuchte stadliche vorbith der Churfürsten zu erhalten unnd insz werck zu setzen sein. Welchs wir E. L. ausz christlichenn guetenn hertzen, alsz vor unsern discurs und zu weitterm nachdencken, freundtlicher, gueter wolmeinung nicht verhalten wollen, und seindt E. L. freundtlichen zu dienen willig. *Datum* Cassel, am 27ten Novemb. A°. 1566.

E.[1] L. gutwilliger Vetter und Bruder,
WILHELM L. z. HESSEN.

. . . . . Dem Printzen zu Uranien,
zu S. L. selbst händen.

---

(1) *etzliche.* Dans la traduction il n'est fait mention ni du Prince et de son frère, ni des ministres; on se sert du pronom indéfini. » In » gevalle *men diegene* die 't gehoor hebben. ».

[1] E. — Bruder. *Autographe.*

† LETTRE CCXLVII.

Le Prince d'Orange au Landgrave Guillaume de Hesse, et mutatis mutandis, à Auguste Electeur de Saxe. Evénemens de Valenciennes et Harderwick; projet de déclarer au Roi son assentiment à la Confession d'Augsbourg.

. . . . Freundtlicher lieber herr Vetter, 1566.
Schwager und Bruder. Wollen wir E. L. freundtli- Novembre.
chen nitt verhaltten, das uns . . . zeittung ankommen seindt, demnach der stadt Valentien ungefärlich einen monatt belagert gewesen und den armen leuthen, so umb die stadt herumb gesessen seindt, in die sechsmahl hundert thausent khronen schaden geschehen ist, das sich in Flandern ein man oder zwölf thausent versamblet haben und die stadt entsetzen wollen.

So hatt auch der Graf zu Meghen ein stedtlein im Hertzogthumb Geldern, Harderwick genant, einnehmen wolln, und die Expedition seinen Drosten, Palinck von Scherpensell, bevehlen: demnach hatt bemelter Drost so viel practicirt, dasz er durch sein hausz, so er in berürter stadt ahn der maueren liegen, ein loch gebrochen und ahm 18 Decembris des morgens umb sechs schläge in die achtzig schützen hienein gebracht hatt. Als nuhn die knecht inn der stadt gewesen, seindt sie gleich nach dem marckt gelauffen, denselben eingenohmen und den Bürgern ir geschütz, so uf dem marckt gestanden, vernagelt und etzliche stück mit gewalt ufs hausz führen wollen. Wie nuhn dessen die Bürger innen worden, ha-

1566. Novembre. ben sie sturm geleuttet, sich auch alsbaldt versamblet und mit den knechten uf dem marckt zu schermützeln angefangen; inn dem haben die knecht das geschütz verlassen und die flucht nach des Könings hausz, so ahm stedtlein liegt, genohmen; die Bürger aber haben inen den wegh verlauffen und dapfer zusamen geschlagen und geschossen, also das der knecht neuhn uf'm platz toth blieben, viell verwundet, und zwölf, sonder den Drost und seinem sohn, gefangen seindt. Uf der Bürger seitten aber seindt drey thot blieben und etzliche verwundet, doch haben sie das hausz alsbaldt eingenohmen und behalten. Der Drost ist durch die Burgemeister endsetzt worden, wehr sonsten ohne zweifell thott geschlagen und in lauf blieben; und geben E. L. hiemitt zu bedencken was hier ausz noch vor weitterung endtschpringen werden.

E. L. haben auch ausz diesem hiebeigefügten der stadt Valentien kegenbericht (1) freundtlichen zu ersehen, das viel anders darumb gelegen als die Hertzogin inn iren Mandaten vorgiebt.

Wiewoll uns auch sehr beschwärlich fält uns der relligion halben öffentlich zu erkleren, wie E. L. desfals etliche unser bedencken in unserm vorigen schreiben, underm fünfften *hujus*, gesehen, nichts destoweniger dieweill wir vor unser person, auch unser geliebte gemahl wegent, eben so tieff bey der Kön. Mat. im verdacht stecken, als wan wir uns erkleret hetten, so weren wir woll bedacht uns kegent der Kön. Mat.

---

(1) *kegenbericht.* Cette défense de ceux de Valenciennes contre les accusations de la Gouvernante, se trouve chez *Bor*, I. 136, sqq.

in einen gehaimbten schreiben zu erkleren und ire Matt. undertheniglich zu bitten, wie wir das mit allerhandt bewegniszen und umbstenden ahm besten fügen können, nachdemmahl wir in der Augspürgischen Confeszion geborнn und ufferzogen, auch dieselbig in unserm hertzen je und allwege getragen undt bekendt haben, das ire Mat. uns und unsern underthanen dieselbig Confession frey und sicher zulaszen wollen. 1566. Novembre.

Hergegent wollen wir uns verpflichten das wir niemandt mit gewalt zu unser relligion dringen, auch weder den geistlichen personen, noch iren gütern, einigen intrag thun oder etwas abziehen laszen, sondern sie in iren standt und weszen geruhlich pleiben laszen wollen.

Weill nuhn disz ein hochwichtig sach ist, daran uns undern andern unser vornembste zeitliche wolfarth gelegen ist, so haben wir sonder E. L. rath und vorwiszen nichts thun, noch furtsetzen wollen, gantz dhienstlich bittent E. L. wolle diesz unser gemuede und meynung, nach seiner wichtigkeit, bei ir erweghen und bedencken, und uns nochmals derselben getreuwen rath, uns darnach zu richten, freundtlichen zukhommen laszen. Das wollen wir umb E. L., nebent andern vill erzaigten gutthaten und freundtschafften, allzeit gern hienwieder verdhienen. *Datum ut in litteris.*

Ahn hern Wilbelmen Landgraf zu Hessen.
mutatis mutandis.
— — August Churfürst zu Sachsen.

Sans se déclarer ouvertement, le Prince, quelques mois plus tard, donna à entendre au Roi que des scrupules de religion l'em-

1566. péchoient de lui obéir en toutes choses. « Vidimus hic literas Prin-
Novembre. » cipis Auraici ad Regem, ubi omne obsequium offert, quatenus » salvâ conscientiâ licet. Id sua Majestas subductâ virgulâ notarat » et in margine °|° posuerat. . . . . penult Maji 1567. » *Epist. Hopp.* 130.

Le Prince, se conformant à l'avis du Landgrave Guillaume de Hesse (voyez p. 409) résolut d'envoyer quelques Seigneurs en ambassade vers l'Electeur Palatin, le Duc de Wurtemberg, le Margrave de Bade et le Duc de Deux-Ponts. Les lettres de créance et l'Instruction signée par le Prince portent la date du 1 décembre, et furent remises au Comte Jean de Nassau; les autres députés devoient être Louis Comte de Königstein, oncle maternel du Prince, né en 1505; Philippe Comte de Hanau-Lichtenberg, (apparemment Philippe IV, né en 1514); enfin Louis Comte de Wittgenstein. — Dans cette Instruction le Prince déplore les excès des iconoclastes, et surtout aussi ce qui y avoit donné lieu, savoir la sévérité de Philippe II. Il atteste la disposition des réformés à respecter les droit du Souverain. « Wan allein die Kön. M. inen die relligion frey laszen und sie mit kheinen Religions mandaten oder andern neurungen iren freiheiten » und privilegien zuwieder beschweren wolte. » Le Roi, ajoute t'il, malgré ses lettres, a tout aussi peu intention de tolèrer la Confession d'Augsbourg que celle des Calvinistes, et s'apprête à envoyer une armée formidable dans les Pays-Bas. L'intercession des Princes Allemands sera une oeuvre agréable à Dieu. La chose concerne aussi spécialement le Prince d'Orange: « dieweil uns die » vornembste schuldt diszer verenderung als einem in der Augspürgischen Confession geborneu und ufferzogenen Deutschen will » zugemeszen werden. » Il demande aussi particulièrement leur avis sur ce qu'il aura à faire, si le Roi persévère en ses projets: « » uff den fall des überzugks. » (*MS.)

LETTRE CCXLVIII.

Le Comte de Berghes au Comte Louis de Nassau. Il fait des protestations de fidélité.

⁂ Les protestations ne coûtent rien au traître pusillanime. Quelques semaines plus tard la défection du Comte, ou plutôt sa tentative de rentrer à tout prix dans les bonnes grâces du Roi, devint manifeste. « De Geconfedereerden verstonden dat den Grave van den Berge aan Viglius geschreven hadde, hem seer flatterende, en syn selven excuserende, dat hy niet nieus en hadde aengerecht, noch van de Religie te veranderen, noch ook de Beelden af te werpen, begerende aen hem dat hy 't selve den Konig wilde adverteren en hem verschonen; hy soude een getrou dienaer van Syne Maj. blyven. » *Bor*, 151ª. Ces démarches ne lui furent d'aucune utilité.

1566. Décembre.

Peut-être le Comte avoit-il promis d'assister à une réunion des principaux confédérés à Amsterdam : voyez p. 467. « Creditum est in eo conventu statutum omni ope conniti ne Rex milite instructus adveniret, idque aut precibus Maximiliani Caesaris apud Regem, aut exuta palam obedientia armis impetrandum. » *Strada*, 281.

Monsr. mon frère. J'ay receu vostre lettre par laquelle j'ay entendu que trouvés mes excuses bien estranges, voyant que deiniement[1] vous auroye promis en présence de Monsr. le Prince de m'y trouver et aussy confermé par mes dienires[2] lettres et que ne saves comment entendre, vous asseurant, Monsr. mon frère, en avoir esté totalement résolu selon le contenu de ma lettre; la raison pourquoy nay l'ay seu mectre en effect, en auroit esté premirement occasion mes bourgeois, lesquels m'ont

[1] dernièrement. [2] dernières.

1566. présenté ungne suplication, affin de pouvoir avoir la
Décembre. presse [1] en la ville, comme en autres lieux, en quoy je suis esté bien empêché, quar, sy je me fusse absenté, il y aussent [2] fait quelque désordre et abbatu les ymages et autels, estants encoire en [ce me [3]] termes, surquoy vous vouldroie bien prier d'en avoir sur ce l'avis de Monsr. le Prince et de vous, affin de me pouvoir selon icelluy reigler en ceste affaire. Quant à la reste, vous prie de ne point avoir mavesse opinions de moy; au surplus ay donné charge à mon drossart, Tellis, pourteur de ceste, vous comuniquer de tout. A tant, Monsr. mon frère, après m'ettre bien recomandé à vostre bonne grâce, prie le Créateur vous donner ce que vostre ceur désire. De Bergue, le premier désembre 1566.

L'entièrement affectioné frère à vous faire service,
GUILLAUME DE BERGHE.

A Monsr, Monsieur
le Conte de Nassau.

Quant à la somme je vous l'envoye présentement, vous remerchiant de me la avoir presté si longement, vous remersiant pour le tout.

N.° CCXLVIII.*

Requête à l'Empereur Maximilien, tendant à ce qu'il veuille intercéder auprès du Roi d'Espagne en faveur des Pays-Bas.

*** Cette pièce semble écrite de la main du Comte Louis de

[1] prêche. [2] eussent. [3] ces mêmes (?).

Nassau. — Malheureusement l'Empereur devoit se borner à une intercession amicale. Les liens qui unissoient les Pays-Bas à l'Empire, avoient été extrêmement relâchés en 1548, par le traité d'Augsbourg, Charles-Quint ayant réussi alors à faire exempter ces Etats héréditaires de toute juridiction supérieure. Le celèbre *Kluit* s'exprime ainsi à ce sujet. « Zie hier de looze streek des Vorsten die » zijne voorouderlijke Erflanden voor eene geringe jaarlijksche belas- » tinge, geheel en al der magt, gezag en rechtspleging van 't Duit- » sche Rijk onttrokken heeft, en van 't Rijk vrijgemaakt, dat is aan » hem alleen onderdanig gemaakt heeft. » *Over 't recht om Philips af te zweren*, p. 20. 1566. Décembre.

Sire!

Nous ne faisons doubte que Vostre M^té^ soit esté de tout advertie de ce que passé quelques mois en çà c'est passé au Pays-bas, parquoy n'y ferons redicte pour point importuner Vostre M^té^. Et combien, Sire, qu'avons estés quelque temps en grande paine pour ne scavoir à quoy le subit changement tandoit, mesmement aians la plus part de nous aultres estés advertis par la Gouvernante des Pais-bas, de plusieurs désordres, séditions et tumultes commises par aulcungs désobéissents et commun peuple, le tout soubs prétext d'une religion dissimulée, dont avons estés certes bien maris, que en ung temps où que sommes tellement affligés de l'enemy de toute la Cristienté, de l'autre cousté aussi pour le mauvais exemple que aultres subjects en pourriont prendre, pour nous estre si voisins et membre du S. Empire, qui ast esté cause que non seulement avons laissés passer par silence toutes les levées et préparations que le Roy d'Espaigne a faict despuis quelque temps en çà, ains avons estimé estre juste et raisonnable que touts Princes aiment tout bien, tranquillité et repos, deussent avecques tout leur pouvoir

1566. Décembre. assister l'ung à l'aultre, pour empêcher la rebellion et désobéissance des subjects, de tant plus au Roy d'Espaingne, qui est fis d'ung Empereur nostre et si proche parrent de Vostre M[té], et dont les dits pays sont une partie membres. Et comme, Syre, aiants tant pour recommandé le service et prospérité de nostre patrie, et noméement iceluy de Vostre M[té], avons bien pour la proximité et voisinance du dit Pais-bas, volu informer particulièrement come toutes choses sont passés, la cause pour quoy et à quelle fin elles tendent, pour en advertir Vostre M[té], afin qu'icelle par son assistence, tant de force que aultre voie, eusse en temps secourru Monsr. son frère, pour éviter touts inconvénients ultérieurs. A quoy Vostre M[té] nous eusse trouvés et nous trouverast tousjours bien prests à ensuivre ses commendements. Ainsi, Sire, avons véritablement trouvés que il en ast eu quelques désordres en abastant les images, ruinant les autels et occupant les temples, ce que nullement scaurions trouver bon, ny donner tort au Roy d'Espaingne de s'en resentir, comme nous entendons aussi que en partie il s'est desjà faict la démonstration requise : mais d'aultre part, Sire, les exécrables justices et persécutions de tant des milles et milles qui ont estés mis à mort, despuis que Dieu par sa saincte grâce ast mis en lumière la pure doctrine au S. Empire et que les principaulx placcarts et défenses ont esté dressés contre ceulx de nostre religion, combien qu'elle ast esté accordée et permise, nous donnent cause les tenir aulcunement excusés et avoir pitié et compassion avecques eulx, et que tout cecy est advenu avant les avoir permis aulcune prêche ou exercice de religion, et qu'on voit tousjours que chose maintenue avecques rigueur et véhémence, se vient à rompre avecques grand dangier et désordre, et principalement en ung faict de conscience, qui ne peult estre domptée par forces d'homme, et de tant plus n'aiant esté cecy commencé avecques aulcung ordre, sans aulcung chief ou Magistrat qui s'eust voulu au commencement déclarer pour eulx, de peur de tomber en la mauvaise grâce du Roy, qui ast esté cause de tant plus grand désordre; mais si tost que la Régente ast entreposé quelque petite permission de pouvoir prêcher, toutes ses tumultes se sont assouppies et cessées incontinent; par où on peult aisément comprendre que leur faict ne tend nullement à rebellion ou désobéissance, ains tout seulement de pouvoir jouir de l'exercice de la religion et donner satisfaction à leurs consciences. Il est vray aussy que somes bien informés que, soubs prétext de ceste permission, aulcunes sectes et prédications mauvaises s'entremeslent, ce que nous desplaict grandement, et serast de besoing et fort bon qu'il y fust mis remède en temps et heure. 1566. Décem

Voiant asteure, Sire, et que sommes avertis certainement que le Roy d'Espaingne, par instigation du Pape et aultres, est résolu de nullement vouloir souffrir aultre religion que la Romaine, quelle que soit, et que soubs prétext de chastier la désobéissance et chasser les mauvaises sectes, qui ne sont permises en l'Empire, il se prépare, et non seulement en Espaingne et Italie, mais aussi en Allemaingne, come il est notoir à ung chascung: seroit à craindre, que oultre tant des inconvénients, qui nécessairement adviendront par toute la Crestienneté et mesme en ce temps icy où que le Turcq ast acquis tel advantaige sur nous aultres, qu'il ne voul-

1566. droit quant et quant extirper nostre religion, à laquelle
Décembre. sommes bien asseurés que une grande partie et les plus principaulx sont affectionés.

Et come il semble estre l'office de Vostre M[té] de prévenir touts dangiers, principalement aulx provinces qui despendent de l'Empire et pour point lesser perdre et ruiner ung pais, dont Vostre Ma[té] peult avoir la succession, par guerres intestines, n'avons peu délaisser de la supplier très humblement qu'icelle voulusse prendre ces affaires à ceur et envoier ung ambassade au Roy d'Espaingne, pour le détourner de ses desseings et le mestre sur tel chemin, come en tels et semblables cas de religion on est accoustumé de faire, et somes bien d'intention de envoier aussi ung ambassade pour le enquérir de nostre part de vouloir condescendre aulx moiens licites et raisonables, aveques la remonstrance, suivant la copie cy joincte, dont supplions très humblement Vostre M[té] se vouloir conformer et cela au plus tost, espérant que le Roi se laisserast induire et ne vouldroit pas estre cause de tant de calamités, tant en l'Empire que en ses pais propres, et Vostre Ma[té] recevrast une réputation immortelle et ferast ung très grand service à Dieu et toute la Crestienté.

LETTRE CCXLIX.

Schwartz au Prince d'Orange. Sur les dispositions de l'Empereur à intercéder auprès du Roi d'Espagne.

⁎ Cette lettre, où il s'agit uniquement de supplications au

Roi, peut servir de réponse à une accusation de *Strada* relative à la conférence de Dendermonde. « Variantibus sententiis in eo conve- » niebant, arcere Principem ab ingressu Provinciarum certae id » esse contumaciae, incertae victoriae: admittere, periculo propius » videri . . . Aut vertendum igitur solum, . . . aut novum in eam » Dominum . . . inducendum. Hoc postremum vero optimum vi- » deri: occasionemque in promptu esse, si, quoniam Maximilianus » Imperator operam suam obtulit componendis hisce discordiis, » per speciem ejus arbitrii deposcendi clam interim agatur ut in » Caesaris manus hae demum Provinciae devolvantur. » 277. 1566. Décembre.

L'Empereur désiroit que le Roi d'Espagne se rendit sans armée dans les Pays-Bas, afin de pacifier le pays par douceur et non par violence. « *V. Raumer, Hist. Br.* I. 173.

Le docteur Schwartz avoit été à Orange comme Commissaire du Prince. Celui-ci paroit lui avoir conservé sa confiance, malgré le rapport très défavorable de P. de Varich dans son Verbal. « Il a » ordinairement . . frequenté les plus grandz séditieux et adversai- » res de S. Exc. et Souveraineté, leur donnant à entendre qu'il » n'estoit besoin entretenir aucungs soldatz et que l'intention de » S. Exc. n'estoit telle, et que les falloit tous casser; ce que les dits » subjectz demandoient, afin que la justice ne fut forte et eulx » chastiez . . ., par raison de ce les dits subjects ont refusé à con- » tribuer pour l'entretenement des dits soldatz. Aussi disoit-il pu- » bliquement que S. Exc. ne pouvoit permettre à ses subjectz vivre » en liberté de conscience avecq exercice de leur relligion à la » conformité de ceulx du Roy, ains qu'il convenoit qu'ilz vécus- » sent et se réglassent comme les subjectz du Pape. »

Durchleuchttiger hochgeborner Fürst, gnediger Herr... Sunst was diese jetzige tumulten und leufft betrifft, weis E. F. G. ich yhen[1] höchsten vertrawen und gehaim nichtt zu verhaltten, dan esz mir bey der Kay. Mat. ongnaden auffgelegt ist solches gehaim zu haltten, wie das ich, sontag vergangen fünf wochen, ahn einen der Rö. Kay.

[1] in.

1566. Décembre. Mat. gehaimbsten vornembsten Ratth mit welchen ich altte vertrauwliche correspondents und kunttschafftt, auch ziffern hab, wie und wen die sachen alhie yhn diesen länden geschaffen, auch was der pfaffen, weyber, und Hispanier vorhaben sey, und was endtlich der Kay. Mat., auch dem Künig selbst, darausz ervolgen möchtt vor unrath und gefhärliche witterung, so sich eraigett zu gemainem verderben der gemainen Christenhaitt, dardurch die Kay. Mat. ahn yhrem yetzigen hochnöttigen und gefhärlichen zugh und notthwehr, mercklich wurden verhindert werden so solches yhn das werck gerichtt und einem vorgang gewinnen soltt, dardurch vielleichtt diese lände yhn grundt verdorben und dem hausz Oesterreich yhn allem durch frembde Potentaten abgewendt mögtten werden. Demnach so were mein treuwes und hertzlichs bedenckens, das zu allen seitten dieser misverstandt durch leidtliche mittel und guttliche underhandlung auffgehoben und solche onordnung und enttpörung abgeholffen mögtt werden; so wist ich aber keinen besseren noch sicheren wegh, dan, als diese lände dem Reich und dan auch dem hausz Oesterreich alls yhre *patrimonium* angehörig, das yhre Kay. Mat., ausz jetzo bemeltten ursach, von den Stenden dieser lände wurd ersuchtt und underthenigst erbotten, sich bey dem Künig yhrer durch guittliche handlung und mittel anzunemen und durch dieselbige die Kö. Mat. zu contentiren und zuersettigen. Nachdem ich aber nichtt wissen küntt, ob yhre Kay. Mat. wird wollen darzu versehen, so hab ich obbemelten herrn zum höchsten und dienstlichsten gebetten, solches der Kay. Mat. vorzuhaltten und zum fürderlichsten mir dessen durch ziffer einen grüntlichen berichtt zu thuen.

Darauff weis E. F. W. ich nichtt zu verhaltten das bei jüngster post mir von obbemelten herrn ein ghar grosz pacquett, wol von 52 bogen, ist zukommen, und neben viellerley [occurrentien], so der Kay. Mat. seint zukommen und er mir deren *copiam* zugeschicktt, auch ein missive mit seiner aignen handt verferttiget, zwey bletter lautter zifferen, und gibtt mir soviel zu erkennen und versichertt mich zum höchsten das, sover die Kay. Mat. von diesen länden werden ersuchtt werden, das sye mit allem ernst und treuwen sich bey den Kön. Mat. werden annemen, und die sachen dahin helffen richtten, damit weitterung und onnöttiges bluettstürtzen verbleiben möge, auch sunst gutte fründt dazu zu hülff nemen; sunst soviel desselbigen obberürtten herren person belangt, soll ahn yhm auch kein vleisz, muehe, noch arbeitt erwinden; und soviel die Religion belangtt, sover man den *Calvinismum* mögtt dahinden lassen und allein auff die Augszbürgische Confession wurd handlen, werd yhre Mat. gleichergestalt auch lassen gebrauchen, aber es must solchs zum förderlichsten und schleunigsten yhn das werck gerichtt werden, ohne ainigen wittern verzugh, ehe und zuvor yhre Mat. sich weitters rüst und gefast mach und yhre sachen würcklich angreiffen und dirigiere; und weitters schreibtt er mir das, wie wol er der Kay. Mat. patentum verferttigett und dieselbige, mit dem berürtten seinem schreiben, der Guvernantin zugeschicktt, so über 3000 pferd und 10^m knechtt vermeldett, so sey er yedoch gäntzlich meiner meinung, das es zu allen seitten weitt nützer, sicherer und besser were, durch guetliche beylegung diesen gebrechen abzuhelffen, welches E. F. G. ich hiemit underthenigst, treuwhertziger mainung

1566. Décembre.

1566. nichtt hab wollen verhaltten, demselbigen weitter nach-
Décembre. zudencken und zu berattschlagen, dan sye mögen sich darauff verlassen das dem yhn grundt also ist, wie obbemeltt, und will E. F. G. ettwan das original schicken oder selbst bringen, welches handt und namen sye werden wol kennen, und weisz auff diese stundt keinen der solches besser bey der Kay. Mat. thuen kann, als derselbig so mir geschrieben. Ich darff nicht alles noch weitter vermelden, dan er es mir zum höchsten bey Kay. Mat. ongnad verbotten. Nun ist, mein einfeltiges bedencken, das rathsam das mhan zum schleunigsten gesandten zu der Kay. Mat. geschicktt het, und sunst auch bey den Teutschen Churfürsten und anderen angehalten, das sye gleicher gestaltt an beide, Kay. und Kö. Mat., geschrieben und begerett; und sover ich weitters ettwas guettes hierin mögtt thuen, als ein armer und geringer, yedoch getreuwer diener, will ich nichtts was yhn meinem vermögen stehett, ahn mir erwinden lassen . . . . *Datum* Brussell, den 14 December, ihn eyll.

E. F. G.
undertheniger und gehorsamer
diener und underthan,
Schwartz.

Monseigneur, Monseigneur le Prince d'Oranges, Conte de Nassaw Catzenelenbogen.

* LETTRE CCL.

Auguste, Electeur de Saxe, au Prince d'Orange. Il se réjouit que le Prince songe à embrasser la Confession d'Augsbourg; se montre bien disposé envers les Pays-Bas.

. . . Wir haben E. L. schreiben und dancksagung, unserer E. L. gesandten jüngst gegebenen antwortt halbenn, zu unsern henden entpfangen, dero E. L. kegen uns nicht bedörfft hette, sintemahl wir E. L. mit aller freundschafft zugethann und zuförderst Gottes ehre zu befürdern, begierigh und willig sein. Das sich dan E. L. in jetzigen irem schreiben ihres entlichen gemüts, der religion halben, kegen uns dermassen Christlich und freuntlich ercleren und ir herze dahien eröffenen, das Sie bedacht sich zu der Augspürgischen Confession öffentlich zu bekennen, thun wir uns kegen E. L. freundtlich bedancken, und wüntschen von Got dem Almechtigen das ehr E. L. in solchen Christlichen vorhaben, durch seinen Heiligen Geist stercke, leithe und fhüre, wie dan das wahre erkentnüs des Hern *Christi* und seines allein seligmachenden worts, von Got alleine zu erbitten und zu erlangen, und gar nicht menschenwerck ist. 1566. Décembre.

Und wiewoll leichtlich zu ermessen die Kön. W. zu Hispanien werde ob solcher E. L. erclerunge, nicht alleine grosse befrembdunge, sondern auch ein ungnedigs misfallen tragen, und also nicht ohne beschwerunge und gefahr zugehen, so beruhet es doch alles auf dem, das man Got mehr dan den menschen in solchenn whall[1] gehorchen und die erkante warheit, umb verfolgunge und

[1] Wahl.

1566. creutzes willen, nicht verleugnen musz; dieweil sich aber
Décembre. auch andere mehr Stende und Stette in Nidderländen albereit dahien ercleret und zum theill mit der that erweiset haben das sie des Babsthumbs grewel und die Hispanische Inquisition lenger nicht zu gedulden, sondern der religion und glaubens halbenn fernner unbedränget sein wollen, so solte solchs unsers erachtens s. K. W. andere gedanckenn verursachen, das sie vonn irem vorhaben die underthänen mit dem schwerdt zu überziehen, abstunde und auf andere bequeme, lindere mittel gedachte, dadurch gehorsam, friede und ruhe erhalten wurde. Was dan wir, auch nebenn anderen Chur- und Fürsten, so der Augsbürgischen Confession verwandt, durch schickunge oder schrifften an ir. Kön. W., den armen bedrängten länden zu guttem thun, verwenden und befürdern sollen oder können, in deme wollen wir uns, hieforigem unserm freundtlichen erpietenn nach, aller Christlichen gebüre erzeigen und seindt dehren Chur-und Fürsten entlichen zuschreibens und vergleichunge, was sie deszhalben zu thun bedacht, gewertig.

Wann aber in allewege die nottürft erförderenn will das E. L. in anrichtunge der wahren Christlichen Religion eine gewisse form haben, so wollen wir E. L. unserer lände Christliche Kirchen-Ordnung zuschicken, auch auf eine person, darumb uns E. L. bitten, bedacht sein, mit der E. L. von dehnen sachen vertreulich reden und sie zu E. L. besten eine zeitlang gebrauchen mügen... *Datum* aufm Stolpen, den 19ten Decembris 66.

Augustus Churfurst.

Dem hochgebornen hern Wilhelmen, Printzen zu Uranien.....

Le 20 décembre le Prince se rendit à Amsterdam, où il resta près de six semaines. Il fit restituer l'Eglise des Cordeliers, que les Réformés avoient envahie pour y prêcher; mais il leur accorda des places pour bâtir des temples. Il avoit beaucoup de crédit auprès de ceux de la religion; mais la répugnance des Magistrats à faire des concessions quelconques lui suscitoit souvent beaucoup d'obstacles et de difficultés. Dans plusieurs provinces le parti Catholique reprenoit de la force dans les assemblées des Etats: à Utrecht le Prince avoit pu s'en appercevoir. Les Etats de Brabant présentèrent le 21 décembre une adresse à la Duchesse de Parme pour la cessation des prêches. *Bor*, I. 126. Les autorités, connoissant la position assez équivoque du Prince, ne devoient pas être toujours très empressées à seconder ses vues, et la Gouvernante, d'après les intentions du Roi, faisoit surveiller de près ses démarches. Le Roi écrit le 27 nov. à sa soeur que, des quinze enseignes Allemandes levées pour la Gueldre, la Frise et la Hollande, il conviendra d'en donner « charge à quelque personnage con- » fident, que si bien il eut charge d'obéir au Prince, comme Gou- » verneur Provincial, toutefois qu'il se conduit selon ce que luy » seroit commandé de par Moy ou de par Vous, advenant que luy » demandit aultre chose le Prince. » *Procès d'Egmont*, II. 516. 1566. Décembre.

* LETTRE CCLI.

Le Landgrave Philippe de Hesse au Prince d'Orange. Sur les dispositions des Princes Allemands. Réponse à la lettre 245.

. . . Hochgeporner Fürst, freundtlicher, lieber Vetter und Sohn, wir haben E. L. schreiben des *datum*, stet Utrecht den 26ten Novembris, entpfangen gelesen.

1566. Décembre. So viel nun die vorpit und intercession, welche die Stende der Augspürgischen Confession für die Nidderlender thun solten, betrifft, wollen wir E. L. freuntlichen nicht pergen das es darmit noch gar witleufftig stet.

Dan erstlich so erpeut sich der Hertzogh zue Würtenbergh, sein L. wolle woll mit vorpit thun, aber neben dem Pfaltzgraven Churfürsten wollt es s. L. nicht thun.

Zum andern so erpeut sich der Churfürst zue Sachsen, das s. L. auch die vorpit wolle thun helffen, aber nicht weiter dan für die, so da seindt der Augspürgischen Confession.

Nun wissen wir nit ob darmit den Herrn, Stenden und Stetten im Nidderlandt geholffen seie, wirt derhalben noth thun uns dessen zu berichten.

Dergleichen, achten wir, werden die andern mehrertheil auch gesinnet seit, alsz nemblich: Herzog Wolffgang Pfaltzgraff, Baden, Brandenburg zue Anspach (1), Marggraff Joachim Churfürst (2), die Herzogen zu Pommeren (3) und Meckelnburg (4).

Darumb müssen E. L. uns zu erkennen geben ob die Herrn, Stende, und Stette im Nidderlandt darmit zuefridden seien, und wirt auch gar langsam zuegehen die Stende zue hauf zu fördern, solche dinge zue berathschlagen und zu vergleichen. Wir haben aber dem Churfürsten zue Sachsen geschrieben, das S. L. etzlicher Fürsten Gesan-

---

(1) *Brandenburg.* Jean-George, né en 1525.

(2) *Churfürst.* Joachim II, né en 1505, Electeur depuis 1535; en 1539 il se déclara pour la religion Evangélique.

(3) *Pommeren.* Apparemment Philippe I, né en 1515.

(4) *Mecklenburg.* Jean-Albert I, né en 1525, régnant depuis 1547.

ten an ein gelegenen platz zuesammen erfordert und die ein meinung, wie diese so wichtige sache fürzunehmen, stellen lassen. Was nun daruf volgen wirdet, sollen E. L. woll berichtet werden, doch ist sich nicht daruf zu verlassen, dan es ungewisz ist. 1566. Décembre.

Dasz wir E. L. uf ir schreiben anzeigen wollen, und seindt E. L. freuntlich zu dienen willig. *Datum* Cassel, am 22ten Decembris *Anno Domini* 1566.

PHILIPS L. z. HESSEN.

Dem hochgepornen Fürsten... Wilhelmen, Printzen zu Uranien, . . . zu S. L. selbst händen, sonstet niemandt zu erbrechen.

Les lignes suivantes, également signées par le Landgrave, se rapportent apparemment au billet mentionné p. 463.

Auch freuntlicher, lieber Vetter, haben wir E. L. ingelegten zettel gelesen, und weil es ein hochwichtige sache, haben wir etzliche guthhertzige leuthe übersitzen und berathschlagen lassen was darin guth gethan, die uns nun ir bedengken angezeigt, wie wir E. L. dasselbig hirmit zueschicken, welches wir uns auch also gefallen lassen und mit ihnen eynig sein. Das wir E. L. also uf den ingelegten zettel auch vermeldden wollen. *Datum ut in literis.*

PHILIPS L. z. HESSEN.

LETTRE CCLII.

Bernart, Seigneur de Mérode, au Comte Louis de Nassau. Sur les entreprises de la Gouvernante.

1566. Décembre.

*** *L'entreprinse que scaves* est peut-être un projet pour s'assurer de Maestricht. Du moins la Gouvernante étoit en correspondance à ce sujet avec l'Evêque de Liège. Le 13 novembre celui-ci écrivit : « Madame, j'ay receu celle de V. Alt. du 10e de ce mois, » touchant les moyens que V. Alt. advise de povoir asseurer la vil- » le de Maestricht et la purger des prescheurs sectaires. Et, quant » au premier moyen de gaigner quelque intelligence deans la ville, » ...la disposition d'icelle ... ne nous monstre bonnement, à mon » advis, aulcun moyen de pouvoir encoir présentement gaigner ce » poinct : parquoy .... je me rengerois plustost au second moyen » d'y envoyer personnaiges de deulx coustelz pour s'employer et » par tous bons moyens essayer de réduire la ville en asseurance. » *Gachard, Anal. Belg.* 203. Les protestans y étoient extrêmement nombreux. « Les bons catholiques ne scaueroient bonnement dire » si en ceste ville il y a plus de catholicques ou plus d'infectez. » *l. l.* 19.

Son Altesse vouloit *se saisir de Zeelant*, c'est-à-dire mettre garnison dans les villes, ce qui, à cause des privilèges, causoit toujours beaucoup de mécontentement, et donnoit souvent lieu à de la résistance, comme on venoit encore de l'éprouver à Valenciennes. — On craignoit beaucoup que les Réformés ne s'emparassent de la Zélande, afin d'exclure le Roi du côté de la mer.

Monsieur! combien que n'ay jusques astheur eu grand intelligence pour ce faict à Liège et Maestrecht ni Huy, ne fauldra pour ce faire mon extrême debvoir pour empêcher l'entreprinse que scaves, et coment le lieu nous est de fort grand importance, tant pour le pasaige que pour certain voisinaige, j'empliray touttes mes forces avecques aide des bons amis à leur faire fault. Je vouldroi bien que Vostre S^{rie} volist escrir ou par autre moien faire tenir quelcque lettre au consistoir du lieu, pour me tant plus donner de crédit vers eux, car sains les bons et fidèles l'on sçarat[1] peu effectuer, pour ce qu'avons beaucoup d'adversaires en ce quartir. Au rest, Monsieur, je suis averti coment son Alt. traficque fort par le Duc Erich, Monsieur d'Aremberch, Monsieur de Megen pour se saisyr de Zeelant, par où vostre S^{rie} schayt les grans inconvéniens quil nous poldroit avenir; elle besoinge aussi fort pour ceste ville de Malins. Dieu donne que tout soit en vain, car la ville d'Anvers seroit bien assiégé, ajant perdu ces lieux susdit, qui seroit unne grande perte. D'aultre chose quil se passe par ici, vous dirat le Singeur de Van der Aa, porteur de cest, qui ferat fin, priant le Souverain Dieu avoir vostre Singnerie en sa sainte grâce. De Malins, le 23 de 10bre l'an 1566. 1566. Décembre.

Entièrement prest à obéyr et faire très humbles services,

BERNART DE MERODE.

Monsieur, Monsieur le Conte
de Nassau, Catzenellenbogen, Vianden etc.

Le Comte Louis proposa à Amsterdam aux Réformés trois points : obéissance au Roi, contribution à la somme de trois millions, acceptation de la Confession d'Augsbourg: *Bor*, I. 124. Cette proposition se trouve aux Archives : *Propositie op ten 24 dec. by mynheere Grave Lodewyck van Nassauwen binnen Amsterdam der gedeputeerden van de gereformeerde Gemeenten der Steden en plaetsen in Hollant gedaen.* Elle fut également faite à ceux d'Anvers, Tournai et Valenciennes : *Bor*, *l. l.* Mais, quant au troisième

[1] saura.

1566. point on ne reçut que des réponses évasives et dilatoires. Les théolo-
Décembre. giens envoyés d'Allemagne (p. 473) n'étoient guère propres à concilier les esprits ; du moins si l'on peut en juger par le choix de M. Flacius. « Ein Mann von Geist und gründlicher Gelehrsamkeit und um die biblische und kirchenhistorische Literatur ausgezeichnet verdient, dessen Wirksamkeit aber durch seine allzu grosze polemische Heftigkeit getrübt wurde. » *Guerike*, l. l. p. 131. — La position des protestans redevenoit critique ; ils se livroient au découragement ou méditoient des entreprises téméraires. En attendant la Gouvernante se préparoit à écraser quiconque, à l'exemple de ceux de Valenciennes, oseroit prendre les armes ; et le Roi faisoit rassembler la puissante armée qui quelques mois plus tard devoit, avec le Duc d'Albe pour chef, venir fondre sur les Pays-Bas.

EXPLICATION DES PLANCHES.

Planche I. 1. Fragment d'une lettre de Juliane, Comtesse de Nassau, mère du Prince d'Orange. (p. 260.)
2. » d'une lettre de Louis de Nassau *(Son écriture a beaucoup changé)*. (p. 272.)
3. Facsimilé de la Duchesse de Parme, précédé de l'écriture du sécrétaire Imbrechts. (p. 85.)

— II. » des membres de la Noblesse rassemblés en juillet à St. Tron. (p. 161, suiv.)

— III. 1. Fragment d'une lettre de Nicolas de Hames. (p. 37.)
2. Facsimilé de Pierre de Varich. (p. 51.)
3. » de George von Holl. (v. p. 122.)
4. Fragment d'une lettre d'Antoine de Lalaing, Comte de Hoogstraten. (p. 46.)
5. » d'une lettre de F. de Montmorency, Baron de Montigny. (p. 366.)

— IV. 1. Facsimilés de quelques Nobles Confédérés, qui refusent de se rendre à St. Tron. (p. 154.)
2. Fragment d'une lettre de Charles Utenhove le fils, Noble Gantois. (p. 296.)

1.

[illegible]

2.

[illegible]

3.

[illegible]

1.

-me

querin

adhib

2.

4.

5.

2

ceul
de s
a ses
affai

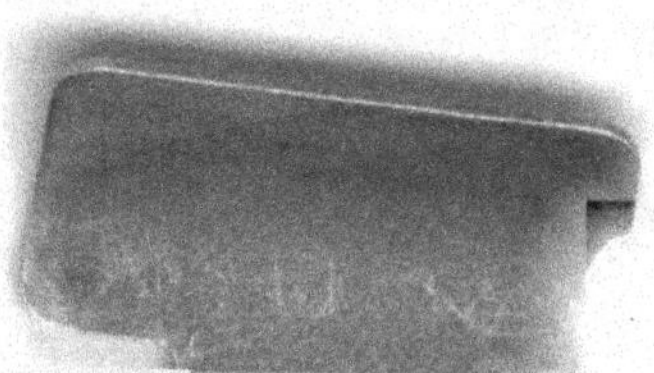

Check Out More Titles From HardPress Classics Series In this collection we are offering thousands of classic and hard to find books. This series spans a vast array of subjects – so you are bound to find something of interest to enjoy reading and learning about.

Subjects:
Architecture
Art
Biography & Autobiography
Body, Mind &Spirit
Children & Young Adult
Dramas
Education
Fiction
History
Language Arts & Disciplines
Law
Literary Collections
Music
Poetry
Psychology
Science
...and many more.

Visit us at www.hardpress.net

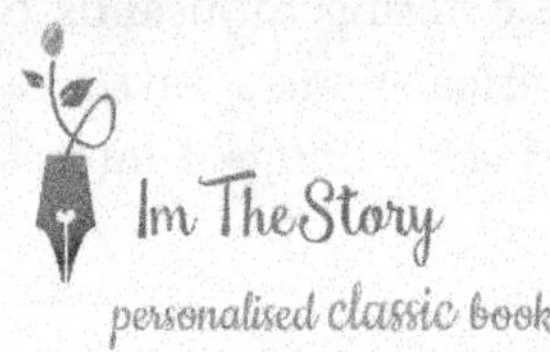

personalised classic books

"Beautiful gift.. lovely finish.
My Niece loves it, so precious!"

Helen R Brumfieldon

FOR KIDS, PARTNERS
AND FRIENDS

Timeless books such as:

Alice in Wonderland • The Jungle Book • The Wonderful Wizard of Oz
Peter and Wendy • Robin Hood • The Prince and The Pauper
The Railway Children • Treasure Island • A Christmas Carol

Romeo and Juliet • Dracula

Visit
Im TheStory.com
and order yours today!

CPSIA information can be obtained
at www.ICGtesting.com
Printed in the USA
BVHW082122250819
556756BV00010B/844/P